本书由中国政法大学双一流建设经费支持

COMMUNITY CORRECTIONS AND
SOCIAL WORK FROM
THE PERSPECTIVE OF
EVIDENCE-BASED CORRECTION:
INVESTIGATIONS,
THEORIES AND PRACTICE

熊贵彬 ◎ 著

循证矫正视角下的社区矫正与社会工作

调查·理论·实务

中国政法大学出版社

2021·北京

图书在版编目（CIP）数据

循证矫正视角下的社区矫正与社会工作：调查·理论·实务/熊贵彬著. —北京：中国政法大学出版社，2021.6
ISBN 978-7-5620- 9696-2

Ⅰ.①循…　Ⅱ.①熊…　Ⅲ.①社区－监督改造－社会工作－研究－中国　Ⅳ.①D926.7

中国版本图书馆CIP数据核字(2020)第204620号

出 版 者	中国政法大学出版社
地　　　址	北京市海淀区西土城路 25 号
邮寄地址	北京 100088 信箱 8034 分箱　邮编 100088
网　　　址	http://www.cuplpress.com (网络实名：中国政法大学出版社)
电　　　话	010-58908289(编辑部) 58908334(邮购部)
承　　　印	北京九州迅驰传媒文化有限公司
开　　　本	720mm×960mm　1/16
印　　　张	20
字　　　数	320 千字
版　　　次	2021 年 6 月第 1 版
印　　　次	2021 年 6 月第 1 次印刷
定　　　价	89.00 元

代　序

社工专门化和矫正专业化：

如何实现社会工作与社区矫正的有机结合

中央民族大学民族学与社会学学院　郭伟和

　　熊贵彬老师把《循证矫正视角下的社区矫正与社会工作：调查·理论·实务》的书稿交给我已经快有一个月了，但是一直到今天才打开电脑写这个序，一个是因为被新冠病毒疫情搞得没心情，另一个是在琢磨要写点什么作为他的书序。一般人作序都是学界前辈给新人新作的赞美和提携，我也不是学界前辈，只是作为同道学者，所以也就不敢以溢美之词作序。琢磨多日，我还是决定把熊老师的研究结合自己的多年心得，说点中国社区矫正和社会工作结合点的问题作为书序。

　　我就是在熊老师最早做这个课题时认识他的，他发给我相关调查问卷发让我提提意见。那时我还在中国政法大学社会学院负责社会工作专业，主要精力之一就是做司法社会工作。当然，那时我的基本思路是司法社会工作包括法律教育、维权、纠纷调解、司法和解以及社区矫正，矫正只是司法社会工作的一个分支。后来，他所在的中国青年政治学院改制，不再办正规的高等教育，他就联系我，希望到中国政法大学工作。我想他研究矫正社会工作，适合中国政法大学社会工作专业建设，于是就积极促成了这件事。后来没承想，他到了法大，我又去了民大，同事关系也就几个月。虽然人离开了法大，把主要精力投入到一般社区治理和社会发展上，但是毕竟司法社会工作是我自己搞了将近十年的专业，而且司法社工、社区矫正也是社区治理的应有之义，也就没有中断对这个领域的关注，所以对于熊老师的研究我也算是比较熟悉的。这本书就是熊老师基于他的国家社会科学基金研究项目的课题成果转化而来的。相比较国内目前的社区矫正、矫正社会工作教材和书籍，本书最大的特点就是把量化的实证调查资料和定性的案例分析材料相结合，有理有据，解决了当前社区矫正、矫正社会工作教科书内容比较空泛的问题。当然，这本书主要是根据截面数据和案例资料来就矫正工作的有效证据进行研究，虽然并不严格符合循证矫正提倡的随机分组实验研究策略，但是就算不是最严格的证据，也已经是用比较严谨的研究设计和分析方法，对中国社区矫正的核心问题都有所触及。我相信本书的出版应该会对中国的矫正社会工作和社区矫正都有所促进。下面，我就具体谈谈本书对当前中国的矫正社会工作和社区矫正促进的可能性。

首先，社会工作到底如何参与社区矫正，成为一种专门的矫正社会工作。在社会工作概论教科书和矫正社会工作专门教科书中，我们所看到的国内教材大都把社会工作的三大核心方法简单套用到社区矫正领域，过于强调社会工作的人道主义助人价值原则，强调社会工作的福利服务属性，这个思路也基本上体现在上海、广州和深圳的矫正社会工作的服务中。然而社会工作的这个"好心善意"并没有获得司法部门的认可，大多数司法行政机构的矫正工作人员都把刑罚执行当作自己的工作本质，把管住矫正对象作为基本的工作底线。这种张力始终存在于我国 2003 年以来的社区矫正工作中，如果不是因为上海、广州和深圳得改革开放的春风，率先开展社会治理和服务的专业化，全力推行社会工作，我相信社会工作是无法进入司法系统开展服务的。幸亏 2019 年通过的《社区矫正法》最终还是把社会工作当作一个专业列入社区矫正体系，之前的《社区矫正实施办法》和《社区矫正法（征求意见稿）》都是把社会工作和一般志愿者、社区协管员等作为社会力量参与社区矫正来看待的。那么，为什么司法矫正人员不认可社会工作专业呢？这当然有当前我国司法系统矫正人员浓重的刑罚主义思路和安全底线管理思维模式问题，但是也不否认中国的社会工作仍然停留在一般社会工作的简单复制阶段，并没有形成特定领域的社会工作专门属性。实际上矫正工作是一个比较特殊的专门领域，它是针对偏差越轨行为的矫治工作，属于行为科学中最核心的领域，也是理论争议最大的一个前沿学科。然而中国的矫正社会工作教科书很少涉及偏差越轨行为的实证研究成果，就是坚持社会工作意识形态（或者叫作专业价值伦理），反复言说助人自助、不批判、无条件接纳、关怀、尊重和支持等临床辅导的行话，让保守主义的司法矫正管制人员很难接受。我国流行的对待矫正对象的看法是，把社区矫正对象当作社区服刑人员，既然是服刑人员就是罪犯，对罪犯怎么能无条件接纳和关怀呢？按照犯罪学的原则，罪犯首先是接受惩罚，其次是接受改造，最后才是需要帮扶教育。所以两个专业的冲突是根深蒂固的。能否解决这个冲突，实现专业合作呢？实际上，西方社会 20 世纪 90 年代提出的循证矫正策略就是一个可供借鉴的策略之一。循证矫正最初就是为了解决西方司法矫正改革中对罪犯的辅导教育和监督惩戒之间的关系问题而诞生的。它们在 20 世纪 70 年代对司法改革中的辅导教育策略提出了全面否定的结论，导致司法改革的全面撤退，回到了重刑主义。而新一轮的司法改革则把各种司法措施平等地作为检验的对象，采取严格的分组实验方法，来检验哪种司法策略有效，逐渐形成了一系列有效证据。这些证据既不支持重刑主义策略，也不支持泛爱的人道主义策略，而是支持结构化的认知行为改变策略。当然，对循证矫正的研究设计和研究证据都存在一些新的争议。但是基本共识是清楚的，那就是通用的泛爱模式的人道主义策略和严格的重刑主义策略都是无效的，争议的无非是在行为矫治和社会资源机会分配间的搭配问题。所以，中国的社会工作如果想要走出现在的发展困境，融入其他不同专门领域，就必须了解相关领域的研究进展，发展比较专门化的分支社会工作，而不是在任何专门领域都是那一套老套的说辞。

其次，社区矫正如何吸纳社会工作，成为一种专业的科学的矫正职业。上述，新颁布的《社区矫正法》明确把社会工作作为一个专业列入社区矫正工作体系，就之前的政策法规和法律草案而言，这是一个很大的进步。社会工作不是通常意义上的社会大众都能做的工作，而是针对人们的行为模式和社会功能进行改进的专业。然而，长期以来，在中国只有民政部的人事教育和社会工作部门在抓社会工作人才队伍建设，可就算是民政系统，其社会福利体系和社区工作体系都并不了解和充分接受社会工作，更不用说其他相关部门。实际上，任何人群服务专业，包括工、青、妇、老、残、红等群团组织，以及劳动保护、教育、公共卫生、司法矫正、社区建设等领域，只要涉及人群需求满足和行为模式改变，都需要社会工作专业来促进相关领域工作的专业化进程。当然，我们国家之所以实际的人类服务部门的专业化程度低，其实并不完全是资金的问题，而是相关领域的公共政策理念的问题。我们的工、青、妇、老、残、红等群团组织挣扎在群众组织和党的外围助手之间，更多采用的是宣传动员策略，配合党的路线方针，较少针对特定群体的需要和功能提供切实的服务和机会；我们的劳动保护、教育、公共卫生、司法矫正和社区建设，主要也都是围绕着地方政府工作的大局，把发展和稳定放在第一位，缺少精准化治理和精细化服务的能力。党的十九届四中全会提出了要坚持和发扬社会主义制度的优越性，推进国家治理体系和治理能力的现代化。这为我国相关部门和领域的专业化建设提供了强大的政策背景依据。新时代的社会治理并不是简单地保持消极稳定，而是在发展过程中，根据人口流动规律和人口结构变化，不断地构建便携性、精准化的专门服务手段和个性化、精细化的服务模式。这对于社区矫正工作来说尤其具有挑战性。当前的社区矫正体系仍然停留在管制思维模式下，然而即使是管制思维模式，也没有做到精准化和精细化。虽然有些地方在探索分类管理、分级管理和分阶段管理的"三分模式"，司法部在努力推行电子监视设备，但是这些技术手段如果缺乏一种科学的矫正理论作为核心，到基层难免出现资源浪费和资源不足的双重问题。所以要提升司法矫正的科学化、系统化、专业化和技术化，必须要有科学的矫正理论作为核心，有一支专业的工作队伍抓落实，然后才是各种技术手段的支撑问题。目前中国的司法矫正理念过于强化法律执行的思路，恰恰忽视了司法矫正作为司法实践体系的末端环节，其实已经是一个司法审判之后的行为矫正和功能恢复问题，其对法律科学的需要就像任何一个执法工作一样都需要学习和遵循法律规范，但并不特别需要法律科学作为具体工作内容的支撑。只有把司法矫正当作一种行为科学和社会科学，才有可能把司法矫正作为一种独立的专业体系建立起来，实现矫正的科学化和专业化。

最后，就具体的矫正模式而言，熊老师在书中借鉴了美国学者卡尔·克罗卡斯（C. Klockars）的分类，把矫正工作模式分为监督型、矫正恢复型和综合型三种，并主张通过矫正官身兼监督和矫正恢复两种功能，来实现综合矫正模式。这个思路也是笔者赞同的，同时也是被了世界不同地区的实践验证过的有效工作模式。虽然从理论上说，矫正官如果身兼监督和矫正恢复两种角色，可能存在角色冲突问题，但是通过一定程度的功能细分和情境转换，可以避免严重的角色冲突问题。这个问题涉及我国未来的矫正官职责岗位设置问题。之前我国司法行政部门呼声迫切的是要建立矫正警察，强化其执法权威和执法能力。这个思路仍然停留在传统的监督模式。已经有大量的实证研究指出无论在监狱里还是在社区环境中，监督模式其实对于真正降低再犯风险并无实质作用。所以，西方社会才推行司法改革，引入行为矫正和功能恢复工作模式，要么是通过委托外包的办法，要么是对矫正官进行培训，学习新的工作思路和模式。上海、广州、深圳等经济发达地区也通过政府购买服务，引入社会工作参与社区矫正，探索监督和矫正恢复相结合的综合模式。在本书中，熊老师把北京模式作为监督模式的代表，把上海废除劳教制度以前的模式作为行为矫正和恢复模式的代表，把深圳作为综合模式的代表，然后分析不同工作模式同再犯意愿和再犯行为的关系，发现上海行为矫正模式和深圳的综合模式都要好于北京的传统监督模式。这个研究结论和西方国家的研究结论相吻合，虽然在科学发现上没有新意，但是对中国未来的社区矫正工作模式的选择意义重大。我们并不反对配置矫正警察（实际上反对设置矫正警察的可能是公安部和法律学界，因为这会改变《警察法》规定的警察种类，也违背司法改革的初衷），因为社区矫正确实需要一定的权威和强制手段来约束那些高风险的犯人。但即使如此，社区矫正警察的主要工作不是抓捕和拘押犯人，而是矫正和帮扶犯人。所以，社区矫正官也好，社区矫正警察也好，都需要把一种外在的权威转换成一种靠专业知识和技术来展现的内在权威，从而更好地改变犯人。

总之，学术著作的出版首先对著作者而言是一件值得祝贺的事情！但是更关键的是著作出版后能否对于专业知识和实务领域起到推动作用。我相信熊老师这本书将会对矫正社会工作的专门化和社区矫正工作的专业化都有推动作用，让中国的社区矫正工作在党的十九届四中全会精神的指引下，迈向真正的科学化、专业化。

2020 年 2 月 22 日
作于潘家园寓所

前　言

　　社区矫正在中国的社会影响并不大，社区服刑人员数量较少，大众媒体鲜有涉及，公众也知之甚少。然而，社区矫正却体现了我国惩罚权力运行特征及其背后治理理念的深刻变迁。社区矫正涉及保卫社会、惩罚报复和教育矫正罪犯等多重社会目标，注定成为一项复杂多元的社会工程。

　　社区矫正在中国有一百多年的历史，其正式制度的诞生可以追溯到清朝末期制定的刑法，并在民国时期、计划时代和改革初期都在相关刑事法规中有所涉及。然而，中国政界、学界和实务界普遍将 21 世纪初视为社区矫正的发轫期，因为直到这个历史节点社区矫正才被采纳为一种应对轻微犯罪行为的刑罚执行综合策略。管理体系和工作人员队伍得以建立，法规制度体系也逐步建立并完善。全面采纳社区矫正制度本身即代表着我国对犯罪问题认识的一种重大调整，即从计划时代人民民主专政下的敌我矛盾及改革初期的严打思维转向视犯罪为经济转轨和社会转型的伴生物。和谐社会建设战略的提出就体现了这种思维转变。社区矫正也成为和谐社会建设的一个核心策略。

　　我国的经济社会改革试点，一般都会参考和借鉴国际经验，以发挥后发优势。但西方国家社区矫正的实践模式和指导理论是复杂多元的，甚至彼此矛盾。我国并没有急于确定试点的主导思想，而是先确定几个省市进行大胆探索。在其间脱颖而出的是以刑罚执行为特征的北京模式和以社会化运行为特征的上海模式。学界对两者进行了系列分析和对比，但对其他省市的实践特征和制度体系较少涉及。比如笔者在调查中发现，深圳模式也可以称为特征明显的一种管理模式，然而没有太多文献涉及。还有广大中西部地区的社区矫正处于什么状态，也是本书想探究的。基于这些考虑，本研究的调查涵盖了十个省市。

本研究始于劳教制度废止后笔者主持的一项国家社科基金项目，主要关注社区矫正如何承接和发展对轻微犯罪行为惩罚和矫正的功能，同时希望借鉴北美兴起的循证（证据为本）矫正的方法和成果来发展中国的社区矫正社会工作，因为循证矫正被认为是在更科学的层面复兴一度受到严重挫折的罪犯矫正恢复的社会理想。为此，笔者亲赴纽约进行为期半年的考察，并广泛搜集北美循证矫正及发达国家社区矫正的实践探讨和制度分析文献。然而，随着研究的深入，笔者发现劳教制度与社区矫正的关系还不能简单地概括为"承接"关系，同时循证矫正也存在一定的局限性。此外，官方统计显示中国社区矫正在十多年的探索之后，或许正在经历一场重大转变或调整。这涉及我国经济社会政治大背景的显著变化，尤其是与社区矫正相关的治理理念及犯罪预防和改造政策的深刻调整。因此，后期研究已经在很大程度上突破了最初的设想。本研究前后历时五六年，从最初的问卷调查和机构访谈，到后来派遣学生参与各地实习实践，笔者自己也不断与国内外经典文献和前沿研究以及各地管理层进行对话。在此期间，研究还经历了社区矫正规范化建设和《社区矫正法》起草、征求意见直至最终通过等大事件。笔者对该领域的认识也不断深入和调整。

这里对书名的确定做一个简要说明。为社会工作介入社区矫正领域探寻兼具有效性和科学性的方法，是本研究的初衷，也是贯穿全书的主线。研究后来发现不能单纯停留在矫正方法层面探讨，还需要与管理模式、法规制度和社会思想理论进行深入对话，否则矫正社会工作将可能长久停留在纸上谈兵和附属边缘位置。本书最初打算命名为"循证矫正视角下的社区矫正社会工作"，后来成书之际发现调整为"循证矫正视角下的社区矫正与社会工作"可能更恰当，虽一字之差然而总体思路却差异较大。从收集资料方法来看，本研究主要利用的是问卷调查、机构访谈、官方数据和法规文本，同"循证"研究孜孜以求的随机分组试验还存在较大差异（详见第四章），似乎"循证矫正视角下"有点牵强。本书之所以还这样命名，原因在于书中的主要支持理论来自北美（美国和加拿大）的循证矫正运动，而且截面数据分析也满足了加拿大矫正学派的基本级循证标准。此外，随机分组试验也难以进行大范围跨地区比较，而问卷调查却可以突破这一限制。为了避免误导读者，书名中特意加上"调查·理论·实务"，算是一种"纠偏"吧！

　　本书第一章探讨劳教制度废止对社区矫正发展的影响，其中的末节抛开合法性问题仅从矫正方法角度分析劳动教养的有效性，及其在社区矫正中的进一步转化适用。第二章是纯数据分析建模，探讨对矫正对象"快乐程度""矫正期间重新犯事状况"和"将来再犯罪可能性的自我预期"三个因变量具有显著性影响的因素。第三章主要介绍美国矫正社会工作大起大落、一波三折的发展历史及其对我国矫正社会工作的启示。第四章梳理了兴起于北美的循证矫正运动的大致脉络及其面临的问题、挑战和当今发展态势，同时介绍了我国社区矫正循证矫正的相关探索。第五章借鉴美国循证矫正运动中凸显的综合管理模式，比较了我国社区矫正探索中形成的"北京模式""上海模式""深圳模式"和大多数省市一般管理的矫正效果差异。第六章梳理了犯罪学主要流派的罪犯矫正策略及其在循证矫正运动中面临的检验，由此探究矫正社会工作的专业性和有效性问题，并批判了当前矫正社工中盛行的刑罚福利主义倾向。第七章基于加拿大矫正学派得出的核心犯因性因素和美国综合管理理论，通过 Logistics 回归分析得出影响我国社区矫正对象重新犯罪倾向的本土性核心要素。第八章基于北京的田野调查和社区矫正法规文本分析，探究当前立法框架对矫正社会工作的定位和将来发展的影响。第九章探究为什么具有一百多年历史的中国社区矫正，直到 21 世纪初才被全面采纳为一种惩罚和矫正轻微犯罪的综合性治理策略，同时分析在十多年的多元探索之后当前的规范化建设运动对我国社区矫正发展的影响。

　　为了能够对矫正社会工作介入方法有所指导或启发，本书后面梳理了西方循证矫正及我国权威文献得出的若干经典方法，并附上笔者的一些评论以及指导学生完成的若干案例。这部分内容不是个人创新性的研究，故以附录的方式呈现。因此，希望本书除了作为学界的参考文献外，也可供社区矫正管理人员作为工作参考，以及作为高校社会工作及社区矫正专业的教材或参考书目。

熊贵彬

2020 年 1 月

CONTENTS 目 录

绪　论

研究概述

一、研究缘起

党的十八届三中全会决定："废止劳动教养制度，完善对违法犯罪行为的惩治和矫正法律，健全社区矫正制度。"这意味着在我国实施了56年的劳动教养制度（以下简称"劳教制度"）正式退出历史舞台。此后，轻微犯罪行为的惩治和教育主要由社区矫正来完成，将矫正社会工作理念和方法加快融入我国社区矫正实践具有现实的紧迫性。

诞生于新中国成立初期政治斗争需要的劳教制度同我国新时期的法律体系之间出现越来越多的矛盾和冲突之处，其废止体现了我国法制建设的完善和法治文明的推进，同时也彰显了我国法治社会的进步。我们感兴趣的是：劳教制度废止究竟会对社区矫正制度产生怎样的影响？该问题在法律条文中看起来似乎比较简单，然而在我们的研究推进过程中却发现不能简单地回答，甚至其影响也需要一定年份才能观察出来。同时，运行了半个多世纪的劳教制度，仅从矫正方法而言，是否有其合理有效的方面可以进一步吸收到新时代的社区矫正方法体系工具库之中，以此提升社区矫正的效果。

社会工作介入社区矫正领域兴起于美国。大规模的矫正恢复（rehabilitation）运动被美国社会工作学界、实务界和政界所共同推动，其影响可谓举世瞩目。但是，美国的社区矫正社会工作诞生后是否就一帆风顺呢？除了经验是否还有教训呢？这都需要我们深入全面地探索其长时段的历史发展脉络，并探析其背后的司法逻辑和社会思潮变迁。由此，充分吸收其有益经验并吸取避免相关教训，才能在我国社区矫正社会工作发展中体现后发优势。

社区矫正又称为社区服刑，其要义在于针对低风险犯罪人员在社会领域开展相关思想和行为矫治。尽管风险较低，但是社区矫正对象仍然属于罪犯范畴，那就不可避免地需要通过犯罪学的视角，主要是犯罪社会学和犯罪心理学，来分析和审视其重新犯罪风险和预防再犯问题。然而，西方犯罪学史中形成了流派众多的理论解释，可谓"无边无际的犯罪学"[1]，我们还需要结合循证矫正运动进行细致甄别和取舍应用。

循证矫正运动于 20 世纪 90 年代兴起于北美，迄今已呈方兴未艾、席卷全球之势，在我国社区矫正发展过程中不能对此趋势视而不见。循证矫正运动对犯罪学各流派思想进行了系列检验，同时聚焦于探索风险评估和有效矫正的一般规律以及各种具体措施的有效性。社会工作在其济贫扶危和促进社会公平正义的历史发展中，形成了一系列干预模式和方法，但是在介入社区矫正领域时还需要遵循科学证据所揭示的罪犯矫正规律，以此提升社区矫正的有效性和科学性。

我国社区矫正起步于 21 世纪初，迄今不到二十年的历史。在短暂的发展历程中，我国形成了"北京模式"和"上海模式"两种特征鲜明的管理方式，以及影响似乎不那么大但同样具有典型特征的"深圳模式"，此外还有众多省市区采取了一般管理方式。值得探究的是，基于循证矫正视角，我国形成的几种社区矫正管理模式的有效性都处于什么水平和状态。通过这些分析，我们可以更加深入地探讨社会工作应该以何种状态进入社区矫正管理系统。2019 年，我国社区矫正领域的里程碑事件——《中华人民共和国社区矫正法》（以下简称《社区矫正法》）得以通过，其是如何定位社会工作的职能和角色，为什么会如此定位，这都值得深入探究。

我国社区矫正为什么在 21 世纪初得以全面采纳？在经历多元化探索之后，《社区矫正实施办法》[2]和《社区矫正法》确立了我国社区矫正怎样的发展方向？在此发展过程中，是否按部就班、一帆风顺，有没有出现重大思路转变？本研究集中关注的社会工作介入，在宏观制度设计和理念中究竟处于什么状态？

---

〔1〕 王牧：《犯罪学与刑法学的科际界限》，载《中国法学》2004 年第 1 期。

〔2〕 2012 年《社区矫正实施办法》虽已失效，但其在《社区矫正法》没有出台前发挥了重要作用，因而成为本书考察制度变迁的重要研究内容。《中华人民共和国社区矫正法实施办法》已于 2020 年 7 月 1 日起施行。——作者注

　　以上系列问题需要针对社区矫正实践开展大规模社会调查，结合官方统计数据和学界重要研究文献，遵循循证矫正的理念和方法，进行小心而细致的求证和分析，为我国社区矫正发展提供证据为本的一份实证研究。

二、研究方法

　　在以上提出的众多问题中，本研究主要探讨社会工作如何更好地融入社区矫正系统，有效地提升社区矫正管理和矫正恢复效果。历时五六年的研究过程可以大致分为前、中、后三个时期。前期侧重于社区矫正同社会工作相结合的经验调查和数据分析，中期致力于借鉴西方犯罪学思潮发展脉络和北美循证矫正最新研究成果进行理论提炼和实务模式探讨，后期主要结合官方数据变化和法规政策分析中国社区矫正发展变化的总体思路及社会工作在其中的定位。

　　（一）资料收集方法

　　1. 实地研究法

　　实地研究法主要通过实地观察和访谈获取社区矫正及社会工作参与其中的实践经验材料。2014 年，笔者获得国家社科基金立项，随即前往美国进行为期半年的考察访学。其间拜访了司法社会工作领域的一些知名学者，如福特汉姆大学的蒂娜·马斯基（Tina Maschi）、丹佛大学的詹姆斯·赫伯特（James Herbert）和纽约约翰杰刑事司法学院的杰夫·梅洛（Jeff Mellow），从他们那里获悉美国司法社会工作和社区矫正的发展脉络、当前的核心议题以及相关重要文献。在福特汉姆大学旁听社会工作专业硕士（MSW）几门主干课程时发现，每门课程中都有一两名 MSW 学生在社区矫正领域从事司法社会工作（绝大部分 MSW 学生都是在职攻读，很多学生的年龄都是 30 岁以上）。利用这个机会，笔者对其中的两三位司法社工进行了较为深入的访谈。其中一位司法社工还热情邀请笔者参观了他们位于曼哈顿的社会工作机构，并由其带领前往当地基层法院观摩他们提交审前调查报告和庭审宣判的系列情况。

　　2015 年回国后，笔者先后走访了北京、上海、郑州、广州、扬州、成都、哈尔滨、吉林和兰州等城市的社区矫正管理系统。访谈对象包括 7 位区司法局分管社区矫正的副局长、2 位新航社区服务总站负责人、6 位区社区矫正科科长、5 位司法所所长、3 位社区矫正初始教育中心工作人员、2 位阳光中途之家工作人员、3 位居委会工作人员、4 位矫正干警及 8 个涉及社区矫正干预的社工事务所。

不仅如此，在中国政法大学长期的"司法社会工作"和"犯罪学"教学过程和实习实践安排过程中，我们派遣了大量司法社会工作专业硕士和社工本科生进入全国各地的社区矫正管理系统进行专业实习。他们汇报和提交的系列观察访谈记录、日常管理和干预实务经验总结，极大地延伸了笔者的研究范围和视野。

2. 问卷调查法

2015 年 6 月至 2016 年 5 月，我们在全国 10 个省市区进行了广泛的问卷调查和机构访谈。在社区矫正领域开展社会调查比较困难，因为调查对象身份比较特殊，包括社区矫正对象和管理人员。矫正对象的身份很少向社会公开，直接联系他们进行较大规模问卷调查几乎不可能，因此就非常需要社区矫正管理系统的协助，然而很多基层司法部门又对社会调查格外谨慎。为了克服这些困难，本研究主要通过如下几种途径展开调查：

(1) 同北京市一些区司法部门合作，在 8 个区展开了较大规模的配比抽样调查，其中市区、近郊和远郊各分别调查工作人员 100 名、矫正对象 150名左右。

(2) 联系上海市新航社区服务总站和深圳市民政系统，对上海市和深圳市社区矫正工作人员和矫正对象进行随机抽样调查（两市的工作人员和矫正对象均各抽样 100 名左右）。

(3) 在中国青年政治学院全校学生中招聘调查员（当时其本科生属于提前批次，在全国各地分布比较均衡），要求有亲友在司法系统工作并能协助开展问卷调查（完成后，课题组通过调查对象机构办公电话进行核查以确保调查质量）。

(4) 在全国性的社工及社区工作者微信/QQ 群中招聘调查员，要求其从事与社区矫正相关的工作。

在以上几种问卷收集方式中，我们希望尽量接近随机调查的效果，但还是未能实现完全的随机抽样，因此本研究的数据分析仍是主要作为一种探索性研究。但因为本次调查涉及范围广、规模大，相信对我国社区矫正及社会工作的介入研究具有较强的现实意义。

调查问卷分为两类，分别针对矫正对象和工作人员。其中，矫正对象的有效回收问卷 1183 份，工作人员的有效回收问卷 834 份。各省市具体问卷调查数量如下表所示：

表 0-1　各省市问卷调查数量

省　市	类　　别	数　量	省　市	类　　别	数　量
北　京	工作人员	336	山　西	工作人员	10
	矫正对象	489		矫正对象	78
上　海	工作人员	100	甘　肃	工作人员	14
	矫正对象	102		矫正对象	9
深　圳	工作人员	118	青　海	工作人员	14
	矫正对象	128		矫正对象	12
吉　林	工作人员	53	宁　夏	工作人员	135
	矫正对象	136		矫正对象	142
成　都	工作人员	50	新　疆	工作人员	4
	矫正对象	47		矫正对象	40
总　计	工作人员	834		矫正对象	1183

3. 文献法

研究过程中笔者不断地梳理和吸收国内外学者关于社区矫正社会工作的最新研究成果，辨析不同理论流派和实务模式之间的差异以及各自的局限之处。前期的文献分析主要集中于国内的系列研究成果和不同的观点。中期则聚焦于北美社区矫正社会工作的发展历程，循证矫正的兴起及提出的核心原则、风险因素和对综合型社区矫正管理模式的论证，以及相关的西方犯罪学流派发展脉络及其科学性验证。后期着重收集了英文文献中关于中国社区矫正的期刊论文，结合国内法学界和公共管理学界权威期刊的一些重要文章，深入思考我国社区矫正的发展逻辑和走向。

4. 典型调查法

典型调查，是指在若干同类调查对象中选取一个或几个有代表性的对象进行深入系统的调查研究，此法又称为"解剖麻雀"，该方法在革命年代由毛泽东发扬光大。其优点是调查生动具体，资料详尽；调查方法比较灵活多样，如长期蹲点、观察访谈、召开调查会等；需要投入的人力也不多。其缺陷也比较明显，那就是调查面比较窄。因此在运用过程中一定要选好典型，要有足够的代表性、重要性、深入性，能够揭示本质和规律，具有推广和借鉴价值，不能以偏概全。[1] 限于时间和精力，研究中我们不可能穷尽全国大部分省市的社区矫正管理工作，而我国实践发展中涌现出来的"北京模式""上海模式"和"深圳模式"就成为天然的典型对象，具有足够的典型性，详见第五章的分析。

5. 案例分析法

在研究后期，笔者重点梳理了北美循证矫正研究中得出的一些社区矫正范例性实务方法，包括风险评估工具和方法、动机式会谈、认知行为治疗、恢复性司法、家庭干预等具体操作方法，并附上自己的一些评论。此外，笔者还展示了一些指导社会工作学生完成的社区矫正社会工作案例，也是我们将循证矫正理念和方法进行本土化运用的尝试。笔者主要是梳理和介绍这部分内容，创新性贡献并不多，因此以附录的形式呈现。

（二）研究工具设计

1. 调查问卷设计

研究中针对工作人员和矫正对象分别设计了不同的调查问卷。调查问卷设计的重要性不言而喻，因为这直接关系到整个研究的质量。笔者用了近半年的时间设计和完善调查问卷，包括查阅文献、征求专家意见、试调查和问卷定稿。由于国内缺乏社区矫正领域的较大规模社会调查研究的文献资料，在问卷设计过程中，笔者就问卷问题及选项广泛征求了社区矫正、社会工作和社会统计学方面的权威专家的意见，包括当时在中国政法大学的郭伟和教授、哥伦比亚大学的高琴教授、中国青年政治学院的史柏年教授和首都师范大学的范燕宁教授。问卷初稿完成以后，还选择了北京一个街道进行试调查，针对反馈的疑惑和发现的问题，及时进行修改和调整，形成定稿。尽管如此，后来发现该问卷还是存在诸多需要完善之处。

矫正对象调查问卷共 78 个问题，包括个人基本信息、环境状况、参加社

---

[1]《典型调查》，载 https://baike. baidu. com/item/% E5% 85% B8% E5% 9E% 8B% E8% B0% 83% E6%9F%A5/5400899? fr=aladdin，最后访问日期：2016 年 8 月 9 日。

区矫正情况、对社区矫正工作人员的看法、参加社区矫正效果自评和个人当前的需求及未来展望六个方面的信息。工作人员调查问卷共 108 个问题，包括个人基本情况、参加社区矫正工作情况、同矫正对象的关系和工作方法、对社会工作融入社区矫正的看法、帮教情况和社会参与及协作情况等方面的信息。

问题选项设计中，根据不同问题的性质，选项包括定类、定序、定距和定比四种变量。其中定序变量居多，包括 5 等级和 7 等级。在问卷中，我们还设计了少量开放式填答问题，以期更深入地了解调查对象的情况。

2. 访谈提纲设计

当前越来越多的定性研究倾向于无结构式访谈，但本研究希望将访谈资料同问卷调查数据彼此配合，因此主要采用了半结构式访谈。半结构式访谈通常与问卷调查同时进行，即在发放问卷的同时对管理人员或工作人员展开访谈。半结构访谈提纲主要由调查问卷浓缩而成，针对问卷中的核心问题进行更加深入的询问。这些访谈资料可以丰富我们对调查数据统计分析的解释，从而促进定量和定性资料更紧密的结合，相互支撑。对矫正对象在场的一些管理机构进行的实地考察中，我放弃了半结构式访谈，主要采取无结构式访谈和观察法，尝试理解这些机构的实际工作方法及其运行逻辑。

（三）资料分析方法

1. 定量分析

对于问卷调查数据，主要采用 Stata13.1 进行分析，涉及的分析方法主要包括：一是假设检验，如 t 检验、方差分析；二是相关分析，主要是斯皮尔曼相关系数分析和列联表及卡方检验结果；三是 Logistic 回归分析，主要用于分析哪些变量对矫正效果具有显著性影响。

2. 定性分析

针对访谈及观察中所获得的定性资料，我们主要采用了两种分析策略：一是同问卷调查的相关问题紧密结合，深入解释该问题或补充一些实际信息；二是对访谈资料进行归类整理并进行理论提炼。当然，这些定性资料分析，离不开同文献资料的不断对话。

三、核心概念界定

（一）社区矫正

社区矫正的概念众多，不同文献、不同国家和地区的界定不下几百种。

我国的官方界定较少，不过也不是没有，2005 年最高人民法院、最高人民检察院、公安部、司法部《关于扩大社区矫正试点范围的通知》（已失效）就指出："社区矫正工作是将罪犯放在社区内，遵循社会管理规律，运用社会工作方法，整合社会资源和力量对罪犯进行教育改造，使其尽快融入社会，从而降低重新犯罪率，促进社会长期稳定与和谐发展的一种非监禁刑罚执行活动。"需要注意的是该界定不是针对社区矫正，而是社区矫正工作。从这个界定中可以发现我国早期试点探索中强调了社会工作方法在社区矫正工作中的重要性，然而这种重要性在后来的重要法规政策中逐渐消失了。比如，2019年通过的《社区矫正法》第 3 条将社区矫正工作的表述调整为："社区矫正工作坚持监督管理与教育帮扶相结合，专门机关与社会力量相结合，采取分类管理、个别化矫正，有针对性地消除社区矫正对象可能重新犯罪的因素，帮助其成为守法公民。"可以看出，社会工作隐身于众多的"社会力量"之中了。因此，官方政策法规文本表述的变化即显现出社区矫正与社会工作之间的复杂关系。

在百度百科整理的学界界定中，有代表性的是："社区矫正是与监禁矫正相对的行刑或考验方式，是指将符合法定条件的罪犯置于社区内，由司法行政机关（司法局）及其派出机构（司法所）在相关部门和社会力量的协助下，在判决、裁定或决定确定的期限内，矫正其犯罪心理和行为恶习，通过思想改造和劳动改造，并促进其顺利回归社会的非监禁刑罚执行或考验活动。社区矫正工作是积极利用各种社会资源、整合社会各方面力量，对罪行较轻、主观恶性较小、社会危害性不大的罪犯或者经过监管改造、确有悔改表现、不致再危害社会的罪犯在社区中进行有针对性管理、教育和改造的工作。"这种界定也是将社区矫正与社区矫正工作分别界定，然而这些界定基本上出自法学界，他们几乎不会提到社会工作。如刘强认为社区矫正的性质包括三个方面：一是强调犯罪人要承担刑事责任，它具有司法性质；二是进行监管的同时也要对他们进行行为与思想改造；三是要充分利用社区资源对犯人进行矫正，并提供帮教服务。[1]而王顺安则强调社区矫正是一种综合性的矫正方法，不仅是刑罚的执行与监管活动，也是一种对罪犯的培训与安置工作，在

---

〔1〕 刘强：《社区矫正的定位及社区工作者的基本素质要求》，载《法治论丛》2003 年第 2 期。

某种程度上兼顾了社会福利与社会救济的思想。[1]两位学者一位侧重刑罚执行和监管改造,另一位侧重监管与救助,但并不强调由谁来负责。

从概念外延来看,2003 年最高人民法院、最高人民检察院、公安部、司法部的《关于开展社区矫正试点工作的通知》中指出社区矫正的适用范围包括五种类型:被判处管制、缓刑、假释、暂予监外执行以及被剥夺政治权利并在社会上服刑的犯罪人员。[2]这种适用范围延续到 2012 年的《社区矫正实施办法》之中。然而,随后 2012 年 3 月《全国人民代表大会关于修改〈中华人民共和国刑事诉讼法〉的决定》中规定,从 2013 年 1 月 1 日起,"对被判处剥夺政治权利的罪犯,由公安机关执行"。由此,在《社区矫正法》中,适用对象设定为四类:"对被判处管制、宣告缓刑、假释和暂予监外执行的罪犯,依法实行社区矫正。"

需要指出的是,本书的重点不是针对社区矫正进行规范研究,而是主要从社会学和社会工作视角,采用实证主义策略对社区矫正方法的有效性进行分析。因此,这里对社区矫正作一个更学术性的界定:社区矫正(又称为"社区服刑"),是基于犯罪学实证学派对犯罪社会原因的强调以及对教育刑的倡导,将轻微犯罪低风险人员置于社区进行监管、改造和帮困的刑罚执行制度。国际上主要包括缓刑和假释两大类别。在国际矫正学界,社区矫正概念还有狭义和广义之分。狭义界定主要指刑事司法系统中的刑罚执行方式,而广义界定则包括所有在社区中进行的针对偏差、越轨和不良行为开展的矫正规训和帮教活动,如针对违纪违规违法和附条件不起诉或免于起诉的青少年司法。虽然本研究主要调查的是狭义层面的社区矫正,但在矫正方法层面的探讨很多可以拓展至广义范围。

(二)矫正社会工作

目前国内对矫正社会工作的理解和界定分歧并不大,其中引用最为广泛的是王思斌的定义:"将社会工作实施到矫正体系之中,由专业人员或志愿人士运用社会工作专业理论和技术,为罪犯或具有犯罪危险性的违法人员,在审判、服刑、缓刑、刑释或其他社区处遇期间,提供思想教育、心理辅导、

---

〔1〕 王顺安:《社区矫正的法律问题》,载《政法论坛》2004 年第 3 期。
〔2〕 吴琳:《西宁市城东区未成年人非监禁刑与社区矫正衔接现状的调查与研究》,载《法制与社会》2014 年第 6 期。

行为纠正、生活照顾等，使之消除犯罪心理结构、修正行为模式、适应社会生活的一种福利服务。"[1] 该概念含义非常全面，涵盖了矫正社会工作的领域、工作主体、工作客体、工作内容、工作目标和工作性质，被我国社会工作学界奉为权威而广泛引用。本研究大体上认同这种界定，但是对其是否属于一种福利服务提出不同看法（详见第六章）。同时，矫正社会工作不是简单地将社会工作运用到矫正领域之中，因为对违法犯罪人员进行思想和行为矫正除了社会工作理论和方法，还需同时具备刑事司法、犯罪心理学和犯罪社会学等方面的专业知识和技能。正如医务社会工作需要掌握一定医药护理、纠纷调解和公共卫生政策知识一样。鉴于此，本研究将矫正社会工作界定为综合运用社会工作、犯罪学和法学知识和方法，促进犯罪人和不良行为人员思想和行为转变，恢复社会功能和社会秩序的专业性职业活动。

---

[1] 王思斌主编：《社会工作概论》，高等教育出版社 2006 年版，第十七章。

第一章

劳教制度废止对社区矫正发展的影响分析

一、劳教制度废止的相关讨论

（一）劳教制度废止的缘由

劳教制度是我国自苏联引入的一项治理制度，[1] 1957 年颁布的《国务院关于劳动教养问题的决定》（已失效）以法规形式确立其地位。其存在半个多世纪的历史深刻地反映了中国政治经济社会变迁的特点。劳教制度建立之初是通过劳教进行强制集中劳动和管制教育。"这时的劳动教养深深地打上了时代烙印"[2]，不可避免地带着阶级斗争的特征。"文革"时期劳教制度被取消，1979 年得以恢复，后来其适用范围和适用对象都不断扩大。不可否认，劳教制度曾在打击黑恶势力、毒品交易、邪教和赌博等方面发挥过重要作用，为预防和减少犯罪、改造严重违法行为、维护社会秩序做出了独特的贡献。但由于其与法律的冲突性、制裁严厉、程序不完善和对象扩大化，劳教甚至成为某些部门截访[3]和打击报复[4]的手段。21 世纪以来，劳教制度受到越来越多的批评和质疑。尤其是 2003 年孙志刚案导致收容遣送制度被废除之后，"违宪"的批判思考从法学界扩展至公众。其中，新媒体的飞速发展起到了很强的助推作用。更深层次而言，对于劳教制度合法性的质疑来源于我国人权保障观念的提升。

---

〔1〕 释启鹏：《新制度主义视角下劳教制度的变迁》，载《安徽行政学院学报》2015 年第 1 期。

〔2〕 马克昌主编：《刑罚通论》，武汉大学出版社 1995 年版，第 715 页。

〔3〕 陈伟：《劳教制度废除后的法律衔接机制探究》，载《暨南学报（哲学社会科学版）》2015年第 12 期。

〔4〕 释启鹏：《新制度主义视角下劳教制度的变迁》，载《安徽行政学院学报》2015 年第 1 期。

从合法性来看，劳教制度与《中华人民共和国宪法》《中华人民共和国立法法》《中华人民共和国行政处罚法》及中国政府签署的人权公约相悖。《中华人民共和国宪法》第 37 条第 2、3 款规定："任何公民，非经人民检察院批准或者决定或者人民法院决定，并由公安机关执行，不受逮捕。禁止非法拘禁和以其他方法非法剥夺或者限制公民的人身自由，禁止非法搜查公民的身体。"《中华人民共和国立法法》第 8 条规定："下列事项只能制定法律：……限制人身自由的强制措施和处罚。"第 9 条规定："……授权国务院可以根据实际需要，对其中的部分事项先制定行政法规，但是有关……限制人身自由的强制措施和处罚、司法制度等事项除外。"《中华人民共和国行政处罚法》第 9 条第 2 款规定："限制人身自由的行政处罚，只能由法律设定。"第 10 条第 1 款规定："行政法规可以设定除限制人身自由以外的行政处罚。"同时规定处罚种类不包括劳动教养，最严厉的行政处罚措施是行政拘留，拘留期限不得超过 15 天。《公民权利和政治权利国际公约》第 9 条第 1 款规定："……任何人不得加以任意逮捕或拘禁。除非依照法律所确定的根据和程序，任何人不得被剥夺自由。"而劳教制度所依据的《国务院关于劳动教养问题的决定》《劳动教养试行办法》《公安机关办理劳动教养案件规定》（均已失效）严格来说都不是法律，前者充其量属于行政法规，后两者充其量是部门规章。[1]劳教制度产生于民主法制不健全时代，在我国当代不断推进依法治国、法律法规日趋完善之际，不可避免地同几大法律形成冲突，使其存在的基础受到动摇。

从执行实践来看，劳教制度导致的问题也很突出：首先，惩罚力度过于严厉。劳教对象可以处以 1~3 年的劳教期限，严重案件甚至可以达到 4 年，而《中华人民共和国刑法》（以下简称《刑法》）中的管制、拘役和一些短期有期徒刑尚未达到劳教的最高期限。然而我国惩罚制度的主导思想是不需要或不足以刑罚制裁才处以劳动教养。其次，劳教的决定程序不完善。理论上，劳教由劳动教养管理委员会决定，然而实践中真正掌握决定权的是公安机关，而且劳教对象还无法会同律师进行质证和辩护，救济程序难以保障。再次，适用对象无序扩大。特别是 1982 年以来大量的法律、行政法规、司法

---

〔1〕 陈伟：《劳教制度废除后的法律衔接机制探究》，载《暨南学报（哲学社会科学版）》2015 年第 12 期。

解释、部门规章甚至地方性法规争相扩大劳动教养的适用范围，使得几乎所有为《刑法》所禁止而又不够刑事处罚的行为都可以适用劳动教养，[1]导致劳教适用对象语义模糊、内涵抽象，背离我国的法治发展方向。最后，劳教的实际管理问题百出。劳动教养场所不完全按照有关的法规进行依法管理，随意限制劳教学员的自由和权利，很多地方出现劳动条件恶劣、安全保护不足、劳动时间超长、伙食较差，侵吞劳动报酬、索取学员财物，限制学员通讯、私扣信件，禁止信仰活动等乱象。[2]

　　既然劳教制度面临如此多的问题，为什么直到 2013 年才废止呢？学者的解释大都集中在应对效率方面。劳教制度可以发挥"快"和"狠"的优势，以高压手段短时间内迅速维护社会治安，稳定社会经济秩序，因为无须涉及其他部门，只需要公安机关决定即可简便迅速执行。[3]相对而言，司法程序效率较低，对轻微犯罪和其他严重违法案件，需要这种及时简便处理、快速打击。[4]劳教制度是"用法律形式出现的政治手段"，本质上讲是一种"维稳体系"。[5]但是在注重办案效率的同时，还应该重视价值公平与正义，如果长期偏废后者终将被历史抛弃。

　　（二）劳教矫正效果分析

　　执行过程中的各种乱象，导致公众乃至学界对劳教制度的合法性和合理性提出了越来越严重的质疑，直至最终被废止。刑事法学思想流变中形成的新旧流派以截然不同的视角看待刑罚制度，[6]在古典/新古典学派的规范性审视下，劳教制度的确应该废止，然而我们还可以从实证学派的视角审视劳教制度的有效性问题。即抛开劳教制度中的冤假错案，我们从另一个侧面探讨劳动教养作为一种矫正方法对于违法越轨行为的矫治是否有效。毕竟劳动教

　　〔1〕　叶陆政：《劳动教养制度的废止与替代》，中南民族大学 2010 年硕士学位论文。

　　〔2〕　《劳动教养》，载 https://baike.baidu.com/item/%E5%8A%B3%E5%8A%A8%E6%95%99%E5%85%BB/170018？fr = aladdin&fromid = 11316321&fromtitle = %E5%8A%B3%E6%99%99%E5%88%B6%E5%BA%A6，最后访问日期：2017 年 2 月 6 日。

　　〔3〕　释启鹏：《新制度主义视角下劳教制度的变迁》，载《安徽行政学院学报》2015 年第 1 期。

　　〔4〕　王公义：《劳动教养制度存废问题研究》，载《中南民族大学学报（人文社会科学版）》2012 年第 3 期。

　　〔5〕　熊秋红：《劳动教养制度改革的路径选择——以实证调研为基础的分析》，载《法学家》2013 年第 5 期。

　　〔6〕　张小虎：《刑事法学旧派与新派的犯罪学思想比较研究》，载《政法学刊》1999 年第 4 期。

育措施在古今中外被广泛采用，尤其是针对越轨青少年。最著名的莫过于英国济贫时代兴起的贫民习艺所，并于清末民初传入我国。[1] 至今美国的基层监狱（Jail）还保留着劳动教育的部分特征，如收容赌徒和妓女、实行工作释放和到劳动中心工作以赔偿损失等，[2] 还有福柯笔下的梅特雷农场的高效规训机制。[3] 基于这种考虑，有必要对劳教制度的矫正效果进行实证分析。

2013年初，全国政法工作会议确立劳教制度改革为年内工作重点后，中国社科院法学所紧急针对北京、河北、江苏和重庆四地的公安、法院、司法、律所和教学研究机构的资深实务工作者和专家，展开了样本共计55份的问卷调查。[4] 在对劳教制度的功过总体评价中，49.1%认为功大于过，21.8%认为功过参半，14.5%认为过大于功，14.5%认为难以评估。但在司法行政机关中，91%认为功大于过。在劳教制度矫正违法行为的实际效果方面，29.6%认为非常有效，33.3%认为效果一般，14.8%认为难以评价，认为效果较差和效果很差的均为11.1%。司法行政机关中的64%选择了非常有效，32%选择了效果一般。综合来看，作为管理部门的司法行政机关对劳教制度发挥的作用和矫正效果总体持肯定态度，而其他系统的人员则看法更加多元化。该研究样本不大，也不是随机抽样，限制了其结论的代表性，但是所有调查对象都对劳教制度比较熟悉，其中包括司法行政机关22人和教学研究机构24人，因此其结论仍然具有较强的参考意义。

汪玉芳等[5]基于劳教案件的事由类型分类，对我国1991—2012年间的劳教案例数据进行分析，发现实践中的劳教制度由最初的矫治为主向惩罚为主异化，但劳教制度在惩戒、教育矫治、维护社会治安方面的作用明显。在后劳教时代可以延续劳教制度的这些基础功能，并把握好教育矫治和惩罚违法犯罪之间的度。其劳教案件的研究资料来自北大法宝网的234份裁判文书，

---

〔1〕 兰台世界：《贫民习艺所：西方舶来品的中国演变》，载《公益时报》2016年7月12日，第16版。

〔2〕 Todd R. Clear, *American Corrections in Brief*, Boston：Cengage Learning, 2017, pp. 61-82.

〔3〕 ［法］米歇尔·福柯：《规训与惩罚》，刘北成等译，三联书店2003年版，第337页。

〔4〕 熊秋红：《劳动教养制度改革的路径选择——以实证调研为基础的分析》，载《法学家》2013年第5期。

〔5〕 汪玉芳、付姗姗、杜冰花：《劳教事由类型研究——基于劳教案件的实证分析》，载《西南交通大学学报（社会科学版）》2014年第4期。

据此进行数据统计，在代表性方面稍有欠缺。遗憾的是，循证矫正潮流 20 世纪 90 年代才开始兴起，其研究范式近年才在我国得到重视，导致劳教领域缺乏更多的量化实证研究文献以提供更多的科学评估结论。

劳教制度存废之争由来已久，我们可以从劳教废止前的相关研究以及历史政策文献来探究劳教的矫正效果。劳教制度发端之初，中共中央 1955 年在《关于彻底肃清暗藏的反革命分子的指示》中指出：“对这次运动清查出来的反革命分子和其他坏分子……是不能判刑而政治上又不适于继续留用，放到社会上去又会增加失业的，则进行劳动教养……集中起来，替国家做工，由国家给予一定的工资。” 1957 年《国务院关于劳动教养问题的决定》规定：“劳动教养，是对于被劳动教养的人实行强制性教育改造的一种措施，也是对他们安置就业的一种办法。”可见，劳教制度在设计之初体现了人文关怀和教育改造并重的思路，确立了“教育、改造、挽救”的方针，而不完全是镇压。

1982 年确立了劳教制度新框架，当时公安部公布的《劳动教养试行办法》第 3 条规定：“……教育感化第一，生产劳动第二。在严格管理下，通过深入细致的政治思想工作、文化技术教育和劳动锻炼，把他们改造成为遵纪守法，尊重公德，热爱祖国，热爱劳动，具有一定文化知识和生产技能的建设社会主义的有用之材。”同时第 4 条明确了劳教所的特殊学校性质：“劳动教养场所，是对被劳动教养的人，实行强制性教育改造的机关，是改造人，造就人的特殊学校。” 1993 年劳动教养工作划归司法部管理，司法部发布的《劳动教养教育工作规定》（已失效）中提出“三个像”要求：像老师对待学生，像父母对待子女，像医生对待病人那样。还有很多细致的规定：“……坚持以政治思想、道德品质教育为核心，以技术教育为重点，辅之以文化教育，通过教育促使劳动教养人员转化思想、矫正恶习，使其成为遵纪守法的合格公民，自食其力的劳动者”（第 3 条）。“对劳动教养人员教育，坚持入所教育、常规教育、出所教育三个阶段，坚持共同教育、分类教育、个别教育、辅助教育与社会帮教结合，实现课堂化、制度化、系统化、正规化”（第 4 条）。1999 年司法部发布《少年教养工作管理办法（试行）》确立少年教养工作制度，其确立了“以教育为主，习艺性劳动为辅”的原则，实行半日学习、半日习艺性劳动的制度。有条件的少年教养管理所、队可以实行全日学习的制度。2005 年公安部发布《关于进一步加强和改进劳动教养审批工作的实施意见》，该意见对劳教制度进行了若干重大调整：律师可以代理劳动教养案件，并且全面实行聆询制度；劳教从过去最多 4 年缩短为最多 2 年。[1] 而且，劳教制度还存在一个制度优势——消除犯罪记录，避免对以后的生活和工作造成严重影响，特别是未成年和青年。不纳入犯罪体系，有利于严重违法人员改过自新，体现了惩罚仍不失宽厚的精神。[2] 因此，从劳教制度中的矫正方案设计来看，具有较强的专业性、矫正性和针对性。

综合来看，抛开制度合法性和执行中的乱象，对于符合条件的严重违法分子，劳教制度无论是惩戒还是矫正教育效果都具有一定的积极作用。

（三）劳教废止对社区矫正的影响

在针对劳教制度的众多方案中[3]，我国最终选择了废止。劳教制度所定位的违法人员也分流为两部分：不够刑事处分的纳入治安管理处罚；严重的违法行为进入刑事处罚。进入刑事处罚体系的人员主要是轻微罪行，由于社区矫正在刑罚执行中的轻缓特征，他们大都会进入社区矫正体系。相较于劳教制度半个多世纪的历史跨度，我国社区矫正只有十多年的发展历程。劳教制度废止对社区矫正运行会产生怎样的影响，是本研究的一个兴趣点。

1. 学界观点

很多学者认为，社区矫正经过了正当司法程序，更有利于矫正对象复归社会、实现社会权利[4]，后劳教时代应强化社区矫正的功能和作用[5]。还有学者认为，原劳教对象并没有严重的社会危害性与人身危险性，机构处遇不利于教育矫治目的的实现。社会处遇还能够大大节约我国司法资源，降低执法成本。[6] 但也有学者对社区矫正能否有效承接这些功能提出了质疑：实际

---

〔1〕 王公义：《劳动教养制度存废问题研究》，载《中南民族大学学报（人文社会科学版）》2012 年第 3 期。

〔2〕 熊秋红：《劳动教养制度改革的路径选择——以实证调研为基础的分析》，载《法学家》2013 年第 5 期。

〔3〕 除了废止，还包括实行轻罪制度、保安处分化、教养处遇和制定违法行为教育矫治法等建议。

〔4〕 李川：《废止劳教后社区矫正的职能定位研究：基于权利均衡的视角》，载《人权》2015 年第 3 期。

〔5〕 林春岚、杜婷婷、关慧怡、吴佳静：《后劳教时代社区矫正与行政处罚的衔接》，载《法制博览》2015 年第 18 期。

〔6〕 陈伟：《劳教制度废除后的法律衔接机制探究》，载《暨南学报（哲学社会科学版）》2015 年第 12 期。

工作中社区矫正多流于形式，矫正对象名义上处于刑事处罚矫治期，但实际缺乏有效矫治或监管，放任其自身发展，社区矫正成为逃避刑罚、监所惩处的最佳方式。[1] 在中国社科院法学所针对前劳教专业人士的调研中，69.2% 选择了"不支持社区矫正替代劳动教养"，司法行政系统样本里面不支持率更是高达 90.9%。[2]

后劳教时代严重违法、轻微犯罪的惩治规范体系也是一个讨论焦点。高美琴指出，劳教制度废止导致我国的违法犯罪制裁体系在行政处罚和刑罚制裁之间出现一个缺口，比如适用行政处罚力度不够，但刑罚制裁又显得过重的情况。[3] 但是这种担心显得有点多余：一方面，劳动教养的严厉程度高于开放式执行的社区矫正，原有的"治安管理处罚—劳动教养—刑罚"三级体系本就不是一个严格的等级序列；另一方面，我国《刑法》规定的轻微刑罚，如管制、拘役和短期有期徒刑，加上罚金和缓刑等，完全可以满足对原劳教对象的刑事处罚需要。[4] 其中拘役的起点为 1 个月，现有的行政拘留最长为 15 日，基本上实现了对接。

2. 社区矫正一线的声音：没有什么影响

相对于学界对于劳教废止及其对社区矫正影响的系列争论，社区矫正一线却是波澜不惊，"劳教是劳教，社区矫正是社区矫正，两者没有什么必然联系。"某区县社区矫正分管副局长如此谈道。一位司法所所长坦言："劳教是由公安作出的，社区矫正是由法院作出的。从我们接收矫正对象的角度来看，同以前相比没有什么变化。"

"2014 年我们这里的社区矫正对象数量反而还下降了。"北京某区社区矫正科长还进一步详细介绍了当地劳教制度废止后的具体情况，"这是由于剥权不再进入社区矫正，同时监狱也开始谨慎从严，收紧了假释。管制不便监管

---

〔1〕　刘玉杰：《"后劳教时代"轻微违法犯罪人群综合治理现状调查与探析》，载《第八届中部崛起法治论坛论文集》2015 年 10 月 19 日。

〔2〕　熊秋红：《劳动教养制度改革的路径选择——以实证调研为基础的分析》，载《法学家》2013 年第 5 期。

〔3〕　高美琴、孙权：《劳教制度废除后，劳教人员何去何从?》，载《人民政协报》2014 年 3 月 31 日，第 5 版。

〔4〕　熊秋红：《劳动教养制度改革的路径选择——以实证调研为基础的分析》，载《法学家》2013 年第 5 期。

（重犯后一般进行行政处罚，而不是收监），能判缓刑的都判缓刑了。由此导致这个时期缓刑的比例有较大幅度上升，但社区矫正对象的总量是下降的。"为了证明其所言非虚，他们专门提供了 2012—2014 年间当地社区矫正对象统计数据，这三年的年末总人数分别为 282 个、262 个和 247 个，参见下表 1-1：

表 1-1　北京某区劳教废止前后社区矫正对象各类别数量变化

年　份	管　制	缓　刑	假　释	监外执行	剥　权	合　计
2012 年末	0	204	72	6	0	282
2013 年末	14	201	43	4	0	262
2014 年末	3	209	31	4	0	247

表格数据印证了该科长的谈话内容：3 年间，假释和管制数量急剧减少，剥权数量为 0，缓刑绝对数量小幅度增长但所占比例提高了不少（因其他类别在减少）。然而，从该区的数据我们仍然不能确定劳教制度废止到底对社区矫正有什么影响以及影响有多大，因为该区总人数的减少主要是由于假释收紧，而假释人员的变化与劳教制度没有什么联系。而且，仅仅北京一个区的简单大类数据，可能难以代表更广更深层面的变化。因此，我们还需要更多省市更全面的调查数据，通过假设检验来判断。

二、劳教相关数据分析

（一）劳教废止对社区矫正影响的假设检验

党的十八届三中全会决定指出劳教制度废止后需健全社区矫正制度，学界很多研究也潜在假设社区矫正将承接原来应纳入劳教的人员，按理社区矫正数量将迎来一定程度增长，工作人员的负担也将相应加重。但是不少社区矫正一线人员却认为没什么影响。鉴于此，我们可以建立研究假设：零假设——劳教制度废止对社区矫正没有影响，备选假设——劳教制度废止对社区矫正工作有影响。该研究假设可以进一步操作化为两个方面：

1. 矫正对象人数变化方面

零假设：劳教制度废止后社区矫正对象人数没有变化；备选假设：劳教制度废止后社区矫正对象人数有变化。

2. 社区矫正工作负担变化情况

零假设：劳教制度废止后社区矫正工作负担没有变化；备选假设：劳教制度废止后社区矫正工作负担加重了。

这两方面的假设检验，主要通过针对工作人员的两个问题来实现：

问题一："2013 年底我国正式废止劳教制度，从那以后，您所在单位负责的矫正对象的增减情况怎么样？"

共有 798 人回答了该问题，填答结果统计如下：38 人（4.76%）选择了"减少了不少"，90 人（11.28%）选择了"略有减少"，245 人（30.70%）选择了"没什么变化"，181 人（22.68%）选择了"增长 10% 以内"，114 人（14.29%）选择了"增长 11%~30%"，67 人（8.40%）选择了"增长 31%~60%"，34 人（4.26%）选择了"增长 61%~100%"，29 人（3.63%）选择了"增长 100% 以上"。参见下图 1-1：

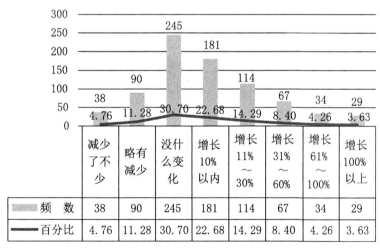

图 1-1　劳教废止调查单位矫正对象增减情况

在该问题中，零假设：劳教制度废止后社区矫正对象人数没有变化，即 Ho：均数 = 3（没什么变化），备选假设 Ha：均值 ≠ 3。t 检验结果如下表 1-2 所示：

表1-2 劳教废止后矫正对象人数变化 t 检验

样本量	均 值	标准误	标准差	95%置信区间	
798	3.909	0.057	1.620	3.796	4.021
t= 15.8399 Ha：均值< 3 Pr（T<t）= 1.0000		Ho：均值=3 Ha：均值≠3 Pr（|T| > |t|）= 0.0000		自由度= 797 Ha：均值 > 3 Pr（T>t）= 0.0000	

从以上假设检验结果可以看出，备选假设 Ha：均值≠3（双侧检验），其 Pr（|T|>|t|）= 0.0000 达到了 0.001 的显著度，否定零假设 Ho：均值= 3，即劳教制度废止对社区矫正对象数量变化具有显著影响。从单侧检验来看，备选假设 Ha：均值>3，Pr（T>t）= 0.0000 也达到了 0.001 的显著度，即劳教制度废止导致了社区矫正对象数量的增加。

调查中我们还进一步了解了劳教制度废止后，矫正对象数量增加最多的犯罪类型，统计如下图 1-2 所示：

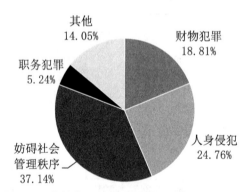

图1-2 劳教废止后社区矫正犯罪类型增加情况

在选择增加的 420 人中，156 人（37.14%）选择了"妨碍社会管理秩序"、104 人（24.76%）选择了"人身侵犯"、79 人（18.81%）选择了"财物犯罪"、22 人（5.24%）选择了"职务犯罪"，还有 59 人（14.05%）选择了"其他"，在问题后的空格中罗列的包括：打架斗殴、酒驾、信用卡诈骗、经济犯罪、盗窃、涉毒、销售假药……填列的具体犯罪类别很多都可以归入前面的几个大类。在管理工作中应该思考的是，面对劳教制度废止后社区矫正增加较多的违反社会管理秩序和人身侵犯的人员，如何更加有效地矫正他们的行为和观念。

问题二："劳教制度的废止，对您的工作负担加重有什么影响?"

共813人回答了该问题，填答结果统计如下：254人（31.24%）选择了"没有影响"，156人（19.19%）选择了"不好说"，237人（29.15%）选择了"有点影响"，138人（16.97%）选择了"比较有影响"，28人（3.44%）选择了"影响非常大"。参见下图1-3：

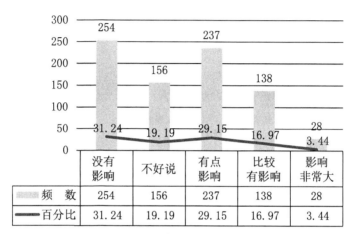

	没有影响	不好说	有点影响	比较有影响	影响非常大
频　数	254	156	237	138	28
百分比	31.24	19.19	29.15	16.97	3.44

图1-3　劳教废止对工作负担加重的影响

该问题中，零假设：劳教制度废止后社区矫正工作负担没有变化，即 Ho：均数=1（没有影响），备选假设 Ha：均值≠1。t检验结果如下表1-3所示：

表1-3　劳教制度废止对工作负担加重影响 t 检验

样本量	均　值	标准误	标准差	95%置信区间	
813	2.422	0.0417	1.190	2.340	2.504
t = 34.0633 Ha：均值<1 Pr（T<t）= 1.0000		Ho：均值 = 1 Ha：均值≠1 Pr（∣T∣>∣t∣）= 0.0000		自由度 = 812 Ha：均值> 1 Pr（T>t）= 0.0000	

从假设检验结果可以看出，备选假设 Ha：均值≠1（双侧检验）和 Ha：均值>1（单侧检验），Pr（∣T∣>∣t∣）= 0.0000都达到了0.001的显著度，否定零假设 Ho：均值=1，即劳教制度废止对社区矫正工作负担加重具有

显著影响。

虽然假设检验得出劳教制度废止确实对社区矫正有所影响，但我们同时也应该看到，这种影响并不是太大。问题一的均值为 3.909，对应选项为"增长 10%以内"，问题二的均值 2.422 对应"有点影响"，即无论是矫正对象数量增长还是工作负担加重，这两方面的影响都比较有限。因此，后劳教时代社区矫正的实际情况，并不像学界预计那样面临较大影响，也不是一线人员认为的没有影响。

（二）影响因素的相关及回归分析

在以上假设检验中，可以看出劳教制度废止对社区矫正实践确实具有一定影响，但是两个问题的描述性统计中填答结果分化也比较大。问题一中选择"减少了不少""略有减少""没什么变化"的总比例高达 46.74%，其中 30.70%的人认为"没什么变化"，在所有选项中占比最高。问题二中选择"没有影响""不好说"的总比例也达到了 50.43%。鉴于这种情况，我们就有必要进一步深入分析，哪些因素导致了这些认识分化。

1. 矫正对象人数变化的相关分析

对于问题一，因为单位接收的矫正对象数量变化是一个客观数据，我们初步判断这与不同的地方有关联，而与工作人员个人信息方面的自变量没有太多关联。为了验证这个判断，我们选择了"工作地点"这个自变量同问题一进行相关分析，工作地点的选项及赋值为："城市中心""城市中心外一点""城郊接合带""近郊""远郊""县城""农村"。两个变量都是定序数据，于是我们采用斯皮尔曼秩相关系数（spearman rank correlation）和列联表及卡方检验进行分析。

（1）斯皮尔曼秩相关系数分析结果。

样本量＝797　Spearman's rho＝−0.2268　Prob>│t│＝0.0000

零假设 Ho：劳教制度废止后矫正对象数量变化与工作地点之间没有影响。

P 值 Prob>│t│＝0.0000，达到了 0.001 的显著水平，否定零假设，这两个变量确实相关，相关系数 Spearman's rho＝−0.2268。因此，劳教制度废止后不同地方的矫正对象数量变化情况确实有所不同。相关系数为负数，表明两者为负相关关系，即越靠近城市中心增长越多，越接近农村地区增长越少。

（2）列联表及卡方检验结果。检验得出不同地方对矫正对象数量变化有影响后，还需要进一步明确不同地方矫正对象数量变化的具体情况，列联表交叉分析可以帮助找到答案。为了使这种影响看起来更加清晰，这里将变量"矫正对象人数变化"的 8 个选项合并为 2 个选项："不变或减少""增加"。参见下表 1-4：

表 1-4　矫正对象人数变化与工作地点交叉分析表

	城市中心	城市中心外一点	城郊接合带	近　郊	远　郊	县　城	农　村	合　计
不变或减少/%	49	59	24	18	96	80	46	372
	33.11	44.03	43.64	35.29	47.06	66.67	54.12	46.68
增加/%	99	75	31	33	108	40	39	425
	66.89	55.97	56.36	64.71	52.94	33.33	45.88	53.32
合　计	148	134	55	51	204	120	85	797
Pearson chi2 (6) = 5.3526　Pr = 0.000.								

从列联表分析和检验结果可以发现，皮尔森卡方检验 P 值 0.000 达到了 0.001 的显著水平，进一步证明行变量和列变量之间存在显著的相关关系。

具体从各行列比例变化情况来看，"县城"和"农村"选择不变或减少的总比例分别为 66.67% 和 54.12%，这意味着县城和农村在调查前一年社区矫正对象总体数量是减少的。而"城市中心""城市中心外一点""城郊接合带""近郊"和"远郊"选择增加的总比例分别为 66.89%、55.97%、56.36%、64.71%、52.94%，这反映出同一时期城市及郊区的社区矫正对象数量呈增长态势。

2. 工作负担加重影响因素 Logistic 回归分析

对于问题二（劳教制度的废止，对您的工作负担加重有什么影响?），其影响因素可能比较多，不仅涉及一些客观情况，也可能同工作人员的一些基本信息、工作方式及矫正对象的一些状况有关联。通过序次 Logistic 回归筛选出了对该问题具有显著性影响的 7 个因素（没有达到显著程度的因素略去，后同），由此建立的回归模型参见下表 1-5：

表1-5　工作负担加重影响因素序次 Logistic 回归

	Odds Ratio	标准误	z	P>|z|	95%置信区间	
工作层级	0.891	0.043	-2.41	0.016	0.811	0.979
矫正对象数量变化	1.411	0.073	6.63	0.000	1.275	1.562
GPS 使用效果	1.163	0.082	2.14	0.033	1.013	1.337
享受低保比例	1.294	0.103	3.23	0.001	1.106	1.513
同矫正对象的沟通情况	0.807	0.050	-3.50	0.000	0.715	0.910
法规了解程度	1.153	0.067	2.43	0.015	1.028	1.293
社工的必要性	1.160	0.068	2.52	0.012	1.034	1.301
样本量=584		LR chi2（7）= 91.14			Prob>chi2=0.0000	
Log likelihood=-799.488 49					Pseudo R2=0.0539	

注：各自变量的选项及赋值如下：工作层级（1. 一线直接服务、2. 基层协助、3. 基层机构管理、4. 街乡层面管理、5. 区县层面管理、6. 地市级以上管理），矫正对象数量变化（同前述问题一），GPS 使用效果（1. 没什么效果、2. 不好说、3. 还不错、4. 效果比较明显、5. 效果非常明显），享受低保比例（0%、低于10%、10.1%~25%、25.1%~50%、50.1%~75%、75.1%~100%），同矫正对象的沟通情况（1. 全都难以沟通、2. 大部分难以沟通、3. 部分难以沟通、4. 不好说、5. 沟通得还可以、6. 沟通得比较好、7. 沟通得非常好），法规了解程度（1. 都不太清楚、2. 大部分不清楚、3. 部分不清楚、4. 不好说、5. 掌握得还可以、6. 掌握得比较好、7. 掌握得非常好），社工的必要性（1. 完全没必要、2. 不太必要、3. 有点不必要、4. 不好说、5. 有点必要、6. 比较有必要、7. 非常有必要）。

从以上模型可以看出，筛选出来的具有显著性影响的 7 个自变量中，所有的 P 值都达到了 0.05 的显著水平，矫正对象数量变化、享受低保比例和同矫正对象的沟通情况还达到了 0.001 的显著水平。

工作层级的 Odds Ratio 系数为 0.891，数值小于 1，意味着工作层级每提升 1 个层次，选择劳教制度废止对工作负担加重的影响增加 1 个等级的概率降低 10.9%（1-Odds Ratio，后同）。[1]这说明在社区矫正工作中，位于基层

──────────

〔1〕 Odds Ratio/OR，称为比值比或优势比/胜率，指考察组中发生数量与不发生数量的比值除以参照组中发生数量与不发生数量的比值。该值一般同 1 进行比较（如果等于 1 表示没有效果），如果 OR 值大于 1，则表示发生概率为对照组的 OR 倍，或者增加了（OR~1）倍；如果 OR 值小于 1，则表示发生概率为对照组的 OR（百分比），或降低了（1-OR）。参见 http://www.ttdoc.cn/article/395.jhtml.

一线的工作人员更能感受到劳教制度废止带来的影响，而层级越高的管理人员越少感觉到这种影响。矫正对象数量变化的 Odds Ratio 系数为 1.411，数值大于 1，意味着矫正对象数量变化每上升 1 个层次，选择劳教制度废止对工作负担加重的影响增加 1 个等级的概率增加 41.1%（Odds Ratio-1，后同），表明矫正对象数量增加越多影响就越大。GPS 效果（1.163）意味着 GPS 定位监管效果每提升 1 个层次，选择影响增加 1 个等级的概率增加 16.3%。这说明实施 GPS 定位监管，并不是减少了工作的负担，而是增加了工作任务，尤其是需要达到一定效果的情况下。享受低保比例（1.294）意味着矫正对象享受低保的比例每上升 1 个层次，选择影响增加 1 个等级的概率增加 29.4%，说明低保比例越高，工作人员的负担就更重。沟通情况（0.807）意味着同矫正对象沟通情况每改善 1 个层次，选择影响增加 1 个等级的概率降低 19.3%，说明沟通做得好，可以减轻工作负担。法规了解程度（1.153）意味着工作人员对政策法规了解程度每提升 1 个层次，选择影响增加 1 个等级的概率增加 15.3%，这反映出对社区矫正法规政策掌握得越深入越能感觉劳教制度废止带来的影响，因为理解越深入就越清楚社区矫正工作的各种细节要求。社工的必要性（1.160）意味着认为引入社工的必要性每上升 1 个层次，选择影响增加 1 个等级的概率增加 16.0%，表明越是认为有必要在社区矫正中融入社会工作，就越觉得社区矫正需要做出很多调整，工作负担也会有所加重。

（三）社区矫正和劳教的比较分析

通过以上分析可见，劳教制度废止确实对社区矫正造成了一定影响。接下来我们将根据工作人员的调查数据进一步分析社区矫正和劳教这两种矫正制度，哪种方式更加有效。这里抛开合法与否或是否废止，仅从纯粹的矫正方法层面进行考量。该比较主要通过针对工作人员设计的问题来实现：

问题三："您觉得社区矫正还是劳教在思想和行为矫正方面更加有效？"

共有 800 人回答了该问题，结果统计如下：194 人（24.25%）选择了"劳教"，606 人（75.75%）选择了"社区矫正"。参见下图 1-4：

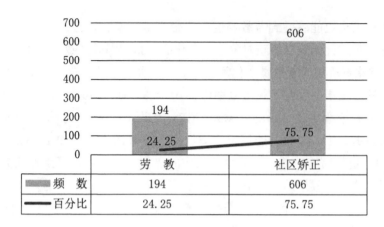

图 1-4 劳教和社区矫正谁更有效

可见，约 3/4 的工作人员认为社区矫正更加有效。与此同时，虽然劳教制度已经废止，但是仍然有约 1/4 的工作人员认为劳教在对罪犯的思想和行为矫正中更加有效。我们关心的是，哪些因素影响了他们的选择。

1. 二分类 Logistic 回归分析

该问题是 0-1 两分类问题，比较适合二分类 Logistic 回归分析。逐步回归得出的模型如下表 1-6：

表 1-6　社区矫正和劳教谁更有效 Logistic 回归分析

	Odds Ratio	标准误	z	P>|z|	95%置信区间	
工作年限	0.903	0.027	-3.38	0.001	0.851	0.958
了解社工程度	1.256	0.104	2.75	0.006	1.068	1.478
是否采用 GPS	0.367	0.097	-3.79	0.000	0.218	0.616
GPS 使用效果	1.662	0.203	4.16	0.000	1.308	2.110
教育学习效果	1.323	0.113	3.29	0.001	1.120	1.563
享受低保比例	1.409	0.184	2.62	0.009	1.090	1.821
遵守纪律情况	0.705	0.099	-2.48	0.013	0.535	0.929
调查情况	0.848	0.065	-2.14	0.032	0.729	0.986
就业困难状况	1.284	0.112	2.88	0.004	1.083	1.523

续表

	Odds Ratio	标准误	z	P>|z|	95%置信区间	
政府部门协调	1.420	0.157	3.18	0.001	1.144	1.762
样本量＝561		LR chi2（10）＝96.03			Prob>chi2＝0.0000	
Log likelihood＝－267.1803					Pseudo R2＝0.1523	

注：各自变量的选项及赋值如下（前面已经说明的略过）：工作年限为实际从事社区矫正的年数，了解社工程度（1. 没听过、2. 听过，没接触、3. 参加过培训、4. 学习过、5. 初级社工师、6. 中级社工师），是否采用 GPS（0. 没有采用、1. 采用了），教育学习效果（1. 走形式而已、2. 没什么效果、3. 有一点没意思、4. 不好说、5. 还不错、6. 效果比较明显、7. 效果非常明显），遵守纪律情况（1. 全部表现很好、2. 绝大部分表现好、3. 半数表现好、4. 不好说、5. 小部分表现好、6. 个别表现好、7. 没有表现好的），调查情况（1. 没有开展社会调查、2. 不好说、3. 个别粗略了解一些情况、4. 个别深入调查一部分一般了解、5. 少部分深入调查大部分一般了解、6. 大部分深入调查少部分一般了解、7. 全部深入调查），就业困难情况（1. 几乎所有都就业困难、2. 大部分就业困难、3. 半数就业困难、4. 不清楚、5. 少部分就业困难、6. 个别就业困难、7. 没有人就业困难），政府部门协调（1. 没有协调、2. 个别协调、3. 少部分协调、4. 比较多协调、5. 非常多协调）。

上表中列出的自变量都是达到 0.05 显著水平的因素，了解社工程度、享受低保比例和就业困难状况达到了 0.01 的显著水平，工作年限、是否采用GPS、GPS 使用效果、教育学习效果、政府部门协调等变量还达到了 0.001 的显著水平。

工作年限（0.903）意味着从事社区矫正工作每增长 1 年，工作人员选择社区矫正更有效的概率下降 9.7%，即工作年限越长反而越倾向于认为劳教更加有效。了解社工程度（1.256）意味着对社工了解程度每上升 1 个层次，选择社区矫正的概率会增加 25.6%，说明对社工了解得越深入对社区矫正越有信心。是否采用 GPS（0.367）意味着实施了 GPS 监管的工作人员选择社区矫正的概率会下降 63.3%，而没有实施 GPS 的更倾向于社区矫正。GPS 使用效果（1.662）意味着实施 GPS 的效果每上升 1 个层次，选择社区矫正的概率会增加 66.2%。教育学习效果（1.323）意味着针对矫正对象的教育学习效果每改善 1 个层次，选择社区矫正的概率会增加 32.3%。享受低保比例（1.409）意味着享受低保的比例每上升 1 个层次，选择社区矫正的概率就会增加

40.9%。遵守纪律情况（0.705）意味着矫正对象遵守纪律的情况每恶化1个层次，选择社区矫正的概率就会降低29.5%。调查情况（0.848）意味着对矫正对象调查每深入1个层次，选择社区矫正的概率就会降低15.2%。就业困难状况（1.284）意味着矫正对象的就业困难状况每改善1个层次，选择社区矫正的概率会增加28.4%。政府部门协调（1.420）意味着同其他政府部门协调程度每上升1个层次，选择社区矫正的概率就会增加42.0%。

值得一提的是，"以前是否从事过劳教工作"这个变量在该 Logistic 回归分析中并没有呈现出显著性。这出乎我们最初的预想，于是我们单独针对这两个变量，通过列联表及卡方检验进行双变量相关分析，结果依然是"不相关"，参见下表1-7：

表1-7　是否从事过劳教与社区矫正/劳教倾向性的交叉分析

	没　有	2 年内	2~5 年	5~10 年	10 年以上	合　计
劳　教	161	12	2	7	11	193
社区矫正	498	22	24	16	42	602
合　计	659	34	26	23	53	795
Pearson chi2（4）= 6.9757　　　　Pr = 0.137						
likelihood-ratio chi2（4）= 7.8010　　Pr = 0.099						

从上表可以看出，无论是皮尔森卡方还是似然比都没有达到 0.05 的显著水平，说明这两个变量确实是彼此独立的。换言之，是否从事过劳教工作，并没有影响工作人员的倾向性。

2. 选择社区矫正或劳教的理由

我们需要进一步了解社区矫正或劳教中的哪些因素，使工作人员觉得更有利于提高矫正效果。

选择社区矫正更有效（573 人）选答出的主要理由包括：228 人（39.79%）选择了"案主没有脱离社会"、150 人（26.18%）选择了"矫正对象更认同"、127 人（22.16%）认为"工作更贴近案主需求"、35 人（6.11%）选择"双方关系更好"。另有 33 人（5.76%）选择了"其他"，在"其后"的空格中填答内容归纳起来包括"更加人性化、合理化和法制化，没有脱离社会还能得到帮扶，更能体现矫正效果"等。参见下图 1-5：

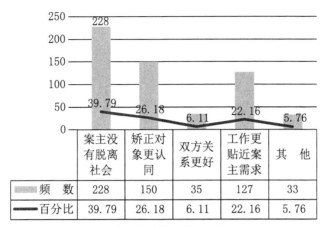

	案主没有脱离社会	矫正对象更认同	双方关系更好	工作更贴近案主需求	其　他
频　数	228	150	35	127	33
百分比	39.79	26.18	6.11	22.16	5.76

图1-5　选择社区矫正更有效的理由

选择劳教更有效（290人）给出的主要理由包括：143人（49.31%）认为"劳教所更容易监控"、62人（21.38%）认为"更有权威"、52人（17.93%）认为"开展工作更有资源"、4人（1.38%）认为"工作更轻松"。另有29人（10.00%）选择了"其他"。参见下图1-6：

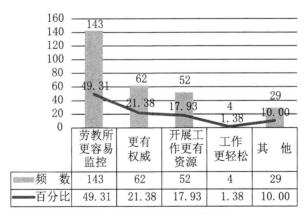

	劳教所更容易监控	更有权威	开展工作更有资源	工作更轻松	其　他
频　数	143	62	52	4	29
百分比	49.31	21.38	17.93	1.38	10.00

图1-6　选择劳教更有效的理由

综合来看，选择社区矫正有效的工作人员更加关注矫正对象的需求和回归，而选择劳教有效的则更强调对矫正对象的监管。

（四）社区矫正对象的看法

劳教和社区矫正谁更有效，矫正对象的看法也具有一定的参考价值。在对社区矫正对象的问卷中，我们专门询问了与劳教相关的几个问题。

1. 描述性统计

（1）对劳教制度的了解程度。1163名矫正对象中，84人（7.22%）表示"没听说过"、140人（12.04%）表示"不好说"、599人（51.50%）表示"知道一点"、224人（19.26%）表示"比较清楚"、116人（9.97%）表示"非常清楚"。此外，在1158名回答者中有516人（44.56%）表示"不知道劳教制度已经废止"，其余642人（55.44%）"知道"。参见下图1-7：

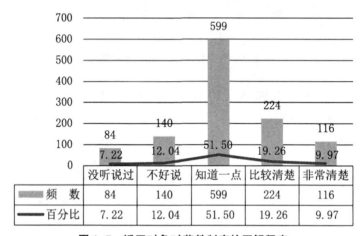

	没听说过	不好说	知道一点	比较清楚	非常清楚
频　数	84	140	599	224	116
百分比	7.22	12.04	51.50	19.26	9.97

图1-7　矫正对象对劳教制度的了解程度

（2）以前是否接受过劳教。1170名矫正对象中，1105人（94.44%）没有接受过、42人（3.59%）接受过1次、18人（1.54%）接受过2次、5人（0.43%）接受过3次及以上。参见下图1-8：

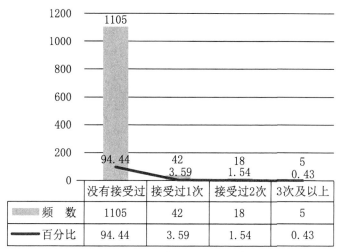

图 1-8　矫正对象接受劳教的情况

2. 原因分析

我们设计了一个 0-1 问题：

问题四：您更愿意参加社区矫正还是原来的劳教？

可想而知，回答结果一边倒，在 1138 名社区矫正对象中仅 10 人（0.88%）表示更愿意参加劳教，而其余 1128 人（99.12%）都选择了社区矫正。参见下图 1-9：

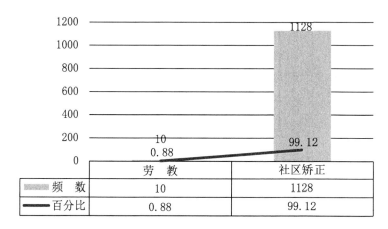

图 1-9　社区矫正对象的倾向性

（1）选择劳教的原因。在罪犯矫正领域，需要关注那些少数的极端个案。因此，我们通过 Logistic 回归对该问题进行了分析，最终建立的模型如下表1-8：

表1-8 矫正对象更愿意参加社区矫正还是劳教 Logistic 回归

	Odds Ratio	标准误	z	P>|z|	[95%置信区间]	
报到频次	0.197	0.114	−2.80	0.005	0.063	0.614
学习频次	2.999	1.673	1.97	0.049	1.005	8.948
评价学习	1.946	0.499	2.60	0.009	1.177	3.218
家庭关系变化	2.195	0.716	2.41	0.016	1.158	4.162
沮丧焦虑状况	0.515	0.137	−2.50	0.012	0.306	0.866
样本量=1067		LR chi2 (5) = 46.86			Prob>chi2 = 0.0000	
Log likelihood = −23.687 412					Pseudo R2 = 0.4972	

注：各自变量的选项及赋值如下：报到频次（1.1周1次或更多次、2.2周1次、3.1个月1次、4.3个月1次、5.3个月~半年1次、6.半年以上报到、7.几乎不用报到），学习频次（1.1周1次或更多次、2.2周1次、3.1个月1次、4.3个月1次、5.3个月~半年1次、6.半年以上参加、7.几乎不用参加），评价学习（1.走形式而已、2.没什么收获、3.有一点没意思、4.一般、5.还不错、6.学到较多东西、7.收获很大），家庭关系变化（1.急剧恶化、2.变得比较差、3.变得有点不好、4.没有变化、5.变得稍好、6.比以前好多了、7.非常好了），沮丧焦虑状况（1.从来没有、2.比较少、3.有点少、4.一般、5.有点多、6.比较多、7.经常）。

上述模型中，报到频次和评价学习达到了 0.01 的显著水平，学习频次、家庭关系变化、沮丧焦虑状况达到了 0.05 的显著水平。

报到频次（0.197）意味着报到的频次每轻缓 1 个层次，选择社区矫正的概率降低 80.3%。学习频次（2.999）意味着参加教育学习的频次每轻缓 1 个层次，选择社区矫正的概率增加 199.9%。评价学习（1.946）意味着对教育学习的评价每提升 1 个层次，选择社区矫正的概率增加 94.6%。家庭关系变化（2.195）意味着家庭关系每改善 1 个层次，选择社区矫正的概率增加 119.5%。沮丧焦虑状况（0.515）意味着沮丧焦虑状况每恶化 1 个层次，选择社区矫正的概率下降 48.5%。

只有 10 人选择了劳教，我们专门调取这 10 个样本在以上 5 个自变量上的数据。他们报到和学习的频次都在 1 个月 1 次左右，但他们对报到和学习的态度区别较大。他们更愿意去报到（Odds Ratio 系数为 0.197），也许感觉这样可以同工作人员多交流一些，但是他们对学习教育的效果评价普遍都不高。他们家庭关系都已经恶化或疏离。最为突出的特征是，他们大都时常感到沮丧。

（2）选择社区矫正的理由。上题中绝大部分矫正对象都选择了社区矫正，我们在该题后面专门设计了一个开放式问题："请简要说说您选择劳教或社区矫正的理由。"选择社区矫正的人员中，共有 566 人填答了该题，通过词频统计法可以展现他们填答理由的排序，如下表 1-9 所示：

表 1-9　选择社区矫正的主要理由排序

自　由	家（家人/家庭）	人性化	生　活	工　作	正　常
106	88	65	61	33	27

可以看出，选择社区矫正的矫正对象最看重的是"自由"，接下来是和家人在一起正常地生活和工作，接受人性化的矫正管理。这里简要综合了他们的填答内容，以使读者更加全面地了解他们的想法。

社区矫正，首先是自由，不愿意被关起来劳动，人身也不会受到侵犯，不用长期接触其他罪犯，和正常人没太大区别。可以合理地安排时间，承担自己应该承担的责任，在生活中改变自己的犯罪行为。同时，在熟悉的环境中，和家人一起生活，照顾家人，也能同朋友交往。生活和工作两不误，能够发挥自己的一技之长，还能有经济收入，减少个人和家庭的损失。

社区矫正管理也比较人性化，工作人员非常耐心、热心，尽量帮助我们，使自己感受到社会的尊重和关怀，不被歧视。还提供一些机会，让我们参加社区活动，对社会有所贡献。因为年老或生病，适合社区矫正。

在社区矫正过程中，让自己学到很多以前不知道的知识，尤其是法律法规方面的内容。教育方法注重实效，使自己深刻认识到曾经犯下的错误，今后绝不再犯法。干警以身作则，帮助我们、教育我们怎样做一个合格的社会人。因此，社区矫正非常有意义，收获很大。

也有一些略显悲观的看法：社区矫正给我们保留了一丝希望，不会对人生失去信心，不会产生报复社会的念头。自己无权选择，服从而已，无可奈何。

三、相关讨论

（一）数据分析结果延伸

我们的调查数据分析显示，劳教制度废止后一年时期内，社区矫正工作并不像学界预计的那样迎来较大幅度增长，也不是一线人员认为的没有变化。社区矫正对象的数量确实有所增加，但增长幅度约在 10% 以内。这与同时期官方透露的数据是一致的，司法部社区矫正管理局局长姜爱东在接受采访时表示，2014 年底全国社区服刑人员 73 万人，而该数字在 2013 年底为 66.7 万人，即劳教制度废止后的一年内社区服刑人员数量增加了 6.3 万人，增长率为 9.4%。[1]这也说明，本研究具有较强的信度。增长较多的犯罪类型是违反社会管理秩序和人身侵犯。假设检验还发现，劳教制度废止确实也对加重工作人员的工作负担造成了一定影响，但也仅仅是"有点影响"。然而，由于我们的调查主要是劳教制度废止后一年左右的变化，容易陷入"只缘身在此山中"的视角困境，即在如此短的时期内宏观发展变化趋势还未能充分展现出来。对于社区矫正对象数量近年变化趋势，本书将在第九章结合官方统计数据进一步深入讨论。

在斯皮尔曼相关系数和列联表及卡方检验下，劳教制度废止后矫正对象数量变化与所在区域呈现出显著性的相关关系：县城和农村社区矫正对象总体呈现减少态势，而同一时期城市及郊区社区矫正对象的数量却在增长。

通过对工作负担加重影响因素的序次 Logistic 回归，发现基层一线的工作人员更能感受到劳教制度废止带来的工作负担加重。矫正数量增长越多影响越大。GPS 监控实施后反而会加重工作负担，"实施 GPS 后需要经常查看监测屏幕，打电话提醒一些越界人员，还要做那些对佩戴 GPS 手环有抵触情绪对象的思想工作。"北京某区社区矫正科长 Z 这么谈到。享受低保比例越高的地方需要做更多工作。但同矫正对象沟通工作做得好，可以减轻工作负担。法规政策掌握得越深入越能感觉劳教制度废止带来的影响。工作人员越是

---

〔1〕 王姝：《劳教废止一年 社区服刑人员增 6 万》，载新京报，http://epaper. bjnews. com. cn/html/2015-01/18/content_558134. htm？div=-1，最后访问日期：2017 年 3 月 3 日。

认为有必要在社区矫正中融入社会工作，就越觉得社区矫正需要做出很多调整。

对于学界讨论的劳教和社区矫正在轻微犯罪矫正中哪种制度更有效，在回归分析中发现，工作年限越长，反而越倾向于劳教制度更有效，也许是他们经过多年工作实践后发现社区矫正的改造作用有限。但随着工作人员对社工了解和掌握的深入，会增强他们对社区矫正的信心。实施了 GPS 的反而认为劳教更有效，但随着 GPS 监管效果的提升，他们对社区矫正的信心也会增加。教育学习效果如果比较好，会更多选择社区矫正。享受低保比例增加，工作人员会对社区矫正更有信心（虽然导致工作负担加重，但会使困难矫正对象稳定下来）。此外，矫正对象不遵守纪律的情况增多、调查任务增多、就业困难对象增多，选择社区矫正的会减少。如果能够得到其他政府部门的更多支持，选择社区矫正的会增多。

在对矫正对象的调查中，绝大部分（99.12%）更愿意参加社区矫正。通过词频统计发现，选择社区矫正的矫正对象最看重的是自由，然后是和家人在一起正常地生活和工作，接受人性化的矫正管理。在回归分析中发现，倾向于劳教的极少数个案，他们愿意去报到，但是排斥学习教育。家庭关系急剧恶化或疏离，大都时常感到沮丧。一人还在开放式问题中专门指出："不想在社区接受烦琐的规定。"综合这些信息可以推测，这一小部分人面临严重的家庭和心理问题，对生活失去希望，想从工作人员那里得到帮助，类似劳教的监所也成为他们的一个选项。他们甚至有可能故意犯罪进入监所，因此这类人员属于高风险人员。

（二）中间级制裁视角下劳教措施探讨

无论是社科院法学所在劳教废止前对专业人士的调研，还是汪玉芳对劳教案例的分析，以及劳教历史政策文件分析，都在一定程度上说明，劳动教养作为一种矫正方法是比较有效的。本研究通过问卷数据分析显示，仍有约1/4 的社区矫正工作人员坚持认为劳教更加有效，而社区矫正对象中也有少数高需求人员希望进入这样的监所。劳动教养在其长期发展历史过程中，也积累了较为丰富的针对严重违法人员的矫正案例和经验。遗憾的是，由于制度层面的先天合法性不足和过于严厉等缺陷，以及后期在执行中的滥用性扩大化，劳教制度最终在舆论声讨下被废止。

然而，类似劳教的措施作为一种矫正方法在西方社区矫正领域却得到广泛运用。以美国为例，劳教主要以中间级处罚（intermediate sanctions）的形式出现。中间级处罚是指限制性高于传统的缓刑，但严厉程度和费用低于监禁刑的一系列社区矫正处罚措施，其中与劳教相似的包括整日报到中心（day re-porting/treatment centers，违规者需一段时间整天参与矫正中心活动），赔偿中心（restitution centers，矫正对象在其中劳动挣钱归还债务或赔偿损失），训练营（boot camp，主要针对青少年矫正对象，使其在其中接受严格的纪律训练、接受教育和工作培训），改造学校和培训学校（reform schools and training schools，高度监控的行为改造和训练所），威慑监禁（shock incarceration，矫正对象先入狱 1~3 个月再进入缓刑）等。这些措施在 20 世纪八九十年代"对犯罪强硬"时期被广泛采用，近年已经趋于下降，因为相关的矫正效果研究证据分化比较严重。[1]但是在循证矫正时代发现，这些中间级处罚措施如果瞄准高风险人员，并在其中加强社会工作等方面的人类行为矫正和感化服务，联系好回归社区的衔接支持体系，将明显提升矫正效果，有效降低再犯率。[2]并且，这些中间级处罚在保卫社会方面将增强公众对社区矫正的信心，同时丰富社区矫正的方法体系。如此也能更好地匹配社区服刑人员所犯罪行的严重程度，不至于要么监禁要么缓刑，而很多缓刑管理经常是敷衍了事。[3]同时也能更好地根据行为表现实施奖惩措施，不至于造成要么放任要么收监的悬崖效应。实务部门就可以根据矫正对象的风险和需求量体裁衣（tailor），设计个别化的矫正方案。因此，中间级制裁不仅仅是制裁，也可以在其中加强矫正恢复。

目前我国社区矫正系统的矫正措施还略显简单。监管教育帮扶三大方面的措施主要包括日常报告、思想汇报、双八制度（每月教育学习和社区服务均不低于 8 小时）、心理辅导、职业培训就业指导、联系社保、走访、考核等方面，而且很多措施在执行中还不尽如人意。基层社区矫正管理部门缺乏权威性，难以针对不服从管理的和高风险人员开展深入的认知行为矫正，对真

---

〔1〕 Todd R. Clear, *American Corrections in Brief*, Boston：Cengage Learning, 2017, pp. 94-105.

〔2〕 Todd R. Clear, *American Corrections in Brief*, Boston：Cengage Learning, 2017, pp. 328-329.

〔3〕 Doris Layton MacKenzie, *What Works in Corrections Reducing the Criminal Activities of Offenders and Deliquents*, Cambridge University Press, 2006, p. 304.

正困难的矫正对象帮扶手段有限（如无业无房无经济收入的"三无"对象），甚至也难以申请收监执行（因为检察院和法院程序比较烦琐，美国对于撤销社区矫正也充满争议，因为违反社区矫正管理条件并不一定是非法的[1]，除非重新犯罪）。这种状况的出现，与社区矫正中缺乏类似劳动教养的中间级惩矫措施有一定关系。

（三）路径选择探讨

基于以上劳动教养制度发展历程、废止缘由、政策文本分析、调查数据分析和中间级制裁措施探讨，笔者认为，可以将类似劳动教养措施纳入社区矫正系统，形成中间级的矫正设施。社区矫正对象群体中，总会存在少量风险较高人员，原有的社区矫正措施在面对这部分高风险人员时显得比较吃力。将原有的劳动教养设施或新设类似机构，形成中间级惩罚帮教措施，增强应对中高风险矫正对象的监管力度。如此，在违规惩罚方面就多了一些过渡选项，不会因为违规收监导致惩罚严厉程度差距过大，从而影响真正发挥矫正改造作用。美国夏威夷的"希望"项目（Hawaii's Opportunity Probation with Enforcement，HOPE)[2]取得了明显的效果，其主要做法是一旦违反社区矫正规定立刻由基层法庭决定收监1周左右，并在其间开展集中的认知行为、愤怒控制、动机激发、生活事件应对技巧等干预和训练，然后返回去继续参加社区矫正，通过这种方式让矫正对象思考是改变自己行为还是真正进入监狱。通过与对照组比较，"希望"项目在逮捕率、报到和尿检等方面都显示出显著的积极意义。这些中间级制裁项目当前的发展方向是减少军训和劳作项目，增加其中的矫正恢复元素，矫正社工在其中大有用武之地。美国社区矫正还有一个便利之处，即其与基层法院和基层监狱之间的紧密配合和衔接。我国虽然近年来不断呼吁加强刑事司法一体化，但基层司法各系统之间的衔接合作还有待加强，将劳动教养系统转型为中间级矫正设施是一个不错的选择。实际上，北京已经率先行动起来（江苏、秦皇岛等地也进行了相关探索），在原来的劳教所基础上建立了住宿式的社区服刑人员教育中心，还包括原有的

---

〔1〕　Cecelia Klingele, "Rethinking the Use of Community Supervision", *Journal of Criminal Law and Criminology*, 103（2013），pp. 1015–1069.

〔2〕　Angela Hawken and Mark Kleiman, "Managing Drug Involved Probationers with Swift and Certain Sanctions", *Evaluating Hawaii's Project HOPE*, report to the National Institute of Justice, 2009, No. 229023.

各区阳光中途之家。不过目前这些机构主要开展统一性的初始教育和集中教育，将来可以进一步向高风险人员短期监管、纪律训练、认知行为矫正、过渡性安置和职业培训等方面拓展。作为柔性的感化矫正方法，矫正社会工作在这些中间级矫正设施中，可以发挥更加重要的矫正帮扶作用。

第二章

社区矫正对象重新犯罪影响因素分析

针对矫正对象的调查问卷涉及 78 个问题，如何从众多的变量中筛选出对重新犯罪具有显著性影响的因素？在多元回归分析中有两种实现策略：一是纯数据变量筛选型，二是理论联系型。纯数据变量筛选主要将调查问卷中涉及的变量逐次放入回归模型中，因为涉及变量太多，在结果中只呈现具有显著性影响的变量，主要用于探索性分析之中。这是一种简单化处理策略，因为略去了不显著的变量，但统计学界很多学者认为不显著也是一种结果。其优点在于分析了所有的变量且简便易行。理论联系型则根据相关理论（往往基于一些经典理论或前期研究），有意识地选择若干重要变量构成自变量、控制变量和因变量，主要用于检验或发展理论。这种分析方式显得更加严谨和学术化，受到学术界的推崇，因其一方面将理论和数据建立联系，另一方面也分析不显著的变量。但这种分析方式可能会疏漏一些变量。本书采用了以上两种分析方式，前期主要采用纯数据变量筛选型（含第一、二章），后期在引入相关理论之后进一步采用理论联系型（见第八章）。因此，本章主要是一种简单化处理的探索性数据分析。

一、国内外关于社区矫正对象重新犯罪影响因素的研究

国内学界对社区矫正对象重新犯罪影响因素也进行过一些分析，但基本上都属于小范围的经验研究。

刘念等归纳了社区服刑人员面临的六类主要问题：户籍、住房、就业、家庭关系、心理和精神健康，这六类问题常常纠缠在一起，形成复杂状况。[1]

---

[1] 刘念、卢玮：《浅析个案社会工作方法介入社区矫正》，载《社会工作》2007 年第 7 期。

孙志丽指出，很多社区服刑人员缺乏对法律的正确认知，觉得自己是冤枉的，认为很多同样行为的人都没有入刑；过度自我认同、拒绝改变；犯罪前家庭经济状况贫困或富裕都可能激发犯罪，犯罪前对家庭越是依赖的人员，犯罪后越希望家庭出面解决问题，犯罪及担责意识越低。[1]

许疏影基于浙江省 106 起社区矫正人员再犯罪案件的统计分析和 19 起犯罪案件的拓展研究，指出社区服刑再犯人员主要为 40 岁以下的男性假释犯（占 23.6%）和缓刑犯（占 66.0%），但从矫正类别（含管制、缓刑、假释和监外执行等）分布来看，是否再犯与矫正类别没有明显相关（p = 0.220）。不良行为习惯和成瘾性行为是导致再犯的重要原因。不良结交、就业失败、经济困难、家庭问题导致犯罪发生，多次犯罪或身处犯罪圈内会增强对犯罪的认同和刑罚后果的迟钝感，从而强化犯罪行为模式。[2]

这些研究结论大都属于质性分析，主要通过理论探讨、访谈资料或经验分析而得，概括得出的影响因素都没有进行验证。许疏影的数据分析也比较简单，没有对重新犯罪的影响因素进行检验。

本研究着眼于对我国社区矫正对象重新犯罪影响因素进行全面测量和分析，此处操作化为三个因变量：社区矫正对象的快乐程度、矫正期间重新犯事状况、将来再犯罪可能性的自我预期。快乐程度是指社区矫正对象对自己目前总体状态的感受，可以综合反映出他们对生活和工作的满意度，也可以从这一侧面反映出他们的需求状态。重新犯事不仅包括重新犯罪行为，也包括一些没有引起严重后果的风险行为，以及一些不理智的冲动或念头。这些风险行为和冲动如果导致严重后果，即可能构成犯罪。将来再犯罪可能性的自我预期，是指矫正对象对自己未来是否可能重新犯罪的自我估计，即对重新犯罪行为的自我预判。

二、重新犯罪影响因素数据分析

（一）社区矫正对象的快乐程度

调查问卷中针对社区矫正对象快乐程度设计的问题是："总体而言，您对

---

[1] 孙志丽：《以需求为本的社区矫正工作研究》，载《知与行》2015 年第 1 期。
[2] 许疏影：《社区矫正人员重新犯罪调查报告——以浙江省为例》，载《青少年犯罪问题》2015 年第 1 期。

当前个人状况感到：①非常不快乐；②不太快乐；③有点不快乐；④一般；⑤还可以；⑥比较快乐；⑦非常快乐。"

该问题填答结果统计如下：43 人（3.71%）选择了"非常不快乐"，68 人（5.86%）选择了"不太快乐"，77 人（6.64%）选择了"有点不快乐"，231 人（19.91%）选择了"一般"，340 人（29.31%）选择了"还可以"，244 人（21.03%）选择了"比较快乐"，157 人（13.53%）选择了"非常快乐"。参见下图 2-1：

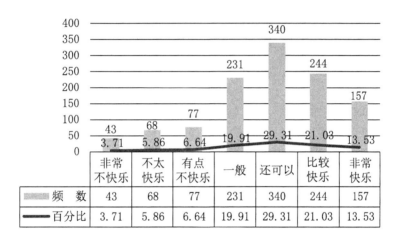

图 2-1 社区矫正对象的快乐程度

其中，感到不快乐（包括非常不快乐、不太快乐和有点不快乐）的总比例为 16.21%，而感到平淡（一般）的比例为 19.91%，感觉快乐（包括还可以、比较快乐和非常快乐）的总比例为 63.87%。可见，绝大部分感觉比较好或一般。我们这里关注的是，究竟是哪些因素影响了他们的快乐程度。

该问题的序次 Logistic 回归结果如下表 2-1 所示：

表 2-1 快乐程度序次 Logistic 回归

	Odds Ratio	标准误	z	P>|z|	95%置信区间	
同家人关系	1.156	0.044	3.77	0.000	1.072	1.246
健康状况	1.750	0.077	12.70	0.000	1.605	1.907

续表

	Odds Ratio	标准误	z	P>｜z｜	95%置信区间	
朋友数量	1. 266	0. 067	4. 46	0. 000	1. 141	1. 405
缺钱情况	0. 776	0. 046	-4. 26	0. 000	0. 690	0. 872
周围人态度	1. 237	0. 053	4. 93	0. 000	1. 136	1. 346
社区治安状况	1. 254	0. 064	4. 47	0. 000	1. 136	1. 385
参加社区矫正时间	1. 123	0. 051	2. 57	0. 010	1. 028	1. 226
对判罚看法	1. 285	0. 057	5. 65	0. 000	1. 178	1. 403
信任工作人员情况	1. 213	0. 063	3. 71	0. 000	1. 096	1. 343
对罪错的认识变化	0. 883	0. 051	-2. 14	0. 032	0. 788	0. 989
沮丧焦虑情况	0. 724	0. 030	-7. 76	0. 000	0. 668	0. 786
样本量＝1084 LR chi2（11）＝812.34 Prob>chi2＝0.0000						
Log likelihood＝-1481.2201 Pseudo R2＝0.2152						

注：表中各自变量的选项及赋值如下：同家人关系（1. 非常不好、2. 不太好、3. 有点不好、4. 一般、5. 还可以、6. 比较好、7. 非常好），健康状况（1. 非常不好、2. 不太好、3. 有点不好、4. 一般、5. 还可以、6. 比较好、7. 非常好），朋友数量（1. 没有朋友、2. 1~2 个、3. 3~5 个、4. 5~10 个、5. 10 个以上），缺钱情况（1. 没有、2. 很少时候、3. 有时、4. 经常、5. 长期），周围人态度（1. 很多人看不起我、2. 比较多人看不起我、3. 有些人看不起我、4. 一般、5. 有些人支持我、6. 比较多人支持我、7. 很多人支持我），社区治安状况（1. 非常不好、2. 不太好、3. 有点不好、4. 一般、5. 还可以、6. 比较好、7. 非常好），参加社区矫正时间（1. 3 个月以下、2. 3~6 个月、3. 7 个月~1 年、4. 1~2 年、5. 2 年以上），对判罚看法（1. 我是冤枉的、2. 不太合理、3. 有点不合理、4. 一般、5. 可以接受、6. 比较合理、7. 非常合理），信任工作人员情况（1. 不信任、2. 不太信任、3. 有点不信任、4. 一般、5. 有些信任、6. 比较信任、7. 非常信任），对罪错的认识变化（1. 更确信自己是无辜的、2. 还是认为自己没有过错、3. 不好说、4. 有点认识到自己的罪错、5. 比较清楚地认识到自己的罪错、6. 非常深刻地认识到自己的罪错），沮丧焦虑情况（1. 从来没有、2. 比较少、3. 有点少、4. 一般、5. 有点多、6. 比较多、7. 经常）。

上述回归模型的 P 值为 Prob>chi2＝0.0000，达到了 0.001 的显著水平。而且，除了"参加社区矫正时间"达到 0.01 的显著水平，其他自变量都达到了 0.001。

根据各变量选项赋值和 Odds Ratio 系数，各因素的具体影响解释如下：

"同家人关系"的 Odds Ratio 系数 1.156 大于 1，意味着矫正对象同家人关系每改善 1 个层次，快乐程度提高 1 个等级的概率增加 15.6%（Odds Ratio-1，后同）。"健康状况"（1.750）意味着矫正对象健康状况每改善 1 个层次，快乐程度提高 1 个等级的概率增加 75.0%。"朋友数量"（1.266）意味着矫正对象朋友数量每增加 1 个层次，快乐程度提高 1 个等级的概率增加 26.6%。"缺钱情况"的 Odds Ratio 系数 0.776 小于 1，意味着矫正对象缺钱状况每加剧 1 个层次，快乐程度提高 1 个等级的概率降低 22.4%（1-Odds Ratio，后同）。"周围人态度"（1.237）意味着周围人的态度每好转 1 个层次，快乐程度提高 1 个等级的概率增加 23.7%。"社区治安状况"（1.254）意味着社区治安每改善 1 个层次，快乐程度提高 1 个等级的概率增加 25.4%。"对判罚看法"（1.285）意味着矫正对象对判罚的看法每向合理方向提升 1 个层次，快乐程度提高 1 个等级的概率增加 28.5%。"信任工作人员情况"（1.213）意味着对工作人员信任程度每提升 1 个层次，快乐程度提高 1 个等级的概率增加 21.3%。"沮丧焦虑情况"（0.724）意味着沮丧焦虑情况每增加 1 个层次，快乐程度提高 1 个等级的概率降低 27.6%。

值得专门指出的是，"参加社区矫正时间"（1.123）意味着参加社区矫正的时间每延长 1 个层次，快乐程度提高 1 个等级的概率增加 12.3%。这表明参加社区矫正时间越短越不快乐，因为他们还需要一段时间适应和接受现状。此外，"对罪错的认识变化"的 Odds Ratio 系数为 0.883，表明对自己的罪错认识深刻程度每增加 1 个层次，快乐程度提高 1 个等级的概率降低 11.7%。这是因为很多矫正对象深刻认识到自己给受害方或社会造成的伤害后，会觉得内疚、痛苦和难受，这也是他们转变、反省和成长的过程。

（二）矫正期间重新犯事状况

矫正期间重新犯事状况，是指在社区服刑过程中出现过的重新犯事行为或冲动。这是本研究关注的重要方面，因为这些已经发生的行为及念头表明矫正对象处于犯罪活跃状态或风险之中。对此，问卷中设计的问题是："社区矫正期间，您重新犯事的行为或念头情况是：①没有丝毫念头；②偶尔有过冲动；③经常有再犯冲动，但都控制住了；④重新犯过事儿，但未被发现；⑤重新犯过，被发现了。"

该问题填答结果统计如下：928 人（80.14%）选择了"没有丝毫念头"，129 人（11.14%）选择了"偶尔有过冲动"，77 人（6.65%）选择了"经常有再犯冲动，但都控制住了"，6 人（0.52%）选择了"重新犯过事儿，但未被发现"，18 人（1.55%）选择了"重新犯过，被发现了"。参见下图 2-2：

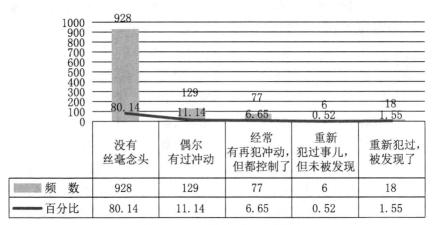

图 2-2 矫正期间重新犯事状况

进一步归类来看，80.14% 的调查对象没有丝毫犯事的冲动及行为，17.79% 有过冲动，还有 2.02% 犯过事。

该问题的序次 Logistic 回归结果如下表 2-2 所示：

表 2-2 矫正期间重新犯事序次 Logistic 回归

	Odds Ratio	标准误	z	P>|z|	95%置信区间	
教育水平	0.722	0.060	-3.92	0.000	0.614	0.850
朋友数量	1.320	0.104	3.51	0.000	1.130	1.541
居住位置	1.124	0.049	2.67	0.008	1.031	1.226
是否受过劳教	1.885	0.321	3.72	0.000	1.349	2.633
工作人员关心情况	0.781	0.051	-3.78	0.000	0.687	0.888
行为改变情况	0.638	0.069	-4.13	0.000	0.516	0.790
生活救助需求情况	1.167	0.051	3.54	0.000	1.071	1.271
沮丧焦虑情况	1.143	0.066	2.31	0.021	1.020	1.279

续表

	Odds Ratio	标准误	z	P>|z|	95%置信区间	
夫妻关系辅导需求	1.174	0.058	3.27	0.001	1.066	1.292
将来再犯罪可能性的自我预期	1.747	0.131	7.47	0.000	1.509	2.023
样本量=1069	LR chi2（10）=341.91				Prob>chi2=0.0000	
Log likelihood=-567.079 37					Pseudo R2=0.2316	

注：表中各自变量的选项及赋值如下（前面已经说明的略过）：教育水平（1. 没上过学、2. 小学、3. 初中、4. 高中/中专/职高、5. 大专、6. 大学、7. 研究生及以上），居住位置（1. 城市中心、2. 城市中心外一点、3. 城郊结合带、4. 近郊、5. 远郊、6. 县城、7. 农村），是否受过劳教（1. 没有、2. 一次、3. 两次、4. 三次及以上），工作人员关心情况（1. 不关心、2. 不太关心、3. 有点不关心、4. 一般、5. 有点关心、6. 比较关心、7. 非常关心），行为改变情况（1. 更严重了、2. 没有变化、3. 变得稍好、4. 比以前好多了、5. 非常好了），生活救助需求情况（1. 不需要、2. 不太需要、3. 有点不需要、4. 一般、5. 有点需要、6. 比较需要、7. 非常需要），夫妻关系辅导需求（1. 不需要、2. 不太需要、3. 有点不需要、4. 一般、5. 有点需要、6. 比较需要、7. 非常需要），将来再犯罪可能性的自我预期（1. 绝对不可能、2. 不太可能、3. 可能性小、4. 说不好、5. 有点可能、6. 可能性不大、7. 可能性很大）。

上述回归模型的 P 值为 Prob>chi2=0.0000，达到了 0.001 的显著水平。此外，绝大部分自变量达到了 0.001 的显著水平，"居住位置"达到 0.01，"沮丧焦虑情况"达到 0.05。

以上各自变量对因变量"矫正期间重新犯事状况"的具体影响，简要解释如下："教育水平"（0.722）意味着矫正对象的教育水平每上升 1 个层次，矫正期间重新犯事状况上升 1 个等级的概率降低 27.8%。"朋友数量"（1.320）意味着矫正对象朋友数量每增加 1 个层次，矫正期间重新犯事状况上升 1 个等级的概率增加 32.0%。"居住位置"（1.124）意味着矫正对象居住地每远离城市中心 1 个层次，矫正期间重新犯事状况上升 1 个等级的概率增加 12.4%。"是否受过劳教"（1.885）意味着受过劳教的程度每增加 1 个层次，矫正期间重新犯事状况上升 1 个等级的概率增加 88.5%。"工作人员关心情况"（0.781）意味着工作人员的关心程度每增加 1 个层次，矫正期间重新犯事状况上升 1 个等级的概率降低 21.9%。"行为改变情况"（0.638）意味着矫正对象问题行为每改善 1 个层次，矫正期间重新犯事状况上升 1 个等级的概率降低 36.2%。"生活救助需求情况"（1.167）意味着矫正对象对生活救助需求程度每提高 1 个层次，矫正期间重新犯事状况上升 1 个等级的概率增加 16.7%。"沮丧焦虑情况"（1.143）意味着矫正对象沮丧焦虑的程度每提高 1 个层次，矫正期间重新犯事状况上升 1 个等级的概率增加 14.3%。"夫妻关系辅导需求"（1.174）意味着矫正对象在夫妻关系辅导上的需求每增加 1 个层次，矫正期间重新犯事状况上升 1 个等级的概率增加 17.4%。"将来再犯罪可能性的自我预期"（1.747）意味着对将来再犯罪可能性的自我预期每增加 1 个层次，矫正期间重新犯事状况上升 1 个等级的概率增加 74.7%。

（三）将来再犯罪可能性的自我预期

针对矫正对象将来再犯罪可能性的自我预期设计的问题是："您觉得自己将来再犯罪的可能性是：①绝对不可能；②不太可能；③可能性小；④说不好；⑤有点可能；⑥可能性比较大；⑦可能性很大。"

该问题填答结果统计如下：816 人（69.92%）选择了"绝对不可能"，220 人（18.85%）选择了"不太可能"，79 人（6.77%）选择了"可能性小"，32 人（2.74%）选择了"说不好"，2 人（0.17%）选择了"有点可能"，4 人（0.34%）选择了"可能性比较大"，14 人（1.20%）选择了"可能性很大"。参见下图 2-3：

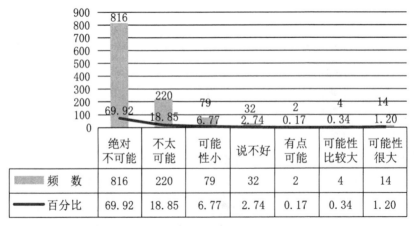

	绝对不可能	不太可能	可能性小	说不好	有点可能	可能性比较大	可能性很大
频 数	816	220	79	32	2	4	14
百分比	69.92	18.85	6.77	2.74	0.17	0.34	1.20

图 2-3 将来再犯罪可能性的自我预期

进一步归类来看，回答"绝对不可能、不太可能、可能性小"的比例为 95.54%，回答"说不好"的比例为 2.74%，而回答"有点可能、可能性比较大、可能性很大"的比例为 1.71%。

需要指出的是，将来再犯罪可能性的自我预期只是矫正对象基于当前自身状况的一种预想，只是一种感觉，将来未必一定实施或不实施犯罪。但我们可以从他们表达的这种感觉，分析影响这种自我感觉的显著性因素。

针对该问题的序次 Logistic 回归分析模型如下表 2-3 所示：

表 2-3　将来再犯罪可能性的自我预期序次 Logistic 回归

	Odds Ratio	标准误	z	P>|z|	95%置信区间	
教育水平	0.872	0.061	-1.97	0.049	0.761	0.999
朋友数量	1.355	0.103	4.01	0.000	1.168	1.572
活动范围	1.147	0.079	1.99	0.047	1.002	1.313
周围人态度	0.838	0.050	-2.97	0.003	0.745	0.942
社区治安状况	0.800	0.053	-3.35	0.001	0.702	0.911
是否佩戴 GPS 定位	1.822	0.331	3.30	0.001	1.276	2.600
对 GPS 定位看法	0.822	0.056	-2.89	0.004	0.720	0.939
对公益劳动看法	0.867	0.049	-2.53	0.011	0.777	0.968
最近一年小组工作开展情况	0.771	0.058	-3.45	0.001	0.665	0.894
对家人态度的转变	0.840	0.058	-2.51	0.012	0.733	0.962
矫正期间重新犯事状况	2.196	0.235	7.35	0.000	1.780	2.709
对培训的需求	1.122	0.043	3.00	0.003	1.041	1.211
自我控制辅导需求	1.187	0.054	3.78	0.000	1.086	1.297
对将来看法	0.873	0.049	-2.39	0.017	0.781	0.976
样本量 = 952　　　　LR chi2 (14) = 357.66　　　　Prob>chi2 = 0.0000						
Log likelihood = -686.692 98　　　　　　　　　　　　Pseudo R2 = 0.2066						

注：表中各自变量的选项及赋值如下（前面已经说明的略过）：活动范围（1. 全在社区、2. 主要在社区、3. 半数在社区内、4. 主要在社区外、5. 几乎都在社区外），是否佩戴 GPS 定位（0. 没有、1. 带了），对 GPS 定位看法（1. 厌恶被定位监控、2. 有点不喜欢，

被人看见丢脸、3. 不好说、4. 不影响正常生活、5. 可以督促我改变），对公益劳动看法
（1. 走形式而已、2. 没什么意义、3. 有一点没意思、4. 一般、5. 还不错、6. 比较有意义、
7. 非常有意义），最近一年小组工作开展情况（1. 没有开展过、2. 一两次、3. 三到五次、
4. 六到九次、5. 十次以上），对家人态度的转变（1. 感觉家人抛弃了我、2. 感觉家人疏远
了我、3. 没有变化、4. 感觉自己给家人添麻烦、丢脸了、5. 困难时感受到亲人的支持、
5. 认识到自己以前有些言行伤害了家人），对培训的需求（1. 不需要、2. 不太需要、3. 有
点不需要、4. 一般、5. 有点需要、6. 比较需要、7. 非常需要），自我控制辅导需求(1. 不
需要、2. 不太需要、3. 有点不需要、4. 一般、5. 有点需要、6. 比较需要、7. 非常需要），
对将来看法（1. 看不到希望、2. 希望渺茫、3. 希望不太大、4. 一般、5. 有点希望、6. 希
望比较大、7. 一切都会好起来的）。

上述回归模型的 P 值为 Prob>chi2 = 0.0000，达到了 0.001 的显著水平，
相当部分自变量也都达到了 0.001 的显著水平，"周围人态度""对 GPS 定位
看法""对公益劳动看法"和"对培训的需求"达到了 0.01 的显著水平，
"教育水平""活动范围""对家人态度的转变"和"对将来看法"达到了
0.05 的显著水平。

各自变量对因变量"将来再犯罪可能性的自我预期"的具体影响如下：
"教育水平"（0.872）意味着矫正对象的教育水平每提高 1 个层次，将来再犯
罪可能性的自我预期上升 1 个等级的概率降低 12.8%。"朋友数量"（1.355）
意味着矫正对象朋友每增加 1 个层次，将来再犯罪可能性的自我预期上升 1
个等级的概率增加 35.5%。"活动范围"（1.147）意味着矫正对象主要活动
范围每远离社区 1 个层次，将来再犯罪可能性的自我预期上升 1 个等级的概
率增加 14.7%。"周围人态度"（0.838）意味着周围人的态度每改善 1 个层
次，将来再犯罪可能性的自我预期上升 1 个等级的概率降低 16.2%。"社区治
安状况"（0.800）意味着社区治安每好转 1 个层次，将来再犯罪可能性的自
我预期上升 1 个等级的概率降低 20%。"对公益劳动看法"（0.867）意味着对
公益劳动看法每好转 1 个层次，将来再犯罪可能性的自我预期上升 1 个等级
的概率降低 13.3%。"最近一年小组工作开展情况"（0.771）意味着小组工
作次数每上升 1 个层次，将来再犯罪可能性的自我预期上升 1 个等级的概率
降低 22.9%。"对家人态度的转变"（0.840）意味着对家人态度每好转 1 个层
次，将来再犯罪可能性的自我预期上升 1 个等级的概率降低 16%。"矫正期间

重新犯事状况"（2.196）意味着矫正期的犯事行为和冲动每增加 1 个层次，将来再犯罪可能性的自我预期上升 1 个等级的概率增加 119.6%。"对培训的需求"（1.122）意味着对技术培训的需求每增加 1 个层次，将来再犯罪可能性的自我预期上升 1 个等级的概率增加 12.2%。"自我控制辅导需求"（1.187）意味着对自我行为和情绪控制辅导的需求每增加 1 个层次，将来再犯罪可能性的自我预期上升 1 个等级的概率增加 18.7%。"对将来看法"（0.873）意味着对将来看法每改善 1 个层次，将来再犯罪可能性的自我预期上升 1 个等级的概率降低 12.7%。

　　这里需要特别说明一下与 GPS 相关的两个变量——"是否佩戴 GPS 定位"（1.822）和"对 GPS 定位看法"（0.822），意味着被 GPS 定位监控的矫正对象比起没有定位的，将来再犯罪可能性的自我预期上升 1 个等级的概率增加 82.2%；而对 GPS 定位的看法每好转 1 个层次，将来再犯罪可能性的自我预期上升 1 个等级的概率降低 17.8%。这反映了矫正对象对 GPS 定位监控的排斥，认为这干涉了他们的人身自由和隐私，有种受歧视感。但是，这两个变量在"矫正期间重新犯事状况"的回归分析中并未达到显著水平，说明对 GPS 目前主要是一种情绪性排斥，并未转化为现实的犯事行为。

三、重新犯罪影响因素的相关探讨

（一）因变量两两相关分析

　　我还对三个因变量进行两两相关分析，结果发现，矫正对象"快乐程度"分别同"矫正期间重新犯事状况"（-0.1963）和"将来再犯罪可能性的自我预期"（-0.1913）之间都呈现出弱的负相关性，而"矫正期间重新犯事状况"和"将来再犯罪可能性的自我预期"之间则呈现出较强的正相关性（0.4819），P 值都等于 0.000，都达到了 0.001 的显著水平。分析结果如下表 2-4 所示：

表 2-4　斯皮尔曼相关系数

	个案数	Spearman's rho	Prob>|t|
"快乐程度"同"矫正期间重新犯事状况"	1138	-0.1963	0.0000

续表

	个案数	Spearman's rho	Prob>｜t｜
"快乐程度"同"将来再犯罪可能性的自我预期"	1148	-0.1913	0.0000
"矫正期间重新犯事状况"和"将来再犯罪可能性的自我预期"	1147	0.4819	0.0000

然而，"快乐程度"同后两者之间弱的负相关关系，在上述 Logistic 回归分析中却并没有达到统计显著水平，说明它们之间的两两相关关系主要是由一些中间变量所引起的。换言之，矫正对象是否快乐及其程度，与是否在矫正期间重新犯事以及是否预期自己将来可能重新犯罪，相互之间没有直接的影响。

不同的是，"矫正期间重新犯事状况"和"将来再犯罪可能性的自我预期"之间的较强相关性，增加了若干控制变量之后，在相互的 Logistic 回归分析中依然达到了 0.001 的显著水平，这说明社区矫正期间已经出现的重新犯事的行为或冲动，和自己对将来重新犯罪可能性的预期之间，确实存在显著性的相互影响关系。

（二）易致重新犯罪因素综合分析

下表将以上三个回归模型下的若干显著性影响因素进一步归类整理为七大类。

表 2-5　易致重新犯罪因素分析表

自变量		快乐程度	矫正期间重新犯事状况	将来再犯罪可能性的自我预期
基本信息	教育水平		0.722 ***	0.872 **
	健康状况	1.750 ***		
	是否受过劳教		1.885 ***	
家庭情况	同家人关系	1.156 ***		
	对家人态度的转变			0.840 *
	夫妻关系辅导需求		1.174 ***	

	自变量	快乐程度	矫正期间重新犯事状况	将来再犯罪可能性的自我预期
困难情况	缺钱情况	0.776 ***		
	生活救助需求情况		1.167 ***	
	对培训的需求			1.122 **
个人环境	朋友数量	1.266 ***	1.320 ***	1.355 ***
	周围人态度	1.237 ***		0.838 **
	社区治安状况	1.254 ***		0.800 ***
	活动范围			1.147 *
	是否佩戴 GPS 定位			1.822 ***
	对 GPS 定位看法			0.822 **
	居住位置		1.124 **	
认知行为改变情况	对判罚看法	1.285 ***		
	对罪错的认识变化	0.883 *		
	行为改变情况		0.638 ***	
	矫正期间重新犯事状况			2.196 ***
	自我控制辅导需求			1.187 ***
社区矫正工作情况	参加社区矫正时间	1.123 **		
	对公益劳动看法			0.867 *
	信任工作人员情况	1.213 ***		
	工作人员关心情况		0.781 ***	
	最近一年小组工作开展情况			0.771 ***
精神面貌	沮丧焦虑情况	0.724 ***	1.143 *	
	将来再犯罪可能性的自我预期		1.747 ***	
	对将来看法			0.873 *

注：* $p<0.05$，** $p<0.01$，*** $p<0.001$。

在上表归类整理出的七大类别中，我们需要关注那些在两个或三个因变量下都呈现出显著性的因素。同时，还需重点关注"矫正期间重新犯事状况"下的显著性影响因素，因为这直接影响到已经出现过的重新犯事行为或念头。

第一，基本信息方面，"健康状况"会影响"快乐程度"，但对后两个因变量没有影响。"教育水平"对后两个因变量都有显著性的负向影响，即教育水平越低，越可能在矫正期间重新犯事，越倾向于认为自己将来可能再犯罪。此外，"是否受过劳教"对"矫正期间重新犯事状况"有显著性影响，曾经受过劳教的矫正对象在矫正期间表现出更多重新犯事的行为或冲动，可见劳教制度的惩治矫正效果还是有限的。

第二，家庭情况方面，"同家人关系"影响到矫正对象的"快乐程度"，"对家人态度的转变"对"将来再犯罪可能性的自我预期"有所影响。但我们应该更多关注的是，"夫妻关系辅导需求"对"矫正期间重新犯事状况"的显著性影响，即夫妻关系辅导需求越强烈，反映出婚姻状况存在的问题越突出，越有可能在矫正期间出现重新犯事的行为或念头。

第三，困难情况方面，"缺钱情况"影响到矫正对象的"快乐程度"。"对培训的需求"对"将来再犯罪可能性的自我预期"有所影响。这一部分应重点注意的是，"生活救助需求情况"对"矫正期间重新犯事状况"的影响。

第四，个人环境方面，最值得关注的是"朋友数量"这个影响因素，因为它在三个因变量的回归中都达到了 0.001 的显著水平，回归系数也都不太低。但它在三个因变量下的意义却是截然不同的：朋友多的矫正对象的"快乐程度"更高，但是"矫正期间重新犯事状况"及"将来再犯罪可能性的自我预期"也更高。其他方面，"周围人态度"和"社区治安状况"对"快乐程度"和"将来再犯罪可能性的自我预期"都有显著性影响，但对社区矫正期间的重新犯事行为及冲动没有影响。个人环境中列出的绝大部分因素都对"将来再犯罪可能性的自我预期"造成了显著性影响，这说明降低矫正对象的再犯罪自我预期需要从其生活环境入手。"居住位置"对"矫正期间重新犯事状况"有所影响，这说明远郊、县城和农村的再犯事可能性更高。

第五，矫正期间认知行为改变情况方面，"对判罚看法"和（矫正过程中)"对罪错的认识变化"会对矫正对象的"快乐程度"有所影响,但是对后两个因变量没有影响。"行为改变情况"对"矫正期间重新犯事状况"有较强的负向影响,即问题行为没什么变化甚至恶化的更有可能重新犯事。"矫正期间重新犯事状况"和"自我控制辅导需求"对"将来再犯罪可能性的自我预期"有所影响,即已经形成的犯事冲动和行为,以及需要进行自我控制辅导的需求越大,则越觉得自己将来可能再犯罪。

第六,社区矫正工作情况方面,"参加社区矫正时间"和"信任工作人员情况"对矫正对象"快乐程度"有所影响,说明进入社区矫正最初阶段的负面感受比较强烈,但随着时间的推移,尤其是同工作人员建立信任关系后,心理感受会逐步好转。"对公益劳动看法"和"最近一年小组工作开展情况"对"将来再犯罪可能性的自我预期"具有一定影响,表现为对公益劳动的评价越差、小组工作开展得越少或没有开展,越倾向于认为自己可能再犯罪。值得重视的是"工作人员关心情况"对"矫正期间重新犯事状况"有显著性影响,表现为工作人员对矫正对象越是关心,他们就越不可能在矫正期间重新犯事。这印证了美国社区矫正领域的名言:"有效的社区矫正个案管理的关键决定因素在于案主和个案工作人员之间建立关系的质量。"[1]

第七,精神面貌方面,"沮丧焦虑情况"值得重点关注,它对"快乐程度"和"矫正期间重新犯事状况"都具有显著性影响。"将来再犯罪可能性的自我预期"对当前的"矫正期间重新犯事状况"也有较强的影响。此外,"对将来看法"对"将来再犯罪可能性的自我预期"有显著性影响,即对未来越悲观越是倾向于认为自己将重新犯罪。

四、我国重新犯罪核心因素总结

综合以上数据分析结果和归类整理分析,我们提炼出如下社区矫正对象重新犯罪核心影响因素框架图,参见下图 2-4:

---

[1] Andrew Day, Lesley Hardcastle and Astrid Birgden, "Case Management in Community Corrections: Current Status and Future Directions", *Journal of Offender Rehabilitation*, vol. 51 (2012), pp. 484-495.

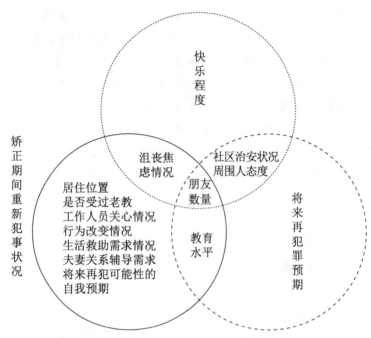

图 2-4　社区矫正对象重新犯罪核心影响因素框架图

以上框架图中，三个圆圈分别代表分析的三个维度：快乐程度、将来再犯罪可能性的自我预期、矫正期间重新犯事状况，圆圈边框的虚实程度代表它们对矫正对象重新犯罪的影响程度。

从"快乐程度"来看，在两两相关分析中，它同后两个因变量都呈现弱相关关系，但在序次 Logistic 回归中，却都没有达到应有的显著水平。经归类整理发现，自变量"朋友数量""沮丧焦虑情况""社区治安状况"和"周围人态度"作为中间变量，分别影响到"快乐程度"同后两个因变量的相关关系。换言之，控制这些中间变量后，"快乐程度"同另外两个因变量相互独立。并不是导致矫正对象不快乐的因素都会导致矫正对象重新犯事，或导致其再犯罪预期。使矫正对象快乐的因素也可能导致重新犯事及再犯罪预期，比如"朋友数量"。因此，在实际工作中应集中关注以上几个中间影响变量。

从"将来再犯罪可能性的自我预期"来看，它同"矫正期间重新犯事状况"呈现出较强的相关关系，"朋友数量"和"教育水平"是它们之间的共同影响因素，需要引起重视。虽然"将来再犯罪可能性的自我预期"并不一定导致实际的重新犯罪，但是其影响因素也值得在工作中加以参考。

　　我们应该聚焦于"矫正期间重新犯事状况"回归分析中呈现显著性的若干因素，因为它们已经影响到现实的重新犯事行为或冲动。这些因素包括居住位置、是否受过劳教、工作人员关心情况、行为改变情况、生活救助需求情况、夫妻关系辅导需求、将来再犯罪可能性的自我预期。与另外两个因变量的共同影响因素更是重中之重，尤其是"朋友数量"，此外还有"沮丧焦虑情况"和"教育水平"。

第三章

美国矫正社会工作发展历程

矫正社会工作起源于美国，然而与国内社工学界盛传的不同，其百余年发展历程中并不是一帆风顺的，甚至可谓大起大落。从起源到兴起，再到"新政"和战后社会大发展时期，矫正社工可谓蒸蒸日上。然而，在20世纪70年代经济危机的背景下，新自由主义兴起，司法气候转向强硬，矫正社工受到了空前的质疑。大量社工主动撤离了矫正领域。20世纪90年代以来，希望社工重回矫正领域的呼声越来越高。

一、矫正社会工作的起源

在中国社会工作学界有一个广为流传的故事，即矫正社会工作创始人波士顿鞋匠约翰·奥古斯特斯（John Augustus）的事迹。大意是，1841年波士顿成立全民戒酒协会，奥古斯特斯是最热心的成员之一，常常去监狱探望因酗酒而被判刑的人员。出于怜悯，他经常参加法庭审判，后来恳请法官暂缓处分，并由其保释进行感化教育。在18年中，他保释了近2000名违法犯罪人员，由此开创了一个全新的工作领域，成为"世界上第一位伟大的观护人"，被视为矫正社会工作的起源。随后，1879年马萨诸塞州率先通过法案授权专职社会工作者参与法院刑事审判的辅助工作，调查犯罪嫌疑人背景并提出是否适用缓刑的建议。1925年美国国会通过《联邦观护法案》（The Federal Probation Act），矫正社会工作制度得以在全美建立。[1]

其实，该事迹脉络和时间大致不差，但美国学者是这么叙述的：波士顿一个富有的制鞋商（a wealthy shoe manufacturer）约翰·奥古斯特斯，从19世

---

[1] 狄小华：《试论矫正社会工作》，载《犯罪与改造研究》2000年第9期。

纪 40 年代早期就开始对等待审判的犯案人员进行访问，后来亲自支付保释金，并负责他们的改造。这种在社区监控下的释放，后来被马萨诸塞州制度化为缓刑。到 1920 年，缓刑制度扩展到 2/3 的州。尽管社工界不能称奥古斯特斯为专业社工，但可以视其为矫正社工的先驱[1]。中美两个叙述版本一经对照，可以发现中国版本的一些细微之处还是有出入的（姑且假设美国学者的叙述保真度要高一些），如是鞋匠还是制鞋商，是矫正社会工作的起源还是缓刑之父或社工先驱，在 1879 年是否可以称为专职矫正社会工作者（社会工作在 20 世纪初才正式确认为一个专业领域）等。

　　本研究并不打算深入考证这些细节差异，而是更感兴趣这个故事在中国学界广泛流传的原因。答案似乎比较简单：关于美国矫正社会工作的研究太少，致使这个社会工作专业化之前的故事成为矫正社工的典型在全国来回讲述。糟糕的是，这种流传方式带来了很大的歪曲，"先驱—影响扩大—全国制度化"的完美故事之后留下了巨大的历史空白，使人错觉矫正社会工作就一切按部就班、顺利进行。然而，美国矫正社会工作的发展历程却是截然相反，甚至可谓大起大落。在 20 世纪的大部分时期里社会工作者曾广泛地介入社区矫正、法院和监狱，为青少年犯、成年犯以及受害者提供社会服务并倡导社会变革，取得了令人瞩目的社会影响。[2]他们关注司法系统下涉及的贫困、家庭暴力、精神疾病、吸毒人员的怀孕和亲子问题，[3]努力适应法庭和矫正机构的结构限制，对案主进行引导并促进其发挥潜力。同时倡导政策变革，为受害者呼吁急需的资源和社会支持。然而，21 世纪前后却是另一番光景，社会工作在矫正领域的影响急剧缩小，与前面大半个世纪的蓬勃发展态势形成鲜明对比。如此巨大的发展落差，我们不禁要问：美国矫正社会工作究竟经历了怎样的变迁轨迹？有哪些标志性转折？存在哪些激烈社会争辩？美国未来发展趋势如何？因此，这里非常有必要探究和评析美国矫正社工的百余

---

〔1〕　Maschi T. and Killian M. L. , "The Evolution of Forensic Social Work in the United States: Implications for 21st Century Practice", *Journal of Forensic Social Work*, 1 (2011), pp. 8–36.

〔2〕　Roberts A. R. , *Juvenile Justice: Policies, Programs, and Services*, Second edition, Belmont, CA: Wadsworth, 1998, pp. 110–121, 122–137.

〔3〕　Ivanoff A. and Smith N. J. , "Preparing Social Workers for Practice in Correctional Institutions", in Roberts A. R. ed. , *Social Work in Juvenile and Criminal Justice Settings*, Second edition, Springfield, IL: Charles C. Thomas, 1997, pp. 309–324.

年发展历程，吸取其经验和教训，避免不必要的弯路。

二、矫正社会工作的兴起（19世纪中后期至20世纪20年代早期）

19世纪后期，随着犯罪社会学的兴起，很多社会改革家倡导改革刑罚制度与监狱制度，并大量参与到监狱、青少年行为不良干预和感化院工作之中。矫正社工发源及初步发展的大背景，除了奥古斯特斯推动缓刑制度的诞生，还有几个标志性事件不得不提及。

首先是诞生于19世纪中期的假释制度。那时候西方刑罚思潮经历了深刻转变：之前如果囚犯被宣判为定期徒刑，无论表现如何，都将监禁到期满，这不利于调动他们矫正改造的积极性。作为表现良好的奖赏，附条件提前释放或假释逐渐被越来越多的西方国家接受为一种刑罚执行制度。[1]这也是刑罚学和犯罪学从古典学派向实证学派转变的一个体现。

其次是美国慈善和矫正联盟的成立。在社会工作作为一个专业诞生以前，1879年公共慈善委员会联盟被重新命名为美国慈善和矫正联盟。[2]美国第一个社区睦邻中心——郝尔馆的创立者珍妮·亚当斯（Jane Addams），被推选为第一位女性主席。当时涌现的早期社会服务人员被慈善和矫正联盟认为适于开展矫正工作。通过郝尔馆居民茱莉娅·莱斯罗普（Julia Lathrop）的倡导，威廉·希利（William Healy）专门成立了青少年精神病机构，对法庭审理前的青少年进行诊断，一个专业团队在该机构中开展青少年行为不良研究和心理社会评估。[3]

再次是美国少年法庭的诞生。当时，很多热心人士联合致力于把审判青少年的法庭从成年人审判系统中分离出来。1899年第一个少年法庭诞生于伊利诺斯州，到1925年46个州及哥伦比亚特区都创设了少年法庭。主要基于大部分青少年越轨是因为家庭、社会原因所导致且步入成年后会自行"断念"的社会思潮，设立少年法庭是为了对其加以保护和引导，针对未成年及其家

---

〔1〕 Maschi T. and Killian M. L., "The Evolution of Forensic Social Work in the United States: Implications for 21st Century Practice", *Journal of Forensic Social Work*, 1（2011），pp. 8-36.

〔2〕 Alexander C. A., "Distinctive Dates in Social Welfare History", in R. Edwards ed., *Encyclopedia of Social Work*, 19th ed., Washington, DC: NASW Press, Vol. 3（1995），pp. 2631-2647.

〔3〕 Popple P. R. and Leighninger L. L., *Social Work, Social Welfare, and American Society*, 7th ed., Boston: Allyn & Bacon, 2007, pp. 36-48.

庭开展听证和审判工作，处理行为不良、受虐和忽视问题。[1]

最后是专业化矫正社会工作者的产生。随着珍妮·亚当斯、茱莉娅·莱斯罗普及其他早期矫正社工的不断努力，该领域的实务经验和影响力不断积累和增长。到 1921 年美国社会工作者协会（NASW 的前身）创立，其中的"司法矫正治疗专家/社工"被定位为专门针对违法犯罪人员提供服务。

最初的矫正工作人员大多是自愿的，服务涉及法庭和缓刑工作的方方面面，他们"向青少年及其家庭展示友情和社会常理"[2]，后来逐步向社会工作专业化方向发展。早期的缓刑工作凸显了两大主题：一是寻找理论引导缓刑工作。社会工作初创时期主要基于弗洛伊德理论，以个案工作为主，"精神分析洪流"也席卷了矫正社会工作领域，即注重探寻矫正对象早期经历对其犯罪行为的影响。二是性别角色。最初，男性矫正官在矫正行为不良青少年的工作中发挥更大作用，但新兴的矫正社工岗位对女性具有独特的吸引力，因为在其他很多职业领域她们是被排斥的。[3]但当时的缓刑工作也不是所有岗位都向女性开放，一般原则是"男性督导行为不良男青年，女性督导女孩"[4]。但是进入缓刑的女孩比例非常低，如芝加哥少年法庭的最初 10 年，女孩占比不到 20%。[5]于是，女性社工开始极力争取男性青少年的矫正工作，她们还联合了一些男性工作人员呼吁进行立法改革。法案最终得以通过，随后，男性工作人员主要负责执行法律，而具体的矫正服务主要由女性提供。几乎所有执法人员都是男性，他们保留了相当的自由裁量权，主要向警官报告而不是少年法庭法官。[6]因此，缓刑工作带着明显的性别化特征进入大发展时期。

---

[1]　Keve P. , "Administration of Juvenile Court Services", *Paper Presented at the Conference on Justice for the Child*, Chicago, 1961, October.

[2]　Gittens J. , *Poor Relations: The Children of the State of Illinois*, 1818-1990, Chicago: University of Illinois Press, 1994, p. 126.

[3]　Austin D. M. , "The Flexner Myth and the History of Social Work", *Social Service Review*, 51 (1983), pp. 357-373.

[4]　Knupfer A. M. , "Professionalizing Probation Work in Chicago, 1900-1935", *Social Service Review*, 1999, pp. 479-495.

[5]　Clark M. Peters, "Social Work and Juvenile Probation: Historical Tensions and Contemporary Convergences", *Social Work*, 4 (2011), pp. 355-365.

[6]　Weiss H. , "The Social Worker's Technique and Probation", in Glueck S. ed. , *Probation and Criminal Justice*, New York: Mac Millan, 1933, pp. 165-196.

三、矫正社工的大发展（20 世纪 20 年代至 20 世纪 70 年代中期）

20 世纪 20 年代 "治安社工" （peace social worker） 变得越来越普遍，主要由女性社工构成，属于地方警察中的一个正式部门。到 1926 年全美 175 个主要城市地区都有治安社工。但在 1929 年开始的大萧条中，这些治安社工岗位被砍掉。[1] "新政" 时期，社工重新活跃于社会和政府的公共事务之中。例如，在慈善组织运动中表现突出的纽约社工哈里·霍普金斯（Harry Hopkins），先后被胡佛和罗斯福两位总统任命，实施紧急援助和公共岗位开发项目。最早针对青少年犯设立的垦荒项目始于 20 世纪 30 年代早期，由洛杉矶林业部门实施。[2]

到 20 世纪三四十年代，大量精神干预社工被聘用，同精神病专家一起治疗情绪困扰和行为不良青少年。[3] 20 世纪 40 年代青少年帮伙增长很快，于是全美诞生了数百个青少年成长向导机构，聘用矫正社会工作者作为法庭联系人。社区理事会的犯罪预防项目也纷纷设立，集中介入一些青少年，包括辍学和被法庭标识为 "问题家庭" 的未成年人。[4] 这些针对犯罪越轨人员（尤其是青少年）开展的个案工作使司法领域的社工逐步成为矫正干预服务的专业人士。1945 年《社会服务评论》期刊上发表了普雷（Pray）的一篇文章，专门论述社会工作者在矫正领域的重要性。

这个时期也显现了一些对矫正社会工作的消极反应。芝加哥青少年精神病协会把社工和矫正官委托给精神病专家督导以预防违法犯罪，但 20 世纪 30 年代芝加哥青少年精神病协会发现精神治疗法在预防犯罪实践中是失败的，于是他们撤销了对该领域的资助。同时一些人开始认为在少年法庭中，不需要设置个案社会工作的位置。尽管这个时期面临一些质疑，社会工作者在矫

---

〔1〕 Roberts A. R. , *Social Work in Juvenile and Criminal Justice Settings*, Second Edition, Springfield, IL: Charles C. Thomas, 1997, pp. 105-115, 126-132, 150-159.

〔2〕 Roberts A. R. , *Juvenile Justice: Policies, Programs, and Services*, Second Edition, Belmont, CA: Wadsworth, 1998, pp. 110-137.

〔3〕 Roberts A. R. , *Juvenile Justice: Policies, Programs, and Services*, Second Edition, Belmont, CA: Wadsworth, 1998, p. 131.

〔4〕 Roberts A. R. and Brownell P. , "A Century of Forensic Social Work: Bridging the Past to the Present", *Social Work*, 44 （1999）, pp. 359-369.

正领域还是保持着平稳发展态势。有研究表明，20世纪40年代11%～13%的社工从业于"缓刑、假释和法庭工作"。[1]

这个时期，西方犯罪学研究的中心也由欧洲转移至美国。一代犯罪学大师萨瑟兰（Edwin Hardin Sutherland）放弃了之前实证学派所强调的犯罪原因多因素论，转而单独强调社会因素。在此影响之下，针对少年犯罪区域的社区干预计划、小组活动和社会矫正机构也开始凸显重要影响。20世纪40年代至50年代，社区委员会和犯罪预防项目得到了较大幅度发展。波士顿"中央城"（Midcity）项目下的社区犯罪预防和青年邻里中心、芝加哥的邻里委员会，以及很多其他大城市的类似项目都在不断发展。有些项目聘用小组工作者，通过外展服务接触帮派成员、辍学年轻人和一些存在"长期问题"的家庭。[2]社会矫正机构也开始得以发展。一个名噪一时的矫正社会工作项目始于20世纪50年代中期的新泽西海菲尔德（Highfields），主要针对青少年犯罪人员提供住宿式矫正中心，该项目有效地降低了释放一年内的再犯罪率。研究发现海菲尔德项目中假释人员的再犯罪率仅为18%，而控制组的再犯罪率为33%。[3]由此导致该项目很快被复制到马里兰、明尼苏达、纽约、肯塔基、路易斯安那和德克萨斯等州。这些小型的住宿中心一般容纳15～20个青少年犯，他们参加引导性的互动小组工作，晚上举行由同辈组织的小组对抗活动，白天完成社区安排的工作任务。随着矫正社会工作实践经验的积累和成熟，在1959年美国社会工作教育委员会出版的一套包含13个领域的社工教材中，第五个领域即是由斯图特（Studt）编写的矫正社会工作教材。

肯尼迪和约翰逊总统时期美国发起了"大社会"（the Great Society）运动，大量联邦政策及资金倾向贫困阶层青少年犯罪问题。20世纪60年代早期最引人注目的是纽约市青年动员项目，这是由哥伦比亚大学社会工作学院承担的一个联邦项目，其实践模式迅速扩展至全美各地。这些项目中的社工，

---

〔1〕　Hollis E. V. and Taylor A. L. , *Social Work Education in the United States*, New York: Columbia University Press, 1951, pp. 56-63.

〔2〕　Roberts A. R. , *Juvenile Justice: Policies, Programs, and Services*, Second Edition, Belmont, CA: Wadsworth, 1998, pp. 122-137.

〔3〕　McCorkle L. W. , Elias A. and Bixby F. L. , *The Highfields Story*, New York: Holt Rinehart and Winston, 1958, pp. 106-118.

主要服务于低收入社区中的青少年帮派成员、青少年犯、吸毒人员和辍学少年（如曼哈顿东边低洼处的移民社区）。社工针对这些青少年提供符合市场需求的职业培训和工作安置，并传授一些职场交往技巧。该时期的犯罪预防活动一般以社区为本，社工积极介入缓刑领域并发挥着日益重要的作用。1968年的《联邦综合性（Omnibus）犯罪控制和安全街道法案》，建立了协助法律执行管理部门，大力支持矫正社工针对青少年违法人员提供直接服务。矫正社工强化了他们在青少年和成人缓刑管理中的作用，他们在警察部门、精神病设施、青少年司法项目中工作，并同矫正官一起行动。[1] 他们甚至提出，只有经过社工专业培训的人员才最有资格成为矫正官。美国违法犯罪委员会的执行理事长米尔顿·雷克托（Milton Rector）即是一名社工，他主导了一项全国缓刑工作的调研，报告中建议所有新的矫正官和督导需要具备 MSW 资质和 2 年的个案工作经验。[2] 至 20 世纪 70 年代初期，社工教育体系培训了约10% 的矫正工作从业人员。[3]

数千万美元的联邦经费拨付给恢复性的罪犯矫正系统。州和地方的社会机构也可以申请经费开展系列矫正项目，如警察部门的青少年社会服务、矫正恢复和法庭服务（包括审前转向项目、针对青少年及成年矫正对象的缓刑强化矫正监督）。这些岗位招聘了大量矫正社工，同时还招募 MSW 学生开展有偿实习工作。很多项目都建议成立专门的青年服务局，工作人员主要由社工构成，这些社工应在小组工作和社区组织中接受过相关培训。成立青年服务局的目的在于把青少年从司法系统中分流出去，利用傍晚和周末时间在地方社会机构，针对这些青少年组织娱乐活动、提供辅导、小组活动、戒毒治疗、家庭咨询、工作培训和安置。典型的青年服务局工作人员由五六个社工和经过训练的志愿者队伍构成。青年服务局同学校、警察和缓刑部门之间建立密切合作关系。此举得到联邦资金的广泛支持，到 1971 年美国成立了 262

---

〔1〕 Roberts A. R. and Brownell P. , "A Century of Forensic Social Work: Bridging the Past to the Present", *Social Work*, 44 (1999), pp. 359-369.

〔2〕 Roberts A. R. , *Juvenile Justice: Policies, Programs, and Services*, Second Edition, Belmont, CA: Wadsworth, 1998, pp. 110-137.

〔3〕 Piven H. and Alcabes A. , *A Study of Practice Theory in Probation/Parole*, Washington, DC: U. S. Department of Health, Education, and Welfare, 1971, pp. 118-129.

个青年服务局。[1] 1974 年的《联邦青少年违法犯罪预防法案》通过后，产生了一个新的联邦办公室——青少年违法犯罪预防办公室（OJJDP），[2] 该办公室的第一任主任艾拉·施瓦茨（Ira Schwartz）也是一名社工（后来担任宾夕法尼亚大学社会工作学院院长）。很多州政府也积极行动起来。马萨诸塞州的社工杰罗姆·米勒（Jerome Miller）推动出台政策——把青少年从司法机构移至更小的社区小组式院舍，这被大部分州所仿效。截至 1980 年，很多州已经撤销青少年司法机构并改建社区小组之家，如宾夕法尼亚、伊利诺斯和犹他。矫正社工通过各州的青少年司法委员会，倡导了这些重要变革，特别是推动少年犯的非机构化以及针对离家出走、逃学和屡教不改青少年的矫正服务。1975—1977 年财政年度，联邦有 89 125 项拨款给了州和地方机构。青少年违法犯罪预防办公室的年度预算在 1980 年达到了美国有史以来的最高值——6800 万美元。然而，当联邦拨付的启动经费用完后，大多数州和地方政府就不再继续支持这些项目，青年服务局也就逐渐淡出。至 20 世纪 80 年代早期，大部分此类项目都已经停止。[3]

　　该时期矫正社会工作者和司法领域工作人员之间的张力也有所凸显。尽管社工仍然在政策和实务指导层面发挥着重要作用，但是一线矫正官大都没有接受过社工培训。一个激烈讨论的话题聚焦于是否在缓刑机构中设立社工岗位。缓刑领域长期延续的传统观点认为缓刑管理就是刑罚执行或监控，而矫正官不适合承担矫正恢复功能，讨论就集中在是否有必要将经过专业培训的社工纳入常规工作团队承担个案矫正服务。当时的缓刑部门在努力争取成为社工服务的一个实务领域，这些讨论都在情理之中，未对矫正社会工作发展造成消极影响。

〔1〕　Roberts A. R. and Brownell P. , "A Century of Forensic Social Work: Bridging the Past to the Present", *Social Work*, 44 （1999）, pp. 359-369.

〔2〕　McNeece C. A. , "Juvenile Justice Policy", in Roberts A. R. ed. , *Juvenile Justice: Policies, Programs, and Services*, Second Edition, Chicago: Nelson-Hall, 1998, pp. 21-39.

〔3〕　Roberts A. R. and Brownell P. , "A Century of Forensic Social Work: Bridging the Past to the Present", *Social Work*, 44 （1999）, pp. 359-369.

四、急转直下：社工大量撤离（20世纪70年代末至20世纪90年代）

（一）社会气候的转变

对矫正社工不利的社会和司法气候在20世纪70年代中期集中显现。实际上，早在1960年就有学者质疑社会工作未能提供一种有效的缓刑干预的简要指南。1971年，一位研究矫正领域的学者记录了当时盛行的关于社工的刻板印象："他们是不科学的、非分析性的和反知识的。他们主要适合女性或不适于做其他工作的男性。这些女性基本上是好斗、不温柔的，而男性都是被吓坏了的，变得女人气十足。"[1]但该时期的零星批评并没有形成广泛影响。

真正的重磅炸弹来自于罗伯特·马丁森（Robert Martinson）。1974年他和同事对二战后到1967年底之间完成的1000多项矫正恢复项目进行重新检验后，发表著名报告《什么在起作用：监狱改革的问题和答案》。其指出只有231项符合社会科学有效性标准，"这使我们很难相信矫正治疗能有效降低重新犯罪，不是说没有成功或半成功的例子，但这些例子是孤立的，难以得出有效恢复矫正的清晰模式。"[2]其观点迅速被贴上标签——"什么也没起作用"（nothing works），并迅速导致对矫正社工的冷嘲热讽。由此，美国掀起了一场猛烈的反矫正运动，否定矫正社会工作的恢复效果，要求复归惩罚和报应哲学（just deserts）。更大的背景是，十多年的越南战争及1973年的石油危机使美国经济陷入困境，新保守主义抬头。此外，矫正社会工作发展也存在一些问题：首先，社会工作教育系统未能回应社区矫正领域的需求，提供足够符合需要的专业人员。据相关评估，1975—1976年间只有6%的社工专业硕士进入矫正领域，仅满足不到20%的需求。[3]其次，由于难以得到合格的专业矫正人员，社区矫正系统聘用了很多未经培训的工作人员，他们往往把自

---

〔1〕 Piven H. and Alcabes A., *A Study of Practice Theory in Probation/Parole*, Washington, DC: U. S. Department of Health, Education, and Welfare, 1971, pp. 168–181.

〔2〕 Martinson R., "What Works? —Questions and Answers about Prison Reform", *The Public Interest*, 35 (1974), pp. 22–54.

〔3〕 Roberts A. R. and Brownell P., "A Century of Forensic Social Work: Bridging the Past to the Present", *Social Work*, 44 (1999), pp. 359–369.

身角色狭窄化为监管员。[1]最后，缺乏足够的有效矫正理论和方法，当时的主流观点认为社工对矫正对象太过仁慈宽大，是一种饶恕文化。如此，社工很快被视为与矫正领域不相关。尽管迫于社工学界和犯罪心理学界的反击，马丁森公开道歉并收回他的言论，然而伤害已经造成。1975 年美国成立缓刑和假释协会（APPA），该协会迅速降低了对社工介入的重视。根据 APPA 统计，该时期大部分州招聘矫正官只要求学士学位，专业不限。在招聘启事中，社工仍然被视为与社区矫正相关的专业，但与法学、犯罪学、咨询、心理学、商业、公共管理和非营利管理等专业并列。当社区矫正系统强调自身同社会工作没有太多关联时，社工就很难影响这个领域。[2]

（二）强硬政策的推出

随着社会风向的剧变，里根政府时期发起了"对犯罪强硬"政策。与此同时，受害者保护运动开始兴起，结束了数十年忽略受害人权益的局面。这两种风向的结合，导致 20 世纪 80 年代中期针对罪犯的矫正恢复项目经费大幅减少，而对受害者的社会服务和危机介入经费则急剧增长，尤其是性侵和家庭暴力的受害者。女权主义运动将家庭暴力和性侵受害者推至全美关注热点，高票通过了标志性的 1984 年《犯罪受害者法案》。1984—1997 年，全美近 10 000 项受害者服务、证人帮助、家庭暴力和性侵受害治疗项目受到资助，[3]其中很多项目保持至今。该时期的另一项重要运动——恢复性司法，也从 20 世纪 80 年代中期由联邦启动，致力于关系修复和受害者赔偿，包括金钱、社区服务和直接对受害者服务（如维修受损物品）。到 20 世纪 90 年代中期，数百个恢复性司法项目发展起来并逐步扩大实施面，尤其是督促青少年承担责任的一揽子项目。然而这场运动的最初时期，社工并未占据主导位置（详见附录第五部分）。刑事司法气候的保守转向和"对犯罪强硬"政策的出台，导致更严厉的量刑，如"三振出局"措施（第三次暴力犯罪将失去假释及系列政府救助机会）。其结果是监狱服刑人员数量急剧增长，预算绝大

〔1〕　Ward J. H., "Promises, Failures, and New Promises in Juvenile Justice: Implications for Social Work Education in the 1980s", *Journal of Education for Social Work*, 15 (3), 1979, pp. 88–95.

〔2〕　Needleman C. and Needleman M. L., "Social Work with Juvenile Offenders", in Roberts A. R. ed., *Social Work in Juvenile and Criminal Justice Settings*, Springfield, IL: Charles C. Thomas, 1997, pp. 105–115.

〔3〕　Roberts A. R., *Social Work in Juvenile and Criminal Justice Settings*, Second Edition, Springfield, IL: Charles C. Thomas, 1997, pp. 105–115, 126–132, 150–159.

部分用于逮捕、诉讼和确保监所安全方面，导致经费捉襟见肘，很少用于罪犯矫正恢复服务。[1]

这一系列转向中，不得不提及媒体对恶性暴力犯罪渲染性报道的影响。"骇人听闻"暴力案件报道不断点燃公众情绪，强烈的社会谴责要求严厉惩罚罪犯，决策层不希望被批评为对犯罪"软弱"，联邦和州层面的强硬措施纷纷出台。然而，美国绝大多数（超过80%）的犯罪行为是与贫困相联系的（如夜贼、车辆偷窃），而不是暴力犯罪（如强奸和人身攻击）。在100件逮捕中只有3宗涉及人身伤害的暴力犯罪，而且在涉嫌暴力犯罪逮捕的人员中70%与财物和毒品相关，通常没有人身伤害。但是一小部分的暴力杀人案件却受到媒体极大的关注。[2]因此，有学者将该时期的强硬政策称为"愤而惩罚"，历史在重演19世纪的报复、惩罚和监禁政策，但那时候并没有降低犯罪率反而导致严重的监狱暴力和刑满释放后更加暴力和仇视社会的罪犯。

（三）强硬转向的系列影响

强硬政策是新自由主义在司法领域的体现，即更多强调个人责任，有必要集中精力"修理"个人。针对青少年犯矫正恢复的项目都在急剧减少，被监禁的青少年不断增长，尤其是涉毒青少年。很多州开始允许青少年在成人法庭中审理，同时减少对青少年犯隐私及犯罪记录的保护，一些州甚至13岁的青少年就可能因为某些指控在成人法庭中审理。大部分青少年犯不是被送往教养学校，而是被送往监狱。曾有数百名青少年犯被关押在仓库，有的还因为第一次在监所打架被单独囚禁30~90天。到20世纪90年代，很多青少年矫正机构的矫正辅导社工被警卫替代。随着联邦和州预算的缩减，地方政府财力也非常有限，家庭援助和社区预防项目大幅削减，导致脆弱家庭和高风险社区处于崩溃和瓦解的边缘。

少年司法程序也急剧萎缩，其程序越来越接近成人司法。社工同司法系统之间的目标定位冲突越发明显。例如，矫正官更加倾向于严格执行法院要求，而社工在罪犯社会调查等场景中更希望同案主保持信任关系，认为法院

---

〔1〕 Haney C. and Zimbardo P., "The Past and Future of U. S. Prison Policy: Twenty-five Years after the Stanford Prison Experiment", *American Psychologist*, 53 (1998), pp. 709-727.

〔2〕 Roberts A. R. and Brownell P., "A Century of Forensic Social Work: Bridging the Past to the Present", *Social Work*, 44 (1999), pp. 359-369.

的要求是惩罚性而非治疗性。在此冲突背景下，矫正领域无论是社工和心理辅导员还是矫正恢复机构都大幅减少。[1] 20 世纪 50 年代至 70 年代发展起来的青少年分流项目、青年服务局、警察社工项目和住宿式矫正中心，在 20 世纪 80 年代至 90 年代被大量废止，强化惩罚和大规模长期监禁比比皆是。一个世纪前社工先驱珍妮·亚当斯为了青少年罪犯的矫正恢复而奔走呼吁，历史又在新时期重演——重新为青少年犯的权益而呼吁。

（四）社工主动撤离

矫正社工的减少不仅来自外部压力，如经费减少以及缓刑和假释协会的忽视，很大的原因也来自社工自身，即选择主动撤离。

在强调个人责任的新自由主义思潮下，心理治疗成为主要干预模式，主要瞄准犯罪人员的错误思维、矫正行为和控制情绪，而这些职能主要由心理辅导师完成。这种干预倾向于忽视社区居民、所属社会群体、社会文化以及大量难以调和的亚文化施加在违法人员身上的社会压力，即迅速降低社会因素对违法犯罪的解释力，认为社会因素即使被确认也难以应对（如贫穷）。此举导致大量社会性服务被削减，如教育、职业培训和连接就业机会，[2] 也就大大压缩了追求公平正义的社会工作的用武之地。社会工作界以前一直在该领域争取专业地位，然而强制性的矫正环境和心理治疗转向使其目标黯淡了，他们认为这种情境下转变案主几乎无法实现。[3] 很多社工主动同矫正领域拉开了距离，1991 年美国社会工作者协会会员报告指出，只有 1.2% 的会员认同自己在矫正领域的工作。[4] 关于社工离开矫正领域，还有一种较为普遍的历史解释——对非自愿案主开展工作的厌恶，认为这玷污了社会工作的专业价值观。[5] 因为矫正系统的强制特性与社会工作强调的尊重接纳和案主自决等

〔1〕　Gumz E. , "American Social Work, Corrections and Restorative Justice: An Appraisal", *International Journal of Offender Therapy and Comparative Criminology*, 48 (2004), pp. 449–460.

〔2〕　Van Wormer K. , "Restorative Justice", in Maschi T. , Bradley C. and Ward K. eds. , *Forensic Social Work: Psychosocial and Legal Issues across Diverse Practice Settings*, New York: Springer Publishing Company, 2009, pp. 11–21.

〔3〕　Severson M. M. , "Adapting Social Work Values to the Corrections Environment", *Social Work*, 39 (1994), pp. 451–456.

〔4〕　Gibelman M. , *What Social Workers Do*, Washington, DC: NASW Press, 1995, pp. 86–98.

〔5〕　Piven H. and Alcabes A. , *A Study of Practice Theory in Probation/Parole*, Washington, DC: U. S. Department of Health, Education, and Welfare, 1971, pp. 168–181.

原则不相容。

有学者指出，社工并不是完全撤离了司法领域，而是转向了司法过程中的其他方面。比如，随着受害者保护运动的迅速发展，许多社工从罪犯矫正服务转向了以社区为本的受害者/证人帮助服务。20世纪末受害人帮助项目平均拥有7名全职工作人员，32%（约22 400人）是专业社会工作者。[1] 社工也并没有完全缺席法院工作，如一些社区法庭纷纷求助于社工服务，希望将社工服务融入他们的众多项目中。如20世纪90年代早期的纽约曼哈顿社区法庭[2]，社工被请求在矫正机构之外辅助法庭开展预防和矫正服务，提供法律援助、家庭法庭调解、赔偿及受害者-侵犯者调停、青少年罪犯干预、虐待和行为不良青少年的家庭保全等。一些矫正社工还主导了法庭判罚的辅导项目，主要针对青少年及成人暴力犯，在小组工作中开展动手和愤怒控制、攻击行为的换位思考训练。矫正社工也会转介有特殊需求的矫正对象到儿童福利、药物滥用、卫生及精神健康、中途之家和学校等机构/设施。

五、社工重返矫正领域的呼吁（20世纪90年代中后期以来）

强硬措施真的吓阻了那些暴力犯吗？监狱成功"修理"了犯罪人吗？没过多久不少学者就得出结论——严厉惩罚导向的司法气候并没有达到预期的震慑犯罪、降低犯罪率的效果。法庭的严厉判罚并没有成功降低青少年侵犯率，强硬转向后的几年时间青少年犯重罪率高达40%。当时很多西方国家将一些罪犯分流进入社区矫正或者非罪化某些行为，而美国却重拾严惩策略，导致其监狱人口迅速攀升至世界最高的位置。截至2000年，监狱人口接近200万。[3] 1994年联邦用于惩罚犯罪的司法预算约为230亿美元（其中97亿美元用于新监狱建设），监所建设成为一个不断发展的产业，如新的青少年拘

---

〔1〕 Roberts A. R., *Social Work in Juvenile and Criminal Justice Settings*, Second Edition, Springfield, IL: Charles C. Thomas, 1997, pp. 105-115, 126-132, 150-159.

〔2〕 Brownell P., "Female Offenders in the Criminal Justice System: Policy and Program Development", in Roberts A. R. ed., *Social Work in Juvenile and Criminal Justice Settings*, Second Edition, Springfield, IL: Charles C. Thomas, 1997, pp. 325-349.

〔3〕 Todd R. Clear, *American Corrections in Brief*, Boston: Cengage Learning, 2017, p. 5.

留中心和各级监狱设施。[1]针对高风险青少年则发展出了"训练营"或"严厉的爱"等强制性早期介入项目，以期增强个人责任感。但后来出现一些严重不良后果，如 2006 年 14 岁的案主马丁·安德森（Martin Anderson）死于佛罗里达州的训练营[2]，由此导致公众的严重质疑和项目资金削减。可以说，依靠延长时间、加强惩罚的监禁和控制措施归于失败。

20 世纪 90 年代以后，尤其是 21 世纪后，越来越多的人呼吁，让社工重新在矫正领域扮演重要角色。[3]强硬政策的不良后果和循证矫正运动的兴起，逐步消解了导致社工撤出矫正领域的张力，希望社工重返的呼声愈发引人注目：其一，矫正官没有经过专门的认知和行为矫正训练，不知道什么时候介入以及运用什么矫正方法和技巧。"我仅仅作为警察和法院之间的联系人，照章办事而已，不会对督导下的青少年开展矫正性个案工作。"[4]一个缓刑官如此谈道，且这种观点在美国社区矫正中比较普遍。而社工则是经过系统的认知行为治疗及家庭干预的学习，善于在案主复杂生活环境中寻找促进涉法涉罪青少年转变的因素。其二，司法社工处于社会工作和司法系统的居间位置，可以采取整合性的多种方法来介入。[5]矫正社工的历史经验显示，合理的工作方法在于促进个人和社会层面行动的汇合。社会-司法系统（SJS）强调罪犯矫正工作需要整合政策和实践两方面的知识和方法，围绕司法或法律问题，综合采取个案工作、家庭介入和社区实务等方法。同时掌握法律政策和人类服务方法的矫正社工，能够自信、熟练地多层面介入。单纯的法律手段对于案主的潜在影响可能是积极的，也可能是消极的。例如，一个涉毒的单身母亲从监狱释放后，根据美国法律，这类案主很可能被排除在公共救助体系之外。而矫正社工能够更加灵活地从不同渠道为案主争取基本保障资源。其三，

〔1〕　Roberts A. R. and Brownell P. , "A Century of Forensic Social Work: Bridging the Past to the Present", *Social Work*, 44 (1999), pp. 359-369.

〔2〕　Maschi T. and Killian M. L. , "The Evolution of Forensic Social Work in the United States: Implications for 21st Century Practice", *Journal of Forensic Social Work*, 1 (2011), pp. 8-36.

〔3〕　Young D. S. and LoMonaco S. W. , "Incorporating Content on Offenders and Corrections into Social Work Curricula", *Journal of Social Work Education*, 31 (2001), pp. 475-489.

〔4〕　Clark M. Peters, "Social Work and Juvenile Probation: Historical Tensions and Contemporary Convergences", *Social Work*, 4 (2011), pp. 355-365.

〔5〕　Maschi T. and Killian M. L. , "The Evolution of Forensic Social Work in the United States: Implications for 21st Century Practice", *Journal of Forensic Social Work*, 1 (2011), pp. 8-36.

矫正社工可以协调多学科团队的综合介入过程。社工可以运用个案管理策略对服务过程进行管理，协调其他专业人员（如心理学家、精神病专家、医护人员、律师、受害者权益保护人员等）以及法律执行人员（如警察、矫正官等）一起开展工作。在矫正工作实践中，社工还可以对来自其他领域的工作人员开展工作，同他们协商有效干预方式和各自角色。此外，矫正社工还能在一定程度调节案主及其家庭与受害者及其家庭之间的利益关系。其四，在价值观方面，矫正社工并不是唯一面临强制性情境的服务领域，其他一些社会工作分支领域也长期面临强制性带来的困扰，如儿童福利、家庭暴力、精神健康、药物滥用和一些老年机构照顾。但他们通过调整实务模式，在机构中接受一个更狭窄的角色，而不是抛弃这个领域。[1] 因此，强制性领域不一定排斥社工介入，需要反思的是如何厘清刑罚强制性和社工专业价值之间的边界和互补性，如此社工才能更好地重新回到这个领域。其五，20世纪90年代以来的系列政策和实务新动向，为司法社工提供了大量的介入空间。美国各州恢复性司法由原来的司法系统主导向更多社区参与发展，需要司法社工的广泛参与。佛罗里达、明尼苏达、俄勒冈、宾夕法尼亚和德克萨斯等州的司法社工引导了这些发展，通过挖掘基层社区和青少年司法机构的优势，拓展恢复性司法的运用空间。这为矫正社工提供了同律师和社区法官一起开展工作的机会，共同致力于矫正恢复导向的替代性措施。同时，儿童福利和青少年司法系统逐步恢复运转，高企的财政压力迫使各级司法系统重新思考监禁替代措施，更多的青少年罪犯被置于社区矫正，这就需要更多的监管和支持性矫正服务。此外，女性犯罪人员也引起了决策层越来越多的关注，包括确保她们不离开孩子、能继续领取临时家庭援助金（TNF），甚至有些女性犯罪人员已经用完援助期限（5年）。这些都需要矫正社工积极参与相关的恢复和救助服务。其六，社会工作教育界也有一些利于司法社工的动向。十多个社工学院同法学院发起了交叉学科培养计划，如双学位项目。近年美国社工教育协会认证的120个MSW项目中的很多社工学院，至少开设了一门选修课如矫正社会工作、社会工作与法律、司法社会工作、青少年司法或家庭暴力等。约一半的社会工作研究生院为学生提供了司法社会工作的实习机会，如

---

〔1〕 Clark M. Peters, "Social Work and Juvenile Probation: Historical Tensions and Contemporary Convergences", *Social Work*, 4（2011），pp. 355-365.

青少年司法、被殴打妇女避难所和成人矫正机构。而 20 世纪 90 年代仅有 10% 左右的社工学院开设了一门司法社工课程。[1] 不过，目前仍然只有几所研究生院设有司法社会工作硕士专业。

即便在此新形势下，社工界的态度仍然是比较审慎的。例如，曾有议员建议将社工明确界定为司法系统中的辅助角色，但社工界担心这将导致他们在矫正工作中被边缘化。[2] 美国社会工作者协会于 2003 年宣称社工需要重新进入矫正领域，但是社工实务已经越来越多地被临床社工（如私人精神治疗师）所主导，协会成员很少去为犯罪越轨人员提供服务的动机。[3] 因此，在被质疑抨击而离开司法矫正系统二三十年后，整整一代社工都没怎么接触过矫正恢复服务，[4] 即使矫正恢复服务需求不断增长，社工实务界仍然同矫正领域保持一定的距离。鉴于此，21 世纪后美国缓刑假释部门开始转变策略，在社区矫正一线岗位同时招聘本科以上的刑事司法和社会工作专业背景的工作人员。[5] 美国矫正社会工作一百多年的曲折发展历程，时至今日，毋庸置疑，社工可以并且应该在司法矫正领域发挥重要作用。司法社工协会指出，不断发展的社工思潮已从需求导向走向权利维护，促使矫正社工去承担更重要的角色——引导司法系统的变革。重新进入司法矫正领域，社工可以利用其历史经验及不断发展的专业知识，更好地服务于被忽视已久的弱势群体——矫正对象，他们大都存在贫困、被虐待和精神健康等问题。

对于中国社区矫正而言，美国矫正社会工作发展历程能给我们带来哪些前车之鉴，从而发挥后发优势呢？一方面，要直面矫正社工的能与不能。得承认矫正社工不是万能的，尤其是面对那些背景复杂、缺乏悔意和转变动机的惯犯。很多因道德发展不足从而形成扭曲认知甚至反社会人格的，难以在

---

〔1〕 McNeece C. A. and Roberts A. R., "Introduction", in McNeece C. A. and Roberts A. R. eds., *Policy and Practice in the Justice System*, Chicago: Nelson-Hall, 1997, pp. xi-xiii.

〔2〕 Dane B. O. and Simon B. L., "Resident Guests: Social Workers in Host Settings", *Social Work*, 3 (1991), pp. 208-213.

〔3〕 Clark M. Peters, "Social Work and Juvenile Probation: Historical Tensions and Contemporary Convergences", *Social Work*, 4 (2011), pp. 355-365.

〔4〕 Burrell W., "Trends in Probation and Parole in the States", Washington, DC: *Council of State Governments*, available at http://www.appa-net.org/ccheadlines/docs/Trends_ Probation_ Parole, pdf, last visited on February 16, 2007.

〔5〕 Todd R. Clear, *American Corrections in Brief*, Boston: Cengage Learning, 2017, pp. 122, 268.

短时间内矫正。矫正社工可以在一定程度上降低再犯罪率，比例约为 30%，但纽约不可能完全杜绝（2015 年初访谈约翰杰刑事司法学院杰夫·梅洛）。当前我国一些社工学者倾向于将矫正社工描绘为灵丹妙药、一试就灵，短时间内可能起到一定的呼吁效果，但长此以往反而可能损害该事业的远期发展。同时，社区矫正也难以离开矫正社会工作，这是由其在社会领域刑罚执行和教育刑的特色所决定的，难以单纯依靠法律背景人员完成。美国当前的反思与改革，加拿大、澳大利亚、苏格兰和立陶宛等国家和地区的社区矫正社会工作的蓬勃发展，都说明矫正社工是司法领域所不可或缺的力量。另一方面，我国的矫正社会工作还需在循证矫正运动中，深入探讨矫正方法的专业性和有效性。同时还需思考在社区矫正管理系统中如何更好地组织矫正社会工作，这涉及在管理中如何平衡监督控制和矫正恢复机能的问题。后面这几个问题，本书将在下面的章节中逐次展开。

第四章

发展中的循证社区矫正

20世纪70年代的"石油危机"之后，不仅是美国，西方国家普遍面临福利国家危机，在新自由主义思潮下社会福利服务饱受质疑和批评，由此导致公共服务项目的财政支持大幅度削减。社区矫正社会工作被视为一种刑罚福利主义，受到批评更甚于其他公共服务领域，斥责其在帮助"不值得帮助"的群体。而且，大量公共财政支出并没有真正有效矫正罪犯，而是提高了社会服务机构和社工的专业地位和收入水平。在反矫正运动和"对犯罪强硬"政策之后，矫正学界开始采纳循证矫正策略，通过定量研究证据显示矫正干预效果。社区矫正成为循证矫正运动中至关重要的一环，我国也进行了相关探索。本章将集中探讨发展中的循证社区矫正。

一、循证矫正产生的学术背景

二战后众多理论推动了社工主导的矫正恢复运动。首先是犯罪学主流从"生来犯罪人"转向强调社会因素的社会学派。芝加哥学派认为贫困社区中家庭控制力量薄弱导致青少年被吸纳进帮派之中。[1]紧张理论指出当下层群体无法用合法手段实现社会目标时，就会因挫败感和愤怒造成紧张状态，进而通过犯罪行为实现目标。[2]亚文化理论则强调低下阶层社区中会形成犯罪亚

---

〔1〕 Martin R. Haskell and Lewis Yablonsky, *Juvenile Delinquency*, Chicago: Rand McNally College Publishing Company, 1974, p. 161.

〔2〕 Robert K. Merton, *Social Theory and Social Structure*: *Toward the Codification of Theory and Research*, Glencoe, IL: Free Press, 1968, pp. 195–208.

文化。[1] 标签理论则认为少年主要由于惩罚所带来的标签效应，进而自我标签化而越来越"坏"[2]，由此提倡非罪化、转处、程序性保护和非机构化[3]。同时期兴起的新社会防卫论倡导联合犯罪学、法学、心理学、社会学、社会工作及医学领域专业人士有效矫治罪犯，既保护个人（含犯罪人）也保卫社会。[4] 这些理论乐观地认为犯罪越轨行为可以被矫正或治疗，犯罪人能够改过自新。然而矫正恢复运动并没有达到预期的犯罪预防作用。20 世纪六七十年代美国暴力犯罪比例以两三倍的速度激增（见下图 4-1）。[5]

在反矫正运动中，一些刑事司法学家开始更加精细地计算犯罪领域的收益和代价，认为惩罚威慑刑罚比教养和矫正更能有效应对犯罪，史称新古典主义。[6] 该理论强调只有隔离和监禁才能有效降低犯罪率，社区矫正对象也需要受到严密的监管。[7] 决策者们迅速顺应了这种风潮，纷纷制定"强硬"政策将公共资源投向监禁和监管，以此获得公众的支持。但是，这种严厉惩罚导向的司法措施也没有达到威慑犯罪行为、降低犯罪率的效果。1976—1993 年间，严厉打击措施对财产犯罪起到一定作用（总体保持平稳但并未明显下降），而暴力犯罪却呈现出波浪式上升趋势（见下图 4-1）。同时，越来越多的监狱囚犯，给政府财政预算造成巨大的负担，20 世纪八九十年代联邦、州和地方三级司法矫正系统预算几乎增长了 6 倍。[8] 社区矫正中强化监管和惩罚的"每日报到""训练营""监狱震慑"和电子监控等中间级惩罚项目，

---

〔1〕 Albert K. Cohen, *Delinquent Boys：The Culture of the Gang*, Glencoe, IL：Free Press, 1955, pp. 25-32.

〔2〕 Frank Tannenbaum, *Crime and the Community*, New York：Columbia University Press, 1938, pp. 17-20.

〔3〕 Edwin Lemert, *The Juvenile Cout-quest and Realities. In the President's Commission on Law Enforcement and Administration of Justice*, *Task Force Report：Juvenile Delinquent and Youth Crime*, Washington, DC：U. S. Government Printing Office, 1967, p. 27.

〔4〕 Marc Ancel, "Social Defence", *Law Quarterly Review*, 78（1962）, pp. 497-603.

〔5〕 王平、安文霞：《西方国家循证矫正的历史发展及其启示》，载《中国政法大学学报》2013 年第 3 期。Doris Layton MacKenzie, *What Works in Corrections Reducing the Criminal Activities of Offenders and Deliquents*, Cambridge University Press, 2006, p. 11.

〔6〕 吴宗宪：《西方犯罪学史》（第 2 版·第 1 卷），中国人民公安大学出版社 2010 年版，第 202~209 页。

〔7〕 James Q. Wilson, *Thinking about Crime*, New York：Basic Books, 1975, p. 196.

〔8〕 Matthew De Michele and Brian Payne, "Electronic Supervision and the Importance of Evidence-Based Practices", *Federal Probation*, Vol. 74（2）, 2010, pp. 4-11.

也未能有效降低犯罪率。[1]这些都反映出"对犯罪强硬"政策的失效。

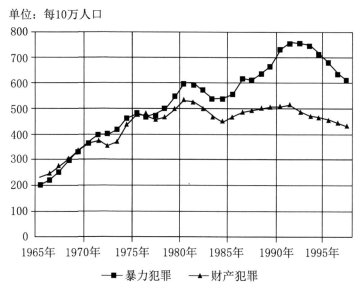

单位：每10万人口

图4-1　1965—1997年美国犯罪率统计（警察系统数据）

资料来源：Doris Layton MacKenzie, *What Works in Corrections Reducing the Criminal Activities of Offenders and Deliquents*, Cambridge University Press, 2006, p. 11.

正反两方面的经验教训，促使司法矫正领域的研究者采用现代定量研究方法。尤其是分组试验法和荟萃分析获取更加科学的证据，深入探讨有效预防和矫正罪犯的方法。20世纪90年代初循证矫正运动应运而生，用"什么在起作用"（what works）全面系统地回答"什么也没有起作用"（nothing works）。一系列经过循证检验的方法得以采用，导致美国1994—1998年暴力犯罪和财产犯罪率都不同程度地趋于下降（见上图4-1），在某种程度上显现了"循证矫正"的效果。

循证矫正在很大程度上，是以回击强硬政策的姿态出现的，因为很多严厉惩罚措施是基于公众愤怒而出台。循证矫正首要之义在于以理性主义克服感

---

[1]　Maschi T. and Killian M. L., "The Evolution of Forensic Social Work in the United States: Implications for 21st Century Practice", *Journal of Forensic Social Work*, 1 (2011), pp. 8-36.

情主义，很少领域的政策措施能像应对犯罪那样激起公众情绪。[1]西方很多法律法规是以某受害者名字命名，尤其当受害者是小孩时。美国学界还梳理了基于理性主义的循证矫正实践和以感情为本的实践之间的系列对立特征，参见下表4-1。

表4-1　循证矫正实践和感情为本实践的对立特征

	循证矫正实践	感情为本实践
目　　的	针对问题进行高效的应对	基于信仰和痛苦惩罚进行应对
假　　设	政策和实践应该基于证据	政策应该是感情的反映
同刑事司法系统的关系	聚焦于刑事司法系统的全面性目标来发展实践	焦点主要在于报复和惩罚
关于成本	成本效率是决策的核心	有限关注
社区的作用	社区发挥积极作用，提供可以决定有效性的信息	社区发挥消极作用，仅仅在于接收公共意见
领导的作用	领导、促进组织文化变迁	利用和保留传统方式
一线工作者的作用	运用和创造新实践	保持现状
时间导向	关注现在和未来	关注过去
关于评估	广泛的	有限的
研究者的作用	评价项目的有效性，并推动变革	主要分析公共态度，很少对项目提供具体帮助
成功的定义	项目的质量	矫正对象的数量

资料来源：Matthew De Michele and Brian Payne, "Electronic Supervision and the Importance of Evidence-Based Practices", *Federal Probation*, Vol. 74（No. 2）, 2010.

　　基于这些对比，美国矫正学界呼吁司法政策制定及矫正实践调整需要基于循证研究，而不是感情用事。采取有效的矫正监管措施重新塑造亲社会的成员，而不是仅仅基于愤怒而惩罚。

---

　　[1] Matthew De Michele and Brian Payne, "Electronic Supervision and the Importance of Evidence-Based Practices", *Federal Probation*, Vol. 74（2）, 2010, pp. 4-11.

二、循证矫正的主要观点

循证矫正思想发端于加拿大。1990年加拿大犯罪心理学家唐纳德·A. 安德鲁斯（Donald A. Andrews）、詹姆斯·邦德（James Bonta）和霍格·R. （Hoge R. ）率先提出了著名的"风险、需求和回应性"（Risk, Need, Responsivity, RNR)[1]三大原则和犯因性的"八大要素"（Central Eight）。其中，"风险原则"是指通过有效的风险评估，将矫正措施和矫正对象的风险水平相结合，高风险对象匹配较为密集的矫正措施，而风险相对较低的矫正对象则可分配较少的介入甚至不用介入。"需求原则"是指矫正措施需瞄准矫正对象的犯因性需要，促进他们积极转变。"回应性原则"是指矫正措施要回应矫正对象个别化的性格、能力、学习方式、动机、性别和文化。[2]八大犯因性要素包括犯罪史、倾向犯罪的态度、不良交往关系、反社会人格、家庭婚姻问题、工作学习状况、药物滥用和休闲娱乐。[3]迄今，这些原则和要素已经被国际矫正领域广泛知晓和承认，尤其是在再犯风险评估方面。

美国迅速跟进循证矫正，集中探讨哪些矫正措施有效、哪些无效。1993年，马萨诸塞州的矫正部门（MADOC）就率先采用了循证矫正理念。[4]马里兰大学谢尔曼（L. W. Sherman）教授的研究团队，在美国国会的授权和资助下，对全美500多个犯罪预防项目效果进行了系统评论，1997年发表了著名报告《预防犯罪：哪些有效、哪些无效、哪些有希望?》（*Preventing Crime: What Works, What Doesn't, What's Promising*）。美国国家矫正研究所（NIC）与犯罪和司法研究所（CJI）于2002年达成协议，合作推动司法系统的一体化循证实践模式，提出需同等重视循证实践、矫正机构发展和协调配合三个方面，并得出了有效干预的八大原则。[5]这八条有效干预的循证原则包括细致的风险评估、

---

〔1〕 Andrews D. , Bonta J. and Hoge R. , "Classification for Effective Rehabilitation: Rediscovering Psychology", *Criminal Justice and Behavior*, 17 (1), 1990, pp. 19-52.

〔2〕 James Bonta and Andrews D. A. , *The Psychology of Criminal Conduct*, Sixth Edition, London and New York: Routledge, 2017, pp. 178-182.

〔3〕 James Bonta and Andrews D. A. , *The Psychology of Criminal Conduct*, Sixth Edition, London and New York: Routledge, 2017, pp. 43-46.

〔4〕 Luis S. Spencer, "Evidence-based Practices Work", *Corrections Today*, 8 (2013), pp. 54-68.

〔5〕 郭健：《美国循证矫正的实践及基本原则》，载《犯罪与改造研究》2012年第7期。

提升内部动机、瞄准介入、开展技巧培训、加大正强化、在原生社区提供持续支持、评估相关实践过程和提供评估反馈。[1] 总体而言，加拿大循证矫正主要集中于风险评估方面，美国更侧重于检验分析系列具体矫正干预措施的有效性。

进入循证矫正时代以后，北美主流矫正思想都在强调发挥社区矫正的作用，并从多角度探寻影响社区矫正效果的因素和科学化介入方式。麦肯齐（MacKenzie）和韦斯（Weiss）观察到美国在监禁率方面位居世界前列，代价高昂却并未有效降低犯罪率。他们系统地评析了西方国家的大量社区矫正项目，发现社区矫正有效地降低了监禁率，且没有导致犯罪率的增加，于是主张放弃"把矫正对象—律'关起来'的心态"[2]，支持开展社区矫正循证实践和研究，调整相关刑事司法政策。安德鲁斯和邦德的经典研究则指出，循证矫正的 RNR 原则在社区矫正和监所矫正都有效，但社区环境中的效果更加明显，如下图 4-2 所示：

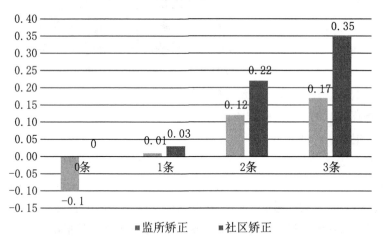

图 4-2　再犯率与遵循 RNR 原则数量之间的相关关系

资料来源：Andrews D. A. and James Bonta, *The Psychology of Criminal Conduct*, fifth Edition, NJ: LexisNexis, 2010, p. 75.

〔1〕　Clawson E., Bogue B and Joplin L., *Implementing Evidence-based Practices in Corrections: Using an Integrated Model*, Boston, MA: Crime and Justice Institute, 2005, p. 6.

〔2〕　James M. Byrne, Arthur J. Lurigio, "Separating Science from Nonsense: Evidence-Based Research, Policy, and Practice in Criminal and Juvenile Justice Settings", *Victims and Offenders*, 4 (2009), pp. 303-310.

图 4-2 对遵循 RNR 三原则的不同情况进行了逐项对比，结果发现，无论是遵循"0 条"（即没有遵循），还是"1 条""2 条"或"3 条"原则，社区矫正的效果均好于监所矫正。以遵循"0 条"原则时的社区矫正为参照对象，监狱矫正的再犯率会增加 10% 左右；而遵循"1 条""2 条"或"3 条"下的循证社区矫正比循证监所矫正降低了更多的再犯率。因此，安德鲁斯和邦德极力倡导循证社区矫正。

21 世纪以来，美国越来越多的州启动了循证矫正。2008 年以后联邦、州和基层监狱人口趋于缓慢下降，参见下图 4-3：

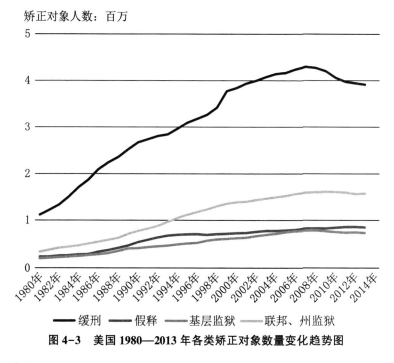

图 4-3　美国 1980—2013 年各类矫正对象数量变化趋势图

资料来源：Todd R. Clear, *American Corrections in Brief*, Boston：Cengage Learning, 2017, p. 5；Latest data available from the Bureau of Justice Statistics correctional surveys, available at www. ojp. usdoj. gov：Annual Survey of Jails, Annual Parole Survey, Annual Probation Survey, National Prisoner Statistics Population Midyear Counts, Correctional Populations in the United States, 2013.

从上图可以看出，1980 年后美国的各类服刑人员数量都在稳步上升（尽管 1994 年后警方统计犯罪率趋于下降，见图 4-1，但判罚依然严厉），2007

年达到峰值，此后缓刑对象逐步下降，联邦、州和基层监狱人口也在缓慢下降，假释数量则保持扩大趋势。该统计数据反映出，经历二十多年对犯罪强硬政策之后，刑事司法政策重新复归轻缓化，向减少判刑（含缓刑和监禁）和增加假释方向发展。这从某种程度上说明循证矫正策略已经取得较为显著的成效。

三、证据等级划分的不同策略

循证实践起源于医学界，其中美国医学协会的界定被广泛采用："循证实践是指将最好的研究证据同临床专家及服务对象价值观相结合。"[1]其中，"最佳证据""临床专家意见"和"服务对象价值观"三者的重要程度是不一样的。例如，"服务对象价值观"主要体现在个别化的干预情境之中，难以进行客观衡量。更加量化的测量方式和更客观的研究设计具有更高的信度和效度，获得更高的证据等级。由此，循证的证据等级划分就成为一个重要议题。总的原则是，客观优先、主观为辅，专家意见及实践经验只有在更高级别客观证据不足的情况下才使用。[2]据此形成了一个各领域循证实践普遍接受的证据等级基本框架，参见下表4-2：

表4-2 证据等级基本框架

第1级：实验设计或实验研究的汇总分析 　　随机控制的实验（双盲、单盲或非盲） 　　超过一个研究团队实施的临床试验 　　系统性评论 　　荟萃分析
第2级：准实验设计 　　非随机控制实验 　　匹配控制实验 　　多个时间序列研究 　　接受治疗和没有接受的小组之间的同期群对比 　　通过对不同个案/项目的系统观察进行相关研究

〔1〕 Glasner Edwards S. and Rawson R., "Evidence-based Practices in Addiction Treatment: Review and Recommendations for Public Policy", *Health Policy*, 97 (2010), pp. 93-104.

〔2〕 王平、安文霞：《西方国家循证矫正的历史发展及其启示》，载《中国政法大学学报》2013年第3期。

续表

第3级：专家共识/意见 　　由专家共识形成的最优实践指南 　　专家委员会的推荐 　　临床经验丰富专家的共识性看法 　　单一个案报告/观察研究
第4级：人际传播

资料来源：Glasner-Edwards S. and Rawson R., "Evidence-based Practices in Addiction Treatment: Review and Recommendations for Public Policy, *Health Policy*, 97 (2010), pp. 93-104.

　　然而，以上循证实践的证据等级体系却难以轻易复制、运用到社区矫正领域。究其原因，首先，社区矫正对象大多是被动接受的客体，难以像医学等领域的服务对象那样积极主动参与实践或实验；其次，罪犯矫正的干预措施同效果之间的联系不像医疗服务那样能够准确测量或感知；再次，循证社区矫正的效果往往需要很长的时间跨度才能得以检验；最后，社区矫正领域大量存在的是问卷调查数据，很多是一次性的横截面数据。面临这种现实，加拿大的循证矫正学者们采取了更加灵活的定量化研究策略，进而将矫正证据划分为如下四个等级，参见下表4-3：

表4-3　加拿大循证矫正证据等级

变量类型	应用类型	研究设计	评判标准
协变量	潜在的风险/需求因素	横截面数据/ 一次性调查	过去的犯罪历史
预测变量	风险因素、优势因素	纵向分析（单因素）	预测将来犯罪
动态预测变量	需求因素、稳定需求、 急性需求	多元动态回归	预测将来犯罪
因果变量	干　预	随机试验	预测将来犯罪

资料来源：James Bonta and Andrews D. A., *The Psychology of Criminal Conduct*, Sixth Edition, London and New York：Routledge, 2017, pp. 14-15.

　　加拿大矫正学派的这种划分更加具有包容性。横截面数据通过相关或回归得出的影响犯罪/再犯罪的因素，主要说明过去状态，可以成为潜在的风险/

需求因素（时常能被其他三类研究印证），但在科学性方面不及其他三类。其他三种类型都是不同形式的动态数据，对将来犯罪行为具有不同程度的预测性。随机分组试验研究设计得出的因果分析结果，则具有最高级别的科学性。

此外，加拿大矫正学派还特别重视荟萃分析的作用，这是为了回应学界的批评，如法学界质疑不同的循证研究得出不同结论，哪怕采用同一种干预方法，也会导致无边无际的犯罪学研究和循证结论，[1] 使得立法和政策无所适从。那么，整合相同或相似主题下的分散研究结果，实现更广层面跨情境的提炼和概括，以此求得一个综合结果就非常有必要。荟萃分析的主要操作方法是把不同研究中的统计效果值（如 r、t、OR、x^2、AUC 等）进行加权转换，得出一个通用的值（通常为皮尔森相关系数 r 或 OR）。[2] 这种综合结果，也便于读者理解。安德鲁斯和邦德将荟萃分析贯穿于著作的始终，得到国际矫正学界的广泛认同。

但荟萃分析不能代替随机试验，尤其是大型随机控制实验。相对于加拿大学派对于社区矫正证据的灵活性策略，美国更加执着于最高等级的循证证据——试验法，他们划分的循证矫正证据等级也主要依据试验法的严密程度。马里兰大学研究者完成的报告《预防犯罪：哪些有效、哪些无效、哪些有希望?》[3] 中，建立了马里兰大学循证矫正证据等级，以此评估 500 多项犯罪预防项目的研究方法质量。这个等级分为五个层次，从低到高如下表 4-4 所示：

表 4-4 马里兰大学循证矫正证据等级

第 1 级	在一个时间点测量某一预防项目和犯罪之间的相关性。
第 2 级	在没有控制组条件下，在项目之前和之后测量犯罪水平。
第 3 级	在试验组和控制组设计下，在项目之前和之后测量犯罪水平。

---

[1] 王牧：《犯罪学与刑法学的科际界限》，载《中国法学》2004 年第 1 期。

[2] James Bonta and Andrews D. A., *The Psychology of Criminal Conduct*, Sixth Edition, London and New York：Routledge, 2017, pp. 30-32.

[3] Sherman L. W., Gottfredson D. C., MacKenzie D. M., Eck J., Reuter P. and Bushway S. (Eds,), *Preventing Crime：What Works, What Doesn't, What's Promising*, Washington, DC：National Institute of Justice, U. S. Department of Justice, 1997, pp. 116-129.

第 4 级	采取多重试验和控制设计，控制影响犯罪的其他变量，并在项目之前和之后测量犯罪水平。
第 5 级	随机分配进入项目组和控制组，并进行前后测。

资料来源：Farrington D. P., Gottfredson D. C., Sherman L. W. and Welsh B. C., "The Maryland Scientific Methods Scale", in L. W. Sherman, Farrington D. P., Welsh B. C. and MacKenzie D. L. eds., *Evidence-based Crime Prevention*, London and New York：Routledge, 2002.

其中，第 1 级到第 2 级一般被视为不合适或无效解释（加拿大学派认为是有希望的），第 3 级是可以做出有效性结论的最低等级，第 4 级和第 5 级被认为具有最高程度的信度和效度。还有学者进一步把以上 5 个证据层次简化为 3 个级别，并形象地称为黄金标准、青铜标准和不科学/无意义的方法，如下表 4-5 所示：

表 4-5　美国的黄金青铜证据等级

黄金标准	仅包括随机性对照实验。
青铜标准	包括一些系统性设计的实验和精心设计的有对照组准实验研究。
不科学/无意义	非系统性研究设计的实验、准实验以及非实验研究。

资料来源：James M. Byrne, Arthur J. Lurigio, "Separating Science from Nonsense：Evidence-Based Research, Policy, and Practice in Criminal and Juvenile Justice Settings", *Victims and Offenders*, 4（2009），pp. 303-310.

该研究坦率地指出，在美国犯罪和青少年司法的领域里，很多研究和项目落入"不科学/无意义"的类别中。不科学的研究往往被决策者和项目开发者所利用，却对缜密、科学研究得出的结论视而不见。而且，实际管理层较少支持外部独立第三方开展项目评估工作。[1] 不难发现，美国循证社区矫正项目的发展，受到了实际管理部门不少的抵制。

---

〔1〕 James M. Byrne, Arthur J. Lurigio, "Separating Science from Nonsense：Evidence-Based Research, Policy, and Practice in Criminal and Juvenile Justice Settings", *Victims and Offenders*, 4（2009），pp. 303-310.

美国国家司法学会（NIJ）为了摆脱这种困境，引导各地更加忠实地贯彻循证矫正思路，专门制定了一套更加详细的评价矫正项目证据质量的标准体系。该评估标准主要关注研究设计质量和研究结果两个方面，综合评分高的为质量更好的循证矫正研究证据[1]，参见下表4-6：

表4-6　循证矫正研究评价量表

维度		评分项
研究设计质量	研究设计类型	3=设计良好的随机对照试验 2=半随机对照试验（匹配可靠的对照组） 1=半随机对照试验（有对照组，但在一些变量上缺乏可比性）
	样本量大小	3=样本量足以检测到微小效果，误差控制在0.2 2=样本量足以检测到适中效果，误差控制在0.5 1=样本量可以检测到较大效果，误差控制在0.8 0=样本量检测不到效果
	统计过程控制	3=不需要统计过程控制（随机分配或样本量足够大，使其无差异） 2=采用统计过程控制，控制不同实验组的差异 1=采用统计过程控制，但没有控制重要变量 0=未采用统计过程控制不同实验组之间的差异
	内生性	3=未发现对内生性的威胁或威胁已解决 2=内生性的细微威胁已发现但保留 1=内生性的基本威胁已发现但保留 0=内生性的严重威胁已发现但保留
研究设计质量	跟踪期	3=超过1年 2=不少于6个月 1=少于或者等于6个月 0=没有特别的规定
	结果为各项平均分： 高质量研究证据的平均分不少于2分	

---

[1] "How We Review and Rate a Program from Start to Finish", available at https://www.crimesolutions.gov / about_starttofinish.aspx, last visited on 2016-07-06. 刘立霞、孙建荣：《循证社区矫正中最佳证据研究》，载《河北法学》2017年第1期。

续表

维度	评分项	
研究结果	行为改变	3 = 研究提供了行为改变的大量证据 2 = 研究提供了行为改变的适中证据 1 = 研究提供了行为改变的少量证据 0 = 没有提供任何关于行为改变的证据
	高质量的研究证据在该项得分不少于 2 分	

资料来源："How We Review and Rate a Program from Start to Finish", available at https://www. crimesolutions. gov/about_ starttofinish. aspx，last visited on 2016-07-06.

在美国国家司法学会这套精细、严谨的研究证据分级评估标准之下，即使是随机分组对照试验也只有在符合系列标准后，才能被确认为高质量的循证矫正证据。

美国和加拿大不同的循证矫正发展策略的结果也迥然不同，加拿大目前已经在矫正领域立法中体现了循证矫正的理念和原则，而美国基本上每一个州都有自己的循证矫正项目或研究，但全美还没有在立法中得以确认，因为很多方面还面临较大争议需要深入探讨。[1] 水至清则无鱼，严格高标准的循证社区矫正要求必定限制其发挥作用的空间，甚至受到实务部门的抗拒。

四、应用困境和抵制

美国社区矫正循证实践得到广泛发展，启动了大量项目，开展了系列培训和研究。但是，随着各地循证矫正项目的推进，实施过程中出现了不少障碍、质疑、批评甚至抵制的声音和行动。

（一）循证研究及应用的困境

首先，随机试验的难题。由于一些伦理困境或实际限制，矫正对象难以被随机分入不同的小组。很多矫正部门禁止或者严格限制在管理过程中的研究，无论是随机还是非随机。但是，美国刑事司法系统的宏观决策层和临床专家越来越倾向于开展随机研究，尤其是心理社会介入和认知行为干预等项

---

〔1〕　王平、安文霞：《西方国家循证矫正的历史发展及其启示》，载《中国政法大学学报》2013年第 3 期。

目。[1]

其次，循证社区矫正研究不一致带来的困惑和焦虑。在探索过程中不同协会和组织出现了多种不同版本的循证标准和措施，各自评选出符合自己循证标准的项目/实践名单，但选择哪一项作为工作参照就成为一线部门的难题。"很多研究者不一致地、过早地使用了'循证'术语，在没有深入、高质量研究的基础上，不能随意称为'循证'政策和实践。应通过更加聚焦的研究，将真正的科学从社区矫正政策和实践中的大量循证谬论中分离出来。"[2]实际工作中，很多决策者、管理者和工作人员不确定应该采用哪种循证矫正方式，哪些实践需要保留，哪些需要排除，哪些需要调整……

再次，循证干预方法通常由研究者在高度控制的情境下进行，工作人员经过很好的培训和督导，并且有充足的资金。这些不太可能复制到普通的社区矫正实践之中，因为一线工作人员较少培训，项目经费也往往捉襟见肘。[3]作为改变犯罪人思想和行为的循证研究，至少应该有一些测试在实际社区中进行，以显示其在真实世界中的有效性。否则，人为环境中的循证研究结果在实际的缓刑和假释情境下的结果将令人失望。

此外，循证干预活动一般由多个部分或环节构成，但是往往被作为一个整体进行评估。这样就不清楚哪些部分是积极有效的，哪些部分是无效的。在采纳一项循证干预措施时，工作人员要么完整实施整套措施，要么因为不符合整体条件、缺乏经验或训练而放弃或修改某些部分，而修改或砍掉某些部分的决定几乎没有什么根据。如此，循证矫正项目的保真性和适应性问题，在实践中还没有很好地被解决。[4]

最后，循证实践也可能是低效的。因为通过研究建立循证标准将是一个

〔1〕 Lum C. and Yang S. M. , "Why do Evaluation Researchers in Crime and Justice Choose Non-experimental Methods?", *Journal of Experimental Criminology*, 1 (2), 2005, pp. 191–213.

〔2〕 James M. Byrne, Arthur J. Lurigio, "Separating Science from Nonsense: Evidence-Based Research, Policy, and Practice in Criminal and Juvenile Justice Settings", *Victims and Offenders*, 4 (2009), pp. 303–310.

〔3〕 Michael L. Prendergast, "Issues in Defining and Applying Evidence-Based Practices Criteria for Treatment of Criminal-Justice Involved Clients", *Journal of Psychoactive Drugs*, 43 (SI), 2011, pp. 10–18.

〔4〕 Durlak J A. and DuPre E. P. , "Implementation Matters: A Review of Research on the Influence of Implementation on Program Outcomes and the Factors Affecting Implementation", *American Journal of Community Psychology*, 41 (3-4), 2008, pp. 327–350.

漫长的过程，有学者估算了一项具体的循证实践从最初的创新探索，到确认有效性，再到广泛适用需要 17 年的时间。然而，这种标准建立之后也难以根据社会实际情况的变化及时调整[1]，很多干预措施已经显示为无效，但往往还会持续很长时间[2]。只有剔除无效实践，才能为有效实践提供实施的空间。[3]

（二）抵制科学性循证研究的特权

这种观点认为，循证实践的优先权和合法化将抑制一线工作人员的创新能力，并且循证实践更多地被用作当权者经费投入问责的挡箭牌。[4]有的"治疗效果"可能被夸大了，诱导从未接受过研究方法和数据统计训练的决策者制定出错误的政策和项目资助。[5]如果将循证矫正研究置于比其他类型知识更高的地位和优先权，将会造成一种不重视、不相信其他知识的状况。循证矫正研究作为科学性的量化结论提供了有价值的信息，但是往往无法告诉如何具体落实这些信息。在司法实践过程中往往需要同受害者、矫正对象及其家庭以及邻里间建立真正的合作伙伴关系，共同参与、汇集生活实践智慧才能够度过危机。[6]在实证主义和专业主义导向下，一线员工和社区成员的技能和经验可能被严重贬低了。循证实践可以作为干预行动的一个选项，但是证据的考量应置于社会基本价值观的探讨之后，并同其他社会知识和智慧最佳结合时，才能找到影响人类行为转变的最好方法。

---

〔1〕　Michael L. Prendergast，"Issues in Defining and Applying Evidence-Based Practices Criteria for Treatment of Criminal-Justice Involved Clients"，*Journal of Psychoactive Drugs*，43（SI），2011，pp. 10-18.

〔2〕　Norcross J. C.，Koocher G. P.，Fala N. C. and Wexler H. K.，"What Does Not Work？Expert Consensus on Discredited Treatment in the Addictions"，*Journal of Addiction Medicine*，4（3），2010，pp. 174-180.

〔3〕　Lehman W. E. K.，Fletcher B. W.，Wexler H. K. and Melnick G.，"Organizational Factors and Collaboration and Integration Activities in Criminal Justice and Drug Abuse Treatment Agencies"，*Drug and Alcohol Dependence*，103（Suppl. 1），2009，pp. S65-S72.

〔4〕　Carolyn Boyes-Watson and Kay Pranis，"Science Cannot Fix This：The Limitations of Evidence-based Practice"，*Contemporary Justice Review*，Vol. 15（No. 3），2012，pp. 265-275.

〔5〕　James M. Byrne，Arthur J. Lurigio，"Separating Science from Nonsense：Evidence-Based Research，Policy，and Practice in Criminal and Juvenile Justice Settings"，*Victims and Offenders*，4（2009），pp. 303-310.

〔6〕　Carolyn Boyes-Watson and Kay Pranis，"Science Cannot Fix This：The Limitations of Evidence-based Practice"，*Contemporary Justice Review*，Vol. 15（No. 3），2012，pp. 265-275.

五、循证矫正在回应质疑中发展

面对这些质疑和批评，循证矫正也不断地调整和完善干预策略。应用中的困境和抵制促使循证矫正学者进一步思考如何将高质量循证研究、专业经验同其他相关情况相结合。参见下图4-4：

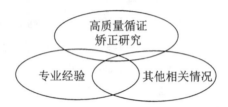

图4-4　循证矫正同实践经验及其他情况相结合

其他相关情况包括矫正工作者的个人因素、矫正方案的可行性、矫正机构的可用资源、机构能否全面贯彻循证措施、矫正对象的主观意愿等，即把矫正措施选择置于真实的矫正环境中，多方面考虑内外部多种因素，在综合比较分析的基础上选择最佳证据。只有"对症"的，才算作"最佳"的。只有"可行"的，才能成为"最佳"的。[1]

还有研究更加精细地列举了循证社区矫正的系列障碍，包括实际管理部门抵制新的措施、节约成本的考虑、公众希望惩罚、一线工作人员的自满、难以界定成功、缺乏认识、需要同研究者一起工作、担心未知的事物，等等。其中，最主要的障碍是实际管理部门、一线人员和公众对创新的抵制。同时，还深入思考了各种挑战/障碍背后的原因，以及克服障碍的应对措施，参见下表4-7：

表4-7　循证矫正的挑战及克服措施

挑　　战	为什么存在挑战	如何克服障碍
管理部门抵制新措施	管理部门要回应公众的意向，可能不愿尝试新事物。	发起宣传运动扩展公众认知，使决策者认识到循证矫正实践的作用。

---

〔1〕　缪文海：《循证矫正运行流程的构建与解析》，载《河南司法警官职业学院学报》2013年第4期。

续表

挑　　战	为什么存在挑战	如何克服障碍
成本的考虑	很多循证实践是新兴的，启动经费可能导致公众和管理部门的抵制。	通过成本-效果分析展示，循证实践的经费低于继续开展无效实践的费用。
公众希望惩罚	公众希望罪犯得到惩罚，而很多循证矫正措施显得像是"打在手腕上"。	即使不那么严厉的制裁也会让罪犯受到惩罚，发展中的循证矫正也应该向公众证明其惩罚性。
一线工作人员的自满	一些工作人员在落实政策时习惯于老一套，抵制创新。	必须显示新的措施为什么和如何能使一线人员的工作更加有效实用，而且不会增加不必要的工作。
如何界定成功	当人们主要视惩罚为成功，就难以界定循证矫正成功的标准。	成功的标准应该更广泛设定，使循证矫正多方面的优势被承认和评估。
缺乏认知	刑事司法官员可能不清楚哪些是有效的实践。	通过交流合作，不同领域专业人员分享关于有效、有希望措施的信息。
需要同研究者一起工作	学界和实务界之间经常存在一条鸿沟。	建立实务界同科研院所之间的合作伙伴关系。
担心未知的事物	循证矫正是全新的，领导层和实务界可能将其视为一种风险。	对循证矫正项目进行试点，向领导层和实务人员展示新措施是可以经过实践验证的，是非常有效的。

资料来源：Matthew De Michele and Brian Payne, "Electronic Supervision and the Importance of Evidence-Based Practices", *Federal Probation*, Vol. 74（2）, 2010.

北美社区矫正循证研究和实践也在阶段性地回顾既有的循证实践的有效性，看能否持续经受时间的检验。循证矫正并不是"万能"的，但在实施过程中如果遵循循证社区矫正基本原则和规律，结合临场经验判断和矫正对象的具体情况，完全可以降低重新犯罪率，而且还可以降低司法矫正公共财政支出。特罗特（Trotter C.）历时四年的追踪研究发现，受过司法社会工作等专业培训，可运用亲社会模型、同理心和具备问题解决能力的工作人员所监管的93名服务对象的再犯率（53.8%）低于普通工作人员监管的273名社区矫正对象的再犯率（64%）。[1]根据俄亥俄州矫正局的统计数据，7个月监禁

---

[1]　Trotter C. , "The Impact of Different Supervision Practices in Community Corrections", *Australian and New Zealand Journal of Criminology*, 29（1996）, pp. 1-18.

的平均费用为 11 422 美元/人，而同时期的循证社区矫正中，含日常报告、强化监控、电子监控和治疗费用在内的平均费用为 1600 美元/人。[1] 因此，不能抹杀循证社区矫正降低犯罪率的有效性，但同时也不应夸大其作用——可以矫正所有罪犯。正如实证主义犯罪社会学家恩里科·菲利（Enrico Ferri）早就提出的"犯罪饱和法则"[2] 所言，社会中的犯罪总会保持一定比例，不可能完全消除。对于风险性很高，已经形成顽固反社会人格的犯罪人，必要的惩罚和隔离措施还是不可或缺的。

在近 30 年的发展中，越来越多的国家加入循证矫正的行列，目前全球已有约 20 个国家或地区采纳了北美的循证矫正的理念和方法，[3] 大量的循证社区矫正项目和研究被发展起来。

六、中国循证矫正的推进

我国循证矫正始于 2012 年，时任司法部副部长张苏军从美国考察回来，[4] 提出要在罪犯矫正与戒毒领域开展"循证矫正"与"循证戒治"，并决定在 5 个省、9 个监狱开展试点，此后循证矫正呈现迅猛发展之势。[5] 为此，司法部举办了系列培训研讨班，传播循证矫正理念，探讨本土化模式。

（一）循证社区矫正引入的特征

我国循证社区矫正从起步伊始就具有一些明显的独特特征，既取法于北美，又有别于北美。

第一，循证社区矫正弱于监所循证矫正。我国的循证矫正试点和研究主要围绕监狱矫正和戒毒领域而展开，也取得了系列成果，如"正念疗法""内观疗法"和"艺术戒毒"等创新措施。然而，西方循证矫正的主流思想是发

---

〔1〕 Zhang S., Roberts R., Callanan V., "The Cost Benefits of Providing Community-Based Correctional Services: An Evaluation of a Statewide Parole Program in California", *Journal of Criminal Justice*, 34 (2006), pp. 341-350.

〔2〕 ［意］恩里科·菲利：《犯罪社会学》，郭建安译，中国人民公安大学出版社 1990 年版，第 56 页。

〔3〕 James Bonta and Andrews D. A., *The Psychology of Criminal Conduct*, Sixth Edition, London and New York: Routledge, 2017, p. 349.

〔4〕 郭伟和：《扩展循证矫正模式：循证矫正在中国的处境化理解和应用》，载《社会工作》2017 年第 5 期。

〔5〕 李思源等：《循证实践在我国社会科学领域的研究现状分析》，载《中国社会医学杂志》2017 年第 6 期。

展社区矫正，即在大量科学性的循证研究基础之上，以兼具矫正恢复和监管惩罚双重目标的社区矫正替代惩罚报复导向的监所矫正，尽管监所矫正也是必不可少的。实际上，中美监狱人口差距并不大，都在 200 万左右，但是美国社区矫正人口为监狱人口的两倍多，[1] 而中国正相反，监狱人口是社区矫正人口的两倍多。[2] 我国司法系统已注意到监狱改造和社区矫正的联动，以促进矫正对象顺利回归社会。近年我国循证社区矫正实践探索和理论研究也有所启动，主要是一些东部省市的自主探索。

第二，以政府为主导，带动高校参与。北美循证矫正一般是学界研究先取得突破，然后带动各地各级矫正部门采纳和落实。而我国正相反，循证矫正主要由司法部倡导，一些地方司法部门响应，吸纳高校参与实践和研究。起步最早的当属广州市，2012 年就积极参考北美循证社区矫正做法，分别与美国国家矫正研究所、伊利诺伊州立大学、加拿大安全部等机构的矫正专家取得联系，获取了 LSI-R 量表（第三代风险评估量表）和认知行为干预的指南和使用授权，在提炼和总结犯罪心理学相关知识、风险与需求因素评估和认知行为疗法等理论和方法的基础上，配合相关典型案例，编写出版了《社区矫正专业方法应用指南》。[3] 2013 年苏州市也开始了循证社区矫正探索工作，在实践中对暴力、盗窃、外地籍、未成年等十余类社区矫正人员分别采取有针对性的矫正措施。[4] 在此过程中，他们主要邀请了江苏省司法警官学校的专家参与其中。

第三，本土化的努力。进行探索的地方司法部门并没有照搬北美的循证社区矫正做法，而是进行了一系列本土化改造。在运用北美社区矫正循证研究的过程中，广州发现美国认知行为讲授方式和情景剧不太符合我国矫正对象的思维方式，于是在保留其核心思想和结构的基础上进行了全面本土化调整。对风险评估量表——LSI-R 量表也是如此，对其中的年龄、涉毒行为、

〔1〕　"Latest Data Available from the Bureau of Justice Statistics Correctional Surveys", available at http://www.ojp.usdoj.gov/bjs, last visited on 2017-6-18.

〔2〕　《关于社区矫正立法、社矫工作人员缺口问题》，载 https://mp.weixin.qq.com/s/jBZuGL_36xeJLt2dcVzesA，最后访问日期：2017 年 6 月 18 日。

〔3〕　陈春安、王广兵、张金武：《社区矫正工作中对循证矫正模式的探索与思考》，载《中国司法》2013 年第 10 期。

〔4〕　张全连、施为飞：《江苏社区矫正引入循证矫正成效初显》，载《江苏法制报》2016 年 5 月 19 日，第 1 版。

暴力犯罪史等犯因性因素的权重进行了调整，还抽取了 527 名社区矫正对象进行试调查，并通过 SPSS 软件对问卷的信度和效度进行反复检测，直到信度水平达到 0.6 以上。[1] 由此完成评估问卷的本土化改造。

第四，循证社区矫正研究主要在于实践应用，较少探索本土矫正规律。沿着北美循证矫正研究思路，广州市开展了一些循证研究，如对部分未成年缓刑人员展开试验研究，通过试验组和对照组检验认知行为项目的效果。同时，还对社区矫正对象、未成年监狱服刑人员和在校学生进行较大规模的问卷调查和数据对比分析。[2] 苏州市也引入了北美风险评估量表，并采取综合评估方法，筛选出具有中高度再犯风险的服刑人员 108 名。其中，54 名作为循证矫正组，另外 54 名作为参照组。对于循证矫正组，全方位了解矫正对象成长、生活和犯罪历史，准确评估犯因性需求，据此制定个性化矫正方案，做到循证矫正方案一人一案。截至 2016 年，苏州市探索以来，累计完成量表测试 2600 多份，问卷调查 1200 多份。[3] 然而，遗憾的是，公开发表的论著主要还是介绍引入循证社区矫正的过程和应用指南，缺乏定量数据分析及检验结果，难以深入分析本土性矫正规律。

（二）案例库：中国对循证社区矫正的贡献

建立社区矫正案例库，可以视为我国在北美循证社区矫正基础上的一个创新。根据北美循证矫正划分的证据等级，黄金标准的随机分组对照实验具有最高的研究价值，但是实验设计的高度控制情境可能排除很多现实信息，并且所得出结论也相对比较少，结论的适用价值也未必很高，而低层次研究证据所得出的丰富结论的科学价值则会减少。[4] 这就造成循证矫正在实施过程中的二难困境，即最佳证据与实用性证据之间形成张力。为了破解这个二难困境，加拿大矫正学派主张吸纳更多形式的定量研究；而我国经过地方探

〔1〕 陈春安、王广兵、张金武：《社区矫正工作中对循证矫正模式的探索与思考》，载《中国司法》2013 年第 10 期。

〔2〕 陈春安、王广兵、张金武：《社区矫正工作中对循证矫正模式的探索与思考》，载《中国司法》2013 年第 10 期。

〔3〕 张全连、施为飞：《江苏社区矫正引入循证矫正成效初显》，载《江苏法制报》2016 年 5 月 19 日，第 1 版。

〔4〕 Doris Layton MacKenzie, " Evidence-Based Corrections: Identifying What Works", *Crime and Delinquency*, 4 (2000), p. 461.

索和学者讨论认为，最佳证据既来源于高质量的研究结果，也来自于矫正效果突出的矫正案例，也包括学界专家的甄别评论达成的共识。社区矫正实践在持续发展过程中会不断出现新情况、新问题，成功的典型矫正案例经过有效性检验后，得到学界专家确认，应纳入循证社区矫正新证据之中。[1] 高标准的循证社区矫正研究结果将不断推动最佳证据发展，而权威矫正专家（组）在研究和评估中扮演着重要角色。

　　循证社区矫正的争论也延伸到国内，这里涉及三种社会科学认识论——实证主义、诠释主义和批判主义。郭伟和指出，当前大部分循证实践都是沿着实证主义思路，追寻客观证据进行科学决策和设计实践方案。[2] 但是基于跨情境的实证研究得出的循证因果关系，并不一定在具体的个案中发生因果效应。[3] 这呼应了美国对循证矫正简化结论的批判，以及对科学性循证研究特权的抵制。加拿大矫正学派的邦德和安德鲁斯也指出群体层面的相关性不能等同于个体层面的犯罪发生机制。[4] 因此，还需要引入诠释主义和批判主义的观点。诠释主义认为，一线实践证据并不能通过客观量表来测量、严格的随机实验来验证，而是要通过参与式观察和深度对话，来理解当事人行为背后的意义。[5] 而批判主义则坚持，实践行动需要在不断批判反思中进行调整和发展。北美的循证矫正简化了社会关系和社会环境的复杂性，也简化了罪犯行为的发生机制，应扩展这种循证矫正思路，在复杂的社会互动中进行评估和干预。但是北美"循证矫正"研究得出的跨情境科学结论仍然需要积极学习和借鉴，因其代表了矫正领域的普遍规律。[6] 换言之，我们需要把微观特殊实践情况和普遍性知识结合起来，去发现阻止或促进矫正对象改变的因

---

〔1〕　周勇：《循证矫正若干问题探究》，载《中国司法》2014 年第 1 期。

〔2〕　郭伟和：《扩展循证矫正模式：循证矫正在中国的处境化理解和应用》，载《社会工作》2017 年第 5 期。

〔3〕　Baird Christopher，"A Question of Evidence：A Critique of Risk Assessment Models Used in the Justice System"，in Donald Evans ed.，*What Works—Defeating Recidivism：Keys to Making it Happen*，Alexandria：American Correctional Association，2012，pp. 53-66.

〔4〕　James Bonta and Andrews D. A.，*The Psychology of Criminal Conduct*，Sixth Edition，London and New York：Routledge，2017，pp. 33-34.

〔5〕　Humphries B.，"What else Counts as Evidence in Evidence-based Practice Social Work"，*Social Work Education*，Vol. 22（No. 1），2003，pp. 81-91.

〔6〕　郭伟和：《扩展循证矫正模式：循证矫正在中国的处境化理解和应用》，载《社会工作》2017 年第 5 期。

素，利用社会环境动力，促进案主积极正向的转变。

建立循证社区矫正数据库的设想在进行探索的地方管理部门和参与循证研究的学者思想碰撞之后得以成形，这可以在一定程度上解决循证矫正科学规律和微观复杂矫正实践之间的难题。加拿大矫正学派提出的循证矫正 RNR 三大原则和犯因性八大要素具有高度的概括性，但主要在抽象概括层面归纳风险、需求和回应问题。美国国家司法学会主要针对系列项目进行有效性评估，比如在其官网上公布所评估的 45 个矫正项目——4 个有效、34 个有希望、7 个无效。[1] 这主要在中观层面对项目进行评估。抽象概括层面和中观层面的研究证据，无论科学性价值有多高，最终都面临一个微观应用的问题。而我国提出并开始探索建立的循证社区矫正数据库，正是尝试将宏观、中观和微观三个层面的证据加以有机结合。

循证社区矫正数据库包括标准案例库、矫正个案库和矫正专家库。对矫正个案库，基于相关循证标准由专家（组）进行评估，符合标准的个案纳入标准案例库。标准案例库因高标准要求不太可能涵盖太多个案。当其中没有现实中的类似案例时，工作人员可以检索一般矫正个案库中的案例作为参考。[2] 工作人员还可以在专家数据库内检索相关理论和方法，或者在其中提出问题，等待专家解答和研究。矫正专家库包含资深矫正工作者和学界研究专家。循证社区矫正案例库运作模式参见下图 4-5：

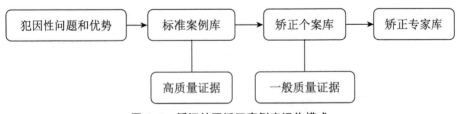

图 4-5 循证社区矫正案例库运作模式

资料来源：刘立霞、孙建荣：《循证社区矫正中最佳证据研究》，载《河北法学》2017 年第 1 期。略有调整。

---

〔1〕 "How We Review and Rate a Program from Start to Finish", available at https://www.crimesolutions.gov/about_starttofinish.aspx, last visited on 2016-07-06.

〔2〕 刘立霞、孙建荣：《循证社区矫正中最佳证据研究》，载《河北法学》2017 年第 1 期。

理论上而言，循证社区矫正案例库综合了抽象概括、中观和微观层面的证据。在抽象概括层面，标准案例库的评选标准必须基于普遍承认的矫正规律，主要由学界权威专家进行把关。中观层面，主要是一些有效的干预项目研究，需要提供比较清晰的干预证据，并依据北美证据等级评价标准对其进行评价。微观层面，所有参评的矫正个案均综合考虑了矫正对象个人及其家庭具体情况、矫正机构的实际状况、工作人员专业知识和经验以及同矫正对象协商确定矫正方案和落实过程。由此，建设循证数据库便成为当前我国社区矫正的一个重要探索发现，具有较强的实践价值。苏州市已经率先建成全国首个循证社区矫正数据库，接下来可以考虑如何进一步完善数据库、如何运用到一线管理之中、如何在全国范围内推广运用这种策略。

然而，不得不指出，该循证社区矫正案例库思路仍然存在隐患，主要在矫正专家环节。在该运作模式下，矫正专家发挥着重要作用，不仅在于建立的矫正专家库，更重要的是标准案例库也由矫正专家（组）评估得出：一方面，在西方循证实践标准下，专家意见及其共识仅具有较低的证据等级。另一方面，在我国当前的社区矫正学界，深入掌握北美循证矫正理念和系列结论的矫正专家并不是很多。在此基础上建立专家库和案例库也可能导致很多谬误，进而给一线社区矫正实践形成误导。

（三）积极引入社会工作参与循证社区矫正

近年虽然仅有少数地方在探索循证社区矫正，但凡是探索的地方，社会工作都没有缺席。在这些地方探索中，社会工作参与循证社区矫正实践的方式主要包括四种方式：

第一，分工协作，主要代表为广州。[1] 监督管理主要由司法所工作人员执行，通过风险评估结果，安排矫正对象到不同社工机构参与相应的矫治项目。社工主要进行引导、帮困和服务，会同各方合作设计并执行相应的矫正计划。积极运用危机干预模式和家长支持小组等方法，促进矫正对象个人及家庭环境的改善。

----

〔1〕 陈春安、王广兵、张金武：《社区矫正工作中对循证矫正模式的探索与思考》，载《中国司法》2013 年第 10 期。

第二，团队管理，主要代表为苏州。[1]由司法行政人员、社工和志愿者组成的矫正工作团队，在司法警官学校专家的指导下，共同设计矫正计划。团队成员主要以帮助者的身份出现，有针对性地开展精准矫正，减少矫正对象的抵触心理，促进配合。

第三，社工机构独立管理，主要代表为扬州（2017年9月27日实地调查）。通过政府购买扬州珍艾社工事务所的服务，社工机构集中瞄准高风险矫正对象开展深度介入，全程参与矫正方案的制定和实施，而司法局和司法所主要协助配合。社工机构负责人为美国马里兰大学（犯罪学国际排名第一）社区矫正专业硕士，具备很强的矫正专业素养。

第四，同高校合作，典型代表包括北京大兴区和江苏南通市。2012年中国政法大学社工系在大兴区开展的社区矫正试验项目中，积极应用加拿大的循证矫正思路，并进行系列批判反思和理论提炼。由最初机械地执行认知行为治疗，过渡到婚姻家庭关系的调适，再到结合矫正对象新的生活事件发生后（如再婚）的应对和机会把握，促进了矫正对象社会关系的恢复、问题应对能力的提升，进而降低再犯风险。该项目最后提出了"扩展循证矫正模式"[2]，即超越单纯的实证主义循证模式。截至2014年，华东理工大学社工团队在南通市也开展了为期3年的社区矫正项目，他们的思路主要立足于循证社会工作范式。最后提出了"适度循证"概念，强调在经历长期碎片化实践探索之后，需要提炼本土矫正社会工作知识框架体系，走向"有证可循"的"标准化案主"。[3]其要义在于将通用社工模式本土化于我国社区矫正领域。

七、循证社区矫正的启示

在国际矫正领域日益强调社区矫正作用的当今时代，我们亟须认真地审视循证社区矫正的发展状况、成效和争议，仔细思考我国的发展策略，以期科学有效地提升矫正效果。不要让循证社区矫正成为地方司法部门政绩创新

---

〔1〕 张全连、施为飞：《江苏社区矫正引入循证矫正成效初显》，载《江苏法制报》2016年5月19日，第1版。

〔2〕 郭伟和：《扩展循证矫正模式：循证矫正在中国的处境化理解和应用》，载《社会工作》2017年第5期。

〔3〕 张昱、彭少峰：《走向适度循证的中国社会工作——社会工作本土实践探索及启示》，载《福建论坛（人文社会科学版）》2015年第5期。

的一阵风，应使循证矫正真正成为治本安全观的一个基石。

首先，通过案例式教学/培训循证矫正理念和方法。北美循证矫正的系列经典结论应作为社区矫正领域的基本知识，充实司法社会工作和实务界培训的内容。教学和培训往往面临抽象概括知识与特殊具体场景运用之间的矛盾，而案例式探讨则是可行的应对之策。加拿大矫正学派为了克服这个难题，已经开发出来新一代（第四代）的风险评估与管理工具（LS/CMI），将社区矫正的实际管理工作同风险/需求评估紧密结合起来，提供从接案到结案的详细指导和记录，并且无须深厚的专业知识和技巧，通过短期培训和督导即可较为熟练地运用。[1] 他们还启动了"社区矫正监管策略培训计划"（STICS）[2]，美国也发起了雄心勃勃的"减少再次逮捕工作人员培训计划"（STARR）[3]，以及辛辛那提大学举办的"社区矫正的有效实践"培训（EPICS）（该培训已经延伸到新加坡）[4]。我们可以在案例式教学/培训中将新一代的风险评估工具同我国的社区矫正实际案例（尤其是标准案例）相结合，以此达到通俗易懂、简便易行的培训效果。

其次，在全国层面启动循证社区矫正选点试点工作。北美循证矫正发展历程说明，根据再犯风险和犯因性需求匹配相适应的个别化矫正措施，才能将罪犯矫正立足于科学性的矫正规律之上。在掌握基本矫正规律的基础上，社区矫正应当而且能够发挥重要作用。同时，我国的循证矫正试点也应该尽快扩展至社区矫正领域。目前已经开展循证社区矫正的省市基本上是在自主探索，缺乏中央的顶层设计，已经非常有必要进行全国布局或发动更多省市探索了。将来在总结试点和培训经验的基础之上，可以考虑出台循证社区矫正的全国性指导政策（美国的做法），甚至将其理念和精神融入社区矫正法相关条文之中（加拿大的做法）。

〔1〕　Andrews D., Bonta J., Wormith S., "The Recent Past and Near Future of Risk and/or Assessment", *Crime and Delinquency*, 52（1），2006，pp. 7–27.

〔2〕　James Bonta and Andrews D. A., *The Psychology of Criminal Conduct*, Sixth Edition, London and New York：Routledge，2017，pp. 257–269.

〔3〕　Robinson C. J., Lowenkamp C. T., Holsinger A. M., Van Benschoten, Alexander M. and Oleson J. C., "Random Study of Staff Training Aimed at Reducing Re-arrest（STARR）：Using Core Correctional Practice in Probation, Interactions", *Journal of Criminal Justice*, 35（2012），pp. 167–188.

〔4〕　Smith P., Schweitzer M., Labrecque R. M. and Latessa E. J., "Improving Probation Officers' Supervision Skills：An Evaluation of the EPICS Model", *Journal of Crime and Justice*, 35（2012），pp. 189–199.

最后，加强我国社区矫正领域有效降低再犯的实证研究，探讨本土循证矫正规律。我国既有的循证社区矫正研究，无论是地方政府的应用性探索，还是学界关于循证社区矫正实践模式的探讨，都很少有关于我国社区矫正对象再犯因素和有效矫正规律的较为深入的定量研究。北美循证矫正结论成了不证自明的普遍规律，然而他们的跨情境提炼主要是美国和加拿大的社区矫正实践经验。我国同北美有较大差异，包括犯罪特点、国民性格特征、经济社会环境和司法制度等诸多方面，因此完全有必要参照北美循证矫正研究范式进行实证分析和比较研究。在此过程中，可以更多借鉴加拿大的兼收并蓄研究策略，包括问卷调查横截面数据、追踪调查、随机实验和荟萃分析等方法，而不必像美国司法界那样片面强调随机分组实验。目前我国学界存在较多案例分析式的定性探讨，但往往沦为见仁见智的经验论。目前亟须加强的是本土性定量化矫正规律探讨，用以指导一线矫正实践，进而建立更高质量的标准案例库。

不得不指出的是，虽然我国引入循证矫正已经好几年，但是循证社区矫正实践、研究和政策等各层面仍然徘徊不前，甚至出现热情消退状况。本书将在第九章进一步探讨该问题。

第五章

社区矫正管理模式及社会工作介入效果分析

社区矫正制度自诞生以来一直存在"监管—恢复"二难困境，即强调监管和控制矫正对象的刑罚执行功能同侧重于提供支持性服务满足矫正对象需求的社会工作功能之间的张力，不同时代在两大功能之间来回摇摆。[1] 仅有十多年历史的中国社区矫正管理也常困惑于如何平衡监管和帮教这两项核心任务。20 世纪 90 年代兴起的循证矫正运动通过大量研究证据显示，恰当地兼顾刑罚执行和矫正恢复两大功能的综合管理模式才能有效提升矫正效果。

一、综合管理模式的提出及其循证研究

循证矫正中被奉为黄金准则的是随机分组对照实验，于是对社区矫正管理模式进行合理的类型划分就成为研究的基础工作。在矫正恢复年代，卡尔·克罗卡斯（C. Klockars）就已经注意到"监管—恢复"二难困境，他于 1972 年基于一项对某大城市缓刑部门为期 2 年的实地调查，共研究了 100 多位矫正干警和 7000 名缓刑及假释人员。在研究报告中，他把矫正管理归纳为三种类型。[2] 该类型划分成为北美社区矫正领域的经典，后来的很多研究都以此为参照。

（一）监督型

该类型还可以进一步细分出两个小类——"法律执行型"和"消磨时间型"。其典型特征是无差别地执行法规，主要通过威胁监禁使矫正对象服从。

〔1〕 Todd R. Clear, *American Corrections in Brief*, Boston：Cengage Learning, 2017, pp. 92-93.

〔2〕 Klockars C., "A Theory of Probation Supervision", *Journal of Criminal Law, Criminology, and Police Science*, 64（4）, 1972, pp. 549-557.

但是两小类之间还有所差别："法律执行型"强调通过强硬手段宣示权威，要求矫正对象服从管理；而"消磨时间型"则倾向于有条不紊地遵守规则，满足工作的最低要求则可，直到退休，只要矫正对象不出问题、不添麻烦即可。本书后面的分析将后者独立出来，称为一般管理或形式主义管理。

（二）矫正恢复型

该类型主要通过提供恢复服务进行矫正。工作人员一般经过专业培训，对矫正对象提供支持性的心理治疗和个案工作，努力影响其行为变化，并改善其生活状态。

（三）综合型

该类型致力于结合两种方法，努力融合两种竞争性的角色——"帮助、治疗服务或解决问题角色"和"控制或监督角色"。

"监管—恢复"二难困境的本质在于：矫正干警要求矫正对象"告诉所有情况"（以达到矫正目的），然而暴露出来的错误可能导致惩罚（以达到社会控制目标）。克罗卡斯针对该困境提出了一个解决办法，使综合型工作人员能够兼顾矫正恢复和监督双重目标，实现有效的社区矫正管理。矫正工作人员可以通过系列变通方法达到这些目标，这些变通体现在下文的"综合型工作人员—矫正对象—矫正机构"的三角关系之中（见下图5-1）。

图5-1 社区矫正综合管理模型图

在最初同社区矫正对象面谈时，综合型工作人员作为法庭的代理人清楚地阐明管理规定，由此建立监督角色（a+：积极的"综合型工作人员—矫正机构"关系）。随着时间的推移，综合型工作人员对矫正对象提供引导、支持和帮助（如讨论案主的问题、转介服务等），由此发展出矫正恢复角色（b+：积极的"综合型工作人员—矫正对象"关系）。为了有效解决监督和恢复之间的角色矛盾，综合型工作人员逐步将控制角色转移给代表权威的矫正机构（c-：消极的"矫正对象—矫正机构"关系）。工作人员可以做到这一点，只需告诉矫正对象："我在这里是帮助你……如果机构的规定太死板，我不可能事事遵循，我们可能忽略一些。"[1]机构权威在很大程度上是虚拟的，综合型工作人员在对矫正对象提供具体矫正服务和执行规范方面，拥有很大的自由裁量权。由此制造出矫正机构和矫正干警不是一体的幻象，可以解决角色的二难困境。这相当于赋予了矫正对象双重货币以实现成功矫正——不能从机构那里购买到忽视规则，却可以在工作人员那里买到"密切的关系"[2]。通过如实承认自己的问题和寻求援助，矫正对象可以同综合型工作人员建立密切、信任的工作关系，相信工作人员可以从机构中伸出一只手来帮助他们。

　　克罗卡斯及其支持者们期望混合模式[3]（综合型工作人员）能胜过监督模式（法律执行型、消磨时间型）和治疗模式（治疗服务者）。混合模式带来了两方面的力量——既致力于建立关系又强调服从规则。与之相对，监督模式和治疗模式都仅仅强调了一方面的介入。在监督模式中，矫正干警和机构只是一个单纯的管控方，缺乏矫正恢复目标。既不激励矫正对象敞开心扉，也降低了撤销社区矫正建议权的标准。一旦发生违规行为，矫正对象就失败了。而在治疗模式和混合模式中，这种撤销建议的标准是比较高的。因为这两种模式都致力于矫正恢复，他们都把建议撤销作为最后的选择。只有当矫正对象威胁到自身或他人安全的时候，他们才会停止矫正努力。然而，在治疗模式中，缺乏机构权威观念的存在，也没有外部激励督促其遵守规定，工作人员就会较少控制违规行为。这很可能导致矫正对象的一些小错没有得到及时纠正，从而最终犯下严重的错误。[4]与之相反，在混合模式中，矫正干警可以利用规则设定一些不可逾越的红线。

　　克罗卡斯的观点同加拿大学派的经典循证矫正结论是相吻合的。安德鲁斯和邦德提出了著名的"风险、需求和回应性"三原则，其中的"风险原

　　[1] Klockars C., "A Theory of Probation Supervision", *Journal of Criminal Law, Criminology, and Police Science*, 64（4），1972, pp. 549–557.

　　[2] Klockars C., "A Theory of Probation Supervision", *Journal of Criminal Law, Criminology, and Police Science*, 64（4），1972, pp. 549 557.

　　[3] 本书中"混合模式"等同于"综合管理模式"，"治疗模式"等同于"矫正恢复模式"，仅在不同文献中叫法不一。——作者注

　　[4] Klockars C., "A Theory of Probation Supervision", *Journal of Criminal Law, Criminology, and Police Science*, 64（4），1972, pp. 549–557.

则”要求对高风险矫正对象提供密集的恢复服务，“需求原则”强调瞄准罪犯的犯因性需要，“回应性原则”强调矫正措施要适合矫正对象个别化的性格、能力、学习方式、动机、性别和文化。[1]而有效的回应需要矫正工作人员一方面具备建立良好关系的技巧，另一方面具备高质量的结构化技巧，而结构化技巧就内在地包含了有效地表达不同意。[2]这同克罗卡斯所说的混合模式具有相似的意涵。

二、三种管理类型的循证研究

虽然克罗卡斯早就提出了三种管理类型划分，但他主要是基于经验分析和逻辑推理，没有通过严谨科学的研究设计进行有效性证明。在对罪犯强硬的年代，其理论直接被搁置。直到循证矫正时代，他提出的混合模式在一些实践中受到越来越多的重视。[3]如何进一步发展和应用克罗卡斯的经典分析到社区矫正管理之中，成为美国矫正学界讨论的一个重要话题，但他们还需要在当代社会环境下提供证据显示混合模式的有效性，并讨论其优势及其实施的障碍。

美国社区矫正管理项目一般没有清楚地标示为“监督型”“矫正恢复型”或“综合型”，但是一些项目或实践或多或少地体现了这三种类型特征。一些学者分别选择了一些典型实践项目代表三种类型，以此开展循证研究，大都采用荟萃分析方法。

第一，监督型。监督型的代表比较好选择。在对罪犯强硬的年代，美国广泛存在着强化监管项目（Intensive Supervision Programs，ISPs），对大部分矫正对象实施严厉监管，很多强化监管项目集中于毒品依赖对象。最近一轮的强化监管项目主要致力于缓解监狱的拥挤状况，并在社区矫正管理中减少每个矫正干警管理的个案数量，实行类似于监狱的严密控制。[4]他们致力于实

---

〔1〕 James Bonta and Andrews D. A., *The Psychology of Criminal Conduct*, Sixth Edition, London and New York: Routledge, 2017, pp. 178-182.

〔2〕 James Bonta and Andrews D. A., *The Psychology of Criminal Conduct*, Sixth Edition, London and New York: Routledge, 2017, pp. 176-177.

〔3〕 Taxman F., Shepardson E. and Byrne J., "Tools of the Trade: A Guide to Incorporating Science into Practice", *National Institute of Corrections*, Maryland Division of Probation and Parole, 2004.

〔4〕 Paparozzi M. and Gendreau P., "An Intensive Supervision Program That Worked: Service Delivery, Professional Orientation, and Organizational Supportiveness", *The Prison Journal*, 85（4）, 2005, pp. 445-466.

施"严格监督和惩罚性制裁"[1]，不同的项目之间有所差异，但是原型的强化监管项目强调严密监视和频繁的毒品测试（尿检），几乎不对矫正对象提供服务和治疗。[2]这种项目被批评者贬斥为"尿测他们、看住他们"或"跟踪他们、盯住他们和囚禁他们"的管理模式。[3]这些项目可以很好地代表监督类型。对强化监管项目的系列评估一致显示了暗淡的结果[4]，大都指出这些项目并没有有效降低再犯罪率，甚至加剧了监狱拥挤程度（而不是减轻了）[5]。在一项涉及9个州14个司法管辖区的试验中，研究者随机分配高风险的缓刑人员和假释人员分别进入传统监管项目和强化监管项目。研究者收集了基线数据、6个月和12个月的数据，包括监管强度、矫正对象接受的服务、违规率和再犯罪率等资料。[6]结果发现，这些强化监管项目在降低再犯罪率方面并不比传统监管方式更有效。相比传统监管方式，强化监管项目下的矫正对象明显地拥有更高的违规率（65%：38%），差不多的逮捕率（33%：37%）和定罪率（21%：21%），并拥有更高的返回监狱率（25%：15%）。强化监管项目也没有实现预想的降低监狱拥挤状况的目标：一方面较少监狱矫正对象被接收进入项目，另一方面那些被接收的矫正人员往往因为密集监控容易被发现违规又回到监狱。

监督型下使矫正对象服从管理的基本策略是威胁惩罚，具体而言，就是威胁撤销社区矫正，收监执行。现在几乎没有清晰的证据显示，单独运用这

---

〔1〕 Burrell W. , "APPA Caseload Standards for Probation and Parole", available at http://www. appa-net, org/ccheadlines/docs/Caseload_ Standards_ PP_0906, pdf, last visited on 2018-03-16.

〔2〕 Gendreau P. , Goggin C. , Cullen F. and Andrews D. , "The Effects of Community Sanctions and In-carceration on Recidivism", *Forum on Correctional Research*, 12（2000）, pp. 10-13.

〔3〕 Paparozzi M. and Gendreau P. , "An Intensive Supervision Program That Worked: Service Delivery, Professional Orientation, and Organizational Supportiveness", *The Prison Journal*, 85（4）, 2005, pp. 445-466.

〔4〕 Burrell W. , "APPA Caseload Standards for Probation and Parole", available at http://www. appa-net, org/ccheadlines/docs/Caseload_ Standards_pp4, pdf, last visited on 2018-03-16.

〔5〕 Smith P. , Goggin C. and Gendreau P. , *The Effects of Prison Sentences and Intermediate Sanctions in Recidivism: Age, Gender, and Race（Research Repont）*, Otiowd, Ontario: Solicitor General of Canada, Corrections Research Branch, 2002.

〔6〕 Petersilia J. and Turner S. , "Intensive Probation and Parole", *Crime and Justice*, 17（1993）, pp. 281-335.

种策略能有效地使矫正对象服从。[1]相反，受到越多威胁的矫正对象，越少参加矫正治疗服务。威胁惩罚对于具有精神健康问题的矫正对象尤其没有效果。多位学者的研究指出，这类矫正对象越是受到矫正干警的监禁威胁，越有违反规定的风险，从而导致监禁。[2]强化监管的矫正干警集中关注违规情况，并为收监执行设定很低的门槛。很明显，这种管理类型并没有达到其所宣称的增进公众安全的目标。

第二，矫正恢复型。由于缺乏面向一般社区矫正对象的纯粹恢复治疗服务的确切代表，研究者选择了针对毒品滥用和精神健康问题缓刑对象的矫正治疗项目作为相似代表。

在一个强化社区治疗项目（Assertive Community Treatment，ACT）中，多学科专业人士的团队，协调社区资源针对有严重精神健康问题或自我功能受损的案主，提供24小时、每周7天的外展服务。但是，缺乏一致的证据显示该项目降低了精神健康问题症状、吸毒、逮捕或收监的次数。[3]还有研究者将203名具有精神问题和吸毒并发症的矫正对象随机分入强化社区治疗小组或常规的个案管理，通过3年的试验研究发现，两组之间的重新逮捕率方面没有显著区别。[4]精神健康治疗，无论是艺术治疗还是常规治疗，都没有成功降低矫正对象被警察接触和逮捕的可能性。加拿大矫正学派指出，精神健康治疗没有瞄准一些顽固的犯因性风险因素，如吸毒、有问题的性格特征、过去暴力犯罪行为和糟糕的邻里环境等风险因素，精神健康问题只是再犯罪中的一个较小且不可靠的因素。[5]在这些治疗恢复项目中，矫正干警都不参与治疗服务或直接开展个案工作。几乎没有显著的证据显示，这些项目在降

---

〔1〕 Nagin D. , "Criminal Deterrence Research at the Outset of the Twenty-first Century", *Crime and Justice*, 23 (1998), pp. 1-2.

〔2〕 Jennifer L. Skeem, Sarah Manchak, "Back to the Future: From Klockars' Model of Effective Supervision to Evidence-Based Practice in Probation", *Journal of Offender Rehabilitation*, Vol. 47 (3), 2008, pp. 220-247.

〔3〕 Morrisey and Meyer, "Extending Assertive Community Treatment to Criminal Justice Settings", available at http://gainscenter. samhsa. gov/text/ebp/AssertiveCommunityTreatment 5_ 2006. asp, last visited on 2018-03-17.

〔4〕 Clark R. , Ricketts S. and Mc Hugo G. , "Legal System Involvement and Costs for Persons in Treatment for Severe Mental Illness and Substance Use Disorders", *Psychiatric Services*, 50 (1999), pp. 641-647.

〔5〕 James Bonta and Andrews D. A. , *The Psychology of Criminal Conduct*, Sixth Edition, London and New York: Routledge, 2017, p. 47.

低再犯罪方面是有效的。

第三，综合型。与纯恢复治疗类型难以寻找匹配不同，美国大部分包含了治疗元素的项目都可以视为综合类型。典型的综合型项目包括治疗导向的强化监管、"风险、需求和回应性"项目和针对精神健康矫正对象的专业干预等。这些项目同时强调公众安全和矫正恢复目标——主要由矫正官一人兼任矫正恢复和监督管理两方面的工作。虽然大量监督导向的强化监管项目一致显示出惨淡结果，但那些融合矫正服务到监督之中的综合型强化监管项目则展示了美好的前景。在这些强化监管项目中加强咨询辅导和转介服务，以瞄准和缓解矫正对象的犯因性因素。综合评价 34 个强化监管项目的荟萃分析发现，融入了矫正恢复服务的强化监管项目（综合型）的再犯罪率下降了 22%，而没有融入矫正恢复服务的强化监管项目对再犯罪率没有起到什么积极作用。该研究比较了 480 个高风险、高需求假释人员样本，根据风险原则需要对他们进行集中强化干预。他们要么分入常规假释监管项目（工作量为 75~85 人／工作人员），要么进入矫正恢复导向的强化监管项目（工作量为 20~25 人／工作人员）。相对于常规假释监管，该强化监管项目下的假释人员接受了更多的戒毒辅导、精神健康治疗、教育、职业培训和公共救助。结果，比起常规假释监管，恢复导向的强化监管项目中的假释人员虽然违规的可能性更高（18%：11%），但是新的判刑可能性则大大降低（19%：48%），假释撤销也减少了 21 个百分点（38%：59%）。[1] 可见，同时聚焦于社区矫正的双重目标，综合类型更有效地帮助了矫正对象回归社会（恢复），同时降低了重新犯罪的发生（公众安全）。

以上研究大都是三种管理类型分别同常规管理进行对比分析，少数研究同时对三者进行比较。一项研究追踪了约一年的缓刑违规和撤销情况，结果显示治疗服务模式与违规和撤销没有关系（即相互独立，没有影响），综合管理模式测试为成功，而监督模式则测试为失败。缓刑人员的监管强硬维度方面每增加一分，撤销缓刑（失败）的几率就增加 94%。[2] 综合管理模式的影

---

〔1〕　Aos S., Miller M. and Drake E., *Evidence-based Adult Corrections Programs: What Works and What Does Not*, Olympia: Washington State Institute for Public Policy, 2006, pp. 163-178.

〔2〕　Horvath A. and Greenberg L., "Development of the Working Alliance Inventory", in Greenberg L. and Pinsof W. eds., *The Psychotherapeutic Process: A Research Handbook*, New York, NY: Guilford Press, 1986, pp. 529-556.

响加强，强调在监管中重新引入矫正服务，在很大程度上要归功于对"风险、需求和回应性"原则有效性认识的不断增长。当很好地将监管和矫正服务的强度同矫正对象的风险水平（风险原则）匹配起来，服务类型与矫正对象个人情况相符合（回应性原则），瞄准他们的犯因性需求（需求原则），矫正对象的重新犯罪率将大幅度下降。[1] 遵循 RNR 原则为矫正对象提供矫正服务的项目，其再犯罪率降低了 24%~53%[2]，效果非常显著。安德鲁斯和邦德发现体现了综合干预特征的 RNR 模式明显地降低了再犯罪率（相关系数 r=0.25），而监督类型下的再犯罪率反而还上升了一点（相关系数 r=−0.03）。[3] 这些强有力的证据表明，不仅需要在监管中重新引入矫正服务，还需要矫正恢复服务针对案主个别化的犯因性需求设计适当的干预方式。为了最大限度降低重新犯罪风险，综合型需要集中资源聚焦于高风险矫正对象，并瞄准可能导致他们犯罪的主要需求。

三、综合管理模式作用机制

克罗卡斯及其支持者认为，一个积极的"综合工作人员—矫正对象"关系本身即具有治疗效果。[4] 在心理干预中，治疗关系的好坏比起运用的具体方法（如认知行为、人际关系调整、情绪调整等）更能影响干预结果。[5] 良好关系可以鼓励矫正对象透露更多信息，增强矫正工作人员督促其服从规则的可能性，并在问题还处于萌芽状态时进行适当介入。同时也可以激励矫正对象遵守规则，既为了避免机构惩罚，也为了改善案主的生活状态。矫正对

---

〔1〕 Andrews D. , Bonta J. , Wormith S. , "The Recent Past and Near Future of Risk and/or Need Assessment", *Crime and Delinquency*, 52 (1), 2006, pp. 7-27.

〔2〕 Andrews D. , Bonta J. and Hoge R. , "Classification for Effective Rehabilitation: Rediscovering Psychology", *Criminal Justice and Behavior*, 17 (1), 1990, pp. 19-52.

〔3〕 Andrews D. and Bonta J. , *The Psychology of Criminal Conduct*, Cincinnati, OH: Anderson Publishing Company, 1998, pp. 76-88.

〔4〕 Wolfe B. E. and Goldfried M. R. , "Research on Psychotherapy Integration: Recommendations and Conclusions from an NJMH Workshop", *Journal of Consulting and Clinical Psychology*, 56 (1988), pp. 448-451.

〔5〕 Jennifer L. Skeem, Sarah Manchak, "Back to the Future: From Klockars' Model of Effective Supervision to Evidence-Based Practice in Probation", *Journal of Offender Rehabilitation*, Vol. 47 (3), 2008, pp. 220-247.

象对双方关系的评判，直接影响到其服从规定和最后的矫正结果。[1] 在监督导向的关系中，矫正干警采用冷漠甚至鄙视的态度进行控制，这常常伤及矫正对象的自尊，使其对矫正干警的指令产生抵制心理。在综合管理模式下，工作人员运用"恰当的方式"进行控制，并在矫正服务中进行激励，可能被感知为公正、尊重。矫正对象被允许表达观点、解释自己和积极参与问题的解决过程。[2] 这样使矫正对象较少感受到强制，即使他们不喜欢权威人物作出的最终决定。[3] 由此，综合管理模式提供支持、鼓励和信任，使矫正对象感到是"为他们好"，愿意尊重并接受工作人员的指导。

如何应对不服从的矫正对象，是国际社区矫正界经常讨论的问题。北美循证研究得出的结论是，应主要采取问题解决策略，而不是威胁监禁。问题解决策略主要通过同矫正对象有效沟通找到阻碍其服从的原因，并解决这些问题，然后达成一个可以遵守完成的矫正计划。这种策略符合有效矫正回归的一个主要原则——帮助矫正对象识别导致其与管理要求冲突的问题所在，然后采取亲社会的解决办法。[4] 需要特别指出的是，当矫正项目中监管的个案数量增加后，采用传统监管方法的可能性也随之增加，如采取威胁和惩罚作为应对不服从的首要选择。因此，在综合管理模式下，应保持合理的工作量。

一个值得讨论的问题是，综合管理究竟由司法工作人员独立完成，还是由司法工作人员和社会工作者分工合作，正如中国社区矫正界所关注的监管和帮教如何具体落实一样。按照克罗卡斯的理论，综合型工作人员兼顾监督和矫正恢复双重角色，才能达到更好的结果。如果这两个角色分别由社会工作人员和司法工作人员来执行，则可能分散矫正的力量。但是在美国的管理

〔1〕　Skeem J., Encandela J. and Eno Louden J., "Perspectives on Probation and Mandated Mental Health Treatment in Specialized and Traditional Probation Departments", *Behavioral Sciences and the Law*, 21 (4), 2003, pp. 429-458.

〔2〕　Skeem J. and Petrila J., "Problem-solving Supervision: Specialty Probation for Individuals with Mental Illness", *Court Review*, 40 (2004), pp. 8-15.

〔3〕　Lidz C., Hoge S., Gardner W., Bennett N., Monahan J., Mulvey E. and Roth L., "Perceived Coercion in Mental Hospital Admission: Pressures and Process", *Archives of General Psychiatry*, 52 (1995), pp. 1034-1039.

〔4〕　Cullen F. and Gendreau P., "Assessing Correctional Rehabilitation: Policy, Practice, and Prospects", *Criminal Justice*, 3 (2000), pp. 109-175.

实践中，不少综合型项目是由管理团队分工执行，与工作人员身兼双重角色有所不同。有必要指出的是，循证研究中的综合型项目中主要由密切配合的管理团队来执行，但在常规的社区矫正实践中很难达到这种协作程度。进一步延伸的话题是，综合管理重点应该放在项目制上，还是提升矫正官的综合素质上？克罗卡斯强调挖掘司法工作人员的潜力，综合提升刑罚执行和社会工作矫正服务的能力，而不是主要通过项目来提升矫正效果。[1]综合型工作人员在一线管理岗位上的双重角色定位，比起特殊时期的矫正监管项目，更直接地影响到社区矫正对象的整体表现。

近年来我国学者也意识到综合管理的重要性，郭伟和2011年即提出社区矫正应该综合刑罚执行和社工服务两项职能[2]，2013年进一步指出通过司法行政和司法社工分工协作以实现综合管理[3]。因此，综合管理逐渐成为中外学界共识，需要探讨的是具体实现方式。

四、中国形成的社区矫正三大管理模式

自从我国试点并在全国推行社区矫正以来，实践探索中形成了三种典型管理模式——北京模式、上海模式和深圳模式。[4]北京主要利用基层司法所和社区组织开展监管，被描述为司法行政模式或刑罚执行模式；上海注重引入社会工作团体来承担日常管理任务，被称为社会化模式；深圳则开创了购买社会工作岗位组建社区矫正团队的形式。[5]三种模式随着时间的推移也在不断发展，形成了今日各自不同的模式特征。

---

〔1〕 Paparozzi M. and Gendreau P. , "An Intensive Supervision Program That Worked: Service Delivery, Professional Orientation, and Organizational Supportiveness", *The Prison Journal*, 85 (4), 2005, pp. 445 - 466.

〔2〕 郭伟和：《社区矫正工作亟待创新的三个问题》，载《社会工作（学术版）》2011 年第6 期。

〔3〕 郭伟和、梁愉冰：《社会管理创新的基层探索——来自北京市大兴区社区矫正的专业化实验研究》，载《国家行政学院学报》2013 年第 2 期。

〔4〕 近年的司法实践中，扬州、中山、台州和宁波等地社区矫正在引入社工/社工机构方面有所突破，广州和苏州在循证矫正方面进行了有益探索，但尚未形成影响广泛的典型模式。

〔5〕 这三种模式划分主要参考了郭伟和的分析框架，三个管理框架图在其基础上根据三地近年发展（尤其是2014 年后）进行调整制定。参见郭伟和、梁愉冰：《社会管理创新的基层探索——来自北京市大兴区社区矫正的专业化实验研究》，载《国家行政学院学报》2013 年第 2 期。

（一）北京模式

北京模式的嬗变大致可以分为三个阶段：第一阶段是 2003—2007 年，最初几年的试点主要是确立基层司法所为执行机构，重在刑罚执行，强调社会稳定和公众安全。第二阶段是 2008—2013 年，由于奥运会及其他重大国家活动对北京安保提出的更高要求，朝阳区开始建设阳光中途之家承接集中教育和入矫解矫仪式。阳光中途之家很快推广到全市范围，但利用情况参差不齐。第三阶段是 2014 年至今，劳教制度废止后以原劳教局为基础成立了北京社区服刑人员教育中心，专门负责全市矫正对象的初始教育，并以此统领全市社区矫正管理工作。[1]

迄今，北京构建了较为完善的市、区和街/乡三级社区矫正管理网络，参见下图 5-2。北京市司法局统管全局，社区服刑人员教育中心统合全市的初始教育活动。各区都成立了阳光矫正服务中心和阳光中途之家，其中阳光矫正服务中心主要负责协管员队伍的协调管理，阳光中途之家则负责集中教育和培训、过渡性安置和解矫教育。基层司法所为一线执行主体，主要依靠三支矫正队伍——抽调的监狱警察/原劳教警察（矫正干警）、基层司法助理员和面向社会招聘的协管员，并以矫正干警为基层领导力量。此外，管理体系还整合了相关社会力量，包括居委会人员、矫正对象家属和志愿者（主要是社区评议员）。

北京模式的总体发展方向是强化监管力度。虽然社区服刑人员教育中心和阳光中途之家在内部管理上偏向人性化，但整个管理体制是高度结构化的，包括心理测试、参观监狱、认罪伏法、现身说法和国学文化等方面。[2] 同时，北京模式矫正恢复的专业力量严重不足。社区矫正队伍中具有社工证（含初级和中级）的比例不到 10%，有心理学背景的仅为 1.13%（见表 5-1、5-2）。协管员主要招聘的是"4050 人员"（招聘时年龄为 40 多岁和 50 多岁的就业困难人员，后同）协助处理日常管理事务，并且已经日渐老龄化，而各区新招的一代协管员也普遍没有强调专业背景（一般只要大专学历即可）。近

---

〔1〕　熊贵彬：《后劳教时代社会工作融入下的社区矫正——北京调查与思考》，中国社会出版社 2017 年版，第 234~235 页。

〔2〕　熊贵彬：《后劳教时代社会工作融入下的社区矫正——北京调查与思考》，中国社会出版社 2017 年版，第 234~254、270~271 页。

年北京启动的社区矫正六大创新措施——集中教育、电子监管、指纹报到、矫正宣告、社区评议和社区服务[1]，都在从不同方面加强监管。就连社会志愿者性质的社区评议员，"就好比在社区里面设置眼线"，要求他们同矫正对象经常谈话并观察行踪以了解其最近动态（2016年春访谈G区司法局）。此外，与北美提出的风险等级管理原则相左[2]，北京最近几年开始放弃原来的ABC三级管理措施，实行一律严管。

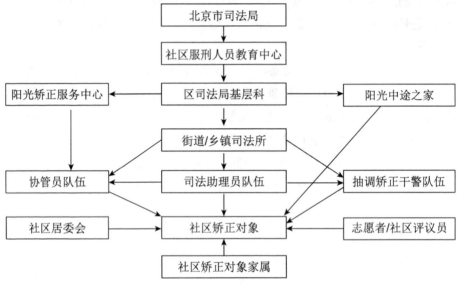

图 5-2　北京社区矫正管理网络

（二）上海模式

上海模式的发展大致分为两个阶段：第一阶段是 2002—2013 年，通过最初两年的调研和摸索，上海确立了社会化管理的总体思路——"政府主导推动、社团自主运作、社会各方参与"。2004 年建立新航服务社全面承接社区矫正教育感化和日常管理任务，司法行政人员仅负责少量矫正宣告、集中教育管

---

〔1〕 黄洁钟馨：《北京司法局将深化六项社区矫正创新工作》，载 http://legal.people.com.cn/n/2015/0814/c188502-27462892.html，最后访问日期：2018 年 2 月 12 日。

〔2〕 安德鲁斯和邦德认为对低风险的矫正对象实施严厉监管，效果微乎其微甚至可能是反效果，参见 James Bonta and Andrews D. A. , *The Psychology of Criminal Conduct*, Sixth Edition, London and New York：Routledge, 2017, p. 180.

理等宏观事务。[1] 第二阶段为 2014 年至今，开始推行集中执法模式，从全市选调 218 名戒毒民警担任专职矫正民警，建成 22 个区级社区矫正中心，主要负责集中宣告、电子监控和集中指挥。[2]

当前的上海模式主要在上海市委政法委和综治办的指导下，由司法局社区矫正工作办公室领导和监管。实行执行主体和工作主体适度分离的运作模式，日常工作主要依靠社会团体新航社区服务总站、分站和服务点组织社工进行管理和服务，包括矫正对象的日常管理、心理矫正、帮扶、集中教育和公益劳动等，强调社区矫正的教育矫正。后成立的区级社区矫正中心主要在中宏观层面进行监督、威慑和指挥。上海模式的主要架构参见下图 5-3：

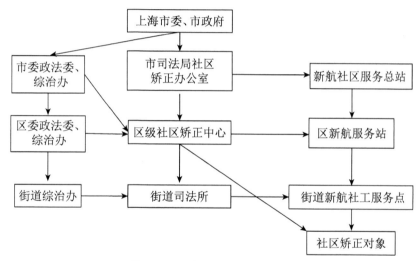

图 5-3　上海社区矫正管理网络

在社会化运行过程中，新航服务社着重提升了工作人员的社工师比例。最初招聘人员只有 12% 具有法学或社会工作等相关专业背景[3]，同北京的协

〔1〕　张文举：《社区矫正制度"上海模式"现状评析》，载《赤峰学院学报（汉文哲学社会科学版）》2014 年第 5 期。

〔2〕　《社区矫正"上海方案"何以让对象不再重新犯罪？》，载 http://gov.eastday.com/renda/tyzt/shsfxz/n32486/n32508/u1ai6187489_K6384.html，最后访问日期：2018 年 2 月 13 日。

〔3〕　张文举：《社区矫正制度"上海模式"现状评析》，载《赤峰学院学报（汉文哲学社会科学版）》2014 年第 5 期。

管员情况差距不大，但新航服务社后来激励工作人员报考社工师和心理咨询师。"目前我们新航有七百名左右的社区矫正工作人员，有两百名左右的国家二级心理咨询师，有五百名左右具备社工师或社工助理资格证"（2016 年夏访谈新航社区服务总站）。尽管社工师的比例提升了，但很多在从事监管性工作[1]，然而在监管中却缺乏司法行政的强制性和权威性，由此增加了社会防范风险[2]。费梅苹调查了上海社区矫正社工的工作量结构后发现，矫正社工约一半的工作是开展社工专业服务（含基础专业服务和项目制），另一半为司法行政服务（含基础管理和行政工作）。一方面，管理性工作限于基础资料和动态数据的收集和管理；另一方面，专业服务能力却不高。[3] 以上海模式为主要案例的两本书名一样的实务性著作《社区矫正社会工作案例评析》（华东理工大学出版社 2013 年版，中国社会出版社 2017 年版）之中，几乎没有一个案例提及结构化监管或循证矫正中提出的"有效表达不同意"原则。

（三）深圳模式

在大多数中文文献中，深圳的社区矫正实践并没有被称为一种模式，因为它没有专门的社区矫正制度，只是落实广东省社区矫正实施细则而已。然而，深圳却因其覆盖社区矫正的社会工作领域的综合性大胆改革而声名鹊起。利用 2007 年在深圳举办的"全国民政系统社会工作人才队伍建设推进会"，并充分借鉴近邻香港的经验，创新性地推出竞争性购买岗位制度。虽然同属于购买社会服务，但深圳的购买岗位和香港"小政府、大社会"背景下主要由中标社会服务机构独立运行的情况有较大差别。在深圳，首先由司法系统向民政局申请购买服务岗位，然后民政局向社会工作服务机构公开招标，再由中标机构派驻社工到司法局或司法所开展专业矫正服务。在社区矫正基层实际管理和服务中，主要由司法人员、司法社工和心理咨询师组成团队开展工作。参见下图 5-4：

---

〔1〕 彭善民：《上海社会工作机构的生成轨迹与发展困境》，载《社会科学》2010 年第 2 期。

〔2〕 郭伟和、梁愉冰：《社会管理创新的基层探索——来自北京市大兴区社区矫正的专业化实验研究》，载《国家行政学院学报》2013 年第 2 期。

〔3〕 费梅苹：《政府购买社会工作服务中的基层政社关系研究》，载《社会科学》2014 年第 6 期。

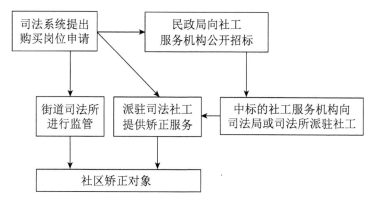

图 5-4　深圳社区矫正管理网络

五、三大模式管理特征及效果分析

对照克罗卡斯的分析框架粗略可见，北京模式基本上属于监督模式，深圳模式类似于美国团队实施的综合管理模式。然而，上海模式却难以简单定性为矫正恢复模式，有学者认为其属于社会化运作的综合服务模式，区别于深圳通过购买岗位嵌入司法行政体系的综合管理模式。但因其一线管理人员的监管属性较弱，社工比例较高，本书将其定位为两个极端之间连续谱上偏向矫正恢复的综合服务模式。

（一）质性分析

从社区矫正管理的效果来看，"据司法部统计，2014 年以前几乎每年上海模式社区矫正的重犯率都高居榜首。"[1] 例如，2012 年上海市社区矫正对象的再犯罪率为 0.6%[2]，而长期以来全国矫正对象再犯罪率一直保持在 0.2% 左右。需要注意的是，司法部这方面的数据并没有向社会公布，一般在相关会议上进行通报。笔者还从两方面进行了印证：一是从司法部相关负责人那里得到确认（2016 年春）；二是新航社区服务总站在访谈中（2016 年夏）指出："我们的重新犯罪率确实高了一些，但我们扎扎实实落实了社区矫正居住

----

〔1〕　张文举：《社区矫正制度"上海模式"现状评析》，载《赤峰学院学报（汉文哲学社会科学版）》2014 年第 5 期。

〔2〕　Enshen Li, "The Rhetoric and Practice of Community Corrections in China", *Asian Criminology*, 12 (2017), pp. 143-162.

地执行，外省市户籍人员的比例比较高。全市平均约 32%，城郊接合部这个比例甚至达到 50%~60%。"但如果遵循循证矫正的方法和原则，外地户籍矫正对象主要在婚姻家庭监控方面相对比较脆弱[1]，但其他风险因素和本地户籍没有太大区别（参见第七章的 Logistic 回归分析检验）。因此，这在某种程度上印证了循证矫正关于矫正恢复模式失效的结论（2014 年前上海没有建立加强监管的矫正中心，就更趋近于矫正恢复模式）。加拿大矫正学派专门指出，通用性的社会工作和心理咨询对罪犯矫正的效果不明显，因为难以瞄准矫正对象的犯因性需求和风险等级。[2]上海司法系统也进行了反思和制度重构，利用劳教制度废止的契机，在 2014 年专门设立了区级执行机构——社区矫正中心[3]来弥补监管和惩罚色彩的不足。[4]但上海模式当前的管理方式仍然保留了两个行动主体，这同美国论证的综合管理模式将监管权威和矫正恢复专业性集一身的理念有所背离，即没有赋予一线工作人员矫正权威。这种升级版的上海模式的矫正效果有待通过调查数据进一步检验。

再来审视北京模式的矫正效果。包含北京模式监管特征的《关于北京市抽调监狱劳教干警参加社区矫正和帮教安置工作情况的报告》（司发通〔2008〕8 号）经由司法部转发全国，供各地借鉴参考。[5]由此，北京模式在全国奠定了支配性的影响力。据司法部向媒体公布的数据，截至 2016 年底，全国社区服刑人员矫正期间重新犯罪率保持在 0.2% 左右[6]，而北京市 2013

---

〔1〕 程建新、刘军强、王军：《人口流动、居住模式与地区间犯罪率差异》，载《社会学研究》2016 年第 3 期。

〔2〕 James Bonta and Andrews D. A.，*The Psychology of Criminal Conduct*，Sixth Edition，London and New York：Routledge，2017，pp. 246-252.

〔3〕 《社区矫正"上海方案"何以让对象不再重新犯罪？》，载 http://www.cclycs.com/z481108.html，最后访问日期：2018 年 10 月 13 日。

〔4〕 这呼应了张荆和但未丽等的主张——将社区矫正的执行主体上移至区县司法系统。参见张荆：《北京社区矫正模式特色与问题点分析》，载《中国人民公安大学学报（社会科学版）》2013 年第 3 期；但未丽：《社区矫正的"北京模式"与"上海模式"比较分析》，载《中国人民公安大学学报（社会科学版）》2011 年第 4 期。

〔5〕 中国司法行政年鉴编辑委员会编：《中国司法行政年鉴》，法律出版社 2009 年版，第 982~994 页。

〔6〕 《司法部：社区服刑人员突破 70 万人，矫正期间重新犯罪率处于 0.2% 左右的较低水平》，载 http://politics.people.com.cn/n1/2017/0115/c1001-29024059.html，最后访问日期：2017 年 7 月 15 日。

年报道的重新犯罪率更是低至 0.16%[1]，这是一个相当低的水平，甚至接近 2016 年社会总人口的刑事犯罪率 0.09%[2]。这似乎是一个相当不错的成绩。然而，我们还需要结合这些数据背后的系列社会现实进行综合分析：一方面，北京作为政治中心，同时也是经济和文化中心，许多重大活动在此举行，各种安保措施和综合治理水平不是其他城市所能比的。北京社区矫正作为综合治理体系中的一个重要环节，也受益于确保首都秩序的大量人财物的投入。另一方面，北京社区矫正居住地执行的严格控制。根据《社区矫正实施办法》，社区矫正对象在居住地接受社区矫正。但是居住地执行的实施细则和具体执行情况各地差异较大，北京在这方面控制得尤为严格。"对于非京籍人员，居住地和工作满足 6 个月以上的条件，还需要有直系亲属监护人，我们才会接，不然买了房子也不行。我们区非京籍比例不到 10%。"（2016 年秋访谈）我们有幸访谈到一位从北京回东北参加社区矫正的人员 WXT，"让我爸每天用另一个手机每天在老家的社区矫正微信群里发定位，确实需要现场报到我再连夜开车回去，没法乘高铁。赶回北京的时候还要注意避开重大活动前后查外地车。"（2017 年秋访谈）综合以上信息，我们可以得出一个判断：北京模式较低的再犯率受益于首都安保措施和大量资源投入，此外还得益于北京对非京籍社区服刑人员的居住地执行持非常谨慎的态度。但遣送回原籍执行的社区矫正对象，也埋下了一定的管理风险以及由此带来的社会风险。

现有的文献资料中，鲜有分析深圳社区矫正实施状况的。鉴于此，2019 年夏笔者专门前往深圳开展了系列机构访谈。一家社工机构负责人谈道：（2019 年 6 月 17 日）"深圳市司法局借鉴上海的做法设立了一个附属性的社会服务机构——春雨社会工作服务社，最初司法局试图让春雨垄断社区矫正的日常管理，主要是开展集中教育。但公开竞争性购买的制度打消了这种想法。随着越来越多其他社工机构中标一些区县的社区矫正岗位，春雨失去了其在社区矫正管理中的主导地位，由最初占据全市的 80% 以上的岗位，现在

---

〔1〕《北京社区矫正人员年均重新违法犯罪率低于 0.16%》，载 http://news.sina.com.cn/o/2013-07-18/224527708431.shtml，最后访问日期：2017 年 7 月 18 日。

〔2〕根据 2016 年全国总人口 13.83 亿和全国法院司法统计公报中的"给予刑事处罚"人数 1 199 603 人计算，参见《2016 年全国法院司法统计公报》，载 http://gongbao.court.gov.cn/Details/faccf2e3c1216069f9c87cd2dc535d.html，最后访问日期：2018 年 11 月 20 日。

仅 1/4 左右。"在访谈中还发现，在激烈的服务购买竞争中，相关机构的资深社工逐渐积累了国际矫正领域的一些经典知识和前沿动态，如认知行为治疗、动机访谈、理性情绪治疗和家庭治疗等，这直接体现在标书撰写和答辩过程之中。但是，不等于每个一线社工都具备这样的专业知识。（2019 年 6 月 18 日）"我大学的专业是法律，去年考了初级社工师（通用社工知识），现在负责这个街道司法所社区矫正对象的日常管理。一般没什么问题，遇到棘手的事或人（矫正对象），可以得到司法所公务员以及我们区社区矫正中心的矫正干警和心理咨询师支持。此外，我们还会要求中高风险矫正对象同时向派出所报到。"进一步在该区社区矫正中心了解到，矫正对象的风险性主要是通过 PCL-90 量表、进入社区矫正的时间（最初 3 个月一般都视为高风险）和一些特殊类型的犯罪来确定的。可以看出，深圳市社区矫正主要依靠构建协作性的支持网络来实现综合管理，而不是使每个工作人员都成为综合型管理者。

除了团队型综合管理，深圳社区矫正还另有显著特点，即落实"双八"制度[1]中的包容性社区服务和可选择性的集中教育活动。"其实大多数社区矫正对象都是轻微犯罪，比如醉驾。我们通常给每个矫正对象办一张志愿者卡，让他们和其他社会志愿者一起参加社区服务，这些志愿服务将被录入网上系统。集中教育也是这样，他们可以根据自己的时间选择去参加区矫正中心组织的集中教育活动，或者选择参加街道为普通市民组织的讲座或培训。一些亲子教育、家庭矛盾调解、婚姻法、合同法和劳动法，很受矫正对象欢迎。"然而，全国大部分省市包括北京和上海的集中教育和社区服务，都体现了福柯（Michel Foucault）所描述的区隔特征，即矫正对象之间及其同普通公民之间的隔离。

调查中的其他七个省市区（吉林、四川、山西、甘肃、青海、宁夏、新疆）的社区矫正实施细则主要是对 2012 年《社区矫正实施办法》的细化，主要由基层司法所公务员承担一线管理工作（不少地方甚至没有招聘协管员），很少有专业社工的参与，而且管理制度措施中几乎没有北京、上海和深圳那

---

〔1〕《社区矫正实施办法》第 15 条："社区矫正人员应当参加公共道德、法律常识、时事政策等教育学习活动，增强法制观念、道德素质和悔罪自新意识。社区矫正人员每月参加教育学习时间不少于 8 小时。"第 16 条："有劳动能力的社区矫正人员应当参加社区服务，修复社会关系，培养社会责任感、集体观念和纪律意识。社区矫正人员每月参加社区服务时间不少于 8 小时。"

样的总体框架性创新设计。这些主要是中西部地区，政府的主要目标在于发展经济、扶贫攻坚以及近年重要性日益凸显的环境保护。此外，这些地方的犯罪率普遍低于沿海发达省市，而且少有全国性乃至国际性重大活动，就不太可能将安保措施列为工作优先选项，而社区矫正也难以成为政府创新领域。因而形式主义[1]或一般管理就成为这些地方社区矫正管理部门的理性选择。一位社会工作专业硕士在山西老家实习时，目睹了司法所的一次分歧。当所长要求学生准备一些时政新闻材料用于集中教育时，一位年轻公务员私下给学生抱怨："所长总是把这些事情看得太认真，我们发一些书面材料甚至是微信文章，让他们在家里阅读提交思想报告就可以了。即使这么认真，我们也不可能满足所有管理要求。我们镇里有 30 来个行政村，方圆几十公里，但只有我们两个人，还有大量其他工作要做。"在电话汇报中一名缓刑人员坦率地告诉学生，他正在北京工作，当面报到时才回去。学生报告给所长后，所长也无奈地说：（2017 年夏）"北京要维持首都稳定，咱们这边的人犯轻罪要么监狱执行要么回原籍参加社区矫正。但是人家还要继续（外出）务工要生活啊，我们也只好睁一只眼闭一只眼，只要能电话联系上就行。他不是个例，不少社矫人员都有这种情况。"司法部预防犯罪研究所研究员鲁兰经过多年多地调研指出，我国大部分地区承担社区矫正工作的多为普通公务员，通过短期培训迅速掌握监管、训诫、法制教育等方法，时间和精力所限，难以短时间内掌握更多法律、社会工作和心理学方面的知识和技能；而且基层司法所编制非常有限，如四川省司法所平均约 1.2 人。[2] 鉴于此，在本书后面的数据处理中，都将这几个省市数据合并为形式主义或一般管理类型，以此作为参照组。

（二）数据分析和检验

为了对三大模式社区矫正效果进行深入分析，我们将调查数据重新分为四组，分别对应北京模式、上海模式、深圳模式和其他地区。这几组社区矫正

---

〔1〕　在默顿的失范理论中，形式主义被描绘为"小心翼翼做事的那些受到恐吓的雇员、坐在办公桌后面的热心遵从的公务人员的"，使用制度性手段获得最低限度成功即可，不希望获得更多东西，因为可能会招致最低限度成功的丧失。参见 Robert K. Merton, *Social Theory and Social Structure: Toward the Codification of Theory and Research*, Glence, IL: Free Press, 1968, pp. 201-204.

〔2〕　鲁兰：《中国特色社区矫正模式的探索路径》，载 https://mp.weixin.qq.com/s/qVEJr9bcOu_uQZLRidi3lQ，最后访问日期：2019 年 5 月 16 日。

工作人员社会工作掌握情况和专业背景，可以帮助我们对北京、上海和深圳三大模式及"其他"一般管理特征有更加深入的认识，参见表5-1和表5-2：

表5-1　社区矫正工作人员掌握社会工作情况

	没听过	听过没接触	参加过培训	学习过	初级社工师	中级社工师	总　计
北　京 （人／%）	16	77	140	68	22	11	334
	4.79	23.05	41.92	20.36	6.59	3.29	100.00
上　海 （人／%）	0	0	12	2	29	57	100
	0.00	0.00	12.00	2.00	29.00	57.00	100.00
深　圳 （人／%）	4	21	21	25	34	10	115
	3.48	18.26	18.26	21.74	29.57	8.70	100.00
其　他 （人／%）	19	84	88	73	11	4	279
	6.81	30.11	31.54	26.16	3.94	1.43	100.00
总　计 （人／%）	39	182	261	168	96	82	828
	4.71	21.98	31.52	20.29	11.59	9.90	100.00

表5-2　社区矫正工作人员专业背景情况

	法　学	犯罪学	社会工作	心理学	思想政治教育	其　他	总　计
北　京 （人／%）	175	14	41	3	13	21	267
	65.54	5.24	15.36	1.12	4.87	7.87	100.00
上　海 （人／%）	34	1	25	4	2	21	87
	39.08	1.15	28.74	4.60	2.30	24.14	100.00
深　圳 （人／%）	52	0	31	11	1	22	117
	44.44	0.00	26.50	9.40	0.85	18.80	100.00
其　他 （人／%）	88	9	52	9	28	92	278
	31.65	3.24	18.71	3.24	10.07	33.09	100.00
总　计 （人／%）	349	24	149	27	44	156	749
	46.60	3.20	19.89	3.60	5.87	20.83	100.00

以上两表数据显示，北京社区矫正工作人员中社工师（含初级和中级，下同）比例约为 10%，而法律专业背景的比例却高达 66%，体现了较为明显的监管/刑罚执行特征。上海社工师的比例高达 86%，而法学专业背景比例为 39%，低于北京和深圳，表明其一线工作人员有较明显的管理和帮教服务特征。深圳社工师比例约为 38%，法学背景人员为 44%，两方面人员较为均衡，在人员配置上具有综合管理模式的特色。而其他省市社区矫正系统社工师的比例平均仅为 5%，一些省市甚至为 0，严重缺乏矫正恢复性。

在矫正对象问卷调查中，我们重点询问了他们在矫正期间重新犯事倾向的情况。重新犯事倾向不仅包括重新犯罪，还包括一些风险行为以及不理智的冲动或念头。这些风险行为和冲动如果导致严重后果，就可能构成犯罪。该问题的意义在于将预防犯罪向前延伸，体现心理和行为矫治效果，同时也可以将问题操作化为定序变量。该问题描述性统计结果如下表 5-3 所示：

表 5-3　重新犯事倾向描述性统计

	没有丝毫念头	偶尔有冲动	经常有冲动但都控制了	重新犯过未被发现	重新犯过被发现了	总　计
北　京（人/%）	387	45	32	1	9	474
	81.65	9.49	6.75	0.21	1.90	100.00
上　海（人/%）	94	3	2	1	0	100
	94.00	3.00	2.00	1.00	0.00	100.00
深　圳（人/%）	118	6	0	0	2	126
	93.65	4.76	0.00	0.00	1.59	100.00
其　他（人/%）	329	75	43	4	7	458
	71.83	16.38	9.39	0.87	1.53	100.00
总　计（人/%）	928	129	77	6	18	1158
	80.14	11.14	6.65	0.52	1.55	100.00

从上表可以看出，在矫正对象自我报告调查中，上海和深圳"没有丝毫念头"的比例均为 94% 左右，北京的该比例为 81.65%，其他省市平均更低，为 71.83%。针对这些差异，我们进一步进行了方差分析及两两 Bonferroni 检验，参见表 5-4 和表 5-5：

表 5-4 四种类型管理重新犯事状况方差分析

来　源	平方和	自由度	均　方	F	Prob>F
组　间	16. 832	3	5. 611	10. 09	0. 0000
组　内	642. 022	1154	0. 556		
总　计	658. 854	1157	0. 569		
Bartlett 方差齐性检验：chi2（3）= 71. 1243					Prob>chi2 = 0. 000

表 5-5 四种类型管理间两两 Bonferroni 检验

	北　京	上　海	深　圳
上　海	-0		
	0. 059		
深　圳	-0	0	
	0. 043	1. 000	
其　他	0	0	0
	0. 058	0. 000	0. 000

在四种类型管理方差分析中，组间差异达到很高的显著水平（Prob>F =
0. 0000，Prob>chi2 = 0. 000），说明相关组之间的差异是显著的。在两两 Bon-
ferroni 检验中，北京同上海以及其他地区之间都没有达到 0. 05 的显著水
平，但同深圳之间的显著水平为 0. 43。上海和深圳之间具有较强的方差齐性，两
市同"其他"地区之间的差异都达到很高的显著水平（0. 001）。

对于本研究重点关注的社会工作者的介入效果，我们主要通过斯皮尔曼
系数检验矫正对象重新犯事倾向同他们主要接触工作人员分别为监管性人员
（含矫正干警、司法助理和警察）和社工之间的相关性。主要接触工作人员是
否为监管性人员赋值为 1~0，是否为社工也赋值为 1~0，由此得到两个虚拟
变量。它们分别同重新犯事倾向变量的相关分析结果显示，矫正期间重新犯
事倾向同主要接触人员为社工之间具有一定相关性，并达到了 0. 05 的显著水
平；但是矫正期间重新犯事倾向同主要接触人员为监管性人员之间没有显著
性的相关关系。参见下表 5-6：

表5-6 矫正对象重新犯事状况同主要工作人员身份斯皮尔曼相关分析

	个案数	Spearman's rho	Prob > | t |
社　　工	1111	-0.0679	0.0236
监管性人员	1111	-0.0121	0.6863

综上，深圳模式的矫正效果显著高于北京模式，上海模式效果接近于北京模式，北京模式接近于其他地区平均效果。矫正对象直接接触工作人员为社工的比例增加会在一定程度上降低矫正期间重新犯事倾向，而直接接触工作人员为监管性人员则没什么影响作用，如"其他"地区很少有社工参与导致矫正效果堪忧。当前全国社区矫正管理普遍以监管性的司法行政人员为主（很多专业背景不是法学，但身份为司法助理员的公务员），一线人员社工比例提升会凸显综合管理特征，从而提升矫正效果。但是，矫正效果并不是单纯由社工介入所带来的，而是由提升综合管理特征所导致的。如果社工比例过高进入纯粹的矫正恢复类型，也会导致矫正工作因缺乏权威性而效果下降。上海模式在本次调查中的较好效果，很有可能是由于2014年后加强了监管特征所致。因此，我国社区矫正管理三大模式的效果并没有背离美国循证矫正关于不同管理模式研究得出的结论。

六、综合管理模式对我国社区矫正的启示

我国既有的循证社区矫正探讨都没有触及"监管—恢复"二难困境，本研究认为这是循证社区矫正需要解决的关键问题，这也是美国半个多世纪正反两方面经验教训和北美循证矫正发展给我们的有益启示。

首先，慎重对待一线工作人员设立矫正警察的呼声。在《社区矫正法》立法征求意见过程中，基层社区矫正管理部门表现出很强的抵触情绪，因为《中华人民共和国社区矫正法（征求意见稿）》［以下简称《社区矫正法（征求意见稿）》］和《中华人民共和国社区矫正法（草案）》［以下简称《社区矫正法（草案）》］没有体现他们转警的意愿。这些呼声得到一些学者的支持，如吴宗宪。[1] 转警的呼声实际上表达了对监督模式的渴望，北美的众

---

〔1〕 吴宗宪：《社区矫正机构应设立矫正警察》，载 http://www.legaldaily.com.cn/fxjy/content/2017-04/19/content_7114709.htm，最后访问日期：2018年9月2日。

多循证矫正已经证明这是无效的管理模式。联合国刑事司法相关规则指出，社区矫正管理人员一般不由警察担任，因为警察代表了一种对抗性的力量，不利于矫正效果提升。[1]美国也没有设立社区矫正警察，他们会聘用一些退休警察，但社区矫正工作人员没有执法权，仍需要警察的配合。[2]很多州允许社区矫正工作人员配枪，但主要是为了自我保护（众所周知美国持枪合法）。一些司法辖区，社区矫正工作人员被赋予逮捕矫正对象的权力，被称为"治安官"（peace officers）而不是警察，但其逮捕权力被法律严格限制，实践中也较少采取此类强制措施。[3]而且，美国对于撤销也充满争议，因为违反社区矫正条件并不一定是非法的。[4]但是，社区矫正一线人员需要监管的权威[5]，去有效影响矫正对象变化而不一定诉诸武力，以体现监管和恢复的综合管理特征。可以考虑引入中间级惩罚，包括每日报告、训练营、在家监禁和短期监禁等措施。[6]最终通过的《社区矫正法》也没有支持设立矫正警察，除了宽缓化的国际大趋势外，还由于即使设立矫正警察很多执法事务还是得求助公安系统。但还是需要正视社区矫正一线的呼声，他们呼声强烈的主要原因在于面临追责的压力很大。在《社区矫正法》尘埃落定之际，还应思考是否适当降低管理追责的涉及面和力度。其实在立法中，对工作人员惩罚的很多细节并未明确，可参见第61条：社区矫正机构工作人员和其他国家工作人员有下列行为之一的，应当给予处分；构成犯罪的，依法追究刑事责任：①利用职务或者工作便利索取、收受贿赂的；②不履行法定职责的；③体罚、虐待社区矫正对象，或者违反法律规定限制或者变相限制社区矫正对象的人身自由的；④泄露社区矫正工作秘密或者其他依法应当保密的信息的；⑤对依法申诉、控告或者检举的社区矫正对象进行打击报复的；⑥有其他违纪违法行为的。在以后进一步修订实施办法和各地细则之际，宜适度放

---

〔1〕 2018 年 8 月 21 日，中国政法大学刑法学教授王平在北京市朝阳区社区矫正会议上的发言。

〔2〕 Todd R. Clear, *American Corrections in Brief*, Boston：Cengage Learning, 2017, pp. 92, 127-132, 267, 324.

〔3〕 Todd R. Clear, *American Corrections in Brief*, Boston：Cengage Learning, 2017, p. 122.

〔4〕 Cecelia Klingele, "Rethinking the Use of Community Supervision", *Journal of Criminal Law and Criminology*, 103（No. 4）, 2013, pp. 55-69.

〔5〕 Todd R. Clear, *American Corrections in Brief*, Boston：Cengage Learning, 2017, p. 122.

〔6〕 Todd R. Clear, *American Corrections in Brief*, Boston：Cengage Learning, 2017, pp. 94-105.

松追责的力度。社区矫正一定程度的再犯是正常现象，西方国家社区矫正重新犯罪率远远高于我国。水至清则无鱼，如果将社区矫正再犯率降到普通社会的犯罪率水平，并没有什么值得特别称道的，因为这将极大压缩社区矫正适用范围，使更多服刑人员进入监狱进而导致更多更严重的再犯罪。放松追责，可以激发实务部门将更多的工作热情投入矫正恢复角色之中，增进职业的成就感，而不是畏于追责而战战兢兢。

其次，在全国社区矫正系统中设立矫正恢复功能的社会工作岗位。工作人员中社工比例的提高能够明显地提升矫正效果，体现治本安全观理念。当前我国社区矫正管理体系主要以最初的北京模式为范本而设立的，监管属性比较突出，广泛设立社会工作岗位将体现综合管理模式特征。在当前的立法框架中，决策者基本上将社会工作是否参与社区矫正确定为由地方自主决定的项目制，如《社区矫正法》第40条第1款规定："社区矫正机构可以通过公开择优购买社区矫正社会工作服务或者其他社会服务……"但是正如克罗卡斯所指出的，项目制不利于持久深入发挥综合管理模式的功效，应以招聘刑事司法和社工两大专业背景人员为主：一是项目制有一定的时间期限，不利于矫正社会工作者的经验积累和矫正专业水平的提升，难以持续性提升矫正效果。二是项目制追求创新性，但社区矫正领域不可能每次都具有创新性，该领域创新不如回归常态重要，除非能像上海模式那样常态化购买服务。三是项目制仍旧保留了两个行动主体，不符合严格的综合管理模式特征。四是广大中西部尤其是偏远地区难以寻找到合适的社会工作机构，无从购买项目。深圳模式的购买社工岗位在一定程度上解决了项目制的前三个问题，但广大中西部地区在适用深圳模式时仍然面临社工机构和社工人才双缺乏的困境。此次调查中"其他"省市社工师的比例过低，几乎等于没有，严重缺乏矫正恢复性。因此，从全国一盘棋来看，应借鉴美国的做法，在社区矫正管理系统中设立社会工作岗位，具体可以通过招考/招聘社工专业背景人员和在职培训转岗实现，并以招考/招聘为主。我国香港地区也采取了类似措施，将社会工作同时作为社区矫正的一支主体性力量。因此，"在体制内嵌入专业社会工作，促进体制的演进是比较务实的社会管理创新思路。"[1]

---

〔1〕　郭伟和、梁愉冰：《社会管理创新的基层探索——来自北京市大兴区社区矫正的专业化实验研究》，载《国家行政学院学报》2013年第2期。

　　最后，社区矫正综合管理模式需要更加专业化的工作人员队伍。虽然数据证明社工比例的提高能够明显地提升矫正效果，然而不得不指出一线社工的矫正恢复专业性还有很大提升空间，以进一步释放综合管理的作用。综合管理模式下，工作人员需要具备刑事司法、社会工作、犯罪心理学和犯罪社会学等方面的专业能力，使一线人员成为真正意义上的矫正官。在监督管理和法制教育方面需要刑法、刑事诉讼法、民法和民事诉讼法等方面的知识，帮教方面需要熟悉我国社会法领域的相关法规政策，认知和行为转化方面需要具备矫正社会工作和犯罪学方面的方法和知识。下一章将专门就矫正社会工作的专业性和有效性进行更加深入的探讨。

第六章

矫正社会工作专业性和有效性的探讨

一、为什么要探讨矫正社会工作的专业性和有效性

专业性和有效性是一个职业得以存在的根本条件。社会工作专业性是指从事社会工作人员所具备的专业素质和专业价值，并运用专业方法开展服务。[1]而专业化则指提升社会工作专业性的过程，包括提升其科学性、社会需要性与利他性，维护与提高专业的自主性，更好地服务有需要人群的动态过程。[2]当前，相较于极力突出的社会工作专业性，国内社会工作学界和实务界似乎有意无意地回避了有效性问题，究其原因主要有四：其一，在诸多实务领域，专业社会工作的有效性不一定比本土性助人工作更强。[3]其二，社会工作的有效性难以准确评估，不仅是宏观性的社区工作[4]，微观的个案工作同样如此[5]，在一线服务中难以开展随机分组试验前后测评估，因而主要进行过程和结果的描述评估。其三，社会工作学界对社会正义的强调和对工具主义的批判，淡化了对有效性的关注。[6]其四，基层政府追求创新，强

---

〔1〕 王思斌：《社会工作职业化与专业化》，载王思斌主编：《社会工作专业化及本土化实践——中国社会工作教育协会 2003—2004 论文集》，社会科学文献出版社 2006 年版。

〔2〕 柴定红：《中美社会工作专业化比较研究》，华东理工大学出版社 2015 年版，第 26 页。

〔3〕 王思斌：《中国社会工作的嵌入性发展》，载《社会科学战线》2011 年第 2 期；卫小将：《本土化与土生化：中国社会工作发展的检视与重构》，社会科学文献出版社 2015 年版，第 187 页。

〔4〕 文军、吴越菲：《灾害社会工作的实践及反思——以云南鲁甸地震灾区社工整合服务为例》，载《中国社会科学》2015 年第 9 期。

〔5〕 ［美］Leon H. Ginsberg：《社会工作评估：原理与方法》，黄晨熹译，华东理工大学出版社 2013 年版，第 19 页。

〔6〕 郑广怀：《社会工作与社会理论：迈向行动–话语的理论框架》，载《学海》2018 年第 1 期。

调在某些领域拓展政绩，完成相应指标即可，有效性考核成为软性指标。然而，对社会工作有效性的关注乃至质疑自社会工作诞生起从来就没有断绝过。最著名的莫过于 1973 年的"费舍尔旋风"（Furor over Fisher），他考察了 80 多项个案社会工作的评估，发现约 70 项不符合有效性评估标准予以剔除，只有 11 项设置了控制组。其研究结论非常消极：没有服务对象因为社会工作介入而得到改善，甚至有一半对象的情况还更糟了。[1]费舍尔旋风影响广泛，随后西方国家兴起了一股对社会工作有效性评估的潮流，无论是批判阵营还是支持阵营，当然也不乏客观中立的研究者。当前，我国对社会工作有效性的质疑也开始浮现，如朱健刚对广州某家庭综合服务中心案例的批判。[2]在越轨犯罪矫正领域社会工作有效性的重要性怎么强调都不为过，因为这是在做人的思想和行为矫治工作，类似于医生。如果医生医术不精、治疗无效，病人病情将会恶化甚至付出生命代价，而矫正社会工作无效将危及公众安全，因此有效性应该成为矫正社工的专业性和科学性的核心维度。

我国矫正社会工作发展过程中，主要采取了福利服务模式。国内矫正社会工作存在不同的概念定义，其中引用最为广泛的是王思斌的界定："矫正社会工作是指将社会工作实施到矫正体系之中，由专业人员或志愿人士运用社会工作专业理论和技术，为罪犯或具有犯罪危险性的违法人员，在审判、服刑、缓刑、刑释或其他社区处遇期间，提供思想教育、心理辅导、行为纠正、生活照顾等，使之消除犯罪心理结构、修正行为模式、适应社会生活的一种福利服务。"[3]该概念被我国社会工作学界奉为权威，很多矫正社会工作教材、研究著作和案例分析都基于类似界定，将矫正社会工作作为一种福利服务展开。

然而，20 世纪 90 年代北美兴起的循证矫正运动中，系列研究证明纯粹福利服务性质的矫正项目对于罪犯矫正没有什么效果，包括社区治疗服务项目、

---

〔1〕 ［美］Leon H. Ginsberg：《社会工作评估：原理与方法》，黄晨熹译，华东理工大学出版社 2013 年版，第 19 页。

〔2〕 朱健刚、陈安娜：《嵌入中的专业社会工作与街区权力关系——对一个政府购买服务项目的个案分析》，载《社会学研究》2013 年第 1 期。

〔3〕 王思斌主编：《社会工作概论》，高等教育出版社 2006 年版，第 308~309 页。

精神问题干预〔1〕等领域都一致性地没有显示出预期的降低再犯的效果。与之不同的是，综合运用刑事司法措施和矫正恢复服务的项目却一致显示了显著的有效性，无论是在荟萃分析、准试验研究，还是在相关分析之中。〔2〕

在我国矫正社会工作的理论研究和实务实践中，包括社区矫正和青少年司法等领域，大量借鉴的是普通心理咨询和困难救助的知识和方法，体现为较强的福利服务特征。这种界定以及由此展开的矫正社会工作主体框架下，缺乏对所运用的专业理论和方法的专业性和有效性的深入探究。社会工作专业化发端于慈善救助理念和行为的科学化，然而矫正领域主要目标在于修正犯罪越轨的思想和行为，单纯的社会工作方法还难以有效达成该目标。当前亟须在其基础上进一步结合犯罪学（含犯罪心理学、犯罪社会学）和刑事司法等领域的知识和方法，通过循证矫正范式，证明并增强其专业性和有效性。否则，我国矫正社会工作将停留在不证自明的权威宣示状态，难以实现"消除犯罪心理结构、修正行为模式、适应社会生活"的预防再犯目标。从长远来看，这种福利服务模式还可能损害我国矫正社会工作的发展，美国20世纪出现的猛烈质疑矫正社工的运动则是前车之鉴。社会工作专业化是一个没有止境和无限发展的过程，〔3〕矫正社会工作更是如此，需要不断吸取相关领域的经典理论及前沿知识，增强自身作为一个职业存在的可信性和合理性。

二、犯罪学主要流派对矫正社会工作的影响

人类社会形成以后，犯罪现象就随之而生，无论何种形态的社会，不存在没有犯罪的社会。〔4〕自18世纪中叶犯罪学诞生以来，逐步形成了丰富多彩的理论流派，从不同的视角解释犯罪现象产生的原因，同时探求预防犯罪/再犯的有效方法，以保卫社会和矫正犯罪人。对于犯罪原因的不同理论解释，形成了各自不同的预防策略，并对不同时代和国家的刑事司法政策造成不同

---

〔1〕 Clark R., Ricketts S. and McHugo G., "Legal System Involvement and Costs for Persons in Treatment for Severe Mental Illness and Substance Use Disorders", *Psychiatric Services*, 50 (1999), pp. 641-647.

〔2〕 Paparozzi M. and Gendreau P., "An Intensive Supervision Program That Worked: Service Delivery, Professional Orientation, and Organizational Supportiveness", *The Prison Journal*, 85 (4), 2005, pp. 445-466.

〔3〕 柴定红：《中美社会工作专业化比较研究》，华东理工大学出版社2015年版，第26页。

〔4〕 ［法］E. 迪尔凯姆：《社会学方法的准则》，狄玉明译，商务印书馆2016年版，第82页。

的影响。

犯罪学历史中的不同理论流派的创立者及发展者来自不同领域，包括法学、人类学、生物学、心理学、精神病学、社会学、统计学和地理学等学科，形成了纷繁复杂的分析视角和理论体系。限于篇幅，本研究将主要流派（相近的派别合并介绍）的犯罪原因及预防对策进行简要梳理和归纳，如下表 6-1 所示。由于某些理论派别内部观点繁杂甚至彼此冲突，表中内容只能是粗线条的大致概括各流派的最大公约数：

表 6-1　犯罪学主要流派的犯罪原因解释和预防对策

流　派	代表人物	主要犯罪原因解释	预防犯罪/再犯对策
古典学派	贝卡里亚、边沁	恶劣的经济条件，坏的法律，求乐避苦的理性道德计算。	反对酷刑，罪行法定，罪刑均衡，推崇通过监禁刑进行威慑。
实证学派	龙勃罗梭、菲利、加罗法洛、格林、胡顿等	生来犯罪人，遗传和退化，社会、自然和心理因素也发挥一定作用。	诊断和治疗，隔离和淘汰，通过社会政策等刑罚替代措施保卫社会。
精神分析/精神病学	弗洛伊德、雷德尔、施耐德等	早期发展中因疾病、营养不良、受侵害和家庭教养等因素导致人格发展障碍，形成病态人格、反社会性格和情绪障碍等。	精神分析治疗，心理矫治，环境治疗，教养院及精神病医院治疗。
不同交往理论/社会学习理论	萨瑟兰、格拉泽、伯吉斯、赛克斯和马茨阿、班杜拉等	与赞成越轨犯罪的群体交往，受到环境的强化，习得一套合理化或辩解技巧。通过亲历或观察进行学习，并由内外部机制得以强化。犯罪人会在犯罪行为和守法行为之间漂移。	用亲社会交往替代亲犯罪交往，通过行为榜样、奖惩机制促进学习合法行为。
芝加哥学派	伯吉斯、肖、麦凯、思雷舍等	城市老旧区域由于新居民迁入而旧居民迁出形成"间隙区域"，社会传统和社会控制被削弱或瓦解，产生大量少年帮伙和少年犯罪。	把居民和社区领导人发动和组织起来，建立社区委员会和邻里中心，更新价值观念，解决少年犯罪和犯罪问题。

续表

流　派	代表人物	主要犯罪原因解释	预防犯罪/再犯对策
紧张理论	默顿、克洛沃德、奥林、阿格纽等	下层阶级无法用合法手段来实现社会承认的目标，会产生挫败感、愤怒等紧张情绪，造成一种失范状态，可能用犯罪手段去实现目标。后期发展认为所有阶层都会因为挫折产生消极紧张情绪。	改善下层教育；创造工作机会；组织下层阶级社区；向少年帮伙派遣工作者、组织活动；向家庭提供咨询和帮助；帮助克服紧张情绪。
亚文化理论	塞林、科恩、米勒、沃尔夫冈、雅布隆斯基等	下层阶级和少数群体形成与主流（中产阶级）价值观相冲突的亚文化，有的崇尚越轨行为甚至暴力方式，导致犯罪。	改善越轨亚文化：减少街头殴斗；促进街头帮伙间建立友好关系、帮伙内部民主；增加社会知识；改善社区关系。
控制理论	雷克利斯、赫希等	每个人都是潜在的犯罪人，大多数人（包括贫民区）不犯罪，是由于存在着系列社会控制力量，包括家庭、学校和工作单位。犯罪是由于社会控制薄弱之际，自我控制能力低下所致。	帮助少年或成年犯罪人增强自我控制能力，培养新的行为模式。改善社会联系、支持性关系，帮助其重建新的内外部控制机制。
标签理论	坦南鲍姆、利默特、贝克尔、克雷西、沃德等	青少年初次越轨行为之后，重要他人包括教师、警察、邻居、父母、朋友等的反应，以及司法机构的介入，对越轨者贴上"坏"的标签。越轨人员逐步内化，自我标签化，从而走上犯罪生涯。	将少年离家出走、逃学、抗拒父母、混乱性行为等非犯罪化；从司法系统中转移出去，如从看守所、拘留中心、教养院中移交出去，交由社会服务机构处理，避免标签化。
冲突理论/批判理论/马克思主义理论	马恩、邦格、达伦多夫、沃尔德、特克、昆尼、钱布利斯、伯纳德、泰勒、戈登、施文丁格、施皮策等	资本主义制度引起犯罪，并使犯罪持续存在。刑法是统治阶级意志的体现，司法制度是其控制社会的工具，犯罪是对财富和权力分配不公的一种反应。权力阶级控制着犯罪的界定和刑事司法制度的重点。无产阶级、中产阶级和富有资产阶级犯着不同类型的罪，但富有和中产较少受到惩罚。	应该彻底改革资本主义刑事司法系统，使其更加公平正义，改变低下阶级的全面不利地位；激进的观点认为应建立社会主义制度，打破强制受压迫者经常被确定为犯罪人的机器，摧毁资本主义制度。

续表

流　派	代表人物	主要犯罪原因解释	预防犯罪/再犯对策
生命历程理论	霍金斯、卡塔拉诺、桑普森、劳布	受生理和心理特质的影响，偏差行为人经历人生的一系列消极事件，逐步走上职业犯罪道路。	生命中的重要事件具有重要意义，如结婚、工作、参军等，可以作为一个转变点，引导犯罪人改变犯罪生涯。

资料来源：根据表格中所列相关学者的著作以及下列著作相关部分内容整理而成，吴宗宪：《西方犯罪学史》（第 2 版），中国人民公安大学出版社 2010 年版；Larry J. Siegel, *Criminology-Theories*, *Patterns*, Thirteenth Edition, Cengage Learning, 2018.

注：主要依据各流派的历史顺利进行排序。

历史不同阶段形成的犯罪学学说都是人类智慧的结晶，推动着刑事司法制度和犯罪越轨行为矫正事业的发展。古典学派奠定了近代刑法学（旧派）的基础[1]，也推动欧美监狱建筑及其威慑理念的落实[2]。实证学派把研究视角由犯罪行为转向犯罪人。[3]菲利认为实证犯罪学是基于犯罪人身体、心理特征、统计数据和自然社会条件分析而得出的科学结论，对于可以治疗恢复之人，采取刑罚替代措施，对于不可治疗之犯罪人则采取镇压和隔离措施[4]，应广泛采用不定期刑[5]。实证学派的兴起催生了社区矫正制度[6]，当时的刑法学界在积极吸收实证犯罪学观点合理内涵的基础上，形成所谓的新派。新派首先考虑刑罚效果，把主观恶性作为量刑的一个重要依据，提出教育刑和刑罚个别化等概念，由此缓刑、假释、少年司法制度等一系列刑事司法措施

---

〔1〕 王牧：《犯罪学与刑法学的科际界限》，载《中国法学》2004 年第 1 期。

〔2〕 David A. Jones, *History of Criminology：A Philosophical Perspective*, New York：Greenwood Press, 1986, p. 78.

〔3〕 John Lewis Gillin, *Criminology and Penology*, New York：The Century Co. , 1926, pp. 343-346.

〔4〕 Hermann Mannheim, *Pioneers in Criminology*, Montclair, NJ：Patterson Smith, 1972, pp. 378-340.

〔5〕 ［意］恩里科·菲利：《犯罪社会学》，郭建安译，中国人民公安大学出版社 1990 年版，第 146 页。

〔6〕 Eric J. Wodahl and Brett Garland, "The Evolution of Community Corrections：The Enduring Influence of the Prison", *The Prison Journal*, Vol. 89, 2009, pp. 91-92.

便纷纷登场。[1] 发展至今，这些制度措施为矫正社会工作介入司法领域提供了广阔空间。

二战后，犯罪学的研究中心由欧洲转移至美国。萨瑟兰和芝加哥学派促使犯罪社会学成为犯罪学的主流范式，强调犯罪的社会原因。克利福德·肖（Clifford Shaw）和麦凯（McKay）在 20 世纪 30 年代至 50 年代发起了著名的芝加哥区域犯罪预防计划，在全市少年犯罪高发的社区中建设 22 个邻里中心，协调教堂、学校、工会等各类社会资源，举办系列活动，扩建现有的娱乐设施。探望即将释放的犯人，鼓励他们释放后参加社区活动，并帮助其建立与雇主的联系。[2] 20 世纪 60 年代在紧张理论和美国反贫困战争的结合下，美国投入几十亿美元为贫穷阶层创造更多通往成功的机会，以期减少犯罪。哥伦比亚大学社会工作学院的克洛沃德（Cloward）和奥林（Ohlin）提出的"通过增加机会预防和控制少年犯罪的建议"引领了这项迅速复制到全国的青少年动员计划，该计划致力于组织下层贫困社区、改善教育状况、创造工作机会，重点在于向青少年帮伙派遣工作人员、开展挑战自我和咖啡馆聚会等活动，同时针对问题家庭提供咨询和帮助。[3] 这个时期的犯罪学理论同社会工作实践之间可谓相得益彰，共同推动着美国矫正事业的发展。

犯罪学研究的不断突破和犯罪预防及矫正社会工作实践的蓬勃开展，助长了一些学者和流派的自满情绪。废除主义学派甚至呼吁废除监狱乃至整个刑事司法系统，用其他更加合适的措施或社会机构来代替，将刑事司法权归还社区，促进和解。[4] 社会防卫运动的代表人物格拉马蒂卡（Gramatica）认为，应废除报应主义刑罚，建立基于犯罪学研究结论、能够科学调节犯罪人欲望、对其再教育和再社会化的合理社会防卫措施体系。[5] 新社会防卫论的

---

〔1〕 王牧：《犯罪学与刑法学的科际界限》，载《中国法学》2004 年第 1 期。

〔2〕 Clifford R. Shaw and Henry D. McKay , *Juvenile Delinquency and Urban Areas, A Study of Rates of Delinquents in Relation to Different Characteristics of Local Communities in American* , Chicago：University of Chicago Press, 1942, pp. 440–449.

〔3〕 LaMar T. Empey and Mark C. Stafford, *American Delinquency：Its Meaning and Construction*, 3rd ed. , Belmont, CA：Wadsworth Publishing Company, 1991, pp. 231–238.

〔4〕 Willem de Haam, *The Politics of Redress Crime, Punishment and Penal Abolition*, London：Unwin Hyman, 1990, pp. 8–11.

〔5〕 ［苏］米·达·沙尔果特罗斯基：《资产阶级的刑事立法和刑法学》，成玉译，法律出版社 1965 年版，第 27 页。

安塞尔（Ancel）淡化了废除刑罚的激进思想，认为应将犯罪学和刑法学有机地结合起来，使刑事司法活动受犯罪学的指导，既保护个人（包括犯罪人）也保护社会。刑事司法系统人员，包括立法、审判和矫正系统工作人员，应该掌握和应用犯罪心理学和犯罪社会学知识来分析问题，科学地惩罚和矫正犯罪人。[1] 这些理论乐观地认为，借助犯罪学研究成果和包括矫正社会工作者在内的系列专业人员的共同努力，犯罪人能够得到有效矫正。在犯罪学理论流派争辩和矫正事业不断发展的过程中，一些共识也在逐步形成，如矫正工作人员应该具备犯罪学、法学和社会工作的知识和技能。

三、犯罪学科学性和矫正社会工作专业性、有效性面临的挑战

法学界指出，犯罪学是将犯罪作为社会现象进行研究，探讨预防减少犯罪的有效方法，是探讨犯罪和矫正规律的社会科学；而刑法学是针对犯罪后的法律规范应用的研究，不是对犯罪本身的社会科学研究。[2] 犯罪学如此众多的犯罪学理论流派，观点迥异，很多理论是在相互批判和争辩中发展起来的，比如社会控制理论认为每个人都是潜在犯罪人员，遵从是由于各种社会联系的控制结果；而紧张理论和亚文化理论认为，人天生是具有社会服从性的，犯罪是由于恶劣的社会环境所致。[3] 所有这些理论都是科学的吗？进一步延伸的问题是，这些理论在矫正实践中的应用，如美国矫正社会工作的广泛开展，他们都能有效地预防犯罪和矫正罪犯吗？对此，加拿大矫正学派进行了回应："犯罪学理论对犯罪行为有很多话想说，但他们并没有给出完全的和经验上令人满意的答案。"[4] 一方面，不同的理论流派往往从不同研究视角出发，得出的结论也许具有一定的解释力，但往往限于一定的范围，并不能解释所有的犯罪现象。另一方面，犯罪学的科学性也是在不断发展之中，包括其研究方法和研究结论。如龙勃罗梭最初主要通过颅骨和面相观察、身体

---

[1] Marc Ancel, "Social Defence", *Law Quarterly Review*, 78（1962），pp. 497–603.

[2] [美] 华勒斯坦等：《开放社会科学：重建社会科学报告书》，刘锋译，三联书店 1997 年版，第 30 页。

[3] Hirschi, Travis, *Cause of Delinquency*, Berkeley, CA：University of California Press, 1969, pp. 10–16.

[4] James Bonta and Andrews D. A., *The Psychology of Criminal Conduct*, Sixth Edition, London and New York：Routledge, 2017, p. 36.

测量和尸体解剖等方法得出犯罪是因为返祖（atavism）和退化所致[1]，即生来犯罪人理论（菲利总结提出）[2]，而现代犯罪体质学者则通过染色体、同卵和异卵双胞胎对照和脑电波等先进手段进行验证[3]；同样，萨瑟兰最初同一名盗窃犯合作完成的《职业盗窃犯》一书即提出不同交往理论[4]，而当代犯罪学往往需要长时期追踪研究或随机分组试验才能得出令人信服的结论。当代很多犯罪学家试图整合不同理论流派，提出更具综融性的解释，然而其科学性和解释也受到很多质疑，有待更加深入全面的检验。[5] 如此，矫正社会工作的专业性发展也需要随着时代发展不断吸收犯罪学研究的有价值研究成果，将其运用于矫正实践并在实践中检验和发展这些理论。

关于犯罪原因的犯罪学理论争论主要限于学术圈之内，社会影响力并不大，然而将这些理论应用于预防犯罪和矫正实践的策略之争，却可能引起公众、决策层和学术界的巨大震荡，乃至整个司法气候的巨变。如前所述，二战后由芝加哥学派、紧张理论、亚文化理论、标签理论和社会防卫运动支撑的矫正社会工作大量参与的矫正恢复运动，在犯罪矫正中没有发挥预期的作用。1960—1974 年间，美国暴力犯罪比例以 3 倍的速度激增。[6] 继社会工作领域 1973 年的费舍尔旋风之后，1974 年的马丁森炸弹（Martinson's Bombs Hell）——"什么也没起作用"响遍全美。威尔逊（Wilson）于 1975 年则大力抨击实证学派以来的矫正主义理论，认为虽然众多犯罪学专家研究了犯罪的原因，但其对策却无法落实，如贫穷是犯罪原因之一但贫穷却长存于社会，虽然家庭缺陷造成青少年犯罪越轨高发但问题家庭却比比皆是，如此犯罪将无法治理。因此，不需要过多探讨犯罪原因，惩罚和监禁即是最好的预防犯

---

〔1〕　[意] 吉娜·龙勃罗梭-费雷罗：《犯罪人：切萨雷·龙勃罗梭犯罪学精义》，吴宗宪译，中国人民公安大学出版社 2009 年版，第 7 页。

〔2〕　Stephen Schafer, *Theories in Criminology: Past and Present Philosophies of the Crime Problem*, New York: Random House, 1969, p. 126.

〔3〕　James Bonta and Andrews D. A., *The Psychology of Criminal Conduct*, Sixth Edition, London and New York: Routledge, 2017, pp. 62-69.

〔4〕　Edwin H. Sutherland and Chic Conwell, *The Professional Thief*, Chicago: University of Chicago Press, 1967, pp. 208-212.

〔5〕　Larry J. Siegel, *Criminology: Theories, Patterns*, Thirteenth Edition, Cengage Learning, 2018, pp. 305-333.

〔6〕　王平、安文霞：《西方国家循证矫正的历史发展及其启示》，载《中国政法大学学报》2013 年第 3 期。

罪方法。[1] 由此，美国刑事司法界掀起了一场猛烈的反矫正运动，否定矫正效果，倡导复归惩罚和报应哲学，呼吁抛弃不定期刑、缓刑和假释，建造更多监狱并恢复定期刑。

更大的背景是西方经济陷入滞胀，新保守主义抬头。该时期的著名犯罪学家沃尔夫冈（Wolfgang）通过同期群追踪研究发现，社会上的长期惯犯（chronic offender）仅占很小比例（两次调查分别为6%、7.5%），但他们实施的犯罪却占犯罪总数的一半以上。[2] 一些犯罪学家开始采用计量经济学方法，更加精细地计算矫正领域的收益和代价，认为只要监禁这一小部分长期惯犯，就可以比教养和矫正恢复更有效地应对犯罪，由此以新形式复活了古典主义的威慑与报应理念，即"新古典主义"。[3] 刑罚哲学的转变，也与矫正社会工作没能提供恰当的理论和方法证明其在矫正恢复领域的专业性有关，当然也没能提供足够的证据证明其有效性。社工往往采用救助贫民、缓解心理困扰、解决家庭和社区问题的方法针对矫正对象及其家庭开展工作，经常被诟病为对罪犯太过仁慈宽大，很快被司法系统视为与矫正领域不相关。在这种时代背景下，20世纪70年代后期和80年代社工大量撤离该领域。可见，证明和提升矫正社会工作的专业性和有效性是时代留给社工界的历史课题。

四、循证矫正指明的专业性和有效性

严厉惩罚导向的"新古典主义"司法气候，也没能有效地威慑犯罪、降低犯罪率。从1925年到1973年期间，美国平均每10万人中有110人进入司法矫正系统，但到2000年已超过每10万人中有700人进入司法矫正系统。越来越多的囚犯，给政府财政预算造成巨大的负担，1982年联邦、州和地方三级司法矫正服务直接费用总计为358亿美元，到了2005年这项费用攀升到将近2041亿美元，几乎增长了6倍。[4] 社区矫正中的强化监管、电子监控或

---

〔1〕 James Q. Wilson, *Thinking about Crime*, New York: Basic Books, 1975, pp. 193-196.

〔2〕 Larry J. Siegel, *Criminology: Theories, Patterns*, Thirteenth Edition, Cengage Learning, 2018, pp. 58-61.

〔3〕 吴宗宪：《西方犯罪学史》（第2版·第1卷），中国人民公安大学出版社2010年版，第202~209页。

〔4〕 Matthew DeMichele and Brian Payne, "Electronic Supervision and the Importance of Evidence-Based Practices", *Federal Probation*, Vol. 74 (2), 2010, pp. 4-11.

"训练营"等中间级惩罚项目，也未能有效降低犯罪率。[1]这促使犯罪学和刑事司法领域的研究者，去收集更详尽深入的证据，采用现代定量研究方法，探讨有效的罪犯矫正方法。美国联邦政府 20 世纪 90 年代通过国家司法学会发布了一系列评估研究项目，评估各种刑罚措施及矫正替代措施的有效性。[2]这成为循证矫正运动的重要推动力量。

众多犯罪学家开始将既有的犯罪学理论操作化为系列指标，通过统计数据分析来检验其真理性和科学性。首要检验的是社会阶层对犯罪行为的影响，证据显示仅有非常微弱的关联，一些情境下随着经济社会地位的上升，犯罪率还会随之上升而不是降低。[3]该时期的检验中还发现一个重要现象——在各种犯罪原因解释中，中宏观层面的因素往往不具有个人及微观环境层面因素那样的显著影响力。[4]这在很大程度上回答了为什么 20 世纪 60 年代的矫正恢复运动会失败，因为主要着力于中宏观层面的贫困和阶级问题，而没有精确瞄准微观层面的犯因性因素。这些验证直接导致亚文化理论、冲突理论/批判理论、早期的紧张理论和控制理论等流派的解释力下降，促使一些流派的调整和修正。如阿格纽（Angnew）进一步发展出一般紧张理论（GST），认为所有阶层的人都会因为家庭、学习和工作中的挫折和困难而感受到紧张而出现犯罪越轨行为，预防关键在于控制愤怒和消极情绪。[5]早期控制理论过于强调与传统的联系（依恋、奉献、从事、信念），没有凸显导致犯罪的个人性因素，如自我控制能力、喜欢冒险和对周围环境的敌意等方面，戈特弗雷德森（Gottfredson）和赫希（Hirschi）后来提出犯罪的一般理论，把犯罪行为的主要原因解释为较低的自我控制能力。[6]可见，矫正实践中产生的问题也

[1] Maschi T. and Killian M. L., "The Evolution of Forensic Social Work in the United States: Implications for 21st Century Practice", *Journal of Forensic Social Work*, 1 (2011), pp. 8-36.

[2] Doris Layton MacKenzie, *What Works in Corrections Reducing the Criminal Activities of Offenders and Deliquents*, Cambridge University Press, 2006, p. 306.

[3] James Bonta and Andrews D. A., *The Psychology of Criminal Conduct*, Sixth Edition, London and New York: Routledge, 2017, pp. 36-37.

[4] Doris Layton MacKenzie, *What Works in Corrections Reducing the Criminal Activities of Offenders and Deliquents*, Cambridge University Press, 2006, pp. 335-338.

[5] Agnew R., "Foundation for a General Strain Theory of Crime and Delinquency", *Criminology*, 30 (1992), pp. 47-87.

[6] Michael Gottfredson and Travis Hirschi, *A General Theory of Crime*, CA: Stanford University Press, 1990, pp. 88-92.

在不断推动犯罪学科学性的不断提升。

循证矫正运动以北美为中心，在此过程中形成了两个突出的学派：加拿大学派和马里兰学派。加拿大矫正学派的主要观点已在第四章第二部分中加以介绍，不再赘述，这里就马里兰学派的主要发现稍加展开。马里兰学派在美国国会的授权和资助下，对全美 500 多个犯罪预防项目效果进行了全面系统的评论，最终得出有效的措施包括学历教育、职业教育、认知和行为治疗、道德唤醒、推理恢复、性侵犯的荷尔蒙/手术治疗、青少年不良行为的社区综合介入、毒品法庭、社区戒毒和强制戒毒等；而无效的措施包括生活技能教育、矫正工厂、多功能的工作项目、性侵犯的社会心理治疗、青少年的机构治疗、青少年的社区监管、家暴的治疗或逮捕、训练营、强化监督和电子监控等。[1] 这些结论反映出，有效的干预措施一定是综合性的，包括刑事司法、犯罪学、社会工作和相关社会力量的协调介入。基于马里兰大学的这些研究，美国国家矫正研究所与犯罪和司法研究所 2002 年决定合作推动司法系统的综合性一体化循证实践模式，体现有效干预的八大原则，[2] 主要包括细致的风险评估、提升内部动机、瞄准介入、开展技巧培训、加大正强化、在原生社区提供持续支持、评估相关实践过程和提供评估反馈。[3] 这两大学派的系列研究结论尤其是八大要素和八大原则，大部分内容都可以在社会工作相关理论和方法中不同程度地得到体现，说明从本质上循证矫正同社会工作是兼容的。但是，通用社会工作在矫正领域没有一个核心指导思想，往往采取"大包围"或某些便利的干预模式，而不像循证矫正在综合犯罪学和刑事司法等方面的有效干预证据基础上，依据"风险、需求和回应性"理念进行精准干预，凸显了罪犯矫正的专业性和有效性。

循证矫正两大学派之间还存在一些明显的差异：其一，加拿大学派侧重于发展犯罪风险评估工具，他们已经开发出第三代（LSI-R）和第四代（LS/

---

〔1〕 Doris Layton MacKenzie, *What Works in Corrections Reducing the Criminal Activities of Offenders and Deliquents*, Cambridge University Press, 2006, pp. 331-335.

〔2〕 郭健：《美国循证矫正的实践及基本原则》，载《犯罪与改造研究》2012 年第 7 期。

〔3〕 Clawson E., Bogue B. and Joplin L., *Implementing Evidence-based Practices in Corrections: Using an Integrated model*, Boston, MA: Crime and Justice Institute, 2005, p. 6.

CMI）评估工具，正致力于开发第五代工具；[1] 而马里兰学派则显得更加实用主义，集中分析哪些矫正项目/措施有效、哪些无效，即探讨有效的矫正方法。其二，由于以上关注点差异，加拿大学派建立了更加成熟的理论体系，基于 RNR 原则和犯因性八大要素，他们建立了被称为"普通人格、认知和社会学习"（GPCSL）的理论体系；而马里兰学派似乎并不打算建立一套循证矫正理论体系，而是将其作为马里兰大学强大的犯罪学学科下的一个实证研究领域。其三，从研究方法来看，加拿大学派对截面数据的相关分析、回归分析、随机分组干预研究和荟萃分析采取兼收并蓄和相互印证的态度；[2] 而马里兰学派及美国司法界则专注于随机分组对照研究和荟萃分析。[3] 其四，从研究人员构成来看，加拿大学派成员主要由犯罪心理学家构成，而马里兰学派成员主要来自刑事司法学界和犯罪社会学界。其五，两方研究结果也迥然不同。加拿大目前已经将循证矫正的精神融入罪犯矫正的相关立法之中；而美国建立了众多循证矫正项目，但同时也面临大量分歧，因而其成果还难以在立法中得到体现。[4] 其六，从与矫正社会工作的关系来看，加拿大学派的风险评估理论和方法主要用于审前社会调查和矫正初期的风险评估，据此协助法院判罚和制定矫正方案。加拿大已经通过立法，经过循证矫正培训的司法社工提供的社会调查报告可以作为专家证言（expert testimony）被法庭采信；[5] 而马里兰学派的研究结论主要用于指导具体的矫正措施，主要是指导性而非指令性的。换言之，加拿大学派更多着眼于矫正干预的前端风险评估工作，而马里兰学派则主要瞄准矫正干预的后端介入工作。

北美开展的循证矫正对其犯罪率、刑罚政策和矫正工作实践产生了显著

---

〔1〕 James Bonta and Andrews D. A., *The Psychology of Criminal Conduct*, Sixth Edition, London and New York：Routledge, 2017, pp. 192-219.

〔2〕 James Bonta and Andrews D. A., *The Psychology of Criminal Conduct*, Sixth Edition, London and New York：Routledge, 2017, pp. 14-15.

〔3〕 "How We Review and Rate a Program from Start to Finish", available at https：//www. Crimesolutions. gov/about_starttofinish. aspx, last visited on 2016-07-06.

〔4〕 王平、安文霞：《西方国家循证矫正的历史发展及其启示》，载《中国政法大学学报》2013年第3期。

〔5〕 加拿大大法官理查德·D. 斯克奈（Richard D. Schneider）于2017年底在中国政法大学的讲座"加拿大的司法社会工作实践"，参见《加拿大 Richard D. Schneider 大法官、Wagdy Loza 教授、David Nussbaum 教授应邀来中国政法大学社会学院讲学》，载 http：//www. gx211. com/news/20180105/n15151292715538. html，最后访问日期：2018年6月6日。

的影响。强硬政策实施以来美国在监禁率方面位居世界前列，监狱极其拥挤，代价高昂却并未有效降低犯罪率。在循证矫正运动中他们评估了大量西方国家的社区矫正项目，发现社区矫正有效地降低了监禁率，且没有导致犯罪率的增加。开始逐步放松"一律关起来"的隔离政策[1]，从20世纪90年代开始急剧增加缓刑适用，假释也在逐步放松[2]。由此给矫正社会工作者重新提供了施展专业才能的大量空间，并呼吁社工回到该领域。如21世纪前后马里兰州发起了"积极社区监管"（PCS）模式，针对高风险矫正对象综合法律执行和社会工作的两方面专业力量开展工作。[3]新加坡和我国香港地区也采取了类似措施，以提升矫正社会工作的专业性和有效性。

五、我国社区矫正社会工作的专业性和有效性检视

（一）矫正社会工作方法

此处主要以上海模式下社区矫正社会工作为例进行分析，因为上海社区矫正中社会工作者的参与程度是最高的，其中的日常管理、教育矫正和帮困救助都主要由社会工作者完成。而且，上海矫正社工约一半左右的工作时间是提供专业服务[4]，这个专业工作比例在全国也可以说是最高的。此外，上海社区矫正社会工作实务经验总结的书面成果（包括著作和论文）也是最多的，这有利于进行二次再分析。然而我们发现，上海社区矫正社会工作所采用的工作方法，主要是通用社会工作。近年一些地方也在尝试在社区矫正中引入社工/社工机构，虽然具体的引入方式有所差别（如项目制和购买岗位[5]），但是工作方法大都在复制上海做法——通用社会工作方法。无论是

---

〔1〕 James M. Byrne, Arthur J. Lurigio, "Separating Science from Nonsense: Evidence-Based Research, Policy, and Practice in Criminal and Juvenile Justice Settings", *Victims and Offenders*, 4 (2009), pp. 303-310.

〔2〕 "Latest Data Available from the Bureau of Justice Statistics Correctional Surveys", Annual Survey of Jails, Annual Parole Survey, Annual Probation Survey, National Prisoner Statistics Population Midyear Counts, Correctional Populations in the United States, available at www. ojp. usdoj. gov: /bjs, last visited on 2018-06-07.

〔3〕 Taxman F. S., Yancey Cand Bilanin J. E., Proactive Community Supervision in Maryland: Changing Offender Outcomes, available at http://www2. dpscs. state. md. us/publicinfo/publications/pdfs/ PCS_Evaluation_Feb06. pdf, last visited on 2018-06-07. .

〔4〕 费梅苹：《政府购买社会工作服务中的基层政社关系研究》，载《社会科学》2014年第6期。

〔5〕 游春亮：《广东深圳购买社工服务介入社区矫正》，载 http://www. chinapeace. gov. cn/chinapeace/c28505/2013-05/09/content_11679559. shtml，最后访问日期：2018年6月9日。

社工师还是心理咨询师主要具备的是各自领域通用性的知识和技能，这对一般性的帮困救助可能是有效的，然而在矫正领域需要促进思想和行为的深刻转变，通用性社工或心理学知识还是有所欠缺的。

上海矫正社会工作学界将矫正社工专业能力归纳为社工价值观，个案、小组和社区三大方法，以及整合各方要求、对项目进行开发、管理和评估等方面。[1]在实际服务过程中，大部分社工主要运用个案方法对情绪问题进行干预，没能回应服务对象的多元需求，或者说应对复杂问题的服务水平有待提高。[2]以上海社区矫正社会工作为主要范例的几本实务性著作中，采用的实务模式主要包括社会工作通用过程、ABC 理论、优势视角、抗逆力、系统脱敏、寻解治疗、任务中心、心理社会治疗、赋能、认知行为、叙事疗法、社会支持、危机干预[3]；结构式家庭治疗、萨提亚家庭治疗、情绪支持小组、理性情绪治疗、同伴辅导教育、马斯洛需求评估、人本主义、生态系统模式[4]，等等。这种"大包围"式的回应中，涵盖了通用社会工作的大部分介入模式，矫正对象得到类似于针对贫弱群体介入的服务。不可否认，有些模式能够解决矫正对象的一些问题，然而总体而言未能体现有效矫正的"风险、需求和回应性"原则，最终可能归于失效。具体而言，几乎没有案例是针对经过风险评估后的高风险人员进行集中干预，也未瞄准犯因性需求，也没有体现回应性原则中提出的"有效表达不同意"和保持"结构化"监管[5]，以及综合管理模式理论所提出的划出红线。通用社会工作介入基本上属于纯粹的矫正恢复服务模式，如上一章所述，这种模式下缺乏权威观念的存在，工作人员就会较少控制或者说难以控制违规行为。这很可能导致矫正

---

〔1〕　费梅苹：《社会工作专业人才能力建设的路径研究——基于上海预防和减少犯罪工作体系中社会工作实践的反思》，载《华东理工大学学报（社会科学版）》2012 年第 4 期。

〔2〕　费梅苹：《政府购买社会工作服务中的基层政社关系研究》，载《社会科学》2014 年第 6 期。

〔3〕　张昱主编：《社区矫正社会工作案例评析》，华东理工大学出版社 2013 年版，第 30、45～49、56～60、108～111、145～149 页。

〔4〕　刘琰、赵蓬奇、魏爽编：《社区矫正社会工作案例评析》，中国社会出版社 2017 年版，第 1、59、79、123、150～161、169、183 页。

〔5〕　James Bonta and Andrews D. A. , *The Psychology of Criminal Conduct*, Sixth Edition, London and New York: Routledge, 2017, pp. 176-177.

对象的一些小错没有被及时纠正，最终犯下严重的错误。[1]

上一章三大社区矫正管理模式的比较中，虽然上海模式效果好于北京模式，但是双方的差异却并不显著，而社工比例更低但监督和恢复功能更平衡的深圳模式效果却显著性地好于北京模式。"2014 年以前几乎每年上海模式社区矫正的重犯率都高居榜首。"[2]在某种程度上说明上海在设立区级社区矫正中心加强监控之前，在社区矫正中采用通用社会工作方法的效果并不理想。

（二）审前社会调查报告

再从社区矫正审前社会调查报告来看。在我们对 J 市某区人民法院系统关于审前调查报告的调研中，仅有约 20% 的审前社会调查报告得以采信，法庭工作人员给出的解释直接是"不够专业"（2017 年秋访谈），这些报告主要依据社会工作生态系统等理论模式而完成。而北京目前的审前社会调查报告主要集中精力在核实居住地和监护人方面，而对再犯风险和犯因性需求方面的调查并不多，而后者却是北美审前社会调查报告需要掌握和判断的核心方面。笔者在纽约（2015 年春）对某司法社工的访谈得知，她完成的审前社会调查报告 80% 都得以采信，进而被宣判为缓刑。

西方的审前调查中缓刑官的任务主要是了解被告的性格，洞察其问题和需要，了解其生活世界及与他人的关系，发现构成具体犯罪的突出因素，同时建议矫正恢复的替代方案。审前调查报告并不被用来显示有罪或无罪，只会陈述在调查过程中收集到的事实。加拿大的调查报告主要采取结构化的第四代风险评估量表，参见附录第一部分内容。美国的形式比较灵活，审前调查报告有长短两种形式。短报告适用于轻罪和相对较轻的重罪案件，主要为了节省时间，其主要内容包括参与犯罪的情况、家庭和社会状况、就业和经济状况、教育、身体和精神条件、犯罪历史等近期信息，有的州（如纽约）还增设了缓刑部门对实施缓刑的意见与建议。长报告主要用于严重的重罪案件中，通常包括以下几项：个人信息；法庭记录（警察、受害人、原始指控、法院诉讼摘要以及对犯罪和周围情况的完整描述）；被告的陈述；共同被告；

---

〔1〕 Klockars C. , "A Theory of Probation Supervision", *Journal of Criminal Law*, *Criminology*, *and Police Science*, 64（4）, 1972, pp. 447-555.

〔2〕 张文举：《社区矫正制度"上海模式"现状评析》，载《赤峰学院学报（汉文哲学社会科学版）》2014 年第 5 期。

被害者的陈述；先前犯罪记录；以前缓刑情况；教育和职业；兵役；社会历史；医疗和精神状况；环境；社区资源；总结与分析；量刑建议。审前调查收集信息过程中主要涉及司法社会工作的面谈技巧和判断、审查、解释记录和报告的能力。面谈的目的是获取和澄清有关信息，并观察被告/被申请人的行为、态度和性格。当调查报告完成后，缓刑官应约谈被告，使被告有机会反驳某些资料或澄清报告中的相关内容。[1]

六、相关讨论

有效性对于矫正社会工作显得尤为重要，特别是社会性处遇/社区矫正的工作效果，因其涉及公众安全问题，可能引发公众、媒体、政府、司法系统和学界的质疑，"费舍尔旋风"和"马丁森炸弹"也有可能在我国出现。但有效性并不等同于专业性，是必要条件而非充分条件，因为有效性有可能是由经验性实践所带来。只有当经验有效的实践经过科学化检验和理论提炼，归纳出一套本领域广泛认可的规律性知识和方法体系，专业性才得以体现。既有的专业理论和方法也需要随着时代发展、研究技术突破和社会思潮变迁，不断接受挑战和验证，推动专业化不断深入。矫正领域的犯罪学理论和社会工作实践都经历了这样的过程，20 世纪末兴起的循证矫正运动对多种理论和措施的有效性进行了全面系统的检验，最后归纳出一系列矫正规律和理论方法体系，大大推动了矫正领域的专业化进程。我国矫正社会工作应该积极借鉴这些规律、理论和方法，提升干预的有效性和专业性。

当前值得讨论的是，矫正社会工作是否需要放弃纯粹的福利服务模式，即通过帮困和心理辅导达至感化的目的。在矫正领域有不同的目标追求，美国归纳为四大目标：报复、恢复、威慑和隔离[2]，中国学者提出了社区矫正的三大机能及其排序——分流监控、规范矫治和正义修复（分别对应于隔离

---

〔1〕　Howard Abadinsky, *Probation and Parole: Corrections in the Community*, Pearson Education, 2018, pp. 84-124.

〔2〕　Todd R. Clear, *American Corrections in Brief*, Boston: Cengage Learning, 2017, pp. 37-40. Doris Layton MacKenzie, *What Works in Corrections Reducing the Criminal Activities of Offenders and Deliquents*, Cambridge University Press, 2006, p. 3.

性、矫正性和惩罚性)[1]。其实，中美的目标和功能概括大致是趋于一致的，美国的威慑目标主要通过监禁刑罚和社区矫正的中间级制裁来实现，而中国社区矫正没有正式设置中间级制裁，由此导致社区矫正威慑性相对不足。那么恢复/矫正功能能够单独实现吗？如上一章所述，单纯的矫正恢复模式与降低再犯没有什么显著联系。[2]我国法学界也指出，我国亟须综合推进"外控内矫"，而且"外控"还应该放在首位。[3]由此可见，矫正社会工作中单纯的福利服务模式可能面临困境，可能被学界和公众质疑为"无效"，被司法系统质疑为"不专业"。"社工做做帮教还成。但矫正罪犯的话，如果不清楚罪犯的特征、不能约束他们、没法转变他的思想和行为、没有掌握相关法律法规，怎么让人信服呢？"(2017年夏访谈J市L所长)

概言之，出于矫正社会工作专业性和有效性的考虑，我们应调整单纯的社会工作福利服务介入模式，将其同犯罪学和刑事司法等领域的知识和方法相结合，尤其是积极吸收现代循证矫正所验证的科学结论，采取综合介入模式。正如本研究反复强调的，我国可以通过大规模的循证矫正实用技能教育和培训，同时招录/招聘犯罪学、社会工作和刑事司法等方面的专业人才，充实一线矫正队伍。鉴于当前全国普遍缺乏矫正社会工作方面的专业人才和机构，不宜大范围购买社工机构服务开展福利式服务。当然，符合资质的矫正社工机构需要悉心培育和充分利用起来，开展培训和示范引领。最后，还需大力推动本土性的循证矫正研究和实践，以此提升我国矫正社会工作的专业性和有效性。

---

〔1〕 李川：《修复、矫治与分控：社区矫正机能三重性辩证及其展开》，载《中国法学》2015年第5期。

〔2〕 Clark R., Ricketts S. and McHugo G., "Legal System Involvement and Costs for Persons in Treatment for Severe Mental Lllness and Substance Use Disorders", *Psychiatric Services*, 50 (1999), pp. 641-647.

〔3〕 李川：《修复、矫治与分控：社区矫正机能三重性辩证及其展开》，载《中国法学》2015年第5期。

第七章

理论导向下的假设检验

一、官方数据变化趋势带来的新思考

前几章的统计分析主要围绕问卷调查数据展开，但我们还需要同官方统计数据进行深入对照。历年的官方统计数据能更加清晰地展现全国社区矫正发展变化的宏观趋势，同时克服问卷调查在代表性和历时性方面的欠缺。两相对照才能将静态数据和动态数据、局部数据和全局数据、深入的调查数据和权威核心指标统计数据相结合。基于这样的考虑，我从全国法院司法统计公报和中国法律统计年鉴中收集了社区矫正的历年统计数据，主要是当年全国判罚或决定实施社区矫正的总人数。

然而，官方统计数据变化趋势却颠覆了我在研究初期的认识，甚至可以说将出乎学界及实务界很多人的预料。第一章的调查数据检验得出："劳教制度废止后社区矫正对象的数量确实有所增加，但增长的幅度并不是很大，大约在10%以内。"这是符合逻辑和常识的结论，毕竟劳教制度废止决定隐含了由社区矫正承接相关轻微犯罪人员矫正的功能。但在中国法律年鉴统计数据中，却展现出截然不同的发展趋势。如图7-1所示，从2014年开始缓刑人员基本上停止了增长势头，而假释人员和管制人员则呈现出急剧下降的趋势，其中假释人员甚至没有公布2017年数据。但是，这同调查数据并不矛盾，因为问卷调查主要在2015年夏季展开，集中瞄准劳教制度废止后2014年的变化。这一段期间下图中的主要社区矫正对象群体——缓刑人员的确出现小幅度增长，而媒体报道数据也显示劳教制度废止后的一年内社区矫正对象增加了6万。[1] 然而现在看来，这一年的增长在长时段的历史趋势中却仅仅是一种正常小幅波动，并不能反映发展大势。为什么会出现总体稳中下降的趋势呢？其背后的原因值得深入分析，留待第九章进行探讨。这里先关注假释情况。近年刑事政策在持续限制假释，而社区矫正部门往往也认为假释人员风险更高、也难以管理。因为他们经历过监狱大染缸的浸染，附条件提前释放后则面临更多困难、需要更多帮教。那么假释人员真的再犯风险更高吗？

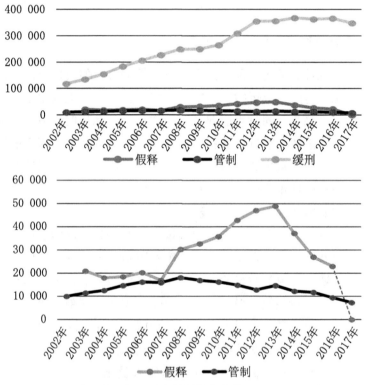

图 7-1 全国社区矫正对象数量变化趋势（2002—2017 年）

数据来源：中国法律年鉴 2003—2018 年（每年年鉴统计前一年数据）。

注：图中下部分为上部分中假释和管制趋势图的放大；监外执行和剥权未出现在年鉴上。

---

〔1〕 王姝：《劳教废止一年 社区服刑人员增 6 万》，载新京报，http://epaper.bjnews.com.cn/html/2015-01/18/content_558134.htm？div=-1，最后访问日期：2017 年 1 月 18 日。

二、理论导向下的研究假设

第四、五、六章分别梳理了循证矫正、不同管理模式效果和矫正社会工作的专业性和有效性问题。但它们都还面临一些质疑，同时还需要进行本土性验证。

循证矫正的核心内容主要是加拿大矫正学派犯因性八大要素，但这套风险评估工具也面临系列质疑：首先，加拿大学派主要由犯罪心理学学者构成，尤其强调个人的心理和行为特质，这激起了犯罪社会学的不满。尤其是广为流传的社会排斥理论，认为社会互动及政策制度中的排斥对重新犯罪有显著的影响。[1]其次，犯罪亚文化理论对加拿大学派主要关注微观层面因素提出了异议，坚信中宏观层次的社区和社会文化因素也具有很强的解释力。再次，加拿大评估理论指出焦虑和沮丧与重新犯罪之间只有微弱的联系[2]，而这些正是阿格纽的一般紧张理论的核心观点——所有阶层的人都会因为家庭、学习和工作中的挫败和困境而感到紧张焦虑进而诱发犯罪越轨行为。[3]还有，虽然第四代风险工具有意识地在评估系统里增加了便于管理的程序[4]，主要是为了更好地体现和运用八大要素和 RNR 原则，但是加拿大学派并没有指出不同管理模式也会导致不同的再犯状况[5]，更没有对此展开循证研究。然而社区矫正管理模式却是美国循证矫正研究的一个重要方面。此外，有英国犯罪学家认为，社区矫正由传统的个案式管理工作转向片面的几大风险分析只是一个神话，再犯风险甄别技术并无提高，却导致矫正官的专业技术减弱，忽视矫正对象的真正需求。在实践中常常倾向于增加风险级别评价，而不是

---

〔1〕 高飞：《社区矫正对象的社会排斥分析——基于广州市某社区矫正试点的个案分析》，载《思想战线》2010 年第 S2 期。

〔2〕 James Bonta and Andrews D. A. , *The Psychology of Criminal Conduct*, Sixth Edition, London and New York：Routledge, 2017, p. 47.

〔3〕 Agnew R. , "Foundation for a General Strain Theory of Crime and Delinquency", *Criminology*, 30 (1992), pp. 47-87.

〔4〕 James Bonta and Andrews D. A. , *The Psychology of Criminal Conduct*, Sixth Edition, London and New York：Routledge, 2017, pp. 199-201.

〔5〕 他们仅分组研究了是否采用他们的评估工具而带来的降低再犯效果，参见 Bonta J. , Bourgon G. , Rugge T. , Scott T. L. , Yessine A. , Gutierrez L. and Li J. , "An Experimental Demonstration of Training Probation Officers in Evidence Based Community Supervision", *Criminal Justice and Behavior*, 38 (2011), pp. 1127-1148.

提供真正满足犯因性需求的服务。[1]郭伟和还指出，这套风险评估体系把复杂的社会互动情景化约成了个体行为的几个简单维度，还应与罪犯复杂实践中的生活习性和生活轨迹相结合，才能发挥更好的矫正效果。[2]最后，这套工具未必能适用于非西方国家和地区。因此，非常有必要对加拿大矫正学派提出的重要因素进行有效性检验。

美国对不同管理类型矫正效果的循证研究也存在明显不足——没有直接对几种管理类型进行比较分析。主要的障碍在于，不同社区矫正管理类型一般都涉及不同司法辖区，导致难以对矫正对象进行随机分组。美国矫正学界的变通研究策略是，将不同管理类型同常规监管进行比较，由此建立三种管理类型的比较基础。那么，能否找到一条研究途径对几种管理类型进行同时比较呢？也许我们可以从加拿大矫正学派的策略中获得某些启示。相较于美国执着于社会试验法及其基础上的荟萃分析，加拿大学派认为横截面调查数据也具有一定的科学性，而且其结论常常被前两者所印证。[3]如此，自我报告式的问卷调查，就可以突破不同司法辖区的限制，这也是本研究采取问卷调查的主要考量因素。

对于北美循证矫正得出的系列结论，国内矫正社会工作学界和实务界存在几种状态，可能最多的一种状态为不知情。如上一章所示，很多将矫正社会工作的专业能力归结为社工价值观、三大方法、项目的开发管理和评估等方面[4]，视其为一种特殊的福利服务[5]，类似于美国矫正恢复年代的通用社会工作模式。不可否认这种介入策略能够解决矫正对象的一些问题，然而总体而言未能瞄准犯因性需求，属于典型的"大水漫灌"，未能做到"精准滴灌"。第二种状态为熟悉循证矫正理念和结论，但认为北美已经进行了充分的论证，这代表了一种跨情境的实证主义科学结论，中国只需结合社会情境知

[1] Fitzgibbon Diana Wendy M., "Risk Analysis and New Practitioner: Myth or Reality?", *Punishment and Society*, 19 (1), 2007, pp. 66-77.

[2] 郭伟和：《专业实践中实证知识和实践逻辑的辩证关系——以循证矫正处境化实践为例》，载《社会学研究》2019年第5期。

[3] James Bonta and Andrews D. A., *The Psychology of Criminal Conduct*, Sixth Edition, London and New York: Routledge, 2017, pp. 14-15.

[4] 费梅苹：《社会工作专业人才能力建设的路径研究——基于上海预防和减少犯罪工作体系中社会工作实践的反思》，载《华东理工大学学报（社会科学版）》2012年第4期。

[5] 王思斌主编：《社会工作概论》，高等教育出版社2008年版，第308~309页。

识进行运用和体现其精神即可。[1] 第三种状态认为需要进行本土化，但仅限于将风险评估工具加以调试便于在本土运用即可，并没有致力于证明这些因素的有效性。[2] 本研究也许可以称为第四种状态，即认为我国也应该进行这方面的循证矫正研究和检验，进而提炼本土化矫正规律，并以此同国际矫正学界对话。毕竟中国具有独特的政治经济制度和社会文化及其型塑的国民性，这些因素导致罪因结构较大程度相异于北美。此外，我国的刑事司法体系也同北美有较大差异，导致判罚尺度和矫正对象风险性不一致。

假设 1：社区矫正工作体系包含适当比例社工的综合模式更加有效。

第五章对我国形成的几种社区矫正管理模式进行了专门分析，同时也对它们的矫正效果进行了比较和检验。其中的几种管理类型之归纳如下表 7-1 所示。然而这种比较属于较为简单的统计排序和方差分析检验，因为没有其他变量进行控制。这里我们将通过多元回归分析，引入多个自变量进行相互控制，从而综合地检验各个变量的矫正效果，也是对第五章结论的进一步检验和探讨。

表 7-1　各地社区矫正工作人员专业情况及分类

单位：%

	法　学	社工师	心理学	类　　型
北　京	65.5	9.9	1.1	监督型（积极法律执行）
上　海	39.1	86.0	4.6	综合型（偏向矫正恢复）
深　圳	44.4	38.3	9.4	综合型（团队实施）
其　他	31.7	5.4	3.2	监督型（形式主义）

假设 2：加拿大矫正学派的犯因性因素在我国同样有效。

以华人为主体的新加坡主动申请加入了辛辛那提大学举办的"社区矫正

〔1〕 郭伟和：《扩展循证矫正模式：循证矫正在中国的处境化理解和应用》，载《社会工作》2017 年第 5 期。
〔2〕 陈春安、王广兵、张金武：《社区矫正工作中对循证矫正模式的探索与思考》，载《中国司法》2013 年第 10 期。

的有效实践"培训（EPICS）[1]。而我国香港地区则直接引入了第四代风险评估管理系统[2]，但也根据实际情况进行了本土化，并在矫正社会工作实践中不断调整和优化。由此可以看出，在华人社会中加拿大循证矫正的结论也具有较强的适用性，但有必要进行本土化验证和调适。至少有两个原因促使我们对此假设进行检验：一是中国属于典型的大陆法系国家，而研发和运用这套评估体系的国家或地区大部分属于英美法系国家或地区（含我国香港地区和新加坡）；二是我国将戒毒禁毒工作从社区矫正中独立出去，便于专业化的矫治，但北美一般把轻微的涉毒犯罪人员包含在社区矫正之中。

假设3：电子定位监控有助于完善综合型管理。

随着科技的发展，电子定位监控越来越多地运用到社区矫正领域。美国发展出不同电子监控措施，如在家监禁、踝表、腕表和电话亭指纹报到等措施。这些电子监控措施可以用于中高风险分子，也可以用于低风险人员，但具有不同的意涵：对于中高风险分子在于强化监控措施；而对于低风险人员则是通过电子监控和电话亭指纹报到代替常规管理，即降低监管程度，有循证研究显示这并不会增加重犯率。[3]然而，北美对于电子监控的循证研究结论是含混的。马里兰学派发现电子监控并没有有效降低再犯率，荟萃分析的八个项目中有的支持电子监控组有的支持控制组，但都没有达到统计显著水平。[4]在我国，自2016年最高人民法院、最高人民检察院、公安部、司法部发布的《关于进一步加强社区矫正工作衔接配合管理的意见》中提出"对社区服刑人员采用电子定位方式实施监督"以来，电子监控措施在全国迅速推广开来[5]，成为标准化建设的一部分。然而，北美社区矫正当前的主导思

---

〔1〕 Smith P., Schweitzer M., Labrecque R. M. and Latessa E. J., "Improving Probation Officers' supervision Skills: An Evaluation of the EPICS Model", *Journal of Crime and Justice*, 35（2012）, pp. 189-199.

〔2〕 James Bonta and Andrews D. A., *The Psychology of Criminal Conduct*, Sixth Edition, London and New York: Routledge, 2017, p. 349.

〔3〕 Matthew DeMichele and Brian Payne, "*Electronic Supervision and the Importance of Evidence-Based Practices*", *Federal Probation*, Vol. 74（2）, 2010, pp. 4-11.

〔4〕 Doris Layton MacKenzie, *What Works in Corrections Reducing the Criminal Activities of Offenders and Deliquents*, Cambridge University Press, 2006, pp. 319-322.

〔5〕 各地电子定位监控的具体实施方式有所不同，有的用GPS有的用北斗；有的地方佩戴腕表，有的地方监视手机，还有的地方通过微信发送定位或共享位置。

想为电子监控也需要基于 RNR 原则开展风险评估，高风险人员才佩戴。[1] 本研究关注的是，在广泛采用电子监控的情况下，能否将综合管理模式的监管职能交由电子定位科技完成，而工作人员主要发挥矫正恢复职能呢？电子监控有助于减轻重犯状况吗？

假设4：假释人员的重新犯事状况高于其他社区矫正对象。

在国内外众多学术文章和媒体报道中，监狱矫正会导致交叉感染并形成监狱人格，矫正效果也难言理想，重新犯罪率高一直被诟病。假释正是为缓解监狱矫正的弊端而生，因为这可以激励囚犯积极改造，同时也赋予符合条件且表现良好的服刑人员附条件过渡性适应社会的机会。司法部也意识到假释比例过低（仅为 2%）的状况[2]，远低于美国近年的假释率（约为 85%，含裁量假释和强制假释)[3]，所以司法部也在释放扩大假释适用的信号。但近年的司法实践却呈现出矛盾现象，假释人员数量不升反降（见图 7-1）。本假设意在检验是否假释人员真的具有更高的再犯状况。

三、指标选择和变量描述

科学研究需要在理论概括力、资料具体性和实践需求之间进行权衡。我们希望研究能够同国际学术界进行对话并有所突破，然而又常常受限于资料的不完整性，同时还需要回应一线实践中的疑惑和需求。

（一）因变量：矫正期间重新犯事倾向

北美循证矫正研究最普遍采用的因变量是重新犯罪，可以具体操作化为重新逮捕、重新起诉、重新判罪或重新入狱。当然，也有一些研究选择矫正对象社会活动变化、态度转变和情绪调整等方面的指标。[4] 由于我国社区矫

---

〔1〕　Matthew De Michele and Brian Payne, "Electronic Supervision and the Importance of Evidence-Based Practices", *Federal Probation*, Vol. 74（2）, 2010, pp. 4-11.

〔2〕　王梦遥：《罪犯假释比例仅 2% 今后将大幅提升》，载 https://m. sohu. com/a/224802497_114988? _f=m_index_important_news_8&stratcgyid=00009&_oncc_=000022_sharcback_wcchatfricnds_tips&from=groupmessage&isappinstalled=0，最后访问日期：2018 年 7 月 6 日。

〔3〕　张亚平：《美国假释制度之趋势及其启示》，载《甘肃政法学院学报》2008 年第 4 期。

〔4〕　Doris Layton MacKenzie, *What Works in Corrections Reducing the Criminal Activities of Offenders and Deliquents*, Cambridge University Press, 2006, p. 340.

正的适用谨慎性特征和研究方法的限制，本书的因变量没有采用"重新犯罪"而是采用"矫正期间重新犯事倾向"，即除了重新犯事行为还包括重新犯事冲动或念头。我国社区矫正适用谨慎表现在《刑法》对缓刑和假释都设定了"没有再犯罪的危险"的高标准（第72、81条），这导致我国社区矫正适用比例过低，但也确实保持了很低的重新犯罪率——截至2016年底全国社区服刑人员矫正期间重新犯罪率为0.2%左右。[1]从研究方法来看，如果事件发生率低于5%将不适合采用回归分析等统计方法（2016年秋访谈王存同）。本书的因变量来自于问卷中的如下问题：

> 社区矫正期间您重新犯事的情况是：[1] 没有丝毫念头；[2] 偶尔有过冲动；[3] 经常有再犯冲动但都控制住了；[4] 重新犯过事但未被发现；[5] 重新犯过事并被发现了。

本研究将该问题转变为一个0-1虚拟变量，以利于进行Logistic回归分析。如果根据是否重新犯事的行为进行切割，那么重新犯事（含[4][5]）发生率为2.0%[2]，这不利于回归分析；这里将切割点前移至[1]之后，集中分析重新犯事倾向，那么事件发生率（含[2][3][4][5]）就上升为19.9%。这种因变量设计策略不仅是一种权宜之计，还有重要的方法论意义。重新犯事不仅包括重新犯罪行为，也包括没有引起严重后果的越轨行为以及不理智冲动。这些越轨行为和冲动如果导致严重后果，即构成犯罪。这因应了犯罪学实证学派对古典学派仅关注犯罪行为研究策略的摒弃，转而深入探究犯罪原因，并将犯罪研究往前往后扩展的事实。这也呼应了北美犯罪学和循证矫正对冲动（impulse）[3]和自我控制（self-control）[4]的强调。同时，

---

〔1〕《司法部：社区服刑人员突破70万人，矫正期间重新犯罪率处于0.2%左右的较低水平》，载 http://politics.people.com.cn/n1/2017/0115/c1001-29024059.html，最后访问日期：2017年1月15日。

〔2〕2.0%重新犯事同全国平均0.2%并不矛盾，因为缓刑具有三次警告和假释具有一次警告的制度。同时，问卷选项中还包含未被发现的犯事，这涉及一个犯罪暗数/黑数/隐数的问题，即社会上已经发生，但还未被执法和司法机关获知并纳入官方犯罪统计的犯罪案件数量。

〔3〕James Bonta and Andrews D. A, *The Psychology of Criminal Conduct*, Sixth Edition, London and New York：Routledge, 2017, p. 77.

〔4〕Michael Gottfredson and Travis Hirschi, *A General Theory of Crime*, Stanford, CA：Stanford University Press, 1990, p. 191.

这也符合司法部近年提出的"从底线安全观向治本安全观转变"〔1〕的理念。底线安全观主要定位于监督、控制和威慑，更多体现为一种外在行为控制的治标策略；而治本安全观瞄准内在认知的改造、矫正和教育，将罪犯恢复为守法公民。此外，因变量这样设计，也可以更加深入全面地反映社区矫正工作的成效，因为我国社区矫正对象再犯率非常低，如果只关注这一个方面将难以体现工作人员的业绩。

（二）自变量及各变量描述

本书的重点是探讨社会工作能否有效地影响社区服刑人员转变，如果要使矫正工作成效显著应从哪些核心方面进行介入，以及采取何种管理模式。主要参照北美循证矫正运动中经过系列检验得出的犯因性八大要素和三大模式进行效果分析，本研究有意识地在问卷调查中设计了相关问题，由此形成若干自变量和因变量，参见下表7-2：

表7-2　变量说明

变量名	变量含义及赋值
因变量	
矫正期间重新犯事的冲动和行为	有［1］；没有［0］（虚拟变量）
自变量	
主要接触工作人员的身份	社会工作者［1］；其他［0］（虚拟变量）
北京模式	是［1］；否［0］（虚拟变量）
上海模式	是［1］；否［0］（虚拟变量）
深圳模式	是［1］；否［0］（虚拟变量）
月平均收入/元	1000以下［1］；1001~2000［2］；2001~3000［3］；3001~5000［4］；5001~10 000［5］；10 001~30 000［6］；30 001以上［7］
教育水平	没上过学［1］；小学［2］；初中［3］；高中/中专/职高［4］；大专［5］；大学［6］；研究生及以上［7］

〔1〕　蔡长春：《司法部副部长熊选国就司法行政改革工作答记者问》，载 https://baijiahao.baidu.com/s？id=1591883980424344204&wfr=spider&for=pc，最后访问日期：2019年3月9日。

变量名	变量含义及赋值
家庭关系	非常不好 [1]；不太好 [2]；有点不好 [3]；一般 [4]；还可以 [5]；比较好 [6]；非常好 [7]
婚恋辅导需求	不需要 [1]；不太需要 [2]；有点不需要 [3]；一般 [4]；有点需要 [5]；比较需要 [6]；非常需要 [7]
父母子女关系辅导需求	不需要 [1]；不太需要 [2]；有点不需要 [3]；一般 [4]；有点需要 [5]；比较需要 [6]；非常需要 [7]
朋友数量	没有朋友 [1]；1~2个 [2]；3~5个 [3]；5~10个 [4]；10个以上 [5]
休闲娱乐方式	娱乐餐饮 [1]；其他 [0]（虚拟变量）
感觉周围人对自己的态度	很多人看不起我 [1]；比较多人看不起我 [2]；有些人看不起我 [3]；一般 [4]；有些人支持我 [5]；比较多人支持我 [6]；很多人支持我 [7]
对判罚的看法	我是冤枉的 [1]；不太合理 [2]；有点不合理 [3]；一般 [4]；可以接受 [5]；比较合理 [6]；非常合理 [7]
以前因违法犯罪接受惩罚次数	没有 [1]；1次 [2]；2次 [3]；3次及以上 [4]
沮丧焦虑状况	从来没有 [1]；比较少 [2]；有点少 [3]；一般 [4]；有点多 [5]；比较多 [6]；经常 [7]
社区位置	城市中心 [1]；中心外一点 [2]；城乡接合带 [3]；近郊 [4]；远郊 [5]；县城 [6]；农村 [7]
是否租房	是 [1]；否 [0]（虚拟变量）
是否电子监控	是 [1]；没有 [0]（虚拟变量）
是否属于假释	是 [1]；不是 [0]（虚拟变量）
年　龄	实际年龄
性　别	男性 [1]；女性 [0]（虚拟变量）

注：上述变量中除了年龄为连续变量和标出的虚拟变量外，其他变量皆为定序变量。北美循证矫正研究中大量采用定序变量。

社会工作是本书的分析重点，由"主要接触工作人员的身份"进行虚拟化操作而成。社会工作者赋值1，其他身份赋值0。"管理模式"是另一个分析要点，其中的三大模式都操作化为 0~1 虚拟变量，以一般管理的"其他"省市作为参照类别。在美国关于社区矫正管理模式的循证矫正研究中，大都是将典型管理模式与一般管理模式进行对比分析。

加拿大矫正学派得出的犯因性八大要素，同自变量的对应情况如下："以前因违法犯罪接受惩罚次数"对应于犯罪史；"朋友数量"对应于交往关系；"家庭关系""父母子女关系辅导需求"和"婚恋辅导需求"三个变量对应于家庭婚姻问题；"教育水平"和"月平均收入"代表工作学习状况；"休闲娱乐方式"直接对应休闲娱乐（司法实践中普遍认为娱乐餐饮风险较高，赋值为 1，其他为 0，虚拟变量）；"对判罚的看法"代表倾向犯罪态度，这个问题在管理实践中困扰着不少一线工作人员，因为中西方都存在不承认自己犯罪的社区矫正对象[1]。而工作人员的应对策略分化也较大：认为这类矫正对象"死不认罪"的工作人员不断强调他们的罪犯身份和在刑意识；而认为有必要"去标签化"的工作人员则劝慰他们"改了就好"。这里更多是一种反向检验，即"对判罚的看法"能否体现倾向犯罪态度。

进一步选择"感觉周围人对自己的态度"代表矫正对象受社会排斥的状态，检验社会排斥理论与加拿大学派的分歧。"沮丧焦虑状况"主要是检验加拿大矫正学派确定为非犯因性的因素在我国社区矫正下对再犯是否具有显著性影响，并以此回应加拿大矫正学派同一般紧张理论的争论。"社区位置"主要为了检验加拿大循证矫正学派（来自犯罪心理学）和犯罪社会学的争议[2]——中宏观社区/社会环境是否对重新犯罪造成影响。"是否租房"主要检测社区矫正居住地执行的疑虑（一些大城市对此比较谨慎）——外地户籍人员参与当地社区矫正是否具有更高的再犯风险。鉴于程建新等已经证明租住状态比人口流动更能预测较严重犯罪[3]，我们采用了"是否租房"指标而不是是否具有本地户籍指标（因为我国户籍政策导致各阶层人户分离现象比

---

[1]　Scott T. Walters, Michaeld D. Clark, Ray Gingerich, Melissa L. Meltzer, "A Guide for Probation and Parole Motivating Offenders to Change", available at https://nicic.gov/motivating-offenders-change-guide-probation-and-parole, last visited on 2018-07-18.

[2]　Doris Layton MacKenzie, *What Works in Corrections Reducing the Criminal Activities of Offenders and Deliquents*, Cambridge University Press, 2006, pp. 335-338.

[3]　程建新、刘军强、王军：《人口流动、居住模式与地区间犯罪率差异》，载《社会学研究》2016 年第 3 期。

较普遍）。"是否电子监控"和"是否属于假释"主要是为了检验假设3和假设4提出的问题：是否电子监控能够有效降低再犯风险，是否假释人员具有更高的再犯风险。这两个变量主要对当前社区矫正管理措施进行有效性分析，进而提出证据为本的政策建议。"年龄"和"性别"是中外犯罪学研究普遍使用的控制变量，众多文献显示青少人犯罪率高于成年人、男性犯罪率高于女性，但本书关注的重新犯事倾向是否也如总体犯罪率一样呢？

表7-3 变量统计描述

N=1183

变 量	选项统计
矫正期间重新犯事的冲动和行为	有 19.86%；没有 80.14%
主要接触工作人员的身份	社会工作者 9.66%；矫正干警/司法行政人员/居委会/派出所/其他 90.34%
北京模式	是 41.34%；否 58.66%
上海模式	是 8.62%；否 91.38%
深圳模式	是 10.82%；否 89.18%
月平均收入/元	1000 以下（11.23%）；1001~2000（19.81%）；2001~3000（21.44%）3001~5000（20.84%）；5001~10 000（17.67%）；10 001~30 000（8.06%）；30 001 以上（0.94%）
教育水平	没上过学 1.62%；小学 13.28%；初中 33.62%；高中/中专/职高 25.79%；大专 14.13%；大学 9.96%；研究生及以上 1.62%［总和为 100.02］
家庭关系	非常不好 5.70%；不太好 2.13%；有点不好 2.81%；一般 6.46%；还可以 13.44%；比较好 21.85%；非常好 47.62%
婚恋辅导需求	不需要 62.88%；不太需要 13.36%；有点不需要 3.82%；一般 9.71%；有点需要 2.52%；比较需要 3.99%；非常需要 3.73%
父母子女关系辅导需求	不需要 57.52%；不太需要 11.87%；有点不需要 3.35%；一般 12.04%；有点需要 4.13%；比较需要 5.85%；非常需要 5.25%
朋友数量	没有朋友 2.96%；1~2 个 16.30%；3~5 个 28.25%；5~10 个 20.23%；10 个以上 32.26%
休闲娱乐方式	娱乐餐饮 9.91%；网络/锻炼/电话等 90.09%

续表

变　量	选项统计
感觉周围人对自己的态度	很多人看不起我 2.41%；比较多人看不起我 2.93%；有些人看不起我 8.09%；一般 39.50%；有些人支持我 8.86%；比较多人支持我 19.10%；很多人支持我 19.10%
对判罚的看法	我是冤枉的 2.47%；不太合理 7.06%；有点不合理 6.80%；一般 11.82%；可以接受 38.01%；比较合理 17.52%；非常合理 16.33%
以前因违法犯罪接受惩罚次数	没有 94.44%；1 次 3.59%；2 次 1.54%；3 次及以上 0.43%
沮丧焦虑状况	从来没有 38.90%；比较少 24.27%；有点少 9.21%；一般 17.04%；有点多 4.30%；比较多 2.93%；经常 3.36%
社区位置	城市中心 18.08%；中心外一点 21.51%；城乡接合带 16.80%；近郊 7.37%；远郊 19.19%；县城 4.46%；农村 12.60%
是否租房	是 18.31%；否 81.69%
是否电子监控	是 30.97%；没有 69.03%
是否属于假释	是 6.96%；不是 93.04%
年　龄	均值 36.92；标准差 11.40；最小值 16；最大值 75
性　别	男性 79.97%；女性 20.03%

四、计量检验

这里主要运用 Logistic 回归分析检验各变量与矫正期间重新犯事倾向之间影响的显著性，共建立了 7 个模型，参见下表 7-4：

表 7-4　影响重新犯事的因素：Logistic 回归

变量名	矫正期间重新犯事的冲动和行为　　Odds Ratio						
	模型 1	模型 2	模型 3	模型 4	模型 5	模型 6	模型 7
主要接触工作人员的身份	0.511*		1.870			0.976	0.142
北京模式		0.573***	0.592***		0.664*	0.747	0.743
上海模式		0.163***	0.111***		0.227**	0.262*	0.200*
深圳模式		0.173***	0.156***		0.308**	0.349*	0.341*

续表

	矫正期间重新犯事的冲动和行为　　Odds Ratio						
月平均收入				0.772***	0.926	0.907	0.917
教育水平				0.682***	0.728***	0.704***	0.706***
家庭关系				0.861**	0.865**	0.856**	0.856**
婚恋辅导需求				1.187**	1.195**	1.195**	1.201**
父母子女关系辅导需求				1.046	0.985	0.987	0.983
朋友数量				1.294***	1.409***	1.351***	1.346***
休闲娱乐方式				1.478*	1.805*	1.896*	1.893*
对判罚的看法				0.857**	0.909	0.917	0.914
以前因违法犯罪接受惩罚次数				3.200***	2.766***	2.582***	2.511***
感觉周围人对自己的态度					0.824**	0.841*	0.842*
沮丧焦虑状况					1.338***	1.337***	1.314***
社区位置					1.118*	1.117*	1.121*
是否租房						1.119	1.085
是否电子监控						1.105	1.121
是否属于假释						0.948	0.980
年　　龄						0.985+	0.984+
性　　别						1.135	1.118
社工*沮丧焦虑							1.767+
常数项	0.268***	0.392***	0.387***	0.446	0.214*	0.420	0.458
Pseudo R2	0.005	0.046	0.045	0.173	0.231	0.226	0.229
有效样本量	1111	1158	1111	1024	1015	968	968

注：+ p<0.1，* p<0.05，** p<0.01，*** p<0.001。

模型 1 和模型 2 分别考察了社会工作和各种管理模式的单独解释力，结果显示社会工作者和三大管理模式都具有显著性的影响。模型 3 将这两方面因素同时放入模型，社会工作的显著性消失了，而三大管理模式依然保持很高的显著性。模型 4 主要考察加拿大矫正学派犯因性因素的几个代表变量，除了父母子女关系外的其他因素都达到了不同程度的显著水平。模型 5 在模型 4 的基础上加入同加拿大矫正学派有争议的变量——管理模式、社会排斥、沮丧焦虑状况和社区/社会因素。加入的几个变量绝大部分显著，但模型 4 中的月平均收入和对判罚的看法的显著性却消失了。模型 6 为完整模型，在模型 5 基础上加入社会工作、是否租房、是否电子监控、是否属于假释、年龄和性别等因素。加入的这几个因素都没有达到 0.05 的显著水平（年龄接近达到），然而值得注意的是，北京模式的显著性消失了。模型 5 的拟合效果最好，其 Pseudo R2 值最高 0.231，同时还节约了有效的解释自变量。但完整模型 6 能够回应一些现实关切问题。

五、研究发现

回归分析结果大体上支持了前两个研究假设，但否定了后两个假设。在模型 1 的单独影响分析中，社会工作可以在一定程度上降低社区矫正对象犯事的冲动和行为。但是在后面的模型 3 和模型 6 中社工的显著性都消失了，这说明矫正效果并不是直接由社工所带来的。进一步将模型 6 中所有具有显著性影响的变量同社会工作的交互项变量——放入模型之中，发现只有"社工 * 沮丧焦虑"交互项达到 0.10 的显著水平（参见模型 7），说明当前的社会工作主要通过帮教或调节情绪缓解矫正对象的沮丧焦虑状况而起作用。该结果同费梅苹在上海的发现——大部分矫正社工主要针对情绪问题进行干预是一致的。[1] 在模型 2 和模型 3 中，三大管理模式都达到了较高的显著水平，但上海模式和深圳模式的效果更好。以模型 2 为例，北京模式的 OR 值为 0.573，这意味着其重犯风险约为参照类别"其他"省市一般管理模式的 57.3%，而上海模式为 16.3%，深圳模式为 17.3%。[2] 随着模式中加入更多

---

〔1〕　费梅苹：《政府购买社会工作服务中的基层政社关系研究》，载《社会科学》2014 年第 6 期。

〔2〕　Odds Ratio/OR，称为比值比、优势比或胜率，指考察组中发生数量与个发生数量的比值除以参照组中发生数量与不发生数量的比值。该值一般同 1 进行比较（如果等于 1 表示同参照组一样，即没有效果），北京模式的 OR 值小于 1，也可以解释为重犯风险降低了 42.7%（1-OR）；反之，如果 OR 值大于 1，则风险为对照组的 OR 倍，或者增加了（OR-1）倍。参见《OR 值的含义与解释》，载 http://www.ttdoc.cn/article/395.jhtml，最后访问日期：2018 年 10 月 29 日。

变量，三大模式的显著性都在下降，并且它们降低再犯风险的程度也在下降。其中，北京模式的 OR 值为 0.573、0.592、0.664、0.747 和 0.743，越来越趋近"其他"省市的一般管理效果；同样，上海模式和深圳模式的 OR 值也有所上升，但降低再犯风险的程度仍然较高。在全模型 6 和 7 中，北京模式的显著性彻底消失，说明北京模式更多依赖人财物资源投入进行监控，但始终没有解决内在矫正的问题。然而，综合型的上海模式和深圳模式始终保持显著性。这些结果在很大程度上印证了克罗卡斯的经典结论。

社会工作和管理模式显著水平的下降，说明其他变量也有很强的影响力。在模型 4、5、6 中可以发现，大部分代表加拿大矫正学派核心犯因性因素的自变量都呈现出显著性。父母子女维度的家庭关系是例外，一直没有呈现出显著性。代表工作状况的月平均收入在模型 4 中达到很高的显著水平（0.001），然而增加管理模式方面的变量后（逐次添加测试发现，后同）显著性消失了，说明通过必要的管理和帮扶可以降低收入状况对再犯的影响。对判罚的看法在模型 4 中达到 0.05 的显著水平，然而在加入沮丧焦虑状况变量后显著性消失了，说明控制沮丧焦虑状态后矫正对象否认判罚不承认犯罪不一定代表他们倾向犯罪的态度。犯罪学漂移理论认为，犯罪人会在犯罪行为和守法行为之间漂移。他们信奉很多传统价值观，大多数时间从事守法活动，其漂移行为发生在社会结构控制松弛之际。[1] 不承认犯罪主要是在坚持自己的正常社会成员身份。美国国家矫正研究所建议回避这个敏感问题。沮丧焦虑状况在所涉及的模型中都达到很高的显著水平，其两个 OR 值都约为 1.34，表示沮丧焦虑水平每增加一个等级重新犯事风险增加 34%，这说明不能否认一般紧张理论的解释力。在矫正实务中应通过理性情绪治疗等方法加强心理干预。"感觉周围人对自己的态度"在所涉及的两个模型中都呈现出显著性，表明不能否认社会排斥对重犯的影响。社区位置在两个模型中都达到了 0.05 的显著水平，其两个 OR 值都约为 1.12，表明每远离城市中心一个等级矫正对象总体的再犯风险增加 12%。在急剧的城市化和社会变迁中，因城乡社会文化差异导致的被侵害和违法犯罪，无论是严景耀[2]和刘绍华的质性研究还是程建新等的定量分析都有所体现。中西部农村地区的社区和家庭的

---

〔1〕 David Matza, *Delinquent and Drift*, New York: John Wiley, 1964, pp. 26-32.
〔2〕 严景耀：《中国的犯罪问题与社会变迁的关系》，北京大学出版社 1986 年版，第 202~205 页。

非正式控制力急剧下降，而作为正式控制系统的基层司法部门普遍缺乏人力物力资源。地广人稀还要面对不少遣返执行社区矫正的人员，大都只能采取形式主义的一般管理，预防再犯效果难免低下。

对于"是否电子监控"和"是否属于假释"的检验，否定了假设 3 和假设 4。对这两个变量连同"是否租房"的检验，主要回应当前社区矫正管理中的一些现实问题。电子监控并不一定能有效降低再犯的冲动和行为，因此综合型管理不能将监管职能交给科技手段，而应将司法权威赋予一线工作人员。但不能否认电子监控作为一种针对高风险人员的监控辅助手段，因其精巧地实现了福柯笔下的全景敞视监督。[1] 对于"是否属于假释"的检验结果也是否定的，说明假释人员同其他社区矫正对象之间没有显著性差异。在访谈过程中发现，很多一线工作人员认为假释人员的态度比缓刑人员更好；收紧假释未必能更好保卫社会；刑满释放人员可能比假释人员具有更高的再犯风险，因为他们缺乏必要的过渡性适应。"是否租房"检验结果显示，在租房状态下的矫正对象的再犯风险与其他矫正对象并没有显著差异。将他们遣返原籍执行反而可能导致社会风险增加，因为原籍更多采取形式主义管理，可能导致矫正对象脱管外流。

在几大假设检验之外，回归分析还发现了一些有意义的现象。从性别差异来看，虽然众多犯罪学研究显示女性犯罪率远低于男性，但在重新犯事风险方面男女矫正对象并没有显著性差异。从婚恋家庭关系来看，纵向的"父母子女关系辅导需求"并未对重新犯事风险产生显著影响，而横向的"婚恋辅导需求"却产生了显著性影响。这表明父母子女可以成为促进矫正对象承担责任和发生改变的积极因素，而复杂的婚恋感情纠葛往往是阻碍矫正对象复归正常生活轨道的消极因素。

六、讨论与建议

本章的检验发现，社会工作可以在一定程度上降低社区矫正对象的再犯风险，但这主要是通过帮扶或调节情绪改善其沮丧焦虑状态所致。这说明我国矫正社会工作的专业性还有很大的提升空间，需积极借鉴犯罪心理学和犯

---

〔1〕　〔法〕米歇尔·福柯：《规训与惩罚》，刘北成、杨远婴译，三联书店 2012 年版，第 219～235 页。

罪社会学尤其是现代循证矫正得出的理论和方法，去瞄准更多犯因性因素。三大管理模式的矫正效果均优于"其他"省市的一般管理，虽然是通过不同机制实现的。北京模式主要通过大量人财物力资源投入，进行监督、防控和帮教，然而在"内矫"方面着力不够；上海模式和深圳模式致力于平衡监督管理和矫正恢复机能，一定程度上体现了克罗卡斯的综合管理模式的优势。

李川认为，我国社区矫正的矫正恢复一元化机能与实践需求多元化之间存在脱节，亟须综合推进"外控内矫"，而且"外控"还应该放在首位。[1]本书认为，我国社区矫正实践从来没有体现为单纯的矫正恢复一元化机能，普遍存在的是监督控制和矫正恢复双弱化状态的形式主义一般管理。如何推动综合型管理？在当前我国不断强化规范性管理的大背景下，应广泛设立社会工作岗位以增强综合型特征。2012年的《社区矫正实施办法》、2016年的《社区矫正法（征求意见稿）》和2019年通过的《社区矫正法》都在鼓励社会工作者参与社区矫正工作，但基本上都把社会工作定位为一种辅助力量。而当前美国和我国香港地区等都将社会工作者作为社区矫正的一支主体性力量。如何有效推动矫正恢复？可行的策略是支持广泛的循证矫正研究，并开展综合型管理理念和方法的培训。在实践和培训中，应聚焦于实证研究检验得出的本土性犯因性因素，如本书回归模型5中的若干显著性因素。其他一些细节建议还包括切实落实居住地执行、适度放开假释、中高风险对象才实施电子定位监督等。

---

〔1〕 李川：《修复、矫治与分控：社区矫正机能三重性辩证及其展开》，载《中国法学》2015年第5期。

第八章

社区矫正立法中的社会工作参与

近十年，社区矫正的法制化进程在稳步有序推进。从 2011 年社区矫正写入《中华人民共和国刑法修正案（八）》，到 2012 年《社区矫正实施办法》，再到 2016 年的《社区矫正法（征求意见稿）》，然后是 2019 年的《社区矫正法（草案）》，直至最终通过《社区矫正法》。鉴于本研究始于劳教制度废止以后，本章的论述主要围绕其后的立法进程而展开，并适度述及之前的相关内容。讨论聚焦于社区矫正法规制度中社会工作的参与方面，并结合相关案例探讨其实施的可能情况。

2016 年 12 月 1 日，国务院法制办公布《社区矫正法（征求意见稿）》，一线实务界对此却一片质疑。质疑最多的是社区矫正执行队伍警察化、明确社区矫正机构和社区矫正人员称谓等方面。然而，社会工作界却是一片欢呼，因为《社区矫正法（征求意见稿）》中三处提到了社会工作者："国家鼓励企事业单位、社会组织和社会工作者、志愿者等社会力量参与社区矫正工作"（第 6 条）。"矫正小组由社区矫正机构工作人员、居民委员会或者村民委员会工作人员、社区矫正人员的家庭成员或者监护人、保证人，所在单位或者就读学校人员以及社会工作者、志愿者等组成"（第 20 条第 2 款）。"社区矫正机构可以公开择优购买社区矫正社会工作服务，为社区矫正人员在思想教育、心理矫治、职业技能等方面提供必要的帮扶"（第 32 条）。在国家立法层面明确社会工作在社区矫正中的作用，确属巨大进步。在美日欧的很多发达国家，社区矫正中的矫正恢复服务主要由社会工作者提供；我国港澳台地区，社会工作者也广泛活跃于社区矫正领域。然而，立法需要立足于社会实践进行考察，在北京的调查显示，现实可能并不会这么乐观，矫正社工参与社区矫正一线的状况未必会因这几项指导性（而非指令性）条款而大幅改观。前几章探讨了社区矫正管理模式、矫正社工的专业性和有效性及影响重新犯事倾向的若干核心本土性变量，本章主要立足于"北京模式"中社会工作机构参与情况来分析立法中社会工作的定位和实施前景。

一、社区矫正"北京模式"的全国典型性

其实《社区矫正法（征求意见稿）》关于社会工作的这几处规定并不是最新突破，因为 2012 年的《社区矫正实施办法》第 3 条第 2 款即已提出："社会工作者和志愿者在社区矫正机构的组织指导下参与社区矫正工作。"2014 年的《关于组织社会力量参与社区矫正工作的意见》指出：引导政府向社会力量购买社区矫正社会工作服务。既然这些规定已经实践了几年，那么完全可以在调查实施情况的基础上，深入反思这些立法规定对社会工作融入社区矫正的意义，以及如何完善这方面的条款。

因"上海模式"在社区矫正中引入社会工作在全国领先一步，故在第六章矫正社会工作的专业性和有效性分析中，我们选择了"上海模式"这一典型模式。本章讨论社区矫正立法中的社会工作参与时，我们将视角切换到"北京模式"，因其最初的基本管理方式被推广到全国绝大部分省市。如前面章节所分析的，"北京模式"总体特征可以大致概括为"非监禁刑罚执行"，强调"行刑"，注重社区矫正的惩罚性、强制性和严肃性。强调社区矫正的监管力度和改造力度，以符合维护首都稳定的目的，这成为"北京模式"的基本理念和特征。[1] 该基本模式特征由《关于北京市抽调监狱劳教干警参加社区矫正和帮教安置工作情况的报告》所明确，该报告经由司法部转发全国各省、自治区、直辖市及生产建设兵团，供各地借鉴参考，此举奠定了"北京模式"在全国的支配性影响力。尽管十多年来各地在社区矫正领域进行了系列探索和实践，然而不争的事实是，最初的"北京模式"依然是全国范围内的主流框架模式。限于地方财力、地方领导的不同关注点以及各地社会工作发展情况，上海和深圳通过全市的制度设计购买社工机构服务难以被大多数省市所复制。

由此观之，社区矫正"北京模式"的探讨意义就不仅仅局限于北京，对

---

[1] 张荆：《北京社区矫正模式特色与问题点分析》，载《中国人民公安大学学报（社会科学版）》2013 年第 3 期。

全国社区矫正管理系统都具有较强的代表性。在第五章对各种管理模式矫正效果的比较中（参见表5-3），北京"没有丝毫（重新犯事）念头"的比例（82%）高于"其他"地方（72%），然而这种差异没有达到0.05的显著水平（参见表5-5），说明"北京模式"与"其他"地方之间没有发现显著性差异。第七章更加全面深入的计量分析得出了一致的结果，随着更多因素放入模型之中，"北京模式"与"其他"地区的显著性消失了（参见表7-4）。这说明北京的较好数据，主要源自为了确保首都秩序的大量人力财力物力投入，然而矫正效果并未得到提升。北京社区矫正抽调了矫正干警、招聘了协管员和社区评议员，建立了阳光中途之家和初始教育中心等机构，整合了较多社会资源，而广大中西部地区的很多基层社区矫正管理还主要依靠司法所的司法行政人员完成。2012年后北京各区社区矫正管理部门还在购买社会工作机构服务方面进行了系列探索，对这方面经验教训的深入分析对全国范围内未来的社区矫正购买社会工作服务都具有参考意义。

二、北京社会工作事务所难以参与社区矫正现状及原因

民政部2012年提出对社会服务等四类的社会组织，实行民政部门登记和业务主管一体化注册和管理措施，[1] 由此掀起全国成立社会工作服务机构的热潮。截至2014年10月，据相关统计，全北京市社工事务所共有58家[2]（近几年还在火速增长中，据称总量已经翻倍，但因缺乏最新名单和联系方式，本研究依然以2014年网上公开统计资料为基础）。在这58家之中，我们搜索了服务领域涉及社区矫正或司法社工的所有事务所，共有7家。除了超越社工事务所因主要开展涉罪涉法青少年司法社会工作外，另外的6家我们实地走访了3家，电话访谈了3家。结果惊讶地发现，仍在开展社区矫正服务的仅存一两家。前几年有几家社工事务所曾经被社区矫正管理部门购买服务，然而因各种原因陆续淡出了该领域。

---

〔1〕《民政部已开始实施对公益慈善类等社会组织实行直接登记》，载 http://news.xinhuanet.com/politics/2012-05/07/c_111902204.htm，最后访问日期：2017年7月28日。

〔2〕《北京社会工作事务所概览表》，载 http://wenku.baidu.com/link？url=57tYUUp9VIcpc1Mr-ENK1GACBsadrKONlC1OTuqnE-I0LWT80lmQskZlEXcPXI-D_SQGy2YJOjkQETpl-R9IAIqfNsawtw SfN3Tbd4oHwb13，最后访问日期：2016年10月13日。

（一）社工事务所难以持续的原因

不同的社工事务所给出的具体原因不尽相同，归纳起来主要包括以下几方面：

1. 政府购买服务方式带来的困境

北京社会服务购买主要由北京市社工委统一组织发布、评审和购买，服务购买一般采取项目制。项目制的典型特点就是要求创新，然而这就给社区矫正领域服务带来了很大困境："社区矫正主要是审前社会调查、心理辅导、日常管理和帮扶活动等方面。第一次可能因服务领域创新而中标，但不可能每年社区矫正都是创新吧，也就不可能每年都给你这方面的项目。""虽然头年可以申请社会调查项目，第二年可以申请高危人员心理辅导，但也不可能让你多次反复作为创新项目申请吧。"（社工事务所 A）

2. 难以获得司法系统的支持

全国对社会服务类社会组织取消双重管理，实行民政部门业务主管和登记注册一体化直接登记。登记注册容易了，然而业务主管却虚化了。社区矫正的主管部门是司法部门，需要得到司法部门的首肯和认可，以及在项目实施过程中的支持、协调和合作，才能购买矫正服务和落实矫正社会工作干预。然而，司法部门对社工事务所却不太上心或者说比较谨慎，甚至可以说是质疑、排斥。"每次找到司法局社区矫正负责人，他都很忙，谈也没几分钟，申请书放那里也就不了了之。这样就长期没有得到司法局确认，作为业务主管部门。"（社工事务所 B）司法部门没有应允作为主管部门，也就难以获得司法部门的服务购买。

3. 社工事务所的畏难情绪

也有社工事务所承担相关社区矫正服务项目后，发现任务繁重，而服务效果却难以衡量，于是在项目到期后主动放弃了社区矫正方面的服务购买。"社区矫正项目中主要是个案服务，会牵扯很多的精力，矫正对象的依赖性也很强，实在有点力不从心。后来，他们（街道）愿意继续购买这方面的服务，我们还是放弃了。现在我们偶尔为社区矫正系统进行工作人员培训，主要精力放在其他社会服务项目上了。"（社工事务所 C）社区矫正帮教服务中矫正对象方面的需求确实非常多元和复杂，要全面展开确实需要付出大量时间和精力。然而，这也反映出该社工事务所在矫正社会工作方面的专业性有所欠缺，因为有效的矫正社工介入并不需要针对所有矫正对象并满足他们的所有需求，而是主要针对高风险人员集中瞄准他们的犯因性需求。

（二）社区矫正管理系统的看法

2015—2016 年，我们对北京司法系统中负责社区矫正的各层级工作人员进行了机构访谈和问卷调查，这里摘录一些有代表性的访谈记录和针对工作人员的问卷统计数据来说明情况。

1. 管理层意见反馈

这里的管理层主要是区级司法局社区矫正分管局长或科长，他们的意见往往决定着社工事务所能否参与所在区社区矫正一线服务。

> 社工事务所参与社区矫正是好事情，现在上面不是提倡社会力量参与嘛，但是责权利不好划分啊。他们参与进来，不是还得咱们的人在一旁看着吗？出了事儿算谁的责任呢？（分管局长 L）

> 社工事务所首先就不具备管理的条件，据我所知他们很多条件很简陋，难以承担咱们这么多矫正对象的心理辅导、教育学习……（分管局长 M）

> 我们请过一些心理矫正的社工老师和心理辅导专家来讲课，也对他们寄予了很高的期望，但觉得他们的讲课方式不是很接地气，因为他们好像也不是很了解我们这个领域。他们的水平确实很高，但是讲的问题没有太大针对性，和我们的工作内容衔接不上。这方面要做好的话，因为专业性比较强，一般人也做不了这个，最好是有这么一个社工机构，里面的社工对社区矫正工作和服刑人员的心理都比较了解。（矫正科长 N）

北京市社区矫正管理层表达的上述态度透露出的更多是质疑，也有的表达了对专业性更强的矫正社工的期待。他们的质疑主要集中在社工机构的责任承担、矫正服务条件和专业水平几个方面，而所期待的是能够有效回应这几方面质疑的社工机构。

2. 工作人员问卷调查统计情况

在北京社区矫正工作人员的问卷调查中，共回收 334 份有效问卷。现将与社会工作参与社区矫正的相关问题的描述性统计结果及简要分析整理如下：

（1）工作人员对社会工作理论和方法的掌握情况。28.01%的工作人员没有接触过社会工作（含没听过、听过但没接触过），获得社工师证书（含初级和中级）的比例不到10%，比起上海和深圳的社工持证比例还有不小的差距。参见下图8-1：

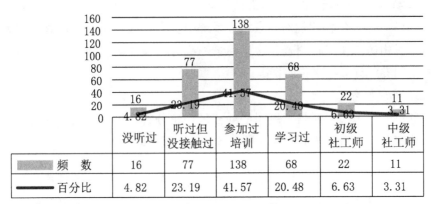

	没听过	听过但没接触过	参加过培训	学习过	初级社工师	中级社工师
频　数	16	77	138	68	22	11
百分比	4.82	23.19	41.57	20.48	6.63	3.31

图8-1　北京社区矫正工作人员对社会工作理论和方法的掌握情况

（2）北京各地（区、街乡）社区矫正开展社会工作的情况。最多的情况是"社工跟着司法工作人员开展活动"（71.90%），这里的社工主要是指原来招聘的"4050人员"以及近年新招聘的替换人员，而不是专业意义上的社工。其次是"司法系统购买社工服务的方式参与"（13.07%）。还有少量"司法系统同高校社工教师或机构合作"（3.27%）。还有一部分表示"没有社工参

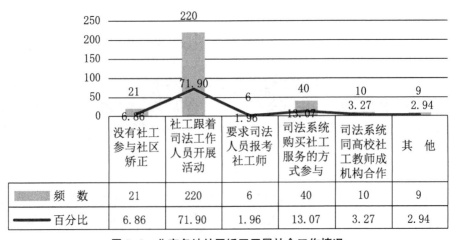

	没有社工参与社区矫正	社工跟着司法工作人员开展活动	要求司法人员报考社工师	司法系统购买社工服务的方式参与	司法系统同高校社工教师成机构合作	其　他
频　数	21	220	6	40	10	9
百分比	6.86	71.90	1.96	13.07	3.27	2.94

图8-2　北京各地社区矫正开展社会工作情况

与社区矫正"(6.86%)。可见，购买社工服务和高校参与在"北京模式"中都有一定起色，但还难以形成气候，参见上图8-2。

（3）社区矫正融入社会工作的必要性。仅有11.96%的工作人员持保留或排斥态度，包括"不好说""有点不必要""不太必要"和"完全没必要"，说明坚决排斥社工参与的人员并不占多数。另外88.04%的工作人员都展示了不同程度的认可和欢迎，包括"有点必要""比较有必要"和"非常有必要"。其中，"非常有必要"（38.34%）和"比较有必要"（36.20%）两项的比例最高，说明北京的绝大部分社区矫正工作人员都认为社工介入很有必要，参见下图8-3。但是他们所理解的社工更大程度上是指协管员，因为他们希望协管员协助完成相关社区矫正管理和司法行政事务。

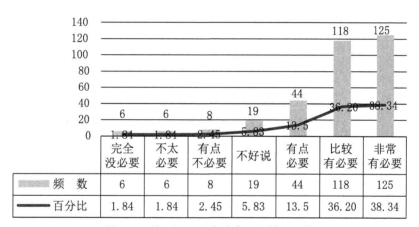

	完全没必要	不太必要	有点不必要	不好说	有点必要	比较有必要	非常有必要
频数	6	6	8	19	44	118	125
百分比	1.84	1.84	2.45	5.83	13.5	36.20	38.34

图8-3 社区矫正结合社会工作的必要性

（4）社会工作在社区矫正领域是否有成熟的理论体系。绝大部分71.82%在该问题上持保留态度或不同程度否定的看法，包括"不好说""有一些，不太成熟""有一点，但不成熟"和"没有"。另外的28.17%则持肯定的态度，包括"有点成熟""比较成熟"和"非常成熟"。可见，北京社区矫正系统对矫正社会工作理论的认可程度还不是很高，这需要矫正社会工作学界进一步丰富相关理论，回应司法系统的疑虑。参见下图8-4：

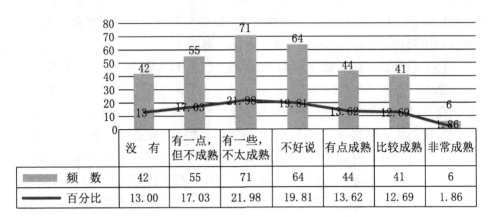

图8-4　社会工作在社区矫正领域是否有成熟的理论体系

（5）社会工作在社区矫正领域是否具有有效的方法体系。67.48%持保留态度或不同程度否定的看法，包括"不好说""有一些，不太明显""有一点，但不明显"和"没有"。另外的32.52%则持不同程度的肯定看法，包括"还不错""比较有效"和"非常有效"。这反映出工作人员对社工方法体系的肯定程度略高于对理论的评价，社工的实践特性在一定程度得到工作人员的肯定。但是，总体而言，工作人员还是对矫正社会工作方法体系的有效性持保留或怀疑态度。参见下图8-5：

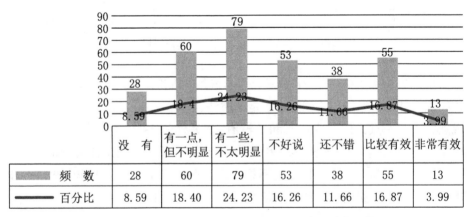

图8-5　社会工作在社区矫正领域是否具有有效的方法体系

（6）当地政府重视社会工作在社区矫正中发挥作用的程度。社区矫正领域社会工作的发展跟地方领导的重视与否有极大关联，甚至可谓最核心的因素。从工作人员填答的统计结果来看，北京的形势不是特别乐观，44.92%持保留态度或消极看法，包括"不好说""有点不重视""不太重视"和"不重视"。其余的55.08%持肯定看法，包括"还可以""比较重视"和"非常重视"。参见下图8-6：

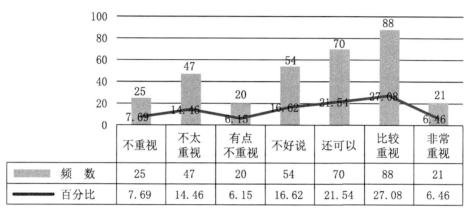

	不重视	不太重视	有点不重视	不好说	还可以	比较重视	非常重视
频　数	25	47	20	54	70	88	21
百分比	7.69	14.46	6.15	16.62	21.54	27.08	6.46

图8-6　当地政府重视社会工作在社区矫正中发挥作用的程度

（7）社会工作融入社区矫正的最大障碍。最大的问题在于"地方财政难以支撑社工薪酬"（36.99%），其次是"没有经验证行之有效的方法"（25.71%）、"不好说"（16.93%）及"没有系统的专门理论"（14.11%）。可见，在工作人员看来，社工融入社区矫正的主要障碍集中在财政经费和社工理论方法的说服力两大方面。参见下图8-7：

综合以上来自北京社工事务所、管理层和工作人员的调查信息可以发现，总体而言，北京司法系统欢迎社工参与社区矫正但却排斥社工事务所的介入。看似矛盾，但却不难解释。首先，对司法社工的欢迎主要是当前社区矫正一线事务繁忙，迫切希望得到司法社工等社会力量的协助。其次，出于管理主导权及责任等方面的考虑，目前71.9%的北京区域都是由司法社工（协管员）跟着司法工作人员做，即司法社工以辅助人员身份参与其中。但如果社工事务所介入则涉及两个责任主体，权责就难以划分。再次，司法系统对于社工存在明显的怀疑，具体表现为约70%的工作人员对社会工作的理论和方法持保留态度或消极看法。这种情境下，自然也就难以放心将社区矫正对象交由

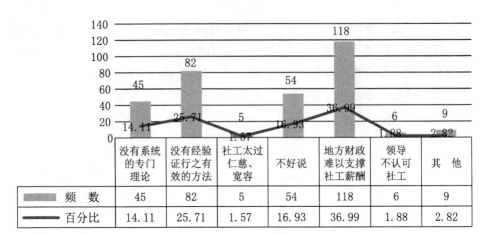

	没有系统的专门理论	没有经验证行之有效的方法	社工太过仁慈、宽容	不好说	地方财政难以支撑社工薪酬	领导不认可社工	其 他
频 数	45	82	5	54	118	6	9
百分比	14.11	25.71	1.57	16.93	36.99	1.88	2.82

图 8-7 社会工作融入社区矫正的最大障碍

社工事务所提供矫正干预。最后，可能也是关键障碍——出于经费的考虑。很多受访人员指出，司法部门是一个弱势部门，经费并不宽裕。"有限的经费，就难以用于购买'华而不实''费用不菲'且'管理协调也麻烦'的社工事务所服务，还不如面向社会招聘合同制的司法社工（协管员）实惠"（分管局长 M）。在调查中还了解到，目前北京司法系统招聘的协管员的待遇在各大部门协管员之中属于较低的水平，到手工资约为 2500 左右（2016 年水平），整体低于社区工作者待遇。

需要指出的是，相比上海矫正社工的"协管员化"（社工被视为或实际上用作协管员）[1]，北京却是相反的景象，那就是协管员的"司法社工化"。2017 年 7 月，北京市司法局等七大部门印发《关于进一步加强社会力量参与社区矫正和安置帮教工作实施办法（试行）》（京司发〔2017〕71 号），其直接将社区矫正协管员称为司法社工。于是北京近年在招聘协管员时普遍采用了"司法社工"这一概念，然而招聘要求一般大专以上即可、专业不限。[2] 因此，他们不是真正的社工，达不到通用社工的基本要求（大学社工专业或初级社工师），遑论专业性更高的矫正社工或司法社工。不过，这种称谓的变化可以满足 2014 年司法部和中央综治办等中央部委联合印发的《关于

---

〔1〕 费梅苹：《政府购买社会工作服务中的基层政社关系研究》，载《社会科学》2014 年第 6 期。
〔2〕 熊贵彬：《后劳教时代社会工作融入下的社区矫正——北京调查与思考》，中国社会出版社 2017 年版，第 313~315 页。

组织社会力量参与社区矫正工作的意见》中提出的要求，大致可以视为通过概念创新进行的一种变通处理。但这些协管员在"北京模式"下还是发挥了不可忽视的作用（下一章将进一步分析）。

三、一个成功案例的黯淡

在 2016 年的调查中，我们欣喜地发现北京社区矫正领域的一个成功案例，甚至可谓一枝独秀——X 区 M 司法社工事务所。该社工事务所 2012 年底登记注册后同 X 区司法局社区矫正管理部门一直保持长期合作。然而在 2018 年的跟进调查中却发现该司法社工事务所已经逐渐淡出社区矫正领域。该案例的发展历程和淡出缘由值得我们深入分析，或许从该案例中我们可以发现被《社区矫正法》寄予厚望的社会工作参与社区矫正的主要形式——公开择优购买服务的前景。

（一）成功的经历

2012—2017 年，M 司法社工事务所同 X 区社区矫正管理部门进行了长期的合作，取得了系列成果。这期间的有益经验也值得我们总结和分析。

1. 经费来源：常态购买+专项申请

M 司法社工事务所在北京社区矫正领域较长时期内得到发展，主要通过两种政府购买服务方式获得支持：区司法局常态化的社区矫正购买服务和社工委的专项购买服务。专项申请项目同常态化的社区矫正项目并不一定冲突，两方面可以紧密配合，即围绕常态化的社区矫正服务向外扩展，进一步申请青少年犯罪预防、犯罪人员子女帮扶等方面的专项项目。

X 区司法局为向区财政局争取常态化的资金购买 M 社工事务所的服务，进行了多年努力。北京市社区矫正财政方面的预算为每个服刑人员每年 2750 元（2017 年访谈），但是常态化购买 M 司法社工事务所服务的经费列在 2750 元/人的常规经费之外。最终打动财政局的理由主要是 X 区地处城郊结合带需要加强社区矫正，而且做好这方面工作也是全市范围政府职能转移和社会治理方面的一个创新。

2. 工作内容

（1）社会调查。购买服务期间，X 区无论是本地户籍还是外地户籍的都由 M 司法社工事务所开展社会调查，即是否适合社区矫正的审前社会调查。

法院判决前会发函给司法局，然后司法局交由事务所展开调查，主要掌握调查对象的性格特点、家庭关系、社会关系、心理状态以及实施缓刑的条件。

（2）外地人的居住地核实，主要针对外地户籍人员进行居住地核实。由司法系统开展此项工作将面临一些困境，因为司法所同时作为社区矫正对象监督考核部门和居住地核查的责任部门。如果审核通不过的话，司法所可能与被调查人之间产生纠纷，被指责为推卸责任、故意排斥外地户籍人员。"事务所介入的话就算是第三方介入了，如果产生纠纷的话，就可以说第三方机构是根据目前的制度或者规定作出的决定，容易把矛盾转移，可以减少冲突。"（2016 年秋访谈事务所主任）由于他们的努力，X 区社区矫正对象外地户籍的比例超过 20%，远高于全市平均水平。

（3）重点矫正对象帮扶工作。所谓重点对象是指社区矫正对象中主观故意比较严重、风险性比较高的人员。这些人员经过司法所和事务所评估后将其列为重点人，由事务所派遣社工驻所参与重点人的矫正帮教工作。对于重点对象的帮扶，事务所每年任务为 15~20 人的工作量。

（4）分类教育。在 X 区阳光中途之家，区司法局每个月都要举行集中分类教育和解矫前教育。这部分工作以前由司法局联系相关专家，后来全部交由 M 社工事务所开展或联系老师。分类教育的内容比较广泛，涉及法制教育、心理咨询、职业技能培训和不同类型人员教育，这就需要整合不同的社会资源，而这被视为事务所的一大优势。

（5）对新招聘的司法社工开展培训。2016 年 X 区司法局新招聘了 25 名司法社工，承接老一代"4050 人员"的工作。事务所要负责培养这些新招录的司法社工来开展重点人帮扶工作，这需要邀请该领域专家做系列方法和技能的培训，然后再将这些司法社工安置到各个司法所开展日常管理和矫正帮扶服务。

（6）主办事务所杂志。M 司法社工事务所通过季刊的形式，将每个季度机构举办的相关社区矫正活动、大事要事、案例过程和经验分享等方面的内容记录下来，编印成册。既作为一种工作业绩记录，也作为一种宣传资料。

3. 经验分析

M 司法社工事务所能够在社区矫正"北京模式"下坚持几年，也算作某种程度上的成功，也不乏一些值得总结的经验。

（1）司法社会工作方面的专业性较强。事务所工作人员社工持证率高于50%，而事务所 J 主任集心理咨询师、社工师和婚姻家庭咨询师三证于一身。他们长期扎根社区矫正一线，对社区矫正管理和帮扶工作内容和工作对象特征有比较清晰的认识和把握，同时还积极向相关联的司法社会工作领域拓展服务范围。

（2）成功获得 X 区司法局领导的信任。在多年的合作过程中，彼此已经形成了默契的协作关系，甚至可以说彼此依赖关系。司法局在转移政府职能方面做了有益的创新性探索，而 M 社工事务所在工作中为司法局分担了不少事务性工作尤其是高风险人员帮教方面的工作，同时也在司法社工领域树立了一定形象。

（3）对服务范围做了合理定位。事务所并没有将服务范围瞄准所有的社区矫正对象，而是定位于高风险重点人员干预、审前社会调查、外地户籍人员的居住地核实、新招聘司法社工培训和编办杂志方面。将工作聚焦于社区矫正工作的难点和重点上，体现了北美循证矫正的风险原则，避免了 C 社工事务所仅仅对一个街道社区内的矫正对象开展帮教工作都难以维持下去的尴尬状况。

（4）较充分利用首都丰富的智力资源。北京高校和科研院所云集，不乏社会工作、心理学和法律等方面的专家和志愿者。M 司法社工事务所在多年一线服务和业界交流中，与外界建立了较为广泛的联系，协调了不少专业人士参与 X 区社区矫正集中教育和心理辅导工作。

（二）M 司法社工事务所黯淡后的思考

M 司法社工事务所的变故集中出现在 2017 年。一个变故是 J 主任考取某个部门的公务员而脱离事务所。这对于 M 司法社工事务所而言是一个重大损失，因为 J 主任是在 X 区司法局与 Z 大学合作期间经过系列专业司法社会工作培养发展而被双方寄予厚望的专业人才。另一个变故是 X 区财政局停止了对 M 司法社工事务所连续 5 年每年 50 万元的常态化服务购买。这两个变故之间是否有内在联系不得而知（不排除私人关系中断的影响），但 X 区司法局新招聘的一批协管员无疑具有重要影响，因为这使得区司法局向财政局再次申请购买 M 司法社工事务所服务的理由迅速弱化。经历这两大变故之后，M 司法社工事务所虽然还在继续维持运转，不过主要通过申请社工委、民政局、团系统和未检系统等部门的服务项目，目前同社区矫正的联系越来越少。

为什么会出现如此变故，至少有几点教训可以从中总结：

第一，常态化服务购买导致的严重依附关系，独立性丧失。M司法社工事务所的常态化购买与上海通过顶层制度设计而实现的常态化购买有所差异，前者主要依靠的是机构同司法局之间建立的合作关系，甚至可以说基于私人关系的购买。这种依赖性要远远大于"上海模式"下的机制化常态购买（半事业单位性质）。运行经费严重依赖司法局向财政局每年申请的常态化购买项目，导致事务所的严重弱势地位。M司法社工事务所无限制地遵从司法局提出的各项要求，事务所办公场所一再搬迁，目的在于向司法局无限靠近，便于办公。J主任经常任务繁多，甚至有时候分身乏术。考取公务员在某种程度上体现了她摆脱这种依附关系的意愿，同时也反映出其对体制内的渴望。因此，政府职能转移和政社合作关系远未建立，M司法社工事务所的独立性受到严重削弱。

第二，角色定位偏离，专业性不强。上文所述的M司法社工事务所的几项任务中，除社会调查具有一定的司法社工专业性外，其他几项大都是行政性事务，就连重点对象帮扶也主要是困难救助。在北美循证矫正运动中，矫正社工被赋予的角色主要是认知和行为模式修正。然而，M司法社工事务所对于识别出的高风险人员，主要转介给相关心理咨询师，而不是自己来承担这个重要功能。一味顺应司法局的管理要求导致角色定位偏移，司法社工的专业性未能体现，专业权威更无从谈起。

第三，整合资源的能力有限。尽管北京存在大量的专业智力资源供M司法社工事务所协调和整合，然而不得不指出，社会组织的社会资源动员能力还是远远不及体制内的正式机构：一方面整合社会资源需要一定的经费支出，但社会工作事务所在经费方面往往捉襟见肘；另一方面很多社会力量往往认可体制内机构的正式权威，而对社会组织不一定认可所以常常推掉邀请。

需要补充的是，"你方唱罢我登场"，随着X区M司法社工事务所的黯然离场，据我们观察，2017年以来又有两三家社工事务所进入社区矫正系统。这些社工事务所一开始就摆出了综合服务姿态，即根据不同时期社会服务购买的形势采取灵活多样的机构生存和发展策略，分别从社工委/民政局、团委、司法局、教育局、妇联和残联等不同渠道获得购买服务。然而，这种社会服务购买形式能够在多大程度上维持社区矫正社会工作的延续性和专业性还是存疑的。

综上，在社区矫正以监管为主导思路的省市，如果仅仅依靠基层政府的零星购买社会工作服务而没有整体性的顶层制度设计，专业矫正社会工作将很难持续介入社区矫正管理之中。北京尚且如此，遑论广大中西部地区。

四、立法进程进一步加快

《社区矫正法（征求意见稿）》出台 3 年以后，社区矫正立法进程于2019 年进一步加快，且在同年 6 月公布了《社区矫正法（草案）》。从规范性来看，尽管还有罚则等要件尚不明确，但相对《社区矫正法（征求意见稿）》和《社区矫正实施办法》而言已经完善了很多，尤其是增加了未成年社区矫正特别规定专章。从学界和实务界的反馈来看，《社区矫正法（草案）》引起的争议要小于《社区矫正法（征求意见稿）》。从体现的决策层意志来看，主要是希望规范社区矫正程序和管理方法，加强监督和控制，却有意无意地淡化了矫正恢复功能及社会工作在其中的作用。

虽然《社区矫正法（草案）》完善了不少，但学界和实务界依然存在较多争议，这些争议仍然主要集中于执法权、机构设置、人员编制、岗位责任、权利义务和经费保障等方面。根据社区矫正网公众号[1]关于《社区矫正法（草案）》的留言、系列评论以及相关会议中反馈的信息，争议主要集中在五个方面：一是社区矫正工作人员的身份问题。众多基层工作者还在表达纳入警察编制的迫切愿望，认为"在审前评估、训诫、司法拘留、收监执行等实际工作中具有警察身份才能更好地开展社区矫正工作，最大程度地节省办案时间、提升工作效率；也能提升社区矫正工作人员的工作积极性和荣誉感，从而更加严格要求自己。"（工作人员 A）二是人员编制问题。"一个县矫正机构只有 2 个工作人员，街乡往往就是 1 人所，除了社区矫正我们还要做安置帮教、人民调解、法律宣传，但是一个县区的社区服刑人员可能好几百人，街乡好几十人，我们的人员配置无力应对。"（工作人员 B）三是社区矫正工

---

〔1〕《社区矫正法（草案）》开始公开征求意见，载于社区矫正宣传网（www.chjzxc.com）的公众号（sqjzxc），2019 年 7 月 5 日版精选留言，其中包含了大量来自一线社会工作者、基层执法人员以及社会大众对于社区矫正立法草案的建议与意见。

作者权责不对称。"我们被赋予各种责任和义务，然而我们的权利却未得到应有保障，如自卫权利和持有相关工具。矫正对象有再犯罪的风险，我们被追查'玩忽职守'的风险也很大。一点权力没有，责任却被无限放大，职业满意度很低。"（工作人员 C）四是社区矫正机构设置的争议。《社区矫正实施办法》和《社区矫正法（征求意见稿）》对社区矫正机构进行了模糊化处理，并没有明确设在区县司法局还是街乡司法所[1]。《社区矫正法（草案）》第5条明确指出：社区矫正机构由县级以上地方人民政府根据需要设置，司法所根据社区矫正机构的委托，承担社区矫正相关工作。这里不讨论设在区县或街乡的利弊，立法明确设在区县级以上体现了决策层规范化统一管理的意志，但不少地方的司法所由街乡直接管理，他们"不想成为委托机构"（工作人员D）。五是明确采用社区矫正对象的称谓。以前的《社区矫正实施办法》和《社区矫正法（征求意见稿）》全是使用"社区矫正人员"，这主要基于积极恢复视角，认为也要发挥社区矫正对象的积极性，同时也避免污名化。但刑罚执行导向的学者强烈反对"社区矫正人员"用语，认为其语义模糊，淡化了惩罚色彩，甚至有人建议使用"社区服刑人员/社区惩矫对象"。采用"社区矫正对象"算作一种折中处理，平衡了《社区矫正法（征求意见稿）》留下的巨大争议。这些争议在很大程度上体现了决策层希望规范管理、减少乱象与基层渴望更多权力及更少追责之间的角力，然而总体而言，这些讨论大都围绕着如何更好体现刑罚执行和实现有效监督管理而展开。

《社区矫正法（草案）》同《社区矫正法（征求意见稿）》一样，关于社会工作的条款并不多，主要是矫正小组可以包括社会工作者和志愿者（第21条）；社区矫正机构可以公开择优购买社区矫正社会工作服务，为社区矫正对象在思想教育、心理矫治、职业技能等方面提供必要的帮扶（第46条）。但《社区矫正法（草案）》与《社区矫正法（征求意见稿）》也存在细微差异——"社会工作者、志愿者在社区矫正机构组织下，协助开展社区矫正工作"（第8条），而《社区矫正法（征求意见稿）》仅仅是鼓励社会工作者、

---

〔1〕《社区矫正实施办法》第3条第1、3款："县级司法行政机关社区矫正机构对社区矫正人员进行监督管理和教育帮助。司法所承担社区矫正日常工作。有关部门、村（居）民委员会、社区矫正人员所在单位、就读学校、家庭成员或者监护人、保证人等协助社区矫正机构进行社区矫正。"这种表述并没有区分得很明确。

志愿者等社会力量参与社区矫正工作。虽然有所进步，但社会工作的辅助、边缘地位没有变化。《社区矫正法（草案）》第6条第1款明确指出："社区矫正机构应当配备具有法律等专业知识的专门国家工作人员（以下称社区矫正机构工作人员），履行监督管理等执法职责。"社会工作专业被划入"等专业知识"的范畴，这相当于否定了社会工作作为一种社区矫正主体性力量的制度安排。在社区矫正宣传网评论区中，仅有个别人指出"应明确购买社工服务的经费"。概言之，此番由法学界主导出台的《社区矫正法（草案）》，深刻地体现了规范矫正、加强"外控"的要求[1]，而对"内矫"机能则有意无意地进行了淡化处理。

　　针对《社区矫正法（草案）》，征求意见程序也通过各种形式紧锣密鼓地进行着。全国人大常委会法制工作委员会将《社区矫正法（草案）》印发各省（区、市）人大常委会、中央有关部门、全国人大代表、部分高等院校、研究机构和基层立法联系点，也在中国人大网公开征求社会公众意见。司法社会工作学界和实务界也积极行动起来，通过相关渠道积极地表达社工专业的呼声。尽管这种呼声在强大的法学界和实务界面前显得相当微弱，却也部分得到了回应。同年10月，更加详细具体的《中华人民共和国社区矫正法（草案二次审议稿）》（以下简称《二审稿》）全文得以公布。其中，社会工作关注的重要变化在于第10条："社区矫正机构应当配备具有法律、心理或者社会学等专业知识的专门国家工作人员（以下称社区矫正机构工作人员），履行监督管理、教育帮扶等执法职责。"比起《社区矫正法（草案）》中仅强调工作人员的法律背景，这是一个较大让步，可见博弈的天平向社会科学界稍稍调整了一点。然而，令司法社工界感到遗憾的是，该条款中增加的是参与实务较少的社会学背景，而广泛活跃于东南沿海地区社区矫正管理中的社工，其专业背景却没有直接写入其中。决策层可能的解释包括：一是社会工作属于社会学下属的二级学科，二是犯罪学各流派包含社会学派却不含社会工作流派。

---

　　[1]　李川：《修复、矫治与分控：社区矫正机能三重性辩证及其展开》，载《中国法学》2015年第5期。

表 8-1　社区矫正制度建设进程中的社会工作条款对照表

	《社区矫正实施办法》2012 年 1 月	《社区矫正法（征求意见稿）》2016 年 12 月	《社区矫正法（草案）》2019 年 6 月	《二审稿》2019 年 10 月	《社区矫正法》2019 年 12 月
总体目标定位		第3条　社区矫正工作坚持监督管理与教育帮扶相结合，专门机关与社会力量相结合，保障公众安全与维护社区矫正人员合法权益相结合的原则。	第3条　社区矫正工作坚持监督管理与教育帮扶相结合，专门机关与社会力量相结合，保障社会公共安全与维护社区矫正对象合法权益并重的原则。	第3条　社区矫正工作坚持监督管理与教育帮扶相结合，专门机关与社会力量相结合，消除社区矫正对象可能重新犯罪的因素，帮助其成为守法公民，促进社会和谐。	第3条　社区矫正工作坚持监督管理与教育帮扶相结合，专门机关与社会力量相结合，采取分类管理、个别化矫正，有针对性地消除社区矫正对象可能重新犯罪的因素，帮助其成为守法公民。
社工参与主导思路	第3条第2款　社会工作者和志愿者在社区矫正机构的组织指导下参与社区矫正工作。	第6条　国家鼓励企事业单位、社会组织和社会工作者、志愿者等社会力量参与社区矫正工作。	第8条　社会工作者、志愿者在社区矫正机构组织下，协助开展社区矫正工作。	第11条　社区矫正机构根据需要，组织具有相关专业知识的社会工作者，协助开展社区矫正工作。	第11条　社区矫正机构根据需要，组织具有法律、教育、心理、社会工作等专业知识或者实践经验的社会工作者开展社区矫正相关工作。
工作人员专业背景要求			第6条第1款　社区矫正机构应当配备具有法律等专业知识的专门国家工作人员（以下称社区矫正机构工作人员），履行监督管理等执法职责。	第10条　社区矫正机构应当配备具有法律、心理或者社会学等专业知识的专门国家工作人员（以下称社区矫正机构工	第10条　社区矫正机构应当配备具有法律等专业知识的专门国家工作人员（以下称社区矫正机构工作人员），履行监督管理、教育帮扶等执法职责。

续表

	《社区矫正实施办法》2012年1月	《社区矫正法(征求意见稿)》2016年12月	《社区矫正法(草案)》2019年6月	《二审稿》2019年10月	《社区矫正法》2019年12月
				作人员),履行监督管理、教育帮扶等执法职责。	
矫正小组包含社工		第20条第2款 矫正小组由社区矫正机构工作人员、居民委员会或者村民委员会工作人员、社区矫正人员的家庭成员或者监护人、保证人,所在单位或就读学校人员以及社会工作者、志愿者等组成……	第21条第2款 根据需要,矫正小组可以由司法所、居民委员会或者村民委员会的人员,社区矫正对象的监护人、保证人、家庭成员,所在单位或者就读学校的人员以及社会工作者、志愿者等组成……	第26条第2款 根据需要,矫正小组可以由司法所、居民委员会、村民委员会的人员,社区矫正对象的监护人、家庭成员,所在单位或者就读学校的人员以及社会工作者、志愿者等组成……	第25条第2款 根据需要,矫正小组可以由司法所、居民委员会、村民委员会的人员,社区矫正对象的监护人、家庭成员,所在单位或者就读学校的人员以及社会工作者、志愿者等组成……
购买社工服务		第32条 社区矫正机构可以公开择优购买社区矫正社会工作服务,为社区矫正人员在思想教育、心理矫治、职业技能等方面提供必要的帮扶。	第46条 社区矫正机构可以公开择优购买社区矫正社会工作服务,为社区矫正对象在思想教育、心理矫治、职业技能等方面提供必要的帮扶。	第43条第1款 社区矫正机构可以通过公开择优购买社区矫正社会工作服务或者其他社会服务,为社区矫正对象在教育、心理辅导、职业技能培训、	第40条 社区矫正机构可以通过公开择优购买社区矫正社会工作服务或者其他社会服务……社区矫正机构也可以通过项目委托社会组织等方式开展上述帮扶活动。国家鼓励有经验和资源的社会组织跨地区开展帮扶交流和示范活动。

续表

	《社区矫正实施办法》2012 年 1 月	《社区矫正法（征求意见稿)》2016 年 12 月	《社区矫正法（草案)》2019 年 6 月	《二审稿》2019 年 10 月	《社区矫正法》2019 年 12 月
				社会关系改善等方面提供必要的帮扶。	
个别化矫正体现社工原则	第 17 条 根据社区矫正人员的心理状态、行为特点等具体情况，应当采取有针对性的措施进行个别教育和心理辅导，矫正其违法犯罪心理，提高其适应社会能力。			第 25 条第 1 款 社区矫正机构应当根据社区矫正对象的性别、年龄、犯罪原因、犯罪类型、犯罪情节、裁判内容、悔罪表现等情况，制定有针对性的矫正方案，实现分类管理、个别化矫正。	第 24 条 社区矫正机构应当根据裁判内容和社区矫正对象的性别、年龄、心理特点、健康状况、犯罪原因、犯罪类型、犯罪情节、悔罪表现等情况，制定有针对性的矫正方案，实现分类管理、个别化矫正。矫正方案应当根据社区矫正对象的表现等情况相应调整。
条款总数	40	36	55	63	63

资料来源：根据权威媒体公布的内容予以查询和整理。

然而，2 个月后最终通过的《社区矫正法》却出现了又一次反转，大致又回到《社区矫正法（草案)》中的表述，参见第 10 条："社区矫正机构应当配备具有法律等专业知识的专门国家工作人员（以下称社区矫正机构工作人员)，履行监督管理、教育帮扶等执法职责。"略有调整的是，将教育帮扶职责也交给主要由法律专业构成的工作人员。该法似乎又希望在下一条中对社会工作有所弥补，即第 11 条规定："社区矫正机构根据需要，组织具有法律、教育、心理、社会工作等专业知识或者实践经验的社会工作者开展社区矫正相关工作。"这里同时出现了"社会工作"和"社会工作者"两个表述，其中"社会工作"代表的是专业，比较好理解。但这里的"社会工作者"却可能出现歧义：一方面可以表示所列出的各专业人员通过考试成为持证社工师；另一方面也可以理解为泛化的"大社会工作"[1]概念，即涵盖参与社会公共服务的各专业背景人员。从表述的限定词"等专业知识或者实践经验"来看，更大概率是指后者，即接近"北京模式"对司法社工的界定。如此一来，看似弥补，实则社会工作的专业地位和主体性受到极大稀释：一是社区矫正机构"根据需要"才组织，二是社会工作专业仅列在各主要相关专业之末，三是降低专业甚至学历理解的"大社会工作"。为了方便读者理解，这里将社区矫正法制化进程中关于社会工作参与的相关条款一一汇总整理在上表8-1中。

《社区矫正法》在发展社会工作方面还是有积极意义的，体现在第40条中增加的一款："社区矫正机构也可以通过项目委托社会组织等方式开展上述帮扶活动。国家鼓励有经验和资源的社会组织跨地区开展帮扶交流和示范活动。"这应该是对"上海模式"的一种让步，因为如果没有深圳市那样的总体框架制度设计"公开择优购买社会服务"很可能导致各种乱象，甚至大起大落，最终难以为继。跨地区帮扶交流和示范活动更多展现了决策层希望发挥"先进带后进"作用，使矫正社会工作逐步辐射到全国更多省市。最后还需指出的是，从2016年的《社区矫正法（征求意见稿）》以来，各个版本都秉承了综合管理的思路，并且都出现在第3条："社区矫正工作坚持监督管理与教育帮扶相结合，专门机关与社会力量相结合。"这也是大陆法系逻辑严整、内容完备和条理清晰之典型特征的体现，同时也只是原则性的规定，具体如何实施还得结合各地社区矫正实际情况来确定实践策略。

总而言之，《社区矫正法》的出台是我国社区矫正事业的里程碑事件，在立法过程中汇集了各方面的意见和呼声，取得了长足的进步。通过上表的整理可以发现，《社区矫正法》可以说是《社区矫正实施办法》《社区矫正法（征求意见稿）》和《社区矫正法（草案）》的综合汇总，涉及社工参与的六大方面均有相关规定。条款总数也达到了最多的63条。然而，社会工作参

---

〔1〕　熊贵彬：《社会工作发展三大动向分析》，载《中国青年政治学院学报》2012年第6期。

与社区矫正的基调始终定位在协助上面，虽然最终的条文中去掉了"协助"二字，但是社会工作并未纳入社区矫正机构工作人员的主要专业背景要求之内，只是成为专业涵盖面较广的辅助性社会工作者中最后提及的一个专业。参与形式也是"根据需要"才"公开择优购买"或"通过项目委托"。因此，在某种意义上，本次立法过程传达了"内矫"效果不彰，需加强"外控"的思路，这与我国矫正社会工作发展不充分有很大关系。因此，矫正社会工作学界和实务界不应该欢呼，相反这应该是一种鞭策和激励——在新时代不断提升专业性和有效性。但社区矫正的教育刑特征不会改变，因而矫正社会工作终将在某个历史节点迎来转圜。

第九章

中国社区矫正的探索与转变

　　社区矫正在 21 世纪初被采纳为一种社会综合治理策略以来，中文研究文献逐渐呈现井喷之势。据中国知网统计，2003 年后以"社区矫正"为主题的中文文章急剧增长，2012 年达到顶峰并于 2014 年开始出现下降趋势。目前总量已经超过 1 万篇，参见下图 9-1。当中文研究热情开始下降之际，2014 年英文期刊中研究中国社区矫正的文章开始出现，迄今总共有十五六篇英文文章公开发表。中英文文章之间存在着一些显著差异。总体而言，中文文章更多探讨社区矫正制度设计、执行机构、适用条件和国际国内经验，分析方法主要是规范分析、逻辑思辨和案例讨论，较少深入全面的调查分析；而英文文章则以实证研究为主，尤其是调查数据的定量分析，当然也不乏制度规范的探讨。本章试图结合英文文献和中文重要文献以及国际矫正学界的研究动态，梳理中国社区矫正的发展脉络以及社会工作在其中的定位。

发文量：篇

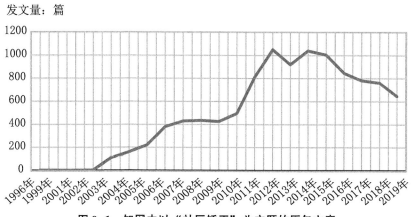

图 9-1　知网中以"社区矫正"为主题的历年文章

一、社区矫正何以在中国得到全面采纳？

实际上，中国社区矫正已经有一百多年的时间了，无论是在制度层面还是实践层面。比较正式成型的做法最早可以追溯到清朝末期，如 1903 年在监狱之外建立罪犯习艺所，1911 年制定的《清朝刑律》即包括了缓刑和假释。国民党虽然推翻了清王朝，但保留了社区矫正制度，并于 1913 年颁布了《假释管理规则》。[1] 因此，中国几乎是紧随美国的步伐建立了社区矫正法规体系，后者于 1910 年首次通过了联邦假释制度。[2] 1935 年的《中华民国刑法》修正案进一步具体化了社区矫正对象的保安处分措施，包括监管、强制劳动、教育矫正、强制治疗和限制措施。在新中国成立以前，中国共产党就在苏区广泛实施了管制制度，用于惩罚一些反革命分子。而管制也一直延续到当下，成为我国社区矫正的一种类别。新中国成立后，缓刑措施首次出现在 1952 年的《中华人民共和国惩治贪污条例》（已失效）之中，而假释措施则首次出现于 1954 年的《中华人民共和国劳动改造条例》（已失效）之中。在改革开放早期阶段，管制、缓刑和假释都被列入中国的 1979 年《刑法》之中，并一直存续于历次修订案之中。[3] 尽管在历史不同阶段存在这些刑事法规、政策和实践，但绝大部分的中文文献都将 2003 年视为中国社区矫正的发端，因为之前并没有专门的实施细则和正式的执行部门，少量的社区矫正对象主要置于工作单位和村集体或居委会的监督控制和帮教之下。直到 2003 年才由中央选定东部 6 个省市开展社区矫正试点，2005 年再增加 12 个省市区，最终于 2009 年覆盖全国。

这里值得探讨的是，为什么 21 世纪初社区矫正被我国全面采纳为一项刑罚执行策略？不少文献将其归结为我国刑事司法逐步走向宽缓化、顺应国际大趋势的结果。然而，这种分析视角有过于简单归因之嫌，因其难以解释为什么改革开放初期没有全面采纳社区矫正。正如大卫·加兰（David Garland）

---

〔1〕 Shanhe Jiang, et al. , "Community Corrections in China: Development and Challenges", *The Prison Journal*, 94（1），2014, pp. 75-96.

〔2〕 Eric J. Wodahl and Brett Garland, "The Evolution of Community Corrections: The Enduring Influence of the Prison", *The Prison Journal*, 89（1），2009, pp. 81S-104S.

〔3〕 Shanhe Jiang, et al. , "Community Corrections in China: Development and Challenges", *The Prison Journal*, 94（1），2014, pp. 75-96.

所指出的，我们需要将刑事问题置于更加宽广的经济、社会和政治视角中进行审视。[1] 在计划体制时代，基于"人民民主专政"的主导思想，主要采取较为严厉的刑事政策措施镇压反革命活动，打击刑事犯罪分子。从 20 世纪 80 年代到 21 世纪初，我国开启了全国严打，主要通过阶段性的快速、严厉打击，以确保经济改革的成功，应对改革带来的社会不稳定因素。

　　这里主要结合官方统计资料中的公安系统指标讨论这个问题。改革开放以来，来自公安系统的治安发案起数、刑事立案起数大起大落，而来自检察院和法院系统的检察批捕件数、检察起诉件数、法院刑事收案件数和法院给予刑事处罚人数则呈现缓慢稳步上升态势并且这几个指标趋势图高度重合，如下图 9-2 所示。检法系统主要依照法律条文和法定程序进行惩罚，其结果和决定过程都非常严谨，因而其统计指标趋势图显得沉稳、波澜不惊。而公安系统的决策和行动虽然由刑事政策和成文法共同推动和规制，但更加敏锐地体现了不同时期刑事政策的目标和策略不断变化的效果。因此，公安系统处于"人治"（领导层意志）和"法治"的集中交叉地带，更清晰地体现了我国惩罚权力的运行特征。而社区矫正也是逐步向"法治"过渡的惩罚领域，目前正处于由刑事政策主导向法制化转变的历史节点。我们可以从公安系统数据变化轨迹中探寻社区矫正被国家采纳、试点、发展和变化的一些社会背景、意志理念和逻辑思路。下图中公安系统的两大指标数据清晰地显示出阶段性波动特征，通常以 5 年或 10 年为一个周期。比如，1987—1991 年两大指标急剧上升，1992—1996 年保持平稳，1997—2001 年在急剧的国有企业改革中两大指标再次上扬，2002—2012 年在和谐社会建设中治安发案起数仍在大幅上升但刑事立案起数相对平稳，2013 年至今则呈现双降特征（本章后面将详细讨论该转变）。这些数据变化反映了不同阶段面临的不同经济社会政治发展背景、问题和议题、机遇与挑战，基于不同治理理念，采取了不同的治理措施。

---

　　[1]　David Garland, "Beyond the Culture of Control", *Critical Review of International Social and Political Philosophy*, 7（2），2004, pp. 160-189.

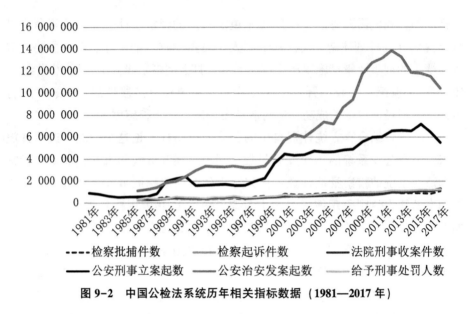

图 9-2 中国公检法系统历年相关指标数据（1981—2017 年）

资料来源：中国法律年鉴 1982—2018 年（每年年鉴统计前一年数据）。

社区矫正试点启动前后，显然全国严打未能根除犯罪。[1]如前面章节所述，英美在 20 世纪 70 年代中期以后也发起了"对犯罪强硬"运动，然而结果是暴力犯罪不断攀升。[2]随后的 20 世纪 90 年代中期，与北美走向循证矫正不同，英国转而采取了一种独特的刑事策略。首先承认国家及其刑事司法机构难以有效控制犯罪问题，因此有必要将犯罪预防的责任更多转移给社会，如私有机构、社区和个人，而警察只需要探查严重犯罪行为、逮捕恶性罪犯就可以宣称为一种成功。这种策略的理论依据是新兴的日常生活犯罪学（Criminology of Everyday Life），将犯罪活动视为现代社会普通而正常的方面，并进一步将犯罪学区分为自我犯罪学（就像自己）和他者犯罪学（就像敌人）。[3]英国策略的要义在于将自我犯罪学的部分交由社会应对，而刑事司法

---

〔1〕 Cao L. Q. , "Returning to Normality Anomie and Crime in China", *International Journal of Offender Therapy and Comparative Criminology*, 51（1）, 2007, pp. 40-51.

〔2〕 Doris Layton MacKenzie, *What Works in Corrections Reducing the Criminal Activities of Offenders and Deliquents*, Cambridge University Press, 2006, pp. 10-12.

〔3〕 David Garland, "The Limits of the Sovereign State: Strategies of Crime Control in Contemporary Society", *British Journal of Criminology*, 36（4）, 1996, pp. 445-471.

机构集中应对他者犯罪学范畴下的部分。大卫·加兰抨击英国这种策略为推卸责任和矛盾模糊的二元论，然而中国却意识到这可能成为一种治理智慧，进而出台了"宽严相济"的违法犯罪应对策略，即对严重犯罪更加严厉而对轻微犯罪更加宽缓。[1] 21世纪初，"宽严相济"政策更多体现的是"宽"的一面，主要由两种形式构成，即非罪化和非监禁化。图9-2中，2002年以后治安案件持续上升而刑事立案几乎停止增长，这说明公安系统开始将大量刑事案件降为治安案件处理，以此实现非罪化。而社区矫正则被视为针对轻微犯罪人员以及在监所改造表现良好且符合相关条件的低风险服刑人员，实行非监禁化的理想替代措施。

刑事司法策略重新定位反映了一系列经济、社会和政治变化。自从1992年中共十四大确定建立社会主义市场经济的目标之后，中国的就业结构和城乡结构开始加速转型：一方面是外出务工农民工的规模越来越庞大，另一方面是20世纪90年代后期启动的国有企业急剧改革——"下岗分流""减员增效"，共同导致计划体制下的总体社会和超稳定社会结构的动摇。赫希（Hirschi Travis）的社会控制理论指出，流动人口的增加和工作的不稳定将动摇传统的社区控制和职业控制，由此导致非法活动的增加。[2] 在计划体制下犯罪被认为是由于个人的反动特质造成的敌我矛盾，与之相反，新时期党和国家开始认识到犯罪是一种不可避免的社会现象，主要由社会流动和经济不平等加剧所引起。由此，应对策略则应该从"根除犯罪"到"控制犯罪"。[3] 在20世纪和21世纪之交，一大批犯罪学社会学派的经典理论被引入中国，如恩里科·菲利、冯·李斯特、芝加哥学派、紧张理论、社会标签理论、犯罪亚文化理论和新社会防卫理论等。这些理论大都强调犯罪问题的社会因素，提倡通过一系列社会政策提供更多的再教育、培训、就业和社会救助机会。这些观念被整合进"和谐社会"建设之中，旨在解决快速社会转型和经济增长中的社会不平等和社会冲突问题。如此，社会政治安定成了一个优先目标，而社区矫正被凸显为针对轻微犯罪人员进行惩罚和改造的一个理想答案。鉴

〔1〕 Enshen Li, "Towards the Lenient Justice? A Rise of 'Harmonious' Penality in Contemporary China", *Asian Criminology*, 10（2015），pp. 307-323.

〔2〕 Hirschi Travis, *Cause of Delinquency*, Berkeley, CA: University of California Press, 1969, pp. 10-16.

〔3〕 高铭暄、陈冉：《论社会管理创新中的刑事法治问题》，载《中国法学》2012年第2期。

于一系列社会功能从单位体制中剥离，农村集体的社会控制力也在急剧弱化，这就需要建立一个专门的正式管理体系来实施社区矫正。而社区矫正管理体系的机构设置、制度建设、判罚适用、管理方式和矫正方法都需要深入探索。

随着和谐社会建设的提出和推进，中国社会工作的发展也开始加快。自从 1987 年的"马甸会议"决定恢复重建社会工作专业教育，截至 2003 年已经有 148 所高等院校开设了社会工作专业。[1] 在社会工作专业教育中，社区矫正被视为理所应当的核心实务领域。时任中国社会工作教育协会秘书长的史柏年甚至指出，社会工作应该取代司法部门或警察体系，成为社区矫正的工作主体，因其特有的专业化个别化矫正恢复特征，[2] 正如 20 世纪大部分时期美国社会工作曾主导社区矫正实践一样。支撑和谐社会建设和社会工作发展的主要理论是社会治理理论。该理论强调综合运用多元社会力量，包括国家、市场、社区、家庭、非营利组织和志愿者，共同解决多元复杂的社会问题。[3] 受这些理念思潮的影响，社区矫正被寄予厚望实现冯·李斯特的名言，"最好的刑事政策就是社会政策"[4]，即联合正式和非正式社会力量提供就业机会、社会福利和家庭辅导等措施矫正和改造轻微犯罪人员。

值得指出的是，社区矫正还被赋予了一些经济功能：一方面，与英美相似，在"严打"后期监禁费用逐渐成为决策层关注的一个重要方面。2002 年监禁费用达到 200 亿元[5]，占当年国家安全保障支出的 87%[6]。正如司法部部长张福森所言，社区矫正提供了一个大幅度降低刑事司法成本的有效途径。[7] 另一方面，社区矫正还可以针对大规模的下岗失业人员提供一个再就业渠道。在很多试点省市，地方司法局都招聘了很多全职的司法协管员。虽

---

〔1〕 王章华：《中国社会工作职业教育现状分析》，载《新东方》2007 年第 5 期。

〔2〕 史柏年：《社会工作：社区矫正主体论》，载《中国青年政治学院学报》2009 年第 3 期。

〔3〕 彭华民：《福利三角：一个社会政策分析的范式》，载《社会学研究》2006 年第 4 期。

〔4〕 ［德］冯·李斯特：《论犯罪、刑罚与刑事政策》，徐久生译，北京大学出版社 2016 年版，第 179~190 页。

〔5〕 Li S. D., "Toward a Cost-effective Correctional System: New Developments in Community-based Corrections in China", *Victims & Offenders: An International Journal of Evidence-based Research, Policy and Practice*, 9 (1), 2014, pp. 120-125.

〔6〕 Enshen Li, "The Rhetoric and Practice of Community Corrections in China", *Asian Criminology*, 12 (2017), pp. 143-162.

〔7〕 陈建：《社区矫正制度简论》，载 https://www.chinacourt.org/article/detail/2008/02/id/287296.shtml，最后访问日期：2019 年 1 月 8 日.

然他们的工资待遇比起公务员相差不少，但毕竟还是一个比较稳定的工作岗位，对学历和技能水平不高的下岗人员还是有一定的吸引力。

二、社区矫正的多元化探索

2014 年，昆士兰大学的李恩深（Li Enshen）通过在上海的田野调查得出，中国的社区矫正采取了一种精算司法模式（actuarial justice model），主要由社会工作者采用风险评估工具对矫正对象进行分类管理和个别化矫正治疗，[1]总体在向宽缓化方向发展。然而，三年后他改变了看法，因为他发现在官方政策文本和一线实践之间存在较多不一致，最后得出结论："中国的社区矫正是以控制和教育为前提的强化式监管。"[2]同时期，来自美国韦恩州立大学的蒋山河（Jiang Shanhe）及其团队通过在湖北省开展的问卷调查分析后认为，中国社区矫正在实践中整合了惩罚和矫正恢复，在向正规化和专业化方向发展。正规化是指具有成文的规范，而专业化则是指全职工作人员队伍具有法律教育背景或为持证社会工作者。[3]而上海交通大学的袁晓宇（Yuan Xiaoyu）指出，中国的社区矫正在实践中主要采取"全社会"策略预防重新犯罪，其中的"帮教"团队在监督、劝导和帮助矫正对象中发挥着重要作用。[4]针对这些英文研究文献，可以提出一些问题。从上海、湖北或某个其他省市总结的经验是否可以代表整个中国社区矫正的特征？在近二十年的发展中，幅员辽阔的中国各地经济社会发展状况各不相同，社区矫正实践特征是否存在多元状态？在宽缓化、正规化、专业化、帮教和监控等描述中，哪种特征主导着中国社区矫正的实践？这些特征是直线稳步发展态势还是存在着某些转变？

通过第五章的探讨可以发现，中国社区矫正的发展并不是整齐划一、目

〔1〕　Enshen Li, "China's Community Corrections: An Actuarial Model of Punishment", *Crime Law Soc Change*, 64（2015），pp. 1-22.

〔2〕　Enshen Li, "The Rhetoric and Practice of Community Corrections in China", *Asian Criminology*, 12（2017），pp. 143-162.

〔3〕　Shanhe Jiang, et al., "Effects of Work Environment Variables on Job Satisfaction among Community Correctional Staff in China", *Criminal Justice and Behavior*, 43（10），2016, pp. 1450-1471.

〔4〕　Xiaoyu Yuan, "Risk, Risk Assessment, and Community Corrections in China", *International Journal of Offender Therapy and Comparative Criminology*, 5, 2019., pp. 1-17.

标定位单一的，而是各地基于不同经济社会发展状况采取了不同的行动策略，体现为不同的管理模式。那么，为什么我国会允许多元模式的存在呢？实际上，在启动社区矫正试点之初，司法部和试点省市都派出了若干考察团或设立研究团队分析北美、欧洲、日本等国家和地区以及我国香港地区社区矫正的实践经验和制度架构。[1] 然而，国际经验也是混乱的。比如，德国认为社区矫正应该由官方机构来执行且首要目标应为"再社会化"其次才是"保卫社会"；[2] 日本则提倡"官民合作、以民为主"，其中社工性质的"保护司"发挥着重要作用；[3] 我国香港地区则更多聚焦于社工主导的社区服务令；[4] 而美国在马丁森报告严重质疑社工的矫正活动并启动"对罪犯强硬"策略后，社区矫正一度备受忽视，但在 21 世纪后由于监狱成本急剧上升不得不重新重视社区矫正和社工的作用。[5] 面对如此复杂的国际经验，中国并没有草率决定社区矫正的主导思路，而是采取了改革的一贯策略"摸着石头过河"，即首先放手各地进行自主探索，然后总结完善，再全面推广应用。由此，中国的几种社区矫正管理类型得以成型和发展，包括积极监管型的"北京模式"、团队实施综合型的"深圳模式"、偏向矫正恢复的"上海模式"和形式主义一般管理的"其他"省市。然而，在我国复杂多元和快速变迁的政治社会背景下，20 世纪 70 年代克罗卡斯提出的这套分类框架是否显得有点简单化了？

乔尔·米勒（Joel Miller）挑战了克罗卡斯的综合管理模式，2015 年他发表文章《现代缓刑官的监管模式：是综合型干警的胜利吗？》（Contemporary Modes of Probation Officer Supervision：The Triumph of the 'Synthetic' Officer?）[6]。通过对美国缓刑官的全国问卷调查，他发现大部分缓刑官都是综合型的，即在日常管理工作中结合矫正帮教和刑罚执行两方面的功能，只是

---

〔1〕 姜爱东等：《德国社区矫正概览》，载《中国司法》2005 年第 11 期。

〔2〕 鲁兰：《中国特色社区矫正模式的探索路径》，载 http://www.sohu.com/a/289334698_660595，最后访问日期：2019 年 3 月 15 日。

〔3〕 王珏、鲁兰：《日本更生保护制度》，载《中国司法》2007 年第 11 期。

〔4〕 Chapter 378, Laws of Hong Kong：Social Service Orders' Ordinance, available at www.elegislati-on.gov.hk/hk/cap378！zh-Hant-HK, last visited on 2019-3-16.

〔5〕 Eric J. Wodahl and Brett Garland, "The Evolution of Community Corrections：The Enduring Influence of the Prison", *The Prison Journal*, 89 (1), 2009, pp. 81S-104S.

〔6〕 Joel Miller, "Contemporary Modes of Probation Officer Supervision：The Triumph of the 'Synthetic' Officer?" *Justice Quarterly*, 32 (2), 2015, pp. 314-336.

组合比例有所差异。米勒最大的发现在于，通过潜伏组分析（Latent Class A-nalysis）得出一个缓刑官时常采用的管理策略——"聚焦机会监督"（Opportunity-Focused Supervision，OFS）。该策略的要义在于发动"第三方"参与监督，如家庭成员、朋友、邻居、商店主和警察等，以限制矫正对象接触重新犯罪的机会。其中，最频繁使用的 OFS 策略是让矫正对象自己学会如何辨识和避免可能导致重新犯罪的场所和活动。显然，OFS 策略主要基于日常生活犯罪学。还有犯罪模式理论进一步指出，犯罪人和被害人往往具有共同的生活模式，并且施害和被害之间还时常转换。[1] 既然犯罪和重新犯罪的情境和机会已经弥散于日常的琐碎生活情境之中，那么预防犯罪也应该立足于日常活动，从中窥探可能导致犯罪和重犯的蛛丝马迹。当然，这种策略主要在于保卫社会，而不是刑罚执行或矫正恢复。近年，中国法学界已经引入加兰提出的"他者犯罪学"思想，认为罪犯难以被再社会化，只需要对他们实施强化监管和防范。就确保社会安全而言，强化监管的效率和效益远远高于个别化的矫正恢复，后者甚至被指责为特殊预防原教旨主义，因其信奉绝对差异和刑罚个别化而不能规范化，过度依赖并不可靠且良莠不齐的工作人员能力，将导致矫正的失效和不公。[2]。

　　基于多年在北京的田野调查，我们发现 OFS 策略能够较好地描述"北京模式"的实践特征。自宣告进入社区矫正之后，即组成一个矫正小组，包括矫正对象的监护人、居/村委会成员和司法所工作人员（矫正干警、司法助理员、协管员）。在官方文件中被称为"3＋N"工作模式。[3] 实际上，在 2012 年的《社区矫正实施办法》中即规定了建立矫正小组，但在很多地方的管理中都流于形式，而北京却是比较严格地执行这一规定。监护人被要求协助监管、劝诫矫正对象，并积极同司法所沟通，汇报矫正对象的近况。在居委会中一般下设有"治安和调解"分委员会，由其负责协助社区矫正监管，包括组织矫正对象进行社区服务、经常性谈话，同时观察和打听其日常活动。如

---

〔1〕　程建新、刘军强、王军：《人口流动、居住模式与地区间犯罪率差异》，载《社会学研究》2016 年第 3 期。

〔2〕　李川：《修复、矫治与分控：社区矫正机能三重性辩证及其展开》，载《中国法学》2015 年第 5 期。

〔3〕　钟馨、黄洁：《北京社区矫正"3＋N"模式锻造高效队伍》，载 http://www.sohu.com/a/107377757_162903，最后访问日期：2019 年 3 月 17 日。

蒋山河指出，在国家权力集中的中国社会，由居/村委会实施的半正式犯罪控制比起西方社会要普遍得多，这在国家机构的正式控制和家庭及志愿者的非正式控制之间架起桥梁。[1]然而，北京司法系统的政策制定者似乎认为，仅仅依靠居委会和家庭成员的支持性监督不足以全面实施 OFS 策略，因为居委会还要应对一系列其他任务，而矫正对象家庭成员并不能完全信任。由此，近年北京在全市范围内发起了一个特殊的志愿者招聘计划，即社区评议员。上海和深圳的志愿者以及著名的芝加哥区域项目（20 世纪三四十年代）和纽约青年动员计划（20 世纪六七十年代）中的社区志愿者主要致力于帮助矫正对象重新融入社会，与之相反，"社区评论员就像我们放在社区的眼线一样，经常同矫正对象谈谈话并观察他们的日常活动，然后向我们报告。"北京某区司法局副局长如此解释（2016 年春）。然而，普通的志愿者如大学生和市民，在社区服务和集中学习等活动中却被谨慎地与矫正对象区隔开来。此外，对于《社区矫正实施办法》规定的系列管理活动，基层工作人员的刑罚执行工作却并不是很严格。正如我们的一名实习学生观察到，工作人员会将不到 1 个小时的社区公园清扫或清除墙面及电杆上传单等活动记录为 4 小时甚至 8 小时。工作人员解释说，往返时间可以计算在内，并且根据劳动法双休日的劳动时间应该双倍计算。可以想象，工作人员主要关心矫正对象是否到场参加活动，而具体的活动时间和内容并不是很重要。OFS 策略更加生动地体现在当面报到的谈话之中，其间矫正对象被要求告知近期的生活、家庭、娱乐、互动、工作或学习等内容。就像福柯笔下的"凝视"一般，协管员或干警会非常仔细地听取矫正对象谈论的每一个细节，分析是否存在潜在风险，必要时要求他们做出相关调整。例如一个实习学生注意到，一名缓刑对象被协管员要求不要再跑滴滴了，因为滴滴打车还处于一种法律灰色地带可能带来麻烦。当然，没有言明的是矫正对象为公众提供网约车服务本身就是一种风险状态，如果放任的话司法所可能承担一定责任。一般来说，这些谈话与专业性的认知行为矫正无关。工作人员大多会关心矫正对象的生活困难，并尽量在谈话中建立良好的人际关系，但偶尔也会基于朴素的中国传统道德价值观念批评教育一些矫正对象。"你姐姐帮你还清了赌债，你女儿也需要钱上学。

---

〔1〕 Shanhe Jiang, et al. , "Semiformal Crime Control and Semiformal Organizations in China: An Empirical Demonstration from Chinese Community Corrections", *Asian Criminology*, 10（2015）, pp. 287-302.

如果你还去赌博，你还有良心吗?""你妈妈都多大了! 你整天不去找工作，只知道向你妈妈要钱。不觉得羞耻吗?"协管员的这类话语不时出现在学生的实习报告中。然而，最频繁、最典型的话语为"别犯事! 这样对你和你的家人都有好处。"当然这对工作人员和机构也是至关重要的，因为直接关涉到他们的责任问题。"4050 人员"有着丰富的人生经验，可以采取灵活多样的方法来实施严密而不失温度的 OFS 策略，为此在北京众多会议和文件中他们都获得了赞誉。相比上海招聘的虽然相对年轻、学历更高但流失率也高的社工，北京协管员大部分生活稳定、能够坚守社区矫正管理岗位，成为"北京模式"可以长期依赖的一支重要力量。[1] 需要指出的是，并不是北京所有区域在任何时候都采取严格的 OFS 策略。一般而言，在核心地区和重大活动期间工作人员会采取全面深入的 OFS 策略。换言之，即使在北京也会存在形式主义一般管理，特别是在郊区和没有重大活动的平常时期，更不用说在中国的中西部地区。

三、当前转变: 走向规范化?

克罗卡斯的分类框架和米勒的 OFS 策略都是在微观层面分析社区矫正的管理实践特征，没有纳入中宏观视角。但在我国社区矫正初创和探索阶段，如果忽视中宏观层面的影响，将很难全面把握社区矫正的复杂发展变迁过程。在图 7-1 所显示的官方统计中，劳教制度废止后中国社区矫正出现了一个令人费解的大转变，直到目前也没有重要文献集中分析这一新的变化趋势。劳教制度废止决定的官方表述"废止劳动教养制度，完善对违法犯罪行为的惩治和矫正法律，健全社区矫正制度"[2] 之中，按逻辑社区矫正被认为是承担轻微犯罪人员改造的理想且可行的选择。按理社区矫正对象的总体数量应该有一定程度的增长，然而实际情况却正相反，如图 7-1 所示，社区矫正对象总量呈下降趋势，尤其是假释人员的数量急剧下降。如何解释该"文本—数据"之间的矛盾及其中折射的复杂发展态势，并分析其中体现了什么样的决策层意志? 此处尝试作一个解读。

---

〔1〕　但未丽:《社区矫正的"北京模式"与"上海模式"比较分析》，载《中国人民公安大学学报（社会科学版）》2011 年第 4 期。
〔2〕　参见《中共中央关于全面深化改革若干重大问题的决定》。

我们可以从这一时期的系列法规政策和理论导向中找到一些思路和线索：第一条线索是这种态势可以认为是"宽严相济"原则的深化发展。如图9-2所示，2012年以后公安治安发案起数迅速下降，2015年后公安刑事立案起数也迅速下降，然而检法系统的若干指标一直在稳步上升因而最终给予刑事处罚的人数也在逐年缓步增加。这些数据趋势背后的制度变化，除了2013年底的劳教制度废除，更重要的变化可能是2012年《全国人民代表大会关于修改〈中华人民共和国刑事诉讼法〉的决定》中正式写入了附条件不起诉制度。附条件不起诉制度使很多处于违法犯罪边缘的人员，尤其是涉法涉罪青少年，从公安系统及检察系统处理程序中分流出去，结果就是治安发案起数的下降。劳教制度的废止实际上在很大程度上限制了公安系统的执法权限，因为之前它们可以自行决定将相关刑事立案对象处以劳动教养，[1]由此可以解释2015年后公安刑事立案起数的急剧下降。但在这一时期"宽严相济"政策对社区矫正的影响是复杂的。缓刑人员的停止增长大致可以视为"宽"的结果，因为整个公安系统的刑事立案起数都在下降；而假释人员的急剧减少可能更多是"严"的作用，因为他们已经身处监狱之中，更有可能被视为"他者"乃至社会安全的敌人。第二条线索是2014年中央政法委员会发布的《关于严格规范减刑、假释、暂予监外执行切实防止司法腐败的意见》（中政委〔2014〕5号）。有法学学者指出，近年修法取向在持续限制假释，"重减刑、轻假释"的迹象很明显。[2]然而这种看法似乎不太准确，因为上述意见中首先严格的便是"减刑"，并没有厚此薄彼。更大的背景是新一届中央领导推动的强力反腐措施，体现在社区矫正领域即是收紧假释和监外执行。不仅如此，缓刑领域也开始加强规范化管理。例如，北京放弃了以往实行的分级管理措施——根据矫正对象的不同风险水平实行ABC三类管理（宽管、普管、严管），转而实施一律严格管理，因为分级管理同样可能在一线司法实践中导致收贿受贿甚至索贿，如2016年江苏丹阳出现的协管员索贿案件。[3]此外，劳教废止后，我国还采取了一系列社区矫正规范化措施，如2014年要求在区县层面建

---

〔1〕 参见《公安机关办理劳动教养案件规定》。

〔2〕 王利荣：《行刑一体化视野下的矫正体制架构——写在<社区矫正法>征求意见之际》，载《当代法学》2017年第6期。

〔3〕《司法所社工两年32次向24名社区矫正对象索贿获刑》，载http://news.sina.com.cn/sf/news/2016-08-19/doc-ifxvcsrm1902250.shtml，最后访问日期：2019年3月19日。

立社区矫正中心,[1] 2016 年全面推行电子定位监管。[2] 这两大措施都致力于加强监督和控制。在北京,原来的劳教所被转型为社区服刑人员初始教育中心,要求所有的社区矫正对象在最初的 3 个月内必须进入其中参加为期 1 周的集中教育。通过这一举措,北京司法行政系统的决策者希望整合不同区县的社区矫正实践,而这一做法立即被一些东部省份所效仿。更重要的是,社区矫正立法进程也在加快,如第八章所述。可见,劳教废止对社区矫正的影响应该不在于矫正对象数量的增加,而在于劳教制度合法性的缺失和自由裁量权滥用方面的教训。[3] 在这种背景下,社区矫正宏观发展要务即是通过专门立法来增进其合法性,通过规范化来减少自由裁量权。规范化进程不仅在于加快立法进程,还包括实施一系列刑事政策,由此构建一整套制度框架。清华大学的中央智库专家王绍光系统地批判了一度非常流行的社会治理理念,认为治理的本义在于国家治理或政府治理,而不是多元治理。[4] 这与习近平总书记经常提到的增强国家治理能力,加强制度供给的思路是一致的。由此可见,伴随着经济的巨大成就以及社会的相对稳定状态,我国对自身制度体系的信心也在日益增强,同时希望进一步探索更加完善、可持续和有效保持社会和谐和长治久安的制度。无疑,社区矫正被视为国家治理中需要加强制度规范建设的一个核心领域。

　　然而,强调规范化管理似乎不可避免地会影响矫正恢复理想的实现,这实际上在某种意义上再现了古典犯罪学与实证主义犯罪学,抑或刑法学新旧学派之间的经典争论。以贝卡利亚和边沁为代表的古典学派提出"罪刑法定、罪刑相适应、法律面前人人平等"的原则,审判和执行都应依法进行。以龙勃罗梭、菲利和加罗法洛为代表的实证主义学派,对古典学派只关注犯罪行为而不研究犯罪人进行了猛烈的批判,指出非常有必要对犯罪的原因进行深入的调查。那些可以被矫正和治疗的应该进行个别化矫治,而那些不能被矫治的应该隔离或淘汰。司法官员和执法人员应当由行为改变专家担任,并在

────────────

〔1〕　参见《关于全面推进社区矫正工作的意见》。

〔2〕　最高人民法院、最高人民检察院、公安部、司法部《关于进一步加强社区矫正工作衔接配合管理的意见》。

〔3〕　熊秋红:《劳动教养制度改革的路径选择——以实证调研为基础的分析》,载《法学家》2013 年第 5 期。

〔4〕　王绍光:《治理研究:正本清源》,载《开放时代》2018 年第 2 期。

不定期刑下赋予工作人员充分的自由裁量权，以便开展科学的矫正。事实上，社区矫正实践和制度的诞生很大程度上即是实证主义学派所推动的。李恩深发现，上海社区矫正实践大致可以分为两种类型：一类是按照统一规范进行的内容，包括定期报告和法律与道德教育（主题包括"在刑意识""悔过""法律与秩序""道德与文化"）；另一类是个别化的"帮教"，即协助解决矫正对象生活、就业或就学方面的困难，这就成为社会工作矫正恢复的重点内容。然而，大部分社会工作者没有经过专业的犯罪越轨人员矫正训练，无法提供认知行为治疗、动机访谈和家庭治疗来瞄准犯因性因素。更糟糕的是，在 2013 年之前的 10 年里，有 262 名社会工作者因为工资相对较低、工作乏味和职业前景不明朗而辞职。[1] 鉴于这些情况，2014 年上海建立 22 个区级规范化社区矫正中心，并选派 218 名戒毒民警作为矫正干警入驻其中，专门负责入矫宣告、电子监控、统一指挥等任务。在某种程度上，因中央决策层的不满甚至批评，上海是被迫启动规范化进程。这既可以视为我国社区矫正规范化建设的又一起点，同时也可以视为矫正恢复功能被忽视的一个转折点。规范化管理至少在两个方面阻碍了矫正恢复机能的实现：首先，规范化管理将不可避免地导致司法行政程序的增加，如填写矫正中心要求的各种工作表格，由此进一步增加早已超负荷运转的一线社工的工作量，进而压缩了个体化矫正的时间和精力。更重要的是，规范化管理可能违背北美循证矫正运动提出的 RNR 原则中的风险原则，即聚焦于中高风险的案例进行干预，而对低风险矫正对象较少干预甚至不干预。[2] 当今，循证矫正是西方司法矫正界希望在科学研究证据基础上寻找有效矫正方法、复兴矫正恢复理想的潮流。事实上，如第四章所述，中国已经探索了循证矫正。2012 年司法部组织的北美考察团发现，循证社区矫正在美国和加拿大非常盛行，于是决定引入这一策略。很快，广州和苏州分别于 2012 年和 2013 年启动了循证社区矫正自主试验，但到目前为止基本上已经停止了。两个市司法局中的一位负责人承认："目前，我们的工作重点是规范建设，而不是循证矫正"（2017 年 6 月 26 日）。循证

---

〔1〕 Enshen Li, "The Rhetoric and Practice of Community Corrections in China", *Asian Criminology* 12 (2017), pp. 143-162.

〔2〕 James Bonta and Andrews D. A., *The Psychology of Criminal Conduct*, London and New York: Routledge, 2017, pp. 176-179.

矫正作为当代实证主义犯罪学的一个重要研究领域，也引起了中国法学界的关注。2019 年 5 月在中国政法大学举行的一场法学界和社会学界的对话会议上，一位法学学者指出，形式多样和结论各异的社会实证研究可能会削弱规范的权威性。在我国社区矫正领域，法学界的话语权几乎是压倒性的，以社会工作为关键词的社区矫正文献在 CNKI 中仅占 0.93%。而且所有的社区矫正研究文献中，假设检验、前测后测干预研究等方面的定量分析微乎其微。在最终通过的《社区矫正法》之中，社区矫正机构工作人员主要以法律专业背景为主，而社会工作者则被视为一种辅助参与力量。这体现在其中的第 10 条："社区矫正机构应当配备具有法律等专业知识的专门国家工作人员（以下称社区矫正机构工作人员），履行监督管理、教育帮扶等执法职责。"和第 11 条："社区矫正机构根据需要，组织具有法律、教育、心理、社会工作等专业知识或者实践经验的社会工作者开展社区矫正相关工作。"社会工作者由社区矫正机构根据需要进行组织，可以想象的结果是，在主要采取形式主义一般管理的大量省市大多不会组织。在此立法框架下，社会工作参与的形式主要是政府购买服务，即第 40 条第 1 款规定的"社区矫正机构可以通过公开择优购买社区矫正社会工作服务或者其他社会服务"。"可以"购买的另外一层意涵即是"可以不"购买，在当前司法气候下可能大部分省市区会选择后者。一言以蔽之，我国首部《社区矫正法》的主导思路显示出"重规范、轻矫正"的态势。

这里有个核心问题，规范化思路如何降低再犯风险以保卫社会？换言之，为什么中国社区矫正多年来一直保持着 0.2% 的超低平均再犯率？如果不能回答该问题，将难以理解我国社区矫正的运行逻辑以及在这套框架之下为什么社会工作显得可有可无？如此低的再犯率，在西方国家社区矫正中简直就是一个神话，比如美国各州社区矫正的再犯率在 20%～60% 之间波动。[1] 对此问题，我们可以从刑法规定和法学界的主流理论解释中寻找答案，其中可以发现两条清晰的规范化策略——谨慎性和群体风险控制。2011 年，当社区矫正首次写入《中华人民共和国刑法修正案（八）》时，谨慎性策略就清晰展现出来并延续至今。现行《刑法》第 72 条和第 81 条分别对缓刑和假释的适

---

〔1〕 Todd R. Clear, *American Corrections in Brief*, Boston: Cengage Learning, 2017, p. 264.

用条件设置了"没有再犯罪的危险"的高标准，这与实证主义犯罪学所得出的犯罪饱和率法则是相违背的，[1] 即在任何社会中都会存在一定比例的犯罪，特别是有犯罪记录的群体。显然，设置高标准的逻辑在于保卫公众，但这使得我国社区矫正的适用率与一些发达国家相比显得过低，如 21 世纪初加拿大社区服刑人员占所有服刑人员总数的 79.76%、澳大利亚的占比为 77.48%、新西兰的占比为 76.15%、法国的占比为 72.63%、美国的占比为 70.25%、英国的占比为 55.05%、日本的占比为 52.62%、韩国的占比为 45.9 %和俄罗斯的占比为 44.75 %，[2] 然而我国社区服刑人员仅为服刑人员总数的约 1/3。[3] 中国控制再犯率更重要的机制可能还在于第二种策略——群体风险控制。21世纪以来，更加精细化的分类管理和风险群体控制已经日益成为一项有力的治理策略，可用来降低再犯风险、避免社会危害和扰乱社会秩序。几个典型的风险群体已经被识别和瞄准，如危及稳定的、恐怖主义、涉毒、涉艾滋病、涉上访、在逃嫌疑犯、严重犯罪记录人员和可能造成危害的精神疾病人员。[4] 通过细致的分类和分级，可以将更高风险群体从较少风险的人群中分离出来。吸毒人员复吸率和再犯率都比较高，但西方国家一般置于社区矫正监督之下，而我国则将这类更高风险群体分离出来，交由公安系统和街乡政府进行专门管理、治疗和监督。如此，社区矫正对象作为一个群体的风险得到了控制，进而用群体风险控制措施替代个别化的风险评估和应对，这其中的主要措施包括搜集资料、跟踪和监视。现代刑事司法一直在努力融合古典主义与实证主义犯罪学中积极合理的方面，克服各自的消极方面，中国也不例外。2015年，法学界的顶级期刊《中国法学》刊发李川的文章《修复、矫治与分控：社区矫正机能三重性辩证及其展开》，文中强调社区矫正的首要任务是加强监控，其次是按照规范和类别进行矫正，而个体化治疗需要向规范妥协。[5] 值

---

〔1〕 [意] 恩里科·菲利：《犯罪社会学》，郭建安译，中国人民公安大学出版社 1990 年版，第56 页。

〔2〕 李恩慈：《论社区矫正的几个问题》，载《中国法学》2004 年第 4 期。

〔3〕 刘振宇：《关于社区矫正立法、社矫工作人员缺口问题……司法部副部长刘振宇这样说》，载 https://mp.weixin.qq.com/s/jBZuGL_36xeJLt2dcVzesA，最后访问日期：2018 年 12 月 16 日。

〔4〕 Xiaoyu Yuan, "Risk, Risk Assessment, and Community Corrections in China", *International Journal of Offender Therapy and Comparative Criminology*, 2019 (5), pp. 1-17.

〔5〕 李川：《修复、矫治与分控：社区矫正机能三重性辩证及其展开》，载《中国法学》2015 年第 5 期。

得探讨的是，是将社区矫正对象作为一个风险群体来对待，还是在其内部根据不同风险水平再进一步分类。从目前中国社区矫正实践发展来看，应该主要走向前者，因为后者很难与个体化矫正区分开来。虽然《社区矫正法》第3条规定"采取分类管理、个别化矫正，有针对性地消除社区矫正对象可能重新犯罪的因素，帮助其成为守法公民"，然而在实践操作中往往难以准确开展风险评估、缺乏专业矫治人才以及为了杜绝管理一线的微腐败而走向规范化、统一化管理，而个别化主要体现在帮教之中。由此，我国社区矫正的总体风险管控策略就在于，主要通过谨慎性和群体分类管控措施严格控制社区矫正对象的总体风险，而在管理实践中通过规范化建设、法制化管理即可。既然群体的总体风险已经得到极大控制，再犯率常年保持在0.2%左右即是明证，那么再开展深入的个别化矫治乃至分类矫治的必要性就不是很强，社会工作者的介入空间也就受到很大限制。然而，这种谨慎性和群体分类管控策略还是会存在一定问题，因为法庭基于涉罪行为确定的轻微犯罪是否就真的代表再犯风险很低，长期受到实证主义犯罪学的质疑。即便我国社区矫正如此低的再犯率，仍然不乏杀人伤人的恶性案例。

四、我国社区矫正的新分类框架？

中国社区矫正的规范化运动能得到全面、系统的实施吗？通过对若干地方司法系统的官员和工作人员的访谈和观察，本研究认为，在东部发达地区大致能够得到较为积极认真的执行，而在广大的中西部地区却往往处于应付状态。在四川一个下辖5个区县的地级市，只有2个市区建立了社区矫正中心，而每个中心只有1名矫正干警。基层司法所一般由1名司法行政公务员负责社区矫正，同时只有市区招聘了协管员。虽然已经全面实施电子定位监控，但主要追踪矫正对象的手机，这很容易通过"人-机"分离摆脱电子监控。"我们也知道存在摆脱电子监控的风险，但地方财政难以支持购买昂贵的电子监控系统，通过手机APP定位就是咱们一个简便易行的变通选择"（2019年夏访谈）。即使在电子监控腕表已经全面实施的北京，在实际操作中也面临一些问题，如北京某区的分管副局长曾问我："矫正对象所佩戴的电子监控手表，相当比例由于生活中的一些意外被损坏了。能帮我们想想办法解决这个问题吗？"损坏的原因其实很明显，矫正对象在使用"弱者的武器"——故意破坏或允许损坏的发生，以抵制对他们的电子跟踪。马里兰大学的循证矫正荟萃分析显示，电子监控并不能显著降低累犯率，而在美国的实践中电子监控主要施用于高风险矫正对象而不是所有矫正对象。[1]因此，规范化的全面电子监控在执行中面临着来自社区矫正管理内部和外部的诸多障碍。《社区矫正法》最终向一线管理实践作出了妥协，第29条第1、2款规定："社区矫正对象有下列情形之一的，经县级司法行政部门负责人批准，可以使用电子定位装置，加强监督管理：①违反人民法院禁止令的；②无正当理由，未经批准离开所居住的市、县的；③拒不按照规定报告自己的活动情况，被给予警告的；④违反监督管理规定，被给予治安管理处罚的；⑤拟提请撤销缓刑、假释或者暂予监外执行收监执行的。前款规定的使用电子定位装置的期限不得超过3个月。对于不需要继续使用的，应当及时解除；对于期限届满后，经评估仍有必要继续使用的，经过批准，期限可以延长，每次不得超过3个月。"这在某种程度上也是对前一阶段要求全面落实电子定位监控的一种纠偏。

在《社区矫正法》的公众意见咨询和最终出台过程中，凸显了中央决策层与一线机构和工作人员之间的系列分歧、博弈和妥协。立法为社区矫正的日常管理制定一系列监督、教育和帮困规范，并确立相关罚则，如果存在玩忽职守、徇私舞弊、滥用职权等行为，工作人员将受到行政甚至刑事处罚。[2]鉴于此，一线机构和工作人员在征求意见过程中一方面强烈要求赋予执法权力或警察身份，另一方面呼吁明确相关程序和责任。[3]立法结果一定程度上满足了后一方面的呼吁，却否定了前一方面的要求。这反映出决策层的主要目的在于促进管理规范化、限制一线人员的自由裁量权，但反对过于严苛，因为这有违国际刑罚宽缓化的大趋势，还因为即使转为警察身份，在

---

〔1〕 Doris Layton MacKenzie, *What Works in Corrections Reducing the Criminal Activities of Offenders and Deliquents*, Cambridge University Press, 2006, pp. 271–273.

〔2〕《社区矫正法》第61条：社区矫正机构工作人员和其他国家工作人员有下列行为之一的，应当给予处分；构成犯罪的，依法追究刑事责任：①利用职务或者工作便利索取、收受贿赂的；②不履行法定职责的；③体罚、虐待社区矫正对象，或者违反法律规定限制或者变相限制社区矫正对象的人身自由的；④泄露社区矫正工作秘密或者其他依法应当保密的信息的；⑤对依法申诉、控告或者检举的社区矫正对象进行打击报复的；⑥有其他违纪违法行为的。

〔3〕 焦暄旺：《〈社区矫正法（草案）〉开始公开征求意见了》，载 https://mp.weixin.qq.com/s/_qKsYeNcxYdJH7G7NbEKIQ，最后访问日期：2019年7月19日。

办案过程中的诸多方面仍然需要公安系统的协助。

　　基于近年我国社区矫正推进过程的多元逻辑，这里尝试构建一种新的分类框架来归纳和解释当前的发展状况，如下图9-3所示。这一分类框架采纳了米勒关于社区矫正实践几乎都是"综合型"的观点，构建了"规范化-矫正恢复"和"监督控制-宽缓化"二维分类框架。

图9-3　中国社区矫正多重机能分类框架

　　由决策层支持并首先在北京发起的社区矫正规范化建设运动，在北京周边地区如天津得到较为全面的落实。我国计划传统中形成的"全社会"模式和"人防"策略，类似于米勒提出的OFS策略得以广泛实施。监督控制功能得到明显强化的同时，以专业社会工作者为导向的矫正恢复功能却没有得到足够的重视。然而，这种密集型监督控制难以扩展至全国范围，特别是广大中西部农村地区，那里既缺乏财力人力支持，也缺乏严格监管的动力。由此，这些地区的社区矫正管理相对宽松，大都定位于满足规范管理的最低要求即可。学界讨论中的"宽缓化"趋势意外地甚至可谓戏剧化地主要体现在这些地区的社区矫正对象身上，这并非制度设计有意为之，而是实施中的无奈"变通"所致。

　　社区矫正启动以来，社会工作在东南沿海省市得到蓬勃发展，特别是在上海、深圳、广州、江苏和浙江等地，几乎与社区矫正同步发展。但最初的上海模式主要依靠社工开展刑罚福利主义式的帮困，监控相对薄弱，矫正效果不佳而受到中央的摒弃。于是，上海在规范化建设中加强了监控功能，走向了克罗卡斯所推崇的综合管理模式，在本研究的定量检验中也显现出良好的矫正效果。当然，规范化建设也不能排除既有的社会工作导向的矫正恢复，因其在东南沿海地区保持着明显的路径依赖。虽然并未受到足够重视，但立法还是尊重了既存的司法社会工作发展状况，同时还开了口子让有条件有意愿的地方进一步发展社会工作。公开择优购买服务已经被立法确立为社会工作介入社区矫正的主要渠道。通过前文分析可以看到，在深圳激烈的竞争性购买服务中，一些社会工作机构已经逐步掌握了一些西方循证矫正理论和方法，明显提升了矫正效果。但我们还需要看到，虽然有学者将项目制界定为科层制之外颇具效率和创新性的一种新体制，[1] 然而社区矫正作为一项责任明确的刑罚执行措施，其治理边界相当明晰，管理也日趋常态化，很难作为一种社会创新项目。除非能像上海和深圳那样进行整体性制度设计，否则在当前制度架构下个别区域的零星购买终将难以持续，正如第八章讨论的北京司法社工事务所案例一样。如果真正要大力发展矫正恢复机能，最终还需在常规性的科层体系中设置社工岗位。实际上，上海和深圳的司法社工之所以能够有效开展工作，主要在于通过变通方式（创立依附性社会机构和购买岗位）使社工进入科层管理体系之中。

《社区矫正法》的实施能够改变上述分类框架吗？该法公布后，立刻引起了国内一个较大的社区矫正管理交流微信群内的激烈争议，观点分歧也比较明显。理论界更多认为立法是一个较大进步，热衷于"解读"出各种"亮点"。然而实务界的看法却普遍比较消极，如"要我说，什么问题都没解决，老样子，没什么好歌功颂德。""新法没亮点，聊胜于无。""千呼万唤始出来，不痛不痒走过场，就是搁置争议，出台就行。"……这些分歧主要来源于理论界和实务界的不同关注点，理论界能够从字里行间的细微措辞表达敏锐地察觉条文的众多进步之处，而实务界更多从执法权和责任问题看待立法对实际工作的影响。综合两方面的看法可以得出一个观点，即相比《社区矫正实施办法》及几个社区矫正法（草案），立法确实有系列进步，然而这种进步更多是综合多方意见、妥协折中的结果。有的完善不具有强制性要求，有的完善主要是细节问题，但总体没有太多实质性的重大变化。可以预见，既有的框架和格局还将在新法实施过程中持续维持下去，其中区分出来的几个典型区域特征都可能表现出较强的路径依赖性。

---

　　[1]　陈家建：《项目制与基层政府动员——对社会管理项目化运作的社会学考察》，载《中国社会科学》2013 年第 2 期。

矫正社会工作方法梳理和简评

　　通过对北美司法领域社会工作百年发展兴衰、循证矫正运动的兴起及其发展和矫正社会工作科学性和有效性的探讨，同我国社区矫正工作方法进行对照和分析，以及劳教制度废止对社区矫正发展的反思，结合问卷调查数据统计分析，本研究已经得出一些结论。然而，实践性和应用性才是社会工作应集中关注的方面，以此为社区矫正一线工作提供指引。在北美循证矫正运动中，大都是结果评估或荟萃分析，主要聚焦于量化结果统计分析，而对干预过程的描述性介绍和评估的研究被评定为质量较差的证据，从而被排除在循证研究之外。[1] 但是，一线矫正工作人员培训和实际工作中迫切需要的恰好是这些详细描述过程的干预细节，尽管这类研究证据的科学性不强。这里就出现了一个二难困境：方法严谨科学的研究拥有很高的学术价值，然而仅仅能够得出少量的结论，难以指导具体的工作实务。可谓"知其然而不知其所以然"，虽然指出了"什么有效、什么无效"，却不能详细说明为什么有效或无效，以及整个干预过程中哪个部分或环节有效。荟萃研究中时常发现运用同样的方法有的有效有的却无效。[2] 而另一个极端则是能够提供大量方法

　　〔1〕　Doris Layton MacKenzie, *What Works in Corrections Reducing the Criminal Activities of Offenders and Deliquents*, Cambridge University Press, 2006, pp. 342-344.

　　〔2〕　Durlak J. A. and DuPre E. P., "Implementation Matters: A Review of Research on the Influence of Implementation on Program Outcomes and the Factors Affecting Implementation", *American Journal of Community Psychology*, 41 (3-4), 2008, pp. 327-350. McKleroy V., Galbraith J. S., Cummings B., Jones P., Harshbarger C., Collins C., Gelaude D., Carey J. W. and ADAPT Team, "Adapting Evidence-based Behavioral Interventions for New Settings and Target Populations", *Aids Education and Prevention*, 18 (Suppl. A), 2006, pp. 59-73. Castro F. G., Barrera M. and Martinez C. R., "The Cultural Adaptation of Prevention Interventions: Resolving Tensions between Fidelity and Fit", *Prevention Science*, 5 (1), 2004, pp. 41-45.

细节和丰富案例信息的实务专家或描述性研究学者，难以提供有效的支持证据。在一些国内举行的国际社会工作会议中，时常遇到来自英美或港台地区的实务专家，绘声绘色地讲述基于各种案例的预防犯罪干预方法，然而当问到证明有效性的证据时，往往两手一摊坦陈没有数据记录（no data）。在我们收集文献的过程中发现，很少将学术性和描述性较好结合起来的研究。这实际上代表了两个不同方面的专家，致力于科学性研究的往往采取实证主义范式进行研究，主要通过定量方法进行效果测评；聚焦于干预方法的实务专家则侧重于诠释主义的厚描和理解，主要进行过程和结果的定性评估。在我国社会工作引入和高速发展时期，参考和借鉴了西方偏向实务的理论模式和介入方法，而对实证主义范式的研究关注较少，导致发文质量普遍不高。同时，在矫正领域难以回避实证主义对于有效性和科学性的追问，因此本研究对北美循证矫正研究成果进行了重点探讨。那么如何融合这两种范式，同时追求矫正社会工作的学术性和实务性？本书采取如下策略：在北美循证矫正研究所显示的有效性方法措施框架内，以附录的形式选择性地介绍一些具有权威性和影响力的描述性研究资料或工作指导手册，以此展示有效的矫正社会工作的原理和具体工作方法。

第一部分　再犯风险评估方法

20 世纪七八十年代美国犯罪学家沃尔夫冈通过青少年同期群追踪研究发现，长期惯犯（chronic offender）仅占同龄人的很小比例（两次调查分别为6%及7.5%），但他们实施的犯罪却占犯罪总数的一半以上。[1] 这使刑事司法界很振奋，认为既然矫正恢复效率低下，只要能将这小部分选择性隔离起来，即使监禁等成本上升但是比起让他们在社会上持续犯罪，社会总收益还是大于成本的。由此，从一个侧面推动了崇尚监禁和惩罚的新古典主义的抬头。然而，由此也带来了一个至关重要的问题——能否进行精确的再犯风险评估。沃尔夫冈主要通过收集同龄人群体的犯罪史得出结论，即针对既成事实调查得出的结论，但是对于将来的预测却有很大的不确定性。根据犯罪生涯理论，

---

〔1〕　Larry J. Siegel, *Criminology: Theories, Patterns, and Typologies*, Thirteenth Edition, Cengage Learning, 2018, pp. 58–61.

大部分青少年罪错人员进入成年后会逐渐停止犯罪（desistance）[1]，即使是成年犯也会在经历生命重要事件时停止犯罪生涯。[2] 那么如果将已经准备停止犯罪的人员或低风险人员监禁起来，社会成本将是巨大的。不幸的是，美国的选择性监禁正是落入了这种不精确的再犯风险评估和预测之中，导致监禁人数和预算费用急剧上涨。由此，再犯风险评估成为预防犯罪和矫正罪犯的核心环节之一。

在社区矫正管理实践中，再犯风险评估在审前社会调查和社区矫正期间各阶段（尤其是入矫阶段）的风险测评中都发挥着异常重要的作用。审前社会调查将通过风险评估报告建议犯罪嫌疑人/被告是否适合适用社区矫正，而在矫正期间则可以通过风险测评确定再犯风险等级和犯因性需求，以此确定监管级别和有针对性的矫正措施。

一、犯罪行为评估与预测方法演变

时至今日，西方犯罪学界已经发展出四代犯罪行为评估与预测方法，目前正在研发第五代评估工具。

第一代评估工具称为专业判断模式（Professional Judgment）。通常由经过社会科学训练的专业人员对涉罪人员进行非结构式访谈，在具体的访谈过程中工作人员的提问具有相当的灵活性。评估结论的主观性很强，甚至是直觉性的，即使是经过严格培训的专业人员的判断也不是非常准确。[3] 有时候也会进行一些心理测试，但是形式各异。

第二代评估工具称为静态统计分析风险量表（Actuarial Static Risk Scales）。该量表由芝加哥学派的伯吉斯在测试了3000名假释犯后，经过统计分析提炼出影响再犯的22个因素，参见附录表1-1。如果15项以上因素上具有不良表现，假释后肯定有再犯风险；如果不良表现在5种以下，假释后就能适

---

〔1〕　Glenn Clingempeel and Scott Henggeler, "Aggressive Juvenile Offenders Transitioning into Emerging Adulthood: Factors Discriminating Persistors and Desistors", *American Journal of Orthopsychiatry*, 73 (2003), pp. 310-323.

〔2〕　Larry J. Siegel, *Criminology - Theories, Patterns and Typologies*,, Thirteenth Edition, Cengage Learning, 2018, p. 312.

〔3〕　James Bonta and Andrews D. A., *The Psychology of Criminal Conduct*, Sixth Edition, London and New York: Routledge, 2017, pp. 192-193.

应良好。[1]这种风险评估方法符合美国经验实证的社会科学传统，被新古典主义支持者从历史文献中翻查出来寄予厚望，希望能借此工具将沃尔夫冈研究提出的少数高风险惯犯查找出来。于是，20世纪八九十年代第二代风险评估工具风靡美国、加拿大和英国。然而，这种评估工具纯粹是基于统计数据和经验资料，并没有一套理论支撑体系，同时在伯吉斯时代犯罪心理和行为研究也没有得到充分发展。而且，这种评估方式主要依赖犯罪人静态的过去历史进行分析，不相信罪犯具有改变的潜力，即使通过评估发现高风险人员也不能指出从哪些方面努力降低其风险水平。[2]在"对犯罪强硬"年代，这不会成为一个问题，因为当时已经对矫正恢复失去信心，只需要将评估出来的高风险分子监禁起来或不予假释即可。但是，当强硬政策产生越来越多问题时，这种简单粗犷的风险评估方法就会受到质疑。

附录表 1-1 影响再犯的 22 个因素

因　素	低于 20%的因素及其百分数	高于 30%的因素及其百分数
1. 犯罪	性犯罪，8.0 抢劫，17.7	其他犯罪，30.8
2. 共犯人数	1 人以上，18.4	没有，33.1
3. 刑罚	2 年至 15 年，0.0 全部定期刑（all flat sentences），6.2 10 年到终身监禁，14.3 3 年至 20 年，18.2 2 种或更多种刑罚，18.8	1 年到终身监禁，30.0 1 年至 5 年，32.7 1 年至 3 年，50.7 5 年至 20 年，60.0
4. 服刑时间	11 个月，13.7	5 年和更长，32.1 4 年至 5 年，35.3 3 年至 4 年，37.1
5. 承认较轻犯罪	丢掉 2 分（two counts waived），13.2	

---

〔1〕 Burgess E. W., "Factors Determining Success or Failure on Parole", in Bruce A. A., Harno A. J., Burgess E. W. and Landesco J. eds., *The Workings of the Indeterminate-sentence Law and the Parole System in Illinois*, Springfield, IL: State Board of Parole, 1928, pp. 221-234.

〔2〕 James Bonta and Andrews D. A., *The Psychology of Criminal Conduct*, Sixth Edition, London and New York: Routledge, 2017, pp. 193-194.

因　　素	低于 20% 的因素及其百分数	高于 30% 的因素及其百分数
6. 检察官意见	建议（recommends），12.9	没有建议，41.3
7. 以前犯罪记录	无犯罪记录，19.6	看守所，33.4 感化院（penitentiary），36.4 教养学校（industrial school），39.3 教养院（reformatory），40.3
8. 刑罚记录	无刑罚记录，19.3	1~2 次降级（demotions），32.2 2 次或更多次降级，34.4
9. 以前工作记录	正常（regular），5.6 不正常（irregular），15.9	无（none），38.5
10. 犯罪人类型	初犯（first offender），17.7	习惯犯罪人或者职业犯罪人，58.8
11. 假释时的年龄	17 岁，14.7 18 岁，18.1	
12. 社会类型	农家小孩（farm boy），15.1 偶然犯罪人（criminal by accident），17.7 帮伙成员（gangster），19.4	吸毒成瘾者（drug addict），33.0 酒鬼（drunkard），34.0 流浪者（Hobo），40.0 游手好闲者（ne'er-do-well），46.4
13. 国籍	希腊人，9.1 立陶宛人（Lithuanian），9.1 南斯拉夫人（Jugo-Slaw），11.1 所有其他人（all other），12.0 斯堪的纳维亚人，13.2 捷克人，14.3 犹太人，15.8 墨西哥人，16.0 意大利人，17.3 英国人，17.5	爱尔兰人，31.0 奥地利人，31.6 黑人，35.7
14. 居住区规模	旷野（open country），16.4 镇（town），17.7	无记录，41.3
15. 流动性		变化无常（Transient），31.9

续表

因　　素	低于20%的因素及其百分数	高于30%的因素及其百分数
16. 邻里	居住者（residential），17.7	游民阶层（hobohemia），31.2 黑人（negro），34.6 公寓（rooming house），42.2 黑社会成员（underworld），55.6
17. 假释社区	农场，17.0 居住区（residential），17.3	黑人，34.7 公寓，54.0
18. 假释时的第一份工作	铁路工作（railroad labor），14.3 理发师（barber），15.6 农场，17.1	小组工作（teaming），30.6 看门人（porter），32.3 福利机构的工作（welfare agency），32.7
19. 在教养院中的最后安排	理发室，13.8 办事员（clerks），15.0 农场，15.5	印刷室，31.1 家具厂（furniture factory），32.4 裁缝店（tailor shop），32.9 其他（extra detail），35.3
20. 心理年龄	非常高（very superior），15.6	非常低（very inferior），32.1
21. 人格评定	正常，14.3 无记录（no record），14.6 情绪不稳定，16.6	低能（feebleminded），37.0 神经症和精神病（neuropathic& psychotic），38.1 性（sexual），40.0
22. 精神病学预后	有利（favorable），16.9	不好（unfavorable），33.4 无记录，56.2

　　资料来源：吴宗宪：《西方犯罪学史》（第2版·第3卷），中国人民公安大学出版社2010年版，第1006~1008页。

　　第三代评估工具称为风险需求量表（Risk/Need Scales），也被称为修订版的服务目录等级（The Level of Service Inventory‐Revised，LSI‐R）。这是加拿大学派20世纪90年代发起循证矫正运动的主要成果之一，他们主要通过荟萃分析和相关分析提炼出50多项犯因性需求，最后概括为八大要素，如第四章所述。在预测分析中，这些因素同重新犯罪之间具有显著的相关性。这在矫正发展史中是一个划时代的进步，因其详细地荟萃分析了每一个因素对再犯的影响，而且指出了一些如何进行干预的思路。用"什么在起作用"（what works）系统地回应了马丁森炸弹指责的"什么也没有起作用"（nothing works），使人们在新的时代重新审视矫正恢复和监督管理在罪犯矫正中的作用，尤其是在社区矫正领域。

第四代评估工具称为整合个案管理和风险需求评估（The Integration of Case Management with Risk/Need Assessment），简称为服务/个案管理目录等级（the Level of Service/Case Management Inventory，LS/CMI）。在实际推广应用第三代工具的过程中，加拿大学者们逐渐发现这套评估工具同社区矫正的实际管理工作的联系性并不强。他们发现美国经过培训的缓刑官也较少遵循第三代工具。[1] 于是，他们进一步研发出第四代工具。顾名思义，第四代工具整合个案管理和风险需求评估，致力于把两者更好地结合起来，使这套评估工具很好地运用到矫正工作一线管理中去。

顺便提一下，北美正在研发的第五代风险评估工具主要聚焦于能否在第三、四代基础上增加两个方面的内容：一是急性的动态风险因素，包括醉酒或毒瘾发作期、失业和社会支持系统崩溃等[2]；二是考虑神经心理方面的风险因素[3]。

二、第四代评估工具 LS/CMI 的运用

20 世纪 90 年代以来的近三十年中，加拿大矫正学派对于再犯风险评估工具不断进行发展。对于其中涉及的几乎每一个原则、每一个因素都展开了详细的论证，不断地吸收犯罪学领域的最新研究成果，使其理论体系日趋完善。集中反映他们成果的《犯罪行为心理学》（*The Psychology of Criminal Conduct*）

〔1〕　Lowenkamp C. T. , Latessa E. J. and Holsinger A. M. , "The Risk Principle in Action: What Have We Learned from 13, 676 Offenders and 97 Correctional Programs?", *Crime & Delinquency*, 52 （2006）, pp. 77-93.

〔2〕　Hanson R. K. , "The Psychological Assessment of Risk for Crime and Violence", *Canadian Psychology*, 50 （2009）, pp. 172 182. Yesberg J. A. , Scanlan J. M. , Hanby L. J. , Scrin R. C. and Polaaschck D. L. L. , "Predicting Women's Recidivism: Validating a Dynamic Community-based 'Gender Neutral' Tool", *Probation Journal*, 62 （2015）, pp. 33-48.

〔3〕　Nadelhofer T. , Bibas S. , Grafton S. , Kiehl K. A. , Mansfield A. , Sinnott-Armstrong W. and Gazzaniga M. , "Neuroprediction, Violence, and the Law: Setting the Stage", *Neuroethics*, 5 （2012）, pp. 67-97.

一书，已经修订到第 6 版。本部分内容主要关注矫正方法的具体运用，通过一些实例指引工作实践，对相关论证过程仅简要介绍。

目前，第四代评估工具 LS/CMI 在北美矫正领域得到广泛应用，包括法庭环节、缓刑和假释管理以及监狱管理等领域，如审前的社会调查、社区矫正中的个案管理、假释委员会决定是否提前释放囚犯以及附哪些条件、监狱通过评估确定安全等级和矫正计划等。下面，我们将引用加拿大学派在其著作中的一个经典案例作为审前社会调查的示范。

审前社会调查报告示范案例

姓名：弗兰克·布朗

生日：1984.2.14

年龄：23

报告日期：2006.4.13

评估的原因

法官比琳达·麦考密克要求对正在等待 2006 年 5 月 16 日审判的布朗做一个审前调查报告。法庭正在考虑将其置于社区矫正是否合适并推荐矫正治疗措施。

信息来源

主要通过 LS/CMI 调查确定案主可能给社区带来的风险，案主的哪些特征会带来这些风险，通过哪些形式的积极介入或治疗可以化解某些风险。LS/CMI 没有包含一些传统审判所重视的原则，特别是侵害的严重程度，因此在缺乏这些信息的情况下不能单独用以进行判决。

对布朗的访谈是在 4 月 10 日进行。我没能联系上他的事实婚姻妻子（同居关系）来证实一些信息，但是联系上了他的母亲埃德娜·布朗和一个姐姐韦斯特女士。其他信息来源包括 2000 年 5 月的一份审前社会调查

报告和以前的缓刑管理记录。

审前调查报告主要以叙述的形式展现在 LS/CMI 的第一部分（一般风险/需求因素）中，包含了八大风险/需求因素，并形成一个综合的评估分值来预测其再犯风险，并识别出与案件相关的重要犯因性需求。

LS/CMI 的第二部分（具体风险/需求因素）在第一部分的一般因素基础上，扩展到某些具体类型侵犯（如性侵、家庭暴力）涉及的风险/需求因素。

需要指出的是，最终报告内容的顺序并不一定要严格遵守 LS/CMI 的顺序。实际上，如果严格遵照的话报告可能会变得很长并且有很多重复性的内容。在访谈的过程中，调查对象的某些信息可以用于报告的不同部分进行评分。在某部分的内容可以提供信息支撑其他部分，而不必重复。

犯罪史

在犯罪史方面的得分信息反映出案主在犯罪行为中获得回报/满足的程度。长的犯罪史和很早就开始犯罪将会增加再犯的可能性。此外，这部分还要了解案主服从矫正监管的情况，及其以往侵犯模式的严重程度。

近年布朗被宣判了 3 项财产侵犯罪（2 次入室行窃、1 次持有盗窃财物）。去年他完成了一个缓刑期，没有被监禁过。他没有青少年犯罪史。这是他第二次作为成人定罪。两年前他因持有盗窃物品被判一年的缓刑，在我的监管下顺利完成了矫正期。

学习/工作

学习/工作这部分内容主要根据调查对象是一个学生还是工作人员及其表现情况进行评分。布朗的案子中，这部分评分主要基于就业的犯因性需求，不仅了解他是否就业，而且还要了解他在就业中的收获情况。

布朗完成了 12 年级的学习，开始在一个汽车工厂的装配线上工作。经过培训他主要对轿车安装挡风玻璃，并且描述自己的工作为"那是一份职业"。他对工作几乎没有什么热情，承认对这种例行程序工作感到厌倦，想找一份更加具有挑战性的工作。他还说出自己同领班的关系不好，并把对方描述为一个头脑狭窄的"暴君"。但他和工友们的关系还是令人满意的。他们一起吃午饭、一起度过休息时间。总而言之，布朗在工作场所没有成就感（低成就感）。

家庭/婚姻

在这个部分，涉案人员将提供一些虽然不是犯因性的问题但是与监管有关的信息。布朗被他妻子和父亲虐待的经历会阻碍他的积极变化，需要解决他由此引起的情绪紧张。这部分突出的内容是，他妻子反社会性的促进作用，以及他的姐姐们帮助监管的作用。

布朗和他妻子（谢莉）之间的关系显得问题很多。他们同居了 8 个月，没有孩子。布朗描述谢莉为"有点野"。她会频繁离开住处几天，而不事先说明。布朗怀疑她去放纵狂饮了，她被逮捕了很多次。她在家的时候，两人经常一起喝酒，酒后经常吵架。布朗否认他曾打过谢莉。正相反，反倒是谢莉经常打他，还说她可以出去和她喜欢的任何人住在一起，"他什么都不是"，以此来刺激他（遭受生理和情绪虐待）。当谈到他的感情关系时，布朗明显变得焦虑不安，并承认不知道如何同他的对象讨论这些事情（社交技巧很差）。我不能从谢莉那里确认这些信息，但是布朗的母亲认同儿子对于他婚姻状况的描述。

艾德娜·布朗报告说她儿子有一个艰苦的童年时代。他父亲是个酒鬼，酒醉之后经常虐待几个孩子，把个人挫败的消极情绪都发泄到弗兰克·布朗身上，因为他是家里唯一的男孩（过去的生理虐待）。弗兰克 16 岁那年他父亲死于一次车祸。近年，弗兰克只在圣诞节和母亲生日时看望她，但难以同她讨论个人问题。

两位姐姐住在斯普林菲尔德，约一个小时路程。布朗同她们尽量保持着定期的电话或邮件联系。两位姐姐都没有任何违法记录。在同他的已婚姐姐伊丽莎白·韦斯特的讨论中发现，两位姐姐都很关心弟弟，愿意提供她们力所能及的支持（这是一个可能的优势领域）。她还提到，布朗经常显得比较害羞和孤僻，但喝一些酒后就会显得放松和开朗，暗示布朗在用酒精作为摆脱压抑的方式。

休闲/娱乐

这部分将既显示布朗的休闲娱乐活动的积极面（如他对音乐的爱好），也会指出其危险方面——太多非结构化的时间。

布朗在音乐方面非常有天赋，他用了大量时间练习吉他，要么独自练习，要么一个小乐队练习。他和他描述为乐队家庭兄弟的伙伴们，大约每月一次会被邀请到各种场合进行演奏，也会得到适当的报酬。布朗个人对这个工作很满意，说希望在音乐方面做出一番事业。

他没有其他个人兴趣或嗜好。他典型的一天活动包括回家、吃晚饭、看电视或者和他妻子喝啤酒后弹弹吉他。在周末，他和妻子经常睡到中午，起床后去杂货店购物，然后傍晚和朋友去小酒馆。

同伴交往

同伴交往是犯罪行为的主要相关变量，LS/CMI 也对该风险/需求因素给予了特别的注意。没有其他犯罪风险测量工具对犯罪的社会支持给予这种程度的关注。

据布朗所知，他工作中的朋友没有一个人有犯罪记录。尽管布朗也喜欢和工友们交往，但很少在工作环境之外接触。目前的朋友圈主要限于乐队之内，乐队之内的交往坦率而直接。但是，当前布朗被介绍进入妻子更大的朋友圈之中，并且他在这个群体之中感觉比较舒适。这群人经常喝酒，一些还吸毒，有的甚至涉及犯罪。当问到如何看待这些人时，他回答说和他们一起"非常有乐趣""只要他们不伤害任何人，谁在意他们嗨起来或卷入一些小的犯罪呢？"

酒精/毒品问题

在酒精和毒品领域，不是一个简单的违法犯罪人员是否成瘾的问题，而是理解这些问题如何导致犯罪行为。由此，调查人员需收集资料发现物质成瘾如何影响工作、家庭和自我管理。

再留意一下布朗如何将其对受害者的伤害进行合理化的。此外，我们还发现一个回应性问题被评估出来——布朗不愿意参加治疗。

布朗在他父亲去世后开始规律性地饮酒。一年后他参加了工作，停止了过度酗酒。他注意到在遇到妻子后自己的饮酒量又增加了一些。当我问他每天喝多少酒时，他估计平时晚上五六瓶啤酒，周末晚上八九瓶。喝酒差不多都是和他的事实婚姻妻子，他们因为一些"愚蠢的小事"而经常争吵。他的妈妈指出，她没有兴趣去看儿子，"除非他改掉他父亲的坏习惯"（酗酒）。

据我所知，布朗在工作期间并不喝酒，但他因为宿醉误了好几次工，有两次还被主管训斥了。此外，当前的侵犯也是和朋友一起喝酒引发的。布朗记不太清楚那天晚上的事情，但指出"没有造成什么损害"并且"无论怎么样对方收回了被偷的财物"。在我们讨论参加戒酒治疗项目的可行性时，他很快回绝了这个建议，说他最近已经减少了饮酒量将来也会继续这么做，参加治疗是浪费政府的钱（回应性、激发动机面临障碍）。

布朗保证他现阶段没有吸食毒品而且也没有兴趣。他承认以前和朋友一起尝试过几次大麻，但那样只使自己犯困。

亲犯罪态度/定位

亲犯罪态度的评估通常在访谈中通过仔细倾听其对犯罪行为和传统（如工作、权威等）的态度的表达来实现。

布朗在我们会谈的系列情境中展现了他对反社会行为的支持。他通过归罪于酒精的作用最小化自己卷入犯罪的责任。而且，他认为继续同现在的朋友交往、珍视他们的友谊并没有什么问题。一个积极的评价是，布朗认为工作是重要的任务，每个人都应该通过工作获得一份生活，"包括那些靠社会福利生活的人"。尽管不是特别喜欢目前的工作和主管，但他不打算辞职，希望继续做一个积极的劳动者。过去布朗在缓刑监管之中总是遵守约定，服从缓刑规定。在讨论他过去的缓刑期时，很明显他已经同他的缓刑官建立了积极的工作关系。布朗确实对当前的定罪有异议。尽管裁定有罪，但他认为街区商店店主不应该起诉他，因为他那时处于烂醉状态。当询问到损失时，他承认有责任并愿意赔偿，但却指出他确信商店有保险。

反社会人格

反社会模式主要评估伴随犯罪行为的一般人格和行为模式。在很大程度上，在布朗身上，没有发现什么高风险违法犯罪人员所具有的反社会人格。

作为一个成人，布朗两次破坏法律，都导致他被定罪。然而，没有证据显示他在童年时期具有行为问题以及青少年不良行为。他没有暴力犯罪历史，无论是家庭暴力还是针对其他人。虽然有点以自我为中心，但他并没有展现为一个特别冷酷无情的人。布朗只是有时冲动行事，尤其是在酒精的影响下。

布朗没有精神健康辅导的历史。虽然当前对于即将到来的法庭处置有点焦虑，但没有证据显示抑郁症状和自杀倾向。

布朗否认具有什么经济困难。他一直在租住一个公寓，门下的轿车也全部付清了。他指出自己没有外债，能够通过自己的方式生活，但也不能负担很多奢侈品。布朗住在一个非犯罪活动高发的城市住宅区，没有搬迁的意向。

总结和推荐

这一部分值得注意的是，缓刑官如何对布朗的再犯风险做出评估结论，并提出一个可行的社区处遇计划，使法官不至于判罚监禁刑。

回顾布朗的个人历史，相比他的前一次缓刑这次最显著的变化是，他重新开始酗酒，主要因为卷入他的事实婚姻妻子及其朋友圈之中。他表现出更多的支持犯罪行为的态度和价值观，可能反映出布朗现在朋友圈的影响。

布朗的上次判刑，在 LS/CMI 上被评估为低风险/需求类别。这次，对他的再犯风险评估为中等水平。风险水平的增加可以导源于他的成长，但不限于此，犯罪史、持续大量饮酒、不稳定的婚姻、更多时间同涉罪人员交往以及对工作增加的不满情绪。中等风险水平的缓刑犯在两年期间内具有48%的再犯可能性。然而，有效的介入可以在某种程度上降低这种可能性。

目前评估发现他需要一个戒酒辅导，尽管案主自己觉得不太必要，同时还需要建立更加亲社会的同伴圈。增加同那些没有涉及犯罪或酗酒活动的他人的联系，会导致更富有成效地利用休闲时间。他的两位姐姐都表达了对弟弟积极的关心，可以提供帮助鼓励他从事亲社会的活动（如他对音乐的兴趣）。

根据布朗上次遵守缓刑规定的情况，这次如果在缓刑中附上参加戒酒治疗的条件，将会有利于促进他通过社区资源解决个人酗酒问题。他和妻子已经处于断绝关系的边缘，这可以帮助他减少同目前的反社会圈子的交往，反过来也可以促进其减少亲犯罪的态度。而且，社区处遇可以使布朗保留工作，在缓刑官的指导下，他可以建立工作场所的更多联系，扩大自己的亲社会网络。

J. 沃德史密斯
高级缓刑官

资料来源：James Bonta and Andrews D. A. , *The Psychology of Criminal Conduct* , Sixth Edition, London and New York：Routledge, 2007, pp. 202–209.

以上审前调查报告作为加拿大循证矫正学派的经典案例及其主要思路的具体化展现，连续出现在他们几个版本的著作之中，使我们难以忽略其重要示范作用。然而，细致的读者将会深入探究，他们是怎样进行调查的？怎么得出以上评估结果和推荐意见的？换言之，如何操作化的？

根据我们的理解，加拿大矫正学派几个版本的著作都是在论证其评估方式的科学性、有效性和可行性，在其著作的背后则是一套系统的评估工具。因此，在某种意义上这些著作可视为其研究成果的论证说明书，但是其各个原则和因素的论证过程具有比较严谨的学术性，而且对其两代评估工具开展了系列应用研究和培训及结果检验，并坦陈其工具在应用过程中面临的挑战及应用状况。[1] 因此，我们认为其"产品说明书"是比较客观科学的，也是成功的。

　　然而，我们如何获得这套评估管理系统？据知情的中国及加拿大学者透露（2017 年冬访谈），这套评估管理系统价值不菲，约为十多万美元。对于一个地方的社区矫正管理系统而言，也许可以考虑引进其全套管理工具，并开展自上而下的全面培训以及管理工作全盘创新。但对于一线渴望工作方法创新和取得实效的工作人员、矫正社工及其机构，以及迫切希望借此工具/方法开展研究的学者而言，该如何获得相关的实用方法技巧呢？对此，我们请教了我国香港地区的权威学者。我国香港地区已经引入这套管理系统[2]，并且根据实际情况进行了本土化，并在矫正社会工作实践中不断调整和优化，参见下表：

个案管理清单 2.0
YLS/CMI 2.0
面谈指引
Robert D. Hoge，Ph. D. & D. A. Andrews，Ph. D.

受访者编号：＿＿＿＿＿＿＿＿＿＿＿＿＿＿＿＿＿

出生日期：＿＿＿＿＿＿＿＿＿＿＿＿＿＿＿＿＿

转介来源：＿＿＿＿＿＿＿＿＿＿＿＿＿＿＿＿

访问者：＿＿＿＿＿＿＿＿＿＿＿＿＿＿＿

　　个案管理清单 2.0：面谈透过集中检视与罪犯生活有关的重要因素，评估罪犯重复犯罪的风险。当进行面谈时，需要问受访者所有提供的问题。如有需要，可更改问题所用的字眼，以协助受访者容易明白问题或以此提高与罪犯投入面谈的兴趣。

---

　　〔1〕　James Bonta and Andrews D. A. , *The Psychology of Criminal Conduct* , Sixth Edition, London and New York：Routledge, 2017, pp. 258-268.

　　〔2〕　James Bonta and Andrews D. A. , *The Psychology of Criminal Conduct* , Sixth Edition, London and New York：Routledge, 2017, p. 349.

犯罪/判决背景

我们将会问一些有关你出现法庭因由的问题。

1. 你干犯了什么罪行？

2. 请描述你干犯有关罪行的情形（例如你与那些人一起干犯罪行？是否有计划地进行有关罪行？）

3. 你对犯罪有什么感觉？对受害人有什么感觉？

我们将会问一些有关你犯罪前情况的问题。

4. 当你第一次犯罪/涉及罪行麻烦时，你的年龄是多少？当时你在做什么？

5. 你之前曾否被警察查办？

6. 你之前曾否被判罪？

7. 你曾否受感化？曾否被监管？（若答没有，请跳至第9题）

8. （若你曾受感化或监管）当你接受感化或监管期间，你曾否接受辅导、复康计划或类似的计划治疗？请描述有关的经历。

家庭或父母管教背景

9. 你现在与什么人居住？你在现址住了多久？如果被访者不是与家人居住，请问他现在居住安排的由来。

我们将会问一些有关你父母/监护人的问题。

10. 你与父/母/监护人相处如何？你会如何形容与他们的关系？

11. 在家里是否有很多规矩？你认为这些规矩公平合理吗？

12. 你的父母如何使你遵守这些规则？

13. 如果你未能遵守这些规则，你的父母会如何处置你？他们会如何训导你？

14. 你是否有兄弟姊妹？你如何与他们相处？有没有在家中吵架？

15. 你的父母相处得怎样？

16. 你的父母是否工作？他们做什么工作？家庭收入是否足够？

17. 你还有什么可以与我们分享有关你家庭生活的事宜？

教育或就业背景

18. 你现在是否在学？或工作？

如果在学，我们将会问有关你学校的问题。

（如果不在学，请跳答第 25 题）

19. 你的学校成绩表现如何？最近是进步还是退步？

20. 你最喜欢的是什么学科？你不喜欢哪些学科？

21. 你曾否被心理学家或特殊教育学家评估？结果如何？

22. 在过去一年，你曾否在学校遇上麻烦？你曾否被停学或逐出学校？你的父母曾否因你的问题而到学校见老师？

23. 你与老师或同学相处如何？

24. 你曾否逃学？

25. 你现在有否工作？是全职还是兼职？

（如果没有，请跳答第 27 题）

26. 你如何喜欢现在的工作？你与上司或经理相处怎样？

27. （如果没有工作又没有读书）你是否在寻找工作？你花了什么力量去找工？

同辈关系

我们将会问一些有关你的朋友（常与你一起的人）的问题。

28. 现在，谁是你的好朋友？

29. 你是否有要好的朋友关系？请你描述一吓他/她。

30. 还有没有其他人，你认为可作为朋友？

31. 你的朋友当中，有否被警察查办或逮捕？

32. 你的朋友有否滥用药物？

33. 你是否三合会成员？你认识三合会会员吗？

药物滥用

我们将会问有关酒精饮用的问题。

34. 你有否饮啤酒、烈酒或其他任何酒类饮品？你何时开始秘一次饮酒？

（如果没有，请跳答第 36 题）

35. 你每次饮多少酒？你饮醉时，会做什么？

36. 你有否使用药物例如大麻、可卡因、兴奋剂？你何时开始使用？每次用多少？

37. 当你一个人或与朋友一起时，你通常会否用药？

38. 你认为饮酒或用药是否一个问题？你的父母有否担心你这些问题？

39. 你认为你的犯罪行为与饮酒或用药有关吗？

40. 你会否接受帮助，以戒掉酒/药瘾？

悠闲/娱乐

41. 你是否这些团体的成员？例如学会、组织、运动、小区组织？你享受这些活动吗？你如何喜欢参与这些活动？

42. 你有什么兴趣例如运动？你是否有兴趣学习一些新玩意？

性格/行为

43. 你如何看自己？你是否通常正面看事情？你曾否有时对自己感失望？

44. 你是否曾为某些事情而生气？为了什么事情？

45. 当你生气时，通常你会如何应付？你会否打架？

46. 你是否容易沮丧？或你是否一个容易相处的人？

47. 你是否有专注力的问题？你曾否被认为有专注力的问题？

48. 当你做错事时，你通常会感到怎样？当你伤害别人时，你会否感到内疚？

49. 你曾否感到紧张或抑压？你是否时常有这些感觉？

50. 你曾否想过自杀？

51. 你认为你是否善于计划事情以达至成功？或你倾向错失时间？

52. 你曾否为你的好朋友、家庭或学校而担心？

态度/价值观/信念

53. 你如何看你所犯的罪行（或自称会犯的罪犯）？你如何看罪行的受害人？

54. 你认为警察或法庭有否公平处理你的罪行？你认为警察或法庭是否公平处理罪犯？

55. 当你被判罪，你如何看所得到的刑罚？

56. 你是否认为不曾犯罪的人比曾犯罪的人好吗？

57. 你认为你的父母对你是否公平？你认为你应否遵守法律？

58. 学校如何？你认为老师或学校职员是否公平对待学生？

你还有没有可以与我们分享的事情？或你有没有想要问的问题？

中国政法大学讲座资料

2017 年 11 月 9 日

以我国香港地区的这一套风险评估问卷作为参照，我们就有了一个清晰具体的经验指引，接下来的问题就是如何更好地利用这一套评估体系。犯罪心理学家、社区矫正管理部门和一线工作人员多么希望拥有一套权威的评估指标体系，以期一劳永逸地解决若干问题。然而，循证矫正所揭示的矫正社会工作的专业性和有效性提醒我们，对于这套再犯风险评估工具必须结合矫正对象生活系统和实际管理工作善加利用。

犯罪心理学界倾向于通过权威心理学量表测试违法犯罪和越轨人员的反社会人格特征、认知行为问题以及精神健康问题，然后有针对性地开展认知行为干预，或结合医药开展精神疾病治疗，而干预和治疗的依据往往是定量化的量表测试结果。这一套理论和操作方法值得矫正社会工作者深入学习和借鉴，然而矫正社会工作绝不是仅仅计矫正对象填写量表，进而针对个体问题进行介入。虽然 LS/CMI 也会有一个量化的评估结果（绝大部分问题都属于"是否"问题，一般进行"0-1"量化赋值），但是这个评估结果不是矫正对象自填的，而是需要矫正工作人员深入访谈矫正对象及其亲属、同辈群体、社区、学校/工作单位甚至受害者（并不一定访谈所有受害人），综合确定评估结果。也即是，矫正社会工作需要超越个人问题的视角，深入调查对象所处的生态系统全面理解其犯罪越轨行为，采取"个人－社会"的心理社会视角。

这里需要平衡社会科学实证主义和诠释主义方法论，在矫正社会工作的再犯风险评估实践中，最好的策略是将两种方法论进行有机结合。矫正社会工作在再犯风险评估中如何结合两种视角呢？一方面，要学习和借鉴西方的"循证矫正"得出的有效再犯风险评估工具，因为这代表了一套跨情境一般化的有效知识体系，在评估过程中要以此作为主要的分析框架。另一方面，在同案主建立良好工作关系的基础上，走访家庭、社区及其他社会场域进行观察和深度对话，深入探察案主的意义世界。在 LS/CMI 八大要素框架下理解案主较为固定的认知行为模式、生命史和家庭生活模式，发现其婚恋家庭、工作学习和朋辈交往等方面面临的危机或压力，着重关注其近期生活事件流。最后，综合调查得出的量化数据和定性分析资料，得出再犯风险水平结论和是否适合社区矫正及重点参与何种矫正措施的建议。通过这种方式，我们可以理解和运用北美循证矫正的理念和方法，将有效矫正的普遍原理同矫正社会工作的个别化原则融会贯通，将科学态度和关怀感化相结合。

第四代评估工具的运用也受到社区矫正实务部门的挑战。在美国和加拿大，一线矫正工作人员往往不愿放弃自己多年的管理经验，来接受一套新的评估程序[1]，开始时只有 32% 的人员认为这套方法是一个好的措施。他们往往把自己视为刑罚执行人员，但在新的评估和管理工具下他们被要求同时提供矫正恢复服务。同时，即使经过精心培训，还需要一段时间的反馈和督导，才能够维持风险评估技巧。[2] 但是，只要这套循证矫正得出的有效评估方法得以较好培训，并在工作人员实务中得到较好执行，效果是非常明显的。

在矫正对象风险评估领域，我国社区矫正管理系统不乏勇于创新的地方。早在社区矫正试点开始的 2003 年，北京市司法局就与首都师范大学政法学院

---

〔1〕 Lowenkamp C. T., Latessa E. J. and Holsinger A. M., *Empirical Evidence on the Importance of Training and Experience in Using the Level of Service Inventory-Revised*: Topics in Community Corrections-2004, Washington, DC: National Institute of Corrections, 2004.

〔2〕 James Bonta and Andrews D. A., *The Psychology of Criminal Conduct*, Sixth Edition, London and New York: Routledge, 2017, pp. 245-249.

社会工作系联合研发了《北京市社区服刑人员综合状态评估指标体系》，2005年修改后推出第 2 版。2005 年，上海市徐汇区也设计了《社区矫正风险评估测评表》，2006 年推广至全市范围。然而，这些评估指标体系设计比较粗糙，多采用定性评估方式，主观性较强，缺乏客观性和权威性。[1] 而且，这些测评表缺乏后期的有效性验证研究，难以同西方的风险评估工具进行学术对话。各地社区矫正管理部门由衷希望能够开发或引入一套行之有效的风险评估工具，以此统一管理实践、提高监管工作成效并切实降低社区矫正带给社会的潜在风险。目前较多地方采用了 PCL-R（修订版精神变态测评表），该量表在预测暴力行为方面确实具有显著性的效果，但研究显示 LSI-R 和 LS/CMI 的预测效果不低于甚至高于 PCL-R。[2] 需要指出的是，PCL-R 主要测试心理变态状况，并不是主要针对社区矫正而设计，也没有和相关的管理矫正方式相联系。

目前，很多地方决策者都没有意识到一线工作人员的能力和素养远远高于评估量表的作用，因为量表反映的主要是量化的数据，绝不能代替工作人员深入家庭和社区的评估访谈以此体察案主的意义世界，并在此过程中同矫正对象建立良好的工作关系。简言之，矫正社会工作应该走进"社会"之中，而不是停留在量表的数字上。实际上，几年前中国政法大学社会工作系曾经对北京市 X 区的司法协管员进行过第四代评估工具和入户访谈的培训。然而，几年后我们发现，新一代的协管员更喜欢用量表而不是入户调查，究其原因："量表更加省事，在司法所里几下就可以完成。而访谈提纲却需要一个一个问题的询问，显得比较麻烦费事。"（2017 年秋访谈）这种工作态度和工作方法是令人担忧的，因其仅仅寄托于评估量表的数据，缺乏对于矫正对象风险状况的深入理解，尤其是在审前调查阶段。

第二部分　动机式会谈

动机式会谈（Motivating Interview，MI）最初由詹姆斯·普罗查斯卡

---

〔1〕　吴艳华、王敬：《我国社区矫正风险评估现状》，载《河南司法警官职业学院学报》2012 年第 1 期。

〔2〕　James Bonta and Andrews D. A.，*The Psychology of Criminal Conduct*，Sixth Edition，London and New York：Routledge，2017，p. 214.

（Prochaska J. O.）和卡罗·迪克莱门特（DiClemente C. C.）于 1982 年所创立[1]，意在通过建立支持性关系激发案主改变的动机，主要用于成瘾性行为和不良行为习惯的戒除和改善。该方法在循证矫正运动中被加拿大矫正学派和美国矫正界共同认可并极力推荐到社区矫正工作之中，属于矫正社会工作的一项核心技能。加拿大矫正学派曾被批评为不重视案主的优势[2]，为此他们强调了动机式会谈的作用，尤其在同案主建立良好关系的过程中[3]。美国国家矫正研究所与犯罪和司法研究所联合推出有效干预的八大原则，前两项即是细致的风险评估和提升内部动机。[4] 不仅如此，美国国家矫正研究所还在其官方网站上公布了《在缓刑和假释中激发矫正对象改变的指导手册》（以下简称《指导手册》）[5]，供全美社区矫正界学习和参考。本部分内容将主要依据该《指导手册》，摘其要义呈现给国内社区矫正管理部门、一线管理人员尤其是需要不断提升专业性的矫正社会工作实务人员和学生，以利于批判性吸收和借鉴。

一、动机式会谈与循证矫正的融合

动机式会谈最初起源于医学界针对酒精依赖治疗和辅导的成功实践。美国矫正研究所并不是将其机械套用于社区矫正领域，而是根据西方尤其是北美矫正领域主流的最新研究成果以及社区矫正工作实践特征，将动机式会谈进行系列调试以适应新时代缓刑和假释工作实践需求。近三十年的循证矫正运动，缓刑和假释领域的动机式会谈自然无法回避，《指导手册》将两者很好地结合了起来，比如《指导手册》开篇就详细阐述了"风险、需求和回应

〔1〕 Prochaska J. O. and DiClemente C. C. , "Transtheoretical Therapy: Toward a More Integrative Model of Change", *Psychotherapy: Theory, Research & Practice*, 19 (1982), pp. 276-288.

〔2〕 James Bonta and Andrews D. A. , *The Psychology of Criminal Conduct*, Sixth Edition, London and New York: Routledge, 2017, pp. 339-341.

〔3〕 James Bonta and Andrews D. A. , *The Psychology of Criminal Conduct*, Sixth Edition, Routledge, 2017, p. 177.

〔4〕 Clawson E. , Bogue B. and Joplin L. , *Implementing Evidence-based Practices in Corrections: Using an Integrated Model*, Boston, MA: Crime and Justice Institute, 2005, p. 6.

〔5〕 Scott T. Walters, Michaeld D. Clark, Ray Gingerich, Melissa L. Meltzer, "A Guide for Probation and Parole Motivating Offenders to Change", available at https://nicic. gov/motivating-offenders-change-guide-probation-and-parole, last visited on 2017-08-29.

性"三原则。[1] 其中的回应性原则要求矫正工作者在介入过程中应当"因材施矫",即根据罪犯的具体情况采取适切性的矫正措施。首先,矫正工作人员要善于引导矫正对象做出改变,并帮助他们强化改变的意识与愿望。对于那些已经萌发改变动机的矫正对象来说,要帮助他们采用认知行为策略,在行为上发生改变。但是,违法犯罪人员的改变动机往往具有复杂性和多变性,比如有罪犯愿意接受工作技能培训,但可能认为其毒瘾问题无关紧要,并抗拒这方面的改变。其次,工作人员还要了解矫正对象改变的动机。以戒毒治疗为例,罪犯之所以愿意接受治疗,有的是担心毒品对其家庭成员的负面影响,有的是出于财政或健康方面的考虑,还有的是因为法庭判罚要求。不同案主的改变动机因人而异,需要工作人员通过交谈了解具体情况。最后,工作人员还需根据案主个人不同情况,包括文化水平、学习模式和智力水平等方面,采取相应的交流方式,如当面谈话、电话交流、网络软件和书面交流等。

以往的罪犯辅导和改变过程往往由心理专家介入,但循证矫正得出最有效的矫正方式在于矫正官同时身兼矫正辅导和监督管理两方面的角色,因此动机式会谈强调矫正工作人员在罪犯改变过程中扮演积极角色,《指导手册》指出缓刑官和假释官也应参与矫正辅导过程。具体而言,综合型矫正工作人员通过对矫正对象进行细致风险评估,推荐合适的矫正项目,经常与他们交谈,激发动机并促进其行为上的改变。

动机式会谈属于循证实践,但究竟最适用于哪类违法犯罪或越轨风险人员目前尚无定论。研究表明,针对精神分裂患者、抑郁人群、仇视社会人群及其他认知功能障碍人群,动机式会谈都起到了明显的效果。[2] 酒瘾、毒瘾戒除领域内的研究表明,那些处于改变早期阶段,以及那些抗拒改变、情绪容易激动的人也特别适用于这种模式,因为动机式会谈善于激发其改变动机。改变进程后期阶段的服刑人员,他们则需要积极鼓励和支持,巩固效果防止

---

〔1〕 Scott T. Walters, Michaeld D. Clark, Ray Gingerich, Melissa L. Meltzer, "A Guide for Probation and Parole Motivating Offenders to Change", available at https://nicic. gov/motivating-offenders-change-guide-probation-and-parole, last visited on 2017-09-03.

〔2〕 Project MATCH Research Group, "Matching Alcoholism Treatments to Client Heterogeneity: Project MATCH three-year Drinking Outcomes", *Alcoholism*, *Clinical and Experimental Research*, 22 (6), 1998, pp. 1300-1311.

反复。一般来说，罪犯越是对改变抱有排斥和抗拒心理，动机式会谈的效果就越明显。

二、案主动机改变的阶段特征和应对策略

很多一线矫正工作人员主要通过是否配合服从及其程度来判断案主的矫正效果，但是服从并不等于改变。比如，两位社区矫正对象都愿意接受"情绪管理"培训，一位是为了避免监狱服刑；另一位则认为情绪失控会对其婚姻产生消极影响。无疑，第二位矫正对象具有更强的积极改变内在动机。[1]因此，我们需要深入地分析矫正对象外在表现的内在原因，从而发现其改变动机水平。虽然从监督管理角度而言，短期服从也是社区矫正的主要目标之一，但是从长期预防再犯的矫正效果来看，还需着眼于内部矫正。短期服从可以通过威胁处罚来实现（有的还未必能实现），而长期稳固的改变需要从对象内部动机入手。但是长期目标和短期目标并不是简单的矛盾关系，在动机式会谈模式下两者是辩证统一的关系。

这里需要强调几个方面：其一，动机并不一定会带来实际改变，但动机的提升会大大增加改变的可能性。其二，动机不能泛泛而谈，具有很强的具体性。比较常见的是，婚恋及家庭问题咨询动机较强，但是成瘾性问题改变动机较差。其三，动机具有复杂多变性。正如犯罪生涯理论所指出的，罪犯在经历生命中的重大事件（如婚姻、工作、重大疾病、孩子出生和亲人去世等）后，犯罪行为往往会发生重大变化（包括变好和变坏），相应的改变动机水平也在波动。其四，动机具有可影响性。有的矫正对象甚至在同朋友或专家交谈后，动机就能发生显著变化，动机式会谈正是希望充分利用这个原理。其五，动机受到内外因素影响而改变，内因往往更加持久。内因包括价值观和目标定位，改变的信心和能力。社区矫正对象改变初期，往往是外因作用（监管要求），随后内因作用会逐渐占据主导地位。

动机改变过程往往循序渐进，呈现出阶段性特征，大致可以分为如下几个阶段：考虑前期（尚未表现出改变的愿望）、考虑阶段（表现出一定改

---

〔1〕 Project MATCH Research Group，"Matching Alcoholism Treatments to Client Heterogeneity: Project MATCH Three-year Drinking Outcomes"，*Alcoholism*，*Clinical and Experimental Research*，22（6），1998，p. 12.

变愿望）、准备阶段（为改变做准备）、改变阶段（发生改变行为）和保持阶段（将改变延续下去）。当然，人类行为的改变及其动机水平是一个复杂过程，出现反复状态在所难免。如果案主动机及其行为出现反复，需要在新的情境下开始新一轮的动机激发。因此，这些阶段也称为"改变之轮"，参见附录图1-1：

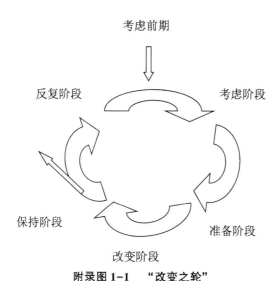

附录图 1-1　"改变之轮"

资料来源：Scott T. Walters，Michael D. Clark，Ray Gingerich，Melissa L. Meltzer，*A Guide for Probation and Parole Motivating Offenders to Change*，2007，p. 14.

具体到社区矫正领域，以上各阶段将会显现不同的问题特征，《指导手册》有针对性地提出了相应的应对策略，参见附录表1-2：

附录表 1-2　动机改变各阶段的问题及介入策略

	问　　题	应对策略
考虑前期	"我不需要做出任何改变。" 当事人尚未意识到问题所在，或是担心改变的代价太大而迟迟不愿意做出改变。	（1）建立起互信的和谐关系； （2）帮助其认识到问题所在及改变的重要性。

续表

	问　题	应对策略
考虑阶段	"我正在考虑做出改变。" 当事人已经意识到问题所在，但仍然懵懵懂懂，还不清楚该如何解决。	（1）意识到这种懵懵懂懂的心态； （2）找到目前行为同个人价值观及目标的差距； （3）探讨改变可能引发的利弊； （4）探讨改变的方式。
准备阶段	"我在考虑应该如何做出改变。" 当事人已经尝试做出改变了，合理的计划将有利于催生改变行为。	（1）增强信心； （2）探讨改变的最好时机； （3）提供信息、选择及建议； （4）切忌操之过急。
改变阶段	"我正在改变，向目标努力。" 当事人已经在积极改变自己了，并努力克服可能出现的反复状况。	（1）合理制订改变计划，促进积极改变；鼓励改变； （2）定下可以达到的目标，并为之努力； （3）将改变保持下去。
保持阶段	"我已经做出改变，但还要保持下去。" 当事人已经做出改变，并注意保持。但有可能出现间歇性复发，使得当事人产生内疚情绪。	（1）促进改变行为； （2）探讨可能出现问题的地方，避免出现反复。
反复阶段	"我又故态复萌了，以前的努力都白费了。" 问题重新出现，当事人可能会表现出气馁、愤怒的情绪。	（1）认识到出现反复的现实，但不要过于内疚； （2）探讨出现反复的原因； （3）重拾信心，为再次做出改变做准备。

资料来源：Scott T. Walters, Michael D. Clark, Ray Gingerich, Melissa L. Meltzer, *A Guide for Probation and Parole Motivating Offenders to Change*, 2007, p. 14.

通过美国学者归纳的社区矫正领域动机式会谈的阶段性问题和介入策略，不难发现，案主的动机和行为改变具有以下特征：首先，绝大多数人的改变过程是复杂而漫长的，案主通常需要不断权衡才会尝试改变。其次，不同阶段需要不同的帮助，同时各阶段也需要设定不同的目标，以使阶段性问题和介入策略之间相互契合。再次，矫正对象出现反复是极为正常的，矫正工作人员需要有清醒的认识和足够的耐心。

美国提出的这套社区矫正动机式会谈同社会工作的价值理念具有天然的

契合性：其一，"案主自决"理念的落实。本研究第一章所谈到的矫正社会工作的伦理困境——强制性同案主自决之间的矛盾，在动机式会谈中得到很好的解决。动机式会谈依托自我决定理论[1]，认为只有在内因作用下，人们才能更主动地持久改变，相应的满足感也更强，因为案主感觉到"是我自己决定要做出改变的"。反之，外在的法律制裁主要起辅助作用，然而太多的外在压力还可能削弱这种自主意识，被强迫控制的感觉还会导致抵触情绪。因此，矫正社会工作者可以在判罚规范内，充分尊重他们的自我决定，培养其积极的自主意识。例如，就如何遵守规则、制定和落实矫正方案等方面的细节问题同矫正对象会谈，以此实现"案主自决"。其二，注重优势视角，对案主增能。矫正社会工作者要帮助案主建立起改变的信心，使其意识到"我能够改变"。例如，贫困的偷窃犯可能也很想改变，但缺乏改变的信心，担心找不到合适的工作，无法养家糊口。很多矫正对象具有相似的社会背景：别人对他们的期望值不高，身边没有合适的榜样可以效仿。这需要矫正社会工作者多同案主深入沟通，发现其优点长处，共同制定合理的改变目标，并对其点滴进步及时给予积极的反馈和鼓励，以此增强其改变的信心。其三，构建促进案主改变的社会支持系统。在矫正对象改变过程中，如果能有生命中的重要他人（significant others）的鼓励和支持，将会极大促进矫正。如有的案主会打两份工，戒掉酒瘾改过自新，是为了得到母亲的原谅。需要注意的是，这些身边人士也包括矫正工作者本人，这需要工作人员努力同案主建立良好的工作关系，教授其解决问题的策略，并发挥潜移默化的影响作用。身边支持鼓劲的社会力量越持久，改变效果也会越持久。

三、动机式会谈作用的原理

动机式会谈主要通过提问和谈话等方式，激发矫正对象的改变动机，进而导向积极的行为改变。64%的研究发现，即使15分钟内的动机式会谈也可能在罪犯身上产生持续性的效果，明显胜过传统的说教方式。[2]那么动机式

---

[1]　Ryan R. M. and Deci E. L. , "Self-determination Theory and the Facilitation of Intrinsic Motivation, Social Development, and Well-being", *The American Psychologist*, 55 (1), 2000, pp. 68-78.

[2]　Scott T. Walters, Michaeld D. Clark, Ray Gingerich, Melissa L. Meltzer, "A Guide for Probation and Parole Motivating Offenders to Change", available at https://nicic. gov/motivating-offenders-change-guide-probation-and-parole, last visited on 2017-08-29.

会谈产生效果的原理、逻辑和具体机制是什么呢？

（一）基本原理

动机式会谈以矫正对象为中心，站在他们的角度分析问题，促进其逐步发生积极改变，并随时巩固其改变的决心和成果。在开展动机式会谈时，应遵循以下四条原则：其一，表达同理心。动机式会谈致力于激发矫正对象内部动机，对罪犯的理解、体谅和尊重就显得尤为重要，这要求矫正社会工作者能够对案主保持同理心，同时始终保持积极、乐观的态度，并在规则范围内尊重其选择。即使工作人员对案主的某些看法并不同意，也应学会换位思考，以促进其树立改变的意识和愿望。其二，妥善处理抗拒心理。在考虑阶段和准备阶段，矫正对象可能犹豫不决，表现出复杂的心理状态。当社区矫正对象提出不同看法、试图解释和说明情况时，很多矫正工作人员要么强制要求或威胁监禁，要么通过提建议、讲道理的说教方式进行沟通。然而，研究发现这两种沟通方式的效果都不尽人意，甚至适得其反。因为面对这样的压力式提问或交流，大多数罪犯会本能地抗拒，公开或心里加以反驳。要真正促使案主发生长期的、根本的改变，关键在于帮助他们聚焦于其内部"对抗"（即其现状与其目标、价值观之间的差距和对抗），而不应一味把精力放在外部"对抗"（即矫正工作者同罪犯之间的对立和对抗）。应同他们一起探索内心的抗拒及应对方式，使他们深入认识改变的必要性。其三，帮助案主认识到当前行为与其人生目标之间的差距。这需要工作人员帮助其梳理自己的人生目标和价值观，并分析目前状态同实现目标之间的距离以及改变的好处，以此激发他们做出改变。事实上，动机是普遍存在的，绝大多数矫正对象都会或多或少地表现出对现状的担忧和焦虑，矫正工作者需要和他们一起分析当前的问题并寻找出路，引导他们做出积极的改变。其四，帮助增强案主的自我效能。通常而言，当矫正对象认为他们是基于自我选择决定做出可以达到的改变时，实现改变的可能性就越大，效果也越好。由此，工作人员应及时发现其特长、闪光点及以往的成绩，多给予积极评价，从而增强其自我效能感。如果他们能在口头上做出改变承诺，那么他们就很可能会将这种承诺付诸实施。动机式会谈强调，任何个体都具备一定潜力、技能和资源；矫正工作者的职责之一在于挖掘这些潜力、技能和资源，增强其适应社会生活的能力，实现改过自新。

这里还需要指出两点：一是一些矫正工作者认为动机式会谈见效慢、不够直接主动，还有人质疑这种温和的方式将使罪犯产生"可以为所欲为"的错觉。然而，70多项相关研究结果表明，这些担心是多余的；正相反，对抗性的介入才会起到事倍功半的效果。[1]二是动机式会谈有别于以前盛行的纯粹帮助模式，动机式会谈要求矫正工作者不仅要倾听矫正对象的谈话，还要注意将整个谈话向积极的方向引导。

（二）动机式会谈的具体机制

以上动机式会谈的作用原理如何具体操作，落到实处呢？谈话过程中，矫正工作者要特别留意案主的谈话内容和交流方式。通过积极的交流方式，矫正工作者能够有效帮助其增强"动机量"。

有语言学家通过实例分析，专门研究了罪犯表达其改变动机的典型语言，可以大致分为下列五大类[2]：①表达改变的愿望。如"我希望能顺利度过监管期""我希望能尽快找到工作"。②表达改变的能力。包括"我一定能戒掉烟瘾""我一定能和丈夫（妻子）和好如初的，这不是第一次了，我肯定能做到的。"③解释改变的原因。矫正对象用这类语言表达其改变的动力以及目前行为的危害。比如，"我还是得赶快找份工作，有了工作，妻子也不会喋喋不休啦。""再不戒烟，哮喘病就会要了我的命。"④表达改变的需要。在表达改变的需要时，他们往往会比较投入，表现得比较情绪化，经常说"我必须……"而不是"我应该……"。⑤做出改变的承诺。通过这类语言，罪犯同意改变并做出承诺。如"去五个地方面试，碰碰运气？好吧，我会去的。"通常，我们期待罪犯能多使用"我将会……"这样的字眼，而不是"我会尝试……"虽然两者都属承诺语言，但前者表明了更坚定的决心。

以上归纳出的五大类语言，有助于我们在会谈过程中从这些细节出发，把握案主的动机状态。在动机式会谈过程中，我们还需要遵循三条主要原则：①矫正对象是谈话的中心，应鼓励他们多多发言，讨论改变的原因及方式。矫正工作者的主要任务则是倾听，适时引导谈话朝着积极的方向发展。工作

---

〔1〕 Scott T. Walters, Michaeld D. Clark, Ray Gingerich, Melissa L. Meltzer, "A Guide for Probation and Parole Motivating Offenders to Change", available at https://nicic. gov/motivating-offenders-change-guide-probation-and-parole, last visited on 2017-08-29.

〔2〕 Scott T. Walters, Michaeld D. Clark, Ray Gingerich, Melissa L. Meltzer, available at https://nicic. gov/motivating-offenders-change-guide-probation-and-parole, last visited on 2017-08-29.

者不要一味地试图控制谈话进程，或滔滔不绝主导谈话话题，以自我为中心。②避免同矫正对象争论。很多矫正工作者渴望说服对方改变，但矫正对象在最初阶段往往没能意识到问题的严重性，不愿意改变。矛盾或争论可能就此产生，甚至越演越烈。如果争论下去，甚至强迫矫正对象接受自己的观点，只会起到反效果。③要善于倾听，善于提问，引导谈话方向。矫正对象发言时，矫正工作者应仔细倾听，留心细节，要对罪犯的兴趣、爱好、动机深入了解，以便更好地激励他们改变。

总的来说，动机式会谈以感知及交流为中心，工作人员需高度重视谈话过程中的细节内容，同时加强沟通交流技巧训练。

四、动机式会谈改变矫正对象的具体方法

在动机式会谈中，矫正工作者主要采用四种谈话技巧引导案主发生积极改变，包括开放式问题、积极评价、信息反馈和总结。

(一) 开放式问题

在封闭式问话方式中，往往只能得到"是"或"否"的回答。但开放式问题却能诱导矫正对象提供更为详尽而确切的回答，案主往往会表现得更加健谈，回答更加深入具体。不仅如此，封闭式谈话多少带有一定强制性，太多封闭式问题可能引起案主的戒备心理和不合作态度。

矫正工作者：你认为吸毒不会带来任何危害，对不对？

案主：是的。我只是偶尔吸吸，我不认为这会有什么危害。

矫正工作者：你的孩子呢？吸毒不会对孩子们产生负面影响吗？

案主：当然不会。我并没有当着他们的面吸啊。

矫正工作者：就算你背着他们吸毒吧，可是当你吸完，出现幻觉时，你怎么能照顾好他们呢？这总归对他们有影响吧？

案主：不会有什么影响。我总会提前拜托邻居帮着照看孩子，他们可以在邻居家过夜。

(资料来源：Scott T. Walters, Michael D. Clark, Ray Gingerich, Melissa L. Meltzer, *A Guide for Probation and Parole Motivating Offenders to Change*, 2007, p. 31.)

　　显而易见，以上对话中案主对矫正工作者的提问颇为戒备，顾左右而言他。在他看来，矫正工作者在试图通过提问敦促他接受戒毒治疗。这样一来，案主就会更多地蓄意"抵抗"矫正工作者的提问，难以袒露其内心。而开放式问题则能更有效地帮助罪犯激发其内在动机。开放式问题可以帮助罪犯打开心扉，使其逐步意识到目前现状中存在的问题，并开始思索改变可能带来的益处。开放式问题甚至可以帮助罪犯制定详细的行动计划。在前面一段对话中，采用开放式问题激发罪犯戒除毒瘾的动机，可能会取得完全不同的效果，如下所示：

　　矫正工作者：吸毒会给你的孩子带来哪些影响呢？（开放式问题）

　　案主：我不觉得会有任何影响，我并没有当着他们的面吸啊。

　　矫正工作者：也就是说，你尽可能地不去影响他们。（回应；积极评价）

　　案主：当然。我可不愿他们变得和我小时候那样。

　　矫正工作者：你小时候怎么啦？（开放式问题）

　　案主：我的童年糟透了。父亲不在了，母亲又在吸毒。

　　矫正工作者：所以，你想让孩子有一个快乐的童年。（回应）

　　案主：当然了。

　　矫正工作者：你在担心些什么呢？孩子们有什么让你操心的吗？（开放式问题）

　　案主：每次乔（朋友）过来，就算我不吸，他也要吸上几口，也不管孩子们在不在家。真是糟透了！

　　矫正工作者：怎么说？

　　案主：他一吸毒就变得脾气暴躁，又吵又闹，总会把警察招了来！

　　矫正工作者：看得出，你想让孩子们有一个比你更快乐的童年。你在担心，眼下这种情况会给孩子们带来负面影响。（回应；积极评价）

　　（资料来源：Scott T. Walters, Michael D. Clark, Ray Gingerich, Melissa L. Meltzer, *A Guide for Probation and Parole Motivating Offenders to Change*, 2007, pp. 32-33.）

　　上述开放式对话中，工作人员逐步引导案主透露了以下信息：他关心的问题（想让孩子拥有一个快乐的童年）、他所担心的状况（朋友乔的来访）

及他想要做出改变的初衷（同其他吸毒的朋友交往甚密，可能会对孩子产生不良影响）。案主此刻尚未最终承诺接受戒毒治疗，矫正工作者可以进一步诱导他思考进行戒毒治疗的益处，也可以先到此为止，下次谈话中再谈及戒毒治疗事宜，留给案主思考的时间。可见开放式提问避免了封闭式问题的"压力式"提问，谈话过程中让矫正对象多谈，矫正工作者少谈，这也是成功会谈的特征之一。只有这样，才能让案主逐渐放下戒备心理，使其感觉矫正工作者是在为他及家人着想，而不是一味督促。

需要指出的是，开放式问题也并非百分之百的"灵丹妙药"，有的罪犯可能仍然不予配合。封闭式问题与开放式问题可在谈话中互为补充，交替使用。

（二）积极鼓励和正向评价

犯罪生涯理论指出，长期犯罪人员往往经历系列消极人生事件，很少受到积极鼓励和正向评价。[1] 善于发现矫正对象的点滴优势和良好行为，及时进行表扬和鼓励，将起到意想不到的效果。但一些缓刑和假释官员很少表扬矫正对象，认为他们只是在做应该做的事情，不值得表扬；另一些缓刑和假释官员认为很多矫正对象夸大其词，言不由衷，不愿意对其积极评价，采取"冷面高压"的管理方式最为妥当。但是，如果希望矫正对象积极改变，那么适当的正向评价和口头鼓励就是必不可少的，这至少能帮助矫正工作者同案主建立和谐的工作关系，奠定矫正转变的基础。

首先，矫正工作者可对案主的以往行为和未来打算进行积极评价：

· 你能准时赶过来，配合我做好记录，太好了。
· 你的社区服务工作做得真棒。
· 感谢你能告诉我这个消息。
· 很明显，你是经过一番深思熟虑的。
· 看起来，那样做很有成效啊。

其次，矫正工作者可对案主的某些品质和优点做出积极评价：

· 你对孩子十分关心，想让他们平平安安的生活。

---

[1] Larry J. Siegel, *Criminology Theories*, *Patterns*, *Thirteenth Edition*, Cengage Learning, 2018, p. 309.

- 这个问题很难回答，你敢于作答就说明你是经过深思熟虑的。
- 你是那种遇到问题就会大声讲出来的人，这真是一个难得的优点。
- 你的领导能力很强，难怪大家都愿意听你的。

最后，矫正工作者还可艺术性地对案主加以"询问"，似问实褒，通过这种方式对其努力加以肯定，增强其做出改变的信心。

- 你是怎么做到的呢？
- 你怎么知道这会有效的？
- 这真是太不可思议了，很多处于监管期的人都难以做到这一点。你居然一边照顾孩子，一边成功地找到了工作。你究竟是如何办到的啊？[1]

此外，在积极肯定的同时，配合使用一些奖励手段，将起到强化的效果。比如，如果矫正对象按时完成社区服务和集中教育，找到工作，缴纳罚金或远离毒品及毒友圈，都可以予以奖励。奖励手段和措施包括口头肯定、允许罪犯电话报到、更加弹性的报到、出席培训课程可视为家访一次、出具课程证书或推荐信、降低会面或尿检的频率、结束电子监控，甚至进行正式表彰乃至缩短矫正期。

需要指出的是，积极鼓励和正向评价并不代表放弃原则一味迎合矫正对象，甚至夸大其词恭维对方，这可能使其质疑谈话的真诚。因此，会谈需要把握一个度，做到恰如其分。加拿大矫正学派还指出，面对不良表现也应该有效地表达不同意。[2]还有矫正犯罪心理学家建议，积极评价与批评指正的理想比例应为4∶1。[3]唯有如此，才能将动机式会谈有机地融合于综合管理模式之中，发挥两者的综合优势。

---

〔1〕　Scott T. Walters, Michaeld D. Clark, Ray Gingerich, Melissa L. Meltzer, "A Guide for Probation and Parole Motivating Offenders to Change", available at https://nicic.gov/motivating-offenders-change-guide-probation-and-parole, last visited on 2017-08-30.

〔2〕　James Bonta and Andrews D. A., *The Psychology of Criminal Conduct*, Sixth Edition, London and New York: Routledge, 2017, pp. 176-177.

〔3〕　Cullen F. T., "Rehabilitation and Treatment Programs", in Wilson J. Q. and Petersilia J. eds., *Crime: Public Policy for Crime Control*, Second Edition, Oakland, CA: ICS Press, 2002, pp. 253-289.

（三）会谈过程中的回应

在动机式会谈过程之中，不失时机地巧妙回应，不仅能够确保会谈顺利进行，同时能提升谈话效果。这有助于消除矫正对象的戒备心理，引导谈话朝着积极的方向发展。有效回应的关键在于，矫正工作者要时刻关注矫正对象语言细节、思维过程，甚至身体姿态。这种专注可以向矫正对象传达这样一种信息：我一直在悉心倾听，非常重视你的所谈所想。这有利于矫正对象更加深入地回忆以往及当前的言行和想法。回应的具体方式：首先，重复案主所说的话，往往换一种方式复述，目的在于对案主透露的内容加以确认、归纳和提炼。其次，谈话时也可以抓住话语中的某一关键点，引导谈话朝着积极的方向发展。最后，工作人员也可以帮助梳理案主话语的逻辑性，把一些看似无关的词句进行对比，也可以发现和指出案主存在的复杂或矛盾心态。

有效的回应需要遵循两个重要原则：一是精简原则。复述时只需要重复其中的关键点和核心内容即可，要避免僵硬机械的回应，如"我刚才听你说……"或"你是这个意思吗？"如何做到简要精炼回应呢？这需要把握时机，比如案主对某人某事流露出了愤怒的情绪，可以及时回应"这让你很生气"或"你很生气"。有时候，只需要一两个词就能进行有效回应，比如"这真是出人意料啊""难怪你会如此气馁""似乎所有事都在和你作对"等。二是推进原则。有效的回应并不是简单重复，而是需要对谈话内容进行提炼，甚至进一步推演，推动整个会谈朝着有意义的方向发展。比如，"筹钱很不容易，让你很伤脑筋吧""看来，这些选项没有让你特别满意的"等。

（四）应对矛盾心态和抗拒心理

实际上，绝大部分矫正对象对于改变现状都会表现出复杂的矛盾心态。尤其是成瘾性行为，大多意识到了成瘾行为会对其个人和家庭造成重大伤害，但往往难以割舍成瘾行为带来的快感，犹豫和抗拒心理就特别明显。其实，这种矛盾心态和抗拒心理并非完全消极。工作人员需要采用适当的引导方式，配合相关开放式问题，将话题转移到罪犯自身应承担的责任上，化解其抗拒心理。参见下面的例子：

> 某矫正对象有吸食大麻的习惯，且对此不以为然。矫正工作者在会谈回应中避免争论，指出了其个人责任。
>
> **矫正对象：**这简直是开玩笑嘛！是的，我的确吸了些大麻。看看你们

的反应，好像我会因此而上瘾似的。

矫正工作者：在你看来，大家似乎有些反应过激了。（复述）

矫正对象：就是嘛。大麻根本就不算毒品，它只不过是一种草药，这能有什么危险？

矫正工作者：所以，你认为吸食大麻不会带来任何问题。（推进交流）

矫正对象：当然啦，很多人都在吸嘛。监控期间，我倒是可以暂且不吸，但等到监控期一结束，我还是要再吸。这是我的自由。

矫正工作者：当然，这由你自己决定。如你所说，监控期结束后，我就不能再干涉你了。但现在这段时期，不管你觉得这是不是问题，都希望你能积极配合，停止吸食大麻。（强调案主自身责任；有效表达不同意）

矫正对象：好的。法官也强调了这个问题。

（资料来源：Scott T. Walters, Michael D. Clark, Ray Gingerich, Melissa L. Meltzer, *A Guide for Probation and Parole Motivating Offenders to Change*, 2007, p. 39.）

上例中需要说明的是，在美国有些州吸食大麻是合法的，禁止吸食主要作为社区矫正的一个条件，目的是为了避免重新犯罪。但在中国，吸食大麻是非法的，因此无论是否在矫正期，都应该划出红线不让吸食，有效表达不同意。在这个会谈中工作人员重点强调了矫正对象在监控期间应该担负的责任，也许他还会拒绝承认吸食大麻的种种危害，但可能会初步同意接受毒品测试，这就是一个明显的成果。因此，面对这样顽固的罪犯，矫正工作者不应操之过急。

那么对于内心始终怀有抗拒心理的矫正对象，矫正工作者该如何应对呢？首先，复述和重现案主的话语或情绪，向其传递这样一个信息：我在悉心倾听。如此，矫正对象就不大会不断重复相同的谈话内容，来表达心不在焉或抗拒心理。其次，在会谈不同阶段针对不同的焦点。谈话初期要重点针对罪犯存在的复杂心理；而谈话后期则重点谈及积极改变方面的事宜。最后，不采取对抗策略，而是运用灵活的回应策略，巧妙化解矫正对象的抗拒心理。有的矫正工作者觉得直接对抗是一种更有效的交流方式。事实上，短兵相接的谈话模式常常会加深矫正对象的抗拒心理，谈话也难以顺利展开。附录表1-3展示了化解抗拒心理的一些会谈技巧。

附录表 1-3　如何化解抗拒心理

矫正对象	矫正工作者
说来说去就是为了钱，你们不过是想要收我的钱！[1]	·在你看来，我们只是为了收钱而收钱。(用其他字眼复述) ·钱的事看来让你伤透了脑筋。(对罪犯流露出的情感加以归纳)
你没有吸过毒吧？你才多大年纪？我要求换一个新的矫正工作者。	·看起来，你认为我不能了解你的感受。(对矫正对象流露出的情感加以归纳) ·如果你坚持的话，我们会考虑换人的，只要是对顺利度过监控期有利的建议我们都会慎重考虑。(用其他字眼复述)
换了其他律师，一定能帮我免除这些社区服务的。	·你似乎认为，如果换一个律师，你现在的情况就会完全不同了。(用其他字眼复述) ·如果把这视作你的保释条件之一，你会怎么做呢？(强调矫正对象的自身责任)

资料来源：Scott T. Walters, Michael D. Clark, Ray Gingerich, Melissa L. Meltzer, *A Guide for Probation and Parole Motivating Offenders to Change*, 2007, p. 40.

（五）引导对好处和坏处思考

在动机式会谈中，最有效果也是运用最多的技巧是引导矫正对象对改变的好处和坏处进行思考和平衡。无论矫正对象有多抵触，也无论他们改变的动机大小，矫正工作者都可以提出这样的问题。对于那些尚未决定是否改变的矫正对象来说，这种关于利和弊的提问尽管简单，却有很大益处，可以促使他们从自身角度思考其当前行为的利弊，进而萌发改变的动机。这种对利弊的讨论，可以回避一个敏感的话题：矫正对象是否有罪。如果拒不认罪，这种办法就特别有效，因为他们一般不会排斥讨论这些行为或改变有什么好处和坏处，因此这种提问属于比较安全的方式。这类关于"好处"和"坏处"的提问可以广泛应用于毒瘾酒瘾治疗、断绝毒友往来、情绪管理、家庭纠纷、考取学历证书、求职等若干领域。

这方面的提问方式包括："这种行为对你有什么好处？"或"这种行为对你有什么坏处？"一般来说，只要引导得当，矫正对象都能答出好几点好处或坏处。要注意的是，不要贸然否定矫正对象不利于改变的选项，一味地强迫

---

〔1〕　美国很多州的社区矫正对象需要向监管部门缴纳一笔管理费用。

其做出改变，而是使其站在自己的角度对不良风险行为做出辩证的思考。这才有利于将来持续的改变。下面是工作人员引导一名矫正对象讨论饮酒的利弊，最后得出的关于好处和坏处的分析。

饮酒的好处　　　　　　**饮酒的坏处**

饮酒的好处	饮酒的坏处
·结交朋友	·酒后驾驶不良记录
·忘掉现实中的问题	·家庭不和，妻子唠叨
·控制情绪	·不快的回忆挥之不去
	·健康问题
	·未来酒后驾车的可能
	·宿醉，头疼
	·影响正常工作
	·金钱负担
	·对子女的不良影响

（资料来源：Scott T. Walters, Michael D. Clark, Ray Gingerich, Melissa L. Meltzer, *A Guide for Probation and Parole Motivating Offenders to Change*, 2007, p. 44.）

在讨论不良行为的利弊之后，矫正工作者还可进一步引导矫正对象对改变的利弊进行分析。可以如此提问："如果戒掉毒品，你认为对你有什么好处呢？又有什么坏处呢？"很多矫正对象之所以深陷困境，一犯再犯，就是因为他们很少对其行为及其改变的利弊进行思考和权衡。通过这些提问，可以引导他们审视其面临的问题。在这种利弊分析的谈话过程中，对于工作人员的矫正工作也是有很大好处的——可以收集到很多重要信息，有助于更好地同矫正对象进行交流和沟通。当了解到改变究竟会给案主带来哪些好处，工作人员就能更好地了解其改变动机，以后可以在这些方面进一步开展工作。同时，如果掌握了案主担心改变可能带来的弊端，就可以同他们一起探讨如何克服这些障碍。在询问不良行为及改变的利弊之后，矫正工作者需进一步引导矫正对象思考如何积极变化。可以尝试如下提问："你看，你列出的坏处要远远多于好处。你有什么想法呢？""下一步该怎么办呢？"假如矫正对象已经决定改变或已经采取行动，那么就需要同案主探讨改变可能带来的困难，比如戒酒后可能导致的孤独感，因为和朋友交往将会减少。

(六) 善于总结谈话

总结属于回应的一个重要技巧，通过总结工作人员可以帮助矫正对象理清思路，重复其愿意改变的原因，回顾相关要点，尤其是其愿意采取的行动计划。总结要善于把握时机。首先，当案主语速减慢或停止讲话时，矫正工作者适时进行总结，可以继续有效推进谈话。其次，当讨论过若干有意义的内容时，总结可以梳理其关联性。再次，在总结的时候也可以就曾经提及的某一点进行评论，引导谈话向积极的方向进一步深入。最后，矫正工作者可以运用总结，在谈话的各环节和各话题之间进行转换。一般来说，总结的内容主要包含以下基本内容：前面讨论过的问题或行为、矫正对象做出改变的重要原因、行动计划内容（成功与否的标志、完成计划的奖励、计划失败的处罚）、下一次会面的时间。[1]总结体现了一定的逻辑性和时间性，工作人员也能更好地把握会谈和干预进程。

总而言之，动机式会谈得到了加拿大循证矫正学派和美国矫正界的共同认可，并且同社会工作的价值观非常契合，如案主自决、优势视角和同理心等价值理念。在我国探索社区矫正社会工作发展路径的过程中，动机式会谈应该引起充分的重视，将其理念和方法运用于社区矫正一线实践，并开展相关循证研究，探索本土化的动机式会谈矫正规律。

第三部分　认知行为治疗

尽管加拿大和美国矫正学界都推荐动机式会谈，并且也在缓刑和假释工作人员培训项目中专门开展了动机式会谈技巧训练，然而加拿大学派依然冷静地指出，动机式会谈难以单独对再犯控制发挥重要影响作用，其主要作用在于维持良好的工作关系、增强改变动机和坚持治疗恢复。[2]有瑞典学者在随机分组试验中发现，三组监所戒毒囚犯（一组工作人员动机式会谈经验丰

---

〔1〕　Scott T. Walters, Michaeld D. Clark, Ray Gingerich, Melissa L. Meltzer, A Guide for Probation and Parole Motivating Offenders to Change, available at https://nicic. gov/motivating-offenders-change-guide-probation-and-parole, last visited on 2017-08-30.

〔2〕　James Bonta and Andrews D. A., *The Psychology of Criminal Conduct*, Sixth Edition, London and New York: Routledge, 2017, pp. 168, 346.

富，一组工作人员只经过 1 天培训，一组工作人员没有培训）在释放 10 个月后复吸都有所下降，但三组之间没有显著性的差异。[1] 这种不同的动机式会谈研究结果并不少见，将来需要进一步探索哪些中间因素增进或减弱了动机式会谈的作用。[2] 加拿大学派认为，动机式会谈需要同认知行为治疗相结合才能更好地发挥作用。[3] 实际上，他们把认知行为治疗列为最有效的干预方法[4]，这一点被北美众多循证矫正研究所证实，同时也被中国犯罪心理学界所广泛认可。

一、矫正领域的认知行为治疗

实际上，在认知行为治疗名称之下包含了一系列具体干预方法，这些方法都最终聚焦于外显的行为改变，而行为的改变主要通过改变个体的感知、反应和思考来实现。[5] 这些认知行为治疗项目具有不同的侧重点和类型特征，采用了不同的名称，如认知重构、认知技巧、应对技巧、问题解决方法、道德发展和推理思考训练等。[6] 尽管所有的认知行为干预项目都认为罪犯的思考方式明显异于常人，因为他们具有不正常的信息处理和应对方式或者处于较低的道德发展水平，但是不同项目因关注的方面有所不同还有些细微差别。认知重构治疗强调在治疗中瞄准不正常的思维过程，尤其是那些有精神健康问题的案主，这反映出他们的认知扭曲、对社会环境的错误知觉和病态逻辑。应对技巧训练侧重于改善案主在压力环境下的应对缺陷，包括人际交往、批

---

〔1〕 Forsberg L. G. , Ernst D. , Sundqvist K. and Farbring C. A. , "Motivational Interviewing Delivered by Existing Prison Staff: A Randomized Controlled Study of Effectiveness on Substance Use after Release", *Substance Use & Misuse*, 46 (2011), pp. 1477-1485.

〔2〕 Miller W. R. and Rose G. S. , "Toward a Theory of Motivational Interviewing", *American Psychologist*, 64 (2009), pp. 527-537.

〔3〕 James Bonta and Andrews D. A. , *The Psychology of Criminal Conduct*, Sixth Edition, Routledge, 2017, p. 346.

〔4〕 James Bonta and Andrews D. A. , *The Psychology of Criminal Conduct*, Sixth Edition, Routledge, 2017, p. 237. Andrews D. A. , Bonta J. and Hoge R. D. , "Classification for Effective Rehabilitation: Rediscovering Psychology", *Criminal Justice and Behavior*, 17 (1990), pp. 19-52.

〔5〕 Dobson K. S. and Khatri N. , "Cognitive Therapy: Looking Backward, Looking Forward", *Journal of Clinical Psychology*, 56 (2000), pp. 907-923.

〔6〕 Henning K. R. and Frueh B. C. , "Cognitive-behavioral Treatment of Incarcerated Offenders: An Evaluation of the Vermont Department of Corrections Cognitive Self-change Program", *Criminal Justice and Behavior*, 23 (1996), pp. 31-42.

判性思考和生活规划等方面。问题解决方法训练则聚焦于改变无效的行为方式。道德发展治疗主要基于皮亚杰（Piaget）和科尔伯格（Kohlberg）的道德发展阶段理论，认为罪犯的低水平道德发展阶段使他们以不同的方式看待世界，进而导致他们的反社会行为，而治疗的策略就在于提升他们的道德推理水平。

对于矫正社会工作而言，需要注意的是，认知行为治疗可以在个案工作中进行也可以在小组工作中开展。从美国和加拿大的众多项目研究操作经验来看，更多的认知行为治疗项目采取了小组工作的方式，而个案工作在大部分矫正环境中的研究都显得不太可靠。[1] 可能的原因包括针对矫正对象的个案工作有一定随意性，效率也不高，也不便测量效果；而小组工作则可以高度结构化，大大提高效率，同时也便于在群体层面开展效果研究。但在社区矫正一线实践中，往往采取个人思想开导的方式，有的地方对小组工作还持比较谨慎的态度，因为一方面组织若干社区矫正对象定期开展小组工作有点困难（有的可能会抗拒，有的难以确保时间），另一方面担心交叉感染或不便控制局面（2016 年夏访谈）。

此外，北美的认知行为治疗项目工作人员往往具有不同的专业背景，通过一定训练就可以承担项目工作，因此并不一定需要严格的咨询辅导和心理学背景。[2] 由此观之，矫正社会工作在这方面具有明显的优势。

二、认知行为治疗的循证矫正研究

在循证矫正运动中，矫正领域的认知行为治疗项目进行了系列研究，包括叙述性综述（Narrative Review）和荟萃分析，涉及的治疗项目包括道德提升治疗（Moral Reconation Therapy，MRT）、推理恢复（Reasoning and Rehabilitation，R&R）和认知重构及其他项目（Cognitive Restructuring and Others）。[3] 这些研究对各治疗项目进行了简要介绍，重点分析了各项目的有效性问题，即

---

〔1〕 Doris Layton MacKenzie, *What Works in Corrections Reducing the Criminal Activities of Offenders and Deliquents*, Cambridge University Press, 2006, p. 114.

〔2〕 Doris Layton MacKenzie, *What Works in Corrections Reducing the Criminal Activities of Offenders and Deliquents*, Cambridge University Press, 2006, p. 114.

〔3〕 Doris Layton MacKenzie, *What Works in Corrections Reducing the Criminal Activities of Offenders and Deliquents*, Cambridge University Press, 2006, pp. 112-130.

在降低再犯方面的作用。

道德提升治疗在道德思维过程和行为之间建立了清晰的联系。治疗是在高度结构化的小组工作中进行的，参与者必须完成《指导手册》中所详细列出的一系列练习和课程，必须按顺序完成一项练习后才能进入下一项练习。1周大约 2 次活动，每次持续 1~2 个小时。荟萃分析汇总了四个这样的项目，结果发现没有一个治疗小组的再犯率高于控制组的再犯率，尤其是严重犯罪小组和严重毒品犯罪小组的治疗效果都达到了统计上的显著性。[1] 这些项目及研究提供了有力证据，表明道德提升治疗在降低再犯率方面具有明显的效果。

推理恢复治疗的前提假设认为人们犯罪是因为某些认知技巧发展滞后，由此导致犯罪人难以处理人际关系、应对问题技巧、从他人的角度看待问题和批判性推理。他们倾向于冲动、自我中心和不合逻辑，具有反社会的态度、价值观和信仰。推理恢复治疗就是聚焦于改变矫正对象的这种冲动性、自我中心、不合逻辑以及死板僵化的思考方式。教育他们在行动之前停下来想一想，考虑他们行动的后果，思考一下其他方式来回应人际问题，并想想他们的行为可能如何影响其他人。[2] 通过治疗帮助矫正对象发展有效的解决问题的技巧，增进他们的反思性，减少反社会性认知，进而采取亲社会的行为。

推理恢复项目的开发人员认为，难以找到足够的专业人士来执行大规模的罪犯或青少年不良行为的恢复项目，如精神病医生、心理学家以及社会工作者，经费也不足以雇佣这样的专业人士。因此，他们设计的推理恢复项目主要由一线矫正工作人员来执行。推理恢复课程共有 35 节，持续 8~12 周（根据每周排课量而变动）。项目也以小组工作的方式进行，每组 6~8 人。主要的工作方法包括影视资料展示、活动、智力游戏、推理练习、角色扮演、模拟和小组讨论等。[3] 荟萃分析汇总了 8 个这样的项目发现，总体上推理恢

---

〔1〕　Doris Layton MacKenzie, *What Works in Corrections Reducing the Criminal Activities of Offenders and Deliquents*, Cambridge University Press, 2006, pp. 120-121.

〔2〕　Porporino F. J. and Robinson D., "An Evaluation of the Reasoning and Rehabilitation Program with Canadian Federal Offenders", in Ross R. R. and Ross B. eds., *Thinking straight Ottawa*, Canada: Cognitive Centre, 1995, pp. 155-191.

〔3〕　Ross R., Fabiano E. A. and Ewles C. D., "Reasoning and Rehabilitation", *International Journal of Offender Therapy and Comparative Criminology*, 32 (1988), pp. 29-35.

复项目小组的再犯率低于控制组，充分的证据显示此类项目是有效的。[1]

认知重构不同于认知发展/道德提升治疗。认知发展干预聚焦于道德推理方面的缺陷，社交技能和问题解决能力方面的困难被视为道德发展不足所致。认知重构项目瞄准的是认知扭曲而不是缺陷，即罪犯不是认知发展滞后而是建立起了错误的思考模式。认知重构干预过程一般分为两个阶段：一是教给矫正对象改变自我思考模式的原则；二是通过实践反复练习学到的技巧。囚犯在 8 周内参加 14 次课程。研究结果显示，男性参加者比起控制组显著性地降低了攻击行为。[2]除了攻击行为，还有项目研究了愤怒控制方面的认知重构。这些项目更多是在监所内举行，也有部分在社区矫正中进行。

矫正领域除了以上三大类认知行为治疗项目，还有其他一些具体领域的矫正项目。西格尔（Siegal H. A.）和科尔（Cole P. A.）在 1993 年进行了一项周末干预项目研究（Weekend Intervention Program，WIP）[3]，干预首先进行评估然后开展个别化的治疗。周末干预项目主要针对酒驾或毒驾未被判处监禁刑的社区矫正对象，通过 3 天的住宿式集中学习，聚焦于改变矫正对象的生活方式和认识毒品及酒精的危害和作用。该项目研究中，试验组的再犯率显著性地低于控制组的再犯率。后来有学者将短期住宿改为长期住宿治疗，却没有发现显著性差异。[4]该研究对我国的社区矫正具有一定的启示意义，因为目前越来越多的酒驾人员进入社区矫正，同时也有不少机构在开展为期几天的短期住宿式集中学习，如矫正中心、中途之家和教育中心等。

20 世纪 90 年代初，一项针对轻微犯罪的社区矫正对象的替代攻击行为训练项目（Aggression Replacement Training，ART）进行了综合性设计和研究[5]，

---

〔1〕 Doris Layton MacKenzie, *What Works in Corrections Reducing the Criminal Activities of Offenders and Deliquents*, Cambridge University Press, 2006, pp. 123-124.

〔2〕 Doris Layton MacKenzie, *What Works in Corrections Reducing the Criminal Activities of Offenders and Deliquents*, Cambridge University Press, 2006, p. 126.

〔3〕 Siegal H. A. and Cole P. A., "Enhancing Criminal Justice Based Treatment through the Application of the Intervention Approach", *Journal of Drug Issues*, 23 (1993), pp. 131-142.

〔4〕 Marquis H. A., Bourgon G. A., Armstrong B. and Pfaff J., "Reducing Recidivism through Institutional Treatment Programs", *Forum on Corrections Research*, 8 (1996), pp. 3-5.

〔5〕 Curulla V. L., "Aggression Replacement Training in the Community for Adult Learning-disabled Offenders", *Dissertation Abstracts International*, Doctoral dissertation, University of Washington, 53 (1991), p. 627.

项目内容包括社交技能培训、愤怒管理和道德教育。一个小组接受了三个方面的训练，一个小组接受两方面的训练（没有接受道德教育），控制组不接受任何训练。研究结果显示，两个训练组分别同控制组相比，再犯率都较大程度低于控制组，但却没有达到统计显著水平，可能是因为样本数量较少。

　　总体而言，矫正领域 20 多项认知行为治疗研究中，绝大部分治疗组的再犯率低于控制组，仅个别治疗没什么效果。荟萃分析显示，几大类的认知行为治疗模式的综合效果都达到了统计显著性。相对而言，认知重构和道德提升治疗的效果比推理恢复的效果更加明显。需要注意的是，认知行为治疗可能因不同类型的矫正对象导致效果有所差异，比如成年犯的效果优于青少年犯，社交中的攻击行为治疗效果优于实施家暴的人员。

三、美国社工运用认知行为治疗进行矫正训练的案例

　　从以上北美认知行为治疗的系列矫正研究中可以发现，绝大部分是结果数据分析，干预过程的描述性分析特别少。甚至作荟萃分析的定量学者都在抱怨，干预的细节太少，不能深入解释为什么有效为什么无效。[1] 这反映出定量研究和质性研究的分野，而在美国学术圈定量研究被奉为圭臬，正如一位华裔社工学者所指出的："做定量的已经上天，做定性的还在吃土"（2016年冬访谈）。同时还反映出学术界和实务界的分野：学术界追求科学性，而实务界关注干预细节以提升专业能力。此外，社工较少参与此类认知行为矫正治疗，大量的项目是由矫正干警、办案员、矫正机构管理人员和工作人员来完成。[2] 这些人员受到较少的矫正恢复训练，而美国社工是经过严格认知行为训练的专业人士，且社工的薪酬费用还是比较高的。当然，也有一些社区矫正机构邀请社工院校开展合作，培训一线工作人员以及合作进行矫正恢复服务，认知行为治疗则是合作的重要领域。此处将以一项合作进行认知重构小组为例，从一个侧面说明北美认知行为治疗项目的大致开展方式，相信这些内容对国内社区矫正工作实务界有很大借鉴作用。

---

〔1〕　Doris Layton MacKenzie, *What Works in Corrections Reducing the Criminal Activities of Offenders and Deliquents*, Cambridge University Press, 2006, p. 56.

〔2〕　Doris Layton MacKenzie, *What Works in Corrections Reducing the Criminal Activities of Offenders and Deliquents*, Cambridge University Press, 2006, p. 125.

(一) 认知重构小组工作引入社区矫正

小组工作在 20 世纪 40 年代被确认为社会工作中与个案工作并行的重要专业工作方法，二战后在众多的社会服务领域得到广泛运用。然而在社区矫正领域，虽然循证矫正项目研究主要采用小组工作的形式展开，但是一线工作人员主要运用个案工作而不是小组工作对矫正对象开展工作。这种个案工作往往没有什么恢复治疗的专业性，主要是一些经验性的开导说教，这同我国的情况有点相似。"引入小组工作的关键阻力在于，缓刑官希望运用容易掌握的方法，然而小组工作需要较多的自我展示，这对于很多工作人员而言还很陌生。而且，小组工作还要求组织者遵循与小组成员签订的书面协议，这对很多工作人员而言难以接受，认为这是一个额外的负担。"[1] 此外，笔者在同美国司法社会工作专家蒂娜·马斯基的访谈中，她指出了美国一线部门的担心："小组工作可能导致违法犯罪人员之间的交叉感染"（2014 年冬于纽约访谈）。这与中国社区矫正基层部门的看法相似。但是，随着循证矫正运动的兴起，加拿大、英格兰和美国一些地方的青年训练中心，已经采用认知重构工作小组，针对社区或住宿设施里面的违法人员，矫正致其犯罪的错误思维方式。

虽然社会工作发展了应用心理学的认知行为理论和实践模式[2]，但是社会工作小组工作者却很少介入矫正领域的认知重构小组项目，反而是公共健康、心理学和刑事司法领域的专家发表了不少类似的研究。越来越多的研究显示认知重构小组在减少重新犯罪方面是有效的，北美各地司法系统顺应形势，逐步扩大运用小组工作于矫正项目之中。但是，社会服务的主力军——社会工作者，却长期缺席这个重要的前线阵地。但机会总是存在的，20 世纪 90 年代初期，一个城市缓刑部门主动找到某高校社会工作学院，请求对其缓刑工作人员培训小组工作方法，以使他们能够运用认知重构小组对一些缓刑对象开展工作。这个合作逐渐发展为一个很大的项目。后来双方不满足于仅对缓刑官培训一般性的小组工作技巧，转而建立更加紧密的合作关系，即由社工教师为缓刑部门专门设计认知重构小组计划。社工学院负责培训小组及

---

[1] Harriet Goodman, "Social Group Work in Community Corrections", *Social Work with Groups*, Vol. 20 (1), 1997, pp. 51-64.

[2] Nurius P. S., "Assessing and Changing Self-concept: Guidelines from the Memory System", *Social Work*, 39 (2), 1994, pp. 221-229.

个案管理技巧、临床督导，并将矫正实践和实务研究紧密结合在一起。

根据循证矫正研究，可能因暴力违法而重新被捕的高风险矫正对象最有可能受益于矫正服务措施，而低风险的违法人员则较少可能受益于这些强化的矫正服务。于是，该缓刑管理部门决定主要针对那些高风险暴力性违法人员开展认知重构小组治疗。第一批认知重构小组成员全是 16～20 岁的男性青年矫正对象，都有暴力反社会行为的历史。小组活动安排集中而简洁，小组 1 周 2 次活动，总共 36 次。[1] 小组工作人员让组员们签订了书面协议，使其明确小组工作的目标在于发现和挑战他们的错误思维。小组成员都不是自愿参与的，而是被分配进入认知重构小组。所有的小组活动都采取高度结构化的活动序列，组员只有很少的机会参与活动设计。

（二）社工与社区矫正系统的磨合

虽然最初是由缓刑部门领导主动找到社工学院，希望双方合作开展社区矫正。然而，从一开始许多缓刑工作人员就质疑社工能否对他们有所帮助。社工老师能强烈感受到这种排斥和怀疑，机构内广泛存在着这种表达出来的和没有表达出来的不信任情绪。为了增进彼此的了解和信任，社工老师们在设计认知重构小组干预计划之前，召集老师召开焦点小组会议，并同高级缓刑官举行碰头会，讨论设计每一单元活动的具体服务目标。此外，社工老师还细致地观察了缓刑官的日常工作，了解他们的实际工作状态，并在此过程中逐步了解将要开展工作的矫正对象。他们长时间待在公共区域观察缓刑工作人员的监管过程和调查程序，并尝试从缓刑官和矫正对象双方的不同视角分析和体验机构管理活动。在这些参与式观察中，社工老师们发现了典型的机构文化特征——管理活动高度行政化。他们希望对外来人员显示，矫正工作人员严格按照规章和程序办事。但是缓刑工作人员在完成很多动作时大都在走形式，甚至都没有正眼看矫正对象，包括高声呵斥、相互击掌和拥抱等情境中。虽然严格照章办事，但是他们的管理主要是基于自身对违法群体的工作经验和主观印象。

经过一段时间的集中观察，社工老师开始设计认知重构小组的课程资料。为了整合缓刑工作人员和缓刑对象两方面的需求，案例和培训计划都是基于

---

[1]　Goodman H. , Getzel G. and Ford W. , "Group Work with Youth in Community Corrections", *Social Work*, 41 (1996), pp. 375-381.

老师观察到的信息以及缓刑机构提供的监管报告中的情境。此外，还希望小组工作人员对材料和练习提出个人看法。每次小组活动，社工老师都鼓励小组组织者（缓刑机构管理工作人员）联名编制活动手册。最后，老师们在听取所有小组组织者的意见反馈后，修改调整书面材料，然后将书面材料发放给整个部门。为了使小组活动顺利开展，老师们还同缓刑管理工作人员一起设定了两条小组原则：第一条原则明确机构的首要目标是确保社会公众安全和矫正对象遵循缓刑条件，其次才是着力解决易导致犯罪的需求问题。第二条原则是灵活处理机构管理和文化特征形成的结构性限制。[1] 小组工作负责人在设计日程安排、活动时间、相关设施和材料时具有一定的自由度，还要考虑案主的流动性，同时争取缓刑工作人员理解并执行小组任务。

在认知重构小组项目的整个时期，所有参与的缓刑管理工作人员每2周就要接受1次培训和督导，主要帮助他们掌握小组工作技巧，让他们参与书面材料起草和决定过程。最为重要的是，督导可以帮助缓刑工作人员面对具有精神健康和社会交往问题的青年矫正对象更有成效地开展工作。实际上，很多接受培训的缓刑工作人员面对工作中出现的问题，往往经历过一些无助感，同时暴露出自己的一些认知缺陷。在一些工作情境讨论中，社工老师指出并挑战了一些缓刑工作人员的错误观念，如他们希望动用自己的权威帮助小组成员应对外部压力时，往往无意中妨碍了矫正对象练习亲社会行为。老师逐步让缓刑工作人员明白，为了培养矫正对象有效解决问题的行为方式，必须让他们自己学会处理日常生活和工作中的一些问题。通过这一系列的工作，社工老师和缓刑管理工作人员之间逐渐消除隔阂和疑虑，为共同推动认知重构小组发展建立起较为密切的合作伙伴关系。

（三）认知重构小组的实施细节

在社区矫正对象进入小组之前，缓刑工作人员需要同他们讨论各自参加认知重构小组的目标，在可能导致重新犯罪的若干因素中，确定一个需要解决的短期目标。让他们把这些目标写在一张小卡片上，带入小组活动。小组活动则聚焦于帮助组员发展具体的技巧，帮助他们达成这些目标。

小组活动被反复斟酌，细致到一些小小的细节。如在一次小组活动中，

---

[1] Harriet Goodman, "Social Group Work in Community Corrections", *Social Work with Groups*, Vol. 20 (1), 1997, pp. 51–64.

最初采用的是"仪式开始"和"仪式结束"等生硬的词汇。社工老师觉得有点宗教仪式的感觉，于是建议用"入组宣言"和"将来的希望"等更加生动形象的词汇来代替，以此减少小组成员的疑惑。所有小组活动的结构安排都是统一的：开始和结尾都是常规性的小组练习，中途有一次休息；每次活动结束，都会布置家庭作业，而每一次活动开始都由成员汇报作业情况；家庭作业包括记下"思维记录"、回答一些高风险事件的情境和问题；在更高级阶段，则传授其他人自己所学到的愤怒控制方法。

在小组的初期阶段，小组成员不允许自愿讨论，但中后期可以公开讨论。小组活动涉及的内容也从较少私密的话题逐步转向更加私密的领域。比如，对于家庭暴力而言，最初的愤怒控制技巧培训主要讨论新闻媒体上的事件，后期则过渡到组员在亲密关系中或家庭成员之间的暴力问题。

小组的具体活动内容也会根据组员的反馈或建议进行灵活调整。例如，一次小组活动中工作人员播放了一段视频引导组员讨论"同理心"，视频中一位女士描述了她对暴力攻击和抢劫的感受。但组员们觉得视频事件发生在十年之前，显得有点过时。于是，小组活动调整为由小组成员回家寻找和剪切当前的暴力攻击或谋杀的新闻报道，带到小组中进行讨论。这种调整提高了组员的积极性，也更贴近当前社会生活。一些组员开始转换视角从受害者的角度来看待问题，体察到受害者的一些感受。

认知技巧训练是小组活动的核心内容，贯穿于整个小组活动。首要的是认知的重构，这需要改变一些根深蒂固的思维方式，正是这些思维使其反社会行为得以合理化，处于侵害的风险之中。可能导致组员处于暴力状态的常见错误思维包括：把妇女物品化、街头暴力"潜规则"或者面对警察挑衅的冲动性反应。[1]例如一个青年在家庭作业中写道："女人是笨蛋，只是性爱的对象。"小组工作者挑战了他的这些观念，指出这种错误观念会导致性侵行为，他的母亲也难以接受他这种观念和行为。[2]

认知的重构最终需要落实到行动的改变之上，行为模拟和练习是极其重

〔1〕　Goodman H., Getzel G. and Ford W., "Group Work with Youth in Community Corrections", *Social Work*, 41 (1996), pp. 375-381.

〔2〕　Harriet Goodman, "Social Group Work in Community Corrections", *Social Work with Groups*, Vol. 20 (1), 1997, pp. 51-64.

要的组成部分。对于城市青年而言，行为模拟练习也是易于接受的，这能够反映所在社区的社会生活经验和文化符号。家庭作业和小组练习大都基于真实的社会场景，通过角色扮演和头脑风暴来重现风险情景并尝试新的亲社会性替代行为。例如，有这样一个真实案例：一名缓刑人员去参加工作面试，第一轮的面试官说他很有希望获得这份工作。但参加更高级别的面试时，这次的面试官说不能聘用他因为他留着辫子，甚至都没问如果他改变发型是否考虑聘用。这名缓刑人员非常愤怒，赌气说再也不去参加工作面试。这个面试情景成了一个角色扮演剧本，并全程录音记录整个过程。与此类似，家庭作业也由生活中的"真实"情景所构成。组员们一致在记录中提到，他们在小组活动中学到的是"真实"经验技巧，来源于他们的日常活动和事件。

小组活动保持结构化特征，有利于帮助组员调整他们的个人生活状态，使其生活规律化。一些简单的要求，如准时参加小组活动、在两次小组活动之间寻找材料完成家庭作业，这与工作或学校里的要求差不多。小组活动内容也重视提升他们的批判性思维和处理人际关系的能力，向积极方面引导小组讨论，使他们在其中找到可行方式达致亲社会的目标。

（四）矫正对象和缓刑工作人员的变化

认知重构小组富有成效地满足了组员希望尝试改变、从朋辈中获得亲社会性相互支持的需求。小组工作具有支持功能，利用团体动力发挥成员潜力，使其成长。社工老师对小组工作人员进行了很多理论和实务方法培训，尤其是促进相互支持的技巧。在小组活动中，缓刑人员很快发现大家的共同之处，有利于相互支持。同时，组员和组织者之间也逐步建立了牢固的关系。在这种支持性的关系中，组员们可以得到在其他地方难以获得的关注和回应。于是，认知重构小组很快成为一个关系较为密切的团体，在其中大家有很多急迫的共同需求。

组员们积极参与了一系列小组活动和家庭作业。他们把从新闻中收集的一些"智慧语句"贴在活动室的墙上，比如，"没有什么成功的秘诀，它来自精心准备、努力工作和从失败中学习。"[1]八次小组活动下来，墙上贴满了这

---

〔1〕 Harriet Goodman, "Social Group Work in Community Corrections", *Social Work with Groups*, Vol. 20（1），1997, pp. 51-64.

样的励志词汇或话语。小组工作人员还发给每个组员钱包大小的小包，里面装满卡片。这些卡片被用作"思想和行动指南"，主要用于记录缓刑人员生活中可能出现的高风险情境，并已在小组活动中通过角色扮演练习过亲社会的应对方式。这些认知重构的工具，可以警示缓刑人员那些可能导致重新被捕的冲动行为。很多缓刑人员汇报中指出曾经使用这些工具提醒过自己，有的组员甚至教给小组之外的朋辈运用这种卡片，说明这种做法是有作用的。小组活动期间，还出现了一个非常成功的提醒案例：一个组员报告一名警察在其住处附近被枪杀，警察展开了密集搜捕。当时他什么也没有做，警察却让他靠墙。就在他快要爆发的时刻，想起口袋里卡片上面的话："别动！""考虑别的选项！""决定你要怎么做"，以此不断提醒自己。这使他避免了冲动言语或行为，没有被捕。[1] 除了这种愤怒或冲动提醒卡片，社工老师们还发明了针对朋友交往、维持自尊和亲密关系的卡片。

缓刑工作人员很快学会了如何识别、揭示和挑战小组成员表现出来的错误想法，所有小组活动也都着力于发现这些错误认知。在角色扮演、家庭作业和头脑风暴中，组员们较为充分地展示了自己的行为及其背后的观念，这些观念可能鼓励暴力行为。缓刑工作人员发现，比起阅读个人报告，在小组活动中他们能够更加深入地掌握组员们的生活和思想状况。同时也学习到，需要在适当的时机动用他们的权威，防止小组活动或讨论话题偏离方向。无论是缓刑工作人员还是管理部门，都没有想到认知重构小组活动能够对缓刑人员的认知和行为产生如此重要的影响。一些工作人员还由此对社会工作产生了浓厚的兴趣，专门咨询 MSW 教育的一些信息。认知重构小组项目在很大程度上转变了工作人员以前对暴力侵害人员的看法，也增强了自身信心，即他们现在有办法帮助矫正对象转变。

当然，项目也转变了社工老师以前对司法环境的消极看法，社会工作也可以在强制性的矫正领域有效发挥作用。

（五）相关讨论

认知行为治疗的效果已经在很多研究中得以证明，但一些落实环节还是值得讨论：首先，认知重构小组应该采取开放式还是封闭式？美国很多采用

---

[1]　Harriet Goodman, "Social Group Work in Community Corrections", *Social Work with Groups*, Vol. 20 (1), 1997, pp. 51-64.

开放式，即成员可以在周期性项目的任何时间点加入或离开，这样可以更加灵活地接纳新的矫正对象，但这样的干预效果可能不及封闭式。其次，矫正社工界如何才能获得司法部门的信任和合作，尤其是领导层面的支持？在美国都需要克服普遍存在于司法系统的怀疑心态，更不用说社区矫正才起步不久的中国。加强循证矫正研究、增加有效证据并通过政策倡导致力于完善顶层设计，应该是可行的策略。最后，对于中美司法系统普遍担心的交叉感染问题如何应对？其实在小组活动进行过程中加强正向引导，日常管理中加强电子定位监管是可以克服这个困难的。此外，小组活动中需要赋予组员多大的自由度？我国有的地方组织的社区矫正小组活动往往高度结构化，甚至每个组员都有矫正干警全程陪同（美国也存在类似的情形），这种情境很难让矫正对象敞开心扉暴露错误认知，也难以发挥相互支持的作用。但太过自由也不符合矫正领域特征，因此需要把握一个度。

认知小组活动设计还需体现出社会性，即紧密联系组员的社会生活实际情况。只有瞄准生活中的真实问题，才能有效地作用于其认知和行为，激发小组成员将生活中面临的困境带到小组活动之中进行再现或重演。然后在小组工作者的引导下，带动大家转换视角看待问题，讨论和寻找有效的问题解决办法。唯有如此，才能真正地改变矫正对象的行为。尤其重要的是，需要瞄准社会生活中容易导致重新犯罪的因素。笔者曾经观察过一些国内社区矫正系统组织的小组活动，大多数是一些趣味性活动，能够带给组员一些新的体验但是未必能解决他们深层次的错误认知问题。

第四部分　利用生命关键事件推动行为习性反思策略

为防止对实证性循证矫正知识的机械套用，简单化地处理几个风险要素并将认知行为治疗视为金科玉律，2019 年郭伟和在《社会学研究》上发表文章《专业实践中实证知识和实践逻辑的辩证关系——以循证矫正处境化实践为例》[1]，深入地阐述了循证矫正知识需"与当事人的生活习性和生活轨迹结合起来，跟随当事人日常生活中不断涌现的压力事件，协助其对自己的行

---

〔1〕　郭伟和：《专业实践中实证知识和实践逻辑的辩证关系——以循证矫正处境化实践为例》，载《社会学研究》2019 年第 5 期。

为习性进行反省和自觉，重新选择新的应对模式，逐步改变生活模式，降低再犯风险"。质言之，他在提醒矫正专业人员注意矫正对象行为惯习及其生活情境的高度复杂性，必须根据情境将经典行为改变科学知识同实践智慧紧密结合，方能取得更好的矫正效果。

一、理论依据

甘布瑞尔（Gambrill）指出，真正的循证实践并不是简单遵循实践指导手册，还要把循证研究、案主情况及实践情景结合起来。布迪厄（Pierre Bourdieu）则批评循证矫正等实务模式容易陷入经院学派构筑的理性主义认知行为僵化模式，忽视个体行为在特定场域中的实践意识。但他认为实践中的身体习性及其即兴发挥无法反思，或许社会学家才具备穿透场域结构和身体惯习的洞察力。但社会工作学者布洛维（Michael Burawoy）进行了反驳，认为这种洞察力不应是社会学家的特权，经过培训的专业人员甚至社会大众都可以掌握。在矫正社会工作专业实践中，社会工作者一方面需要掌握若干经典的行为改变理论范式尤其是循证矫正知识和方法，并增强在复杂不确定处境下的知识应用和转换能力；另一方面还需要培养对常人生活行动策略进行反思的能力，提高实践智慧。在真实社会生活情境中，通过参与式行动、强调多方参与和反思对话，对实践过程中的疑问和困境进行细致分析，形成新的理解框架和行动策略，再进一步到实践中检验成效。其间的一个重要技巧是抓住案主的关键事件，将其放回特定情境中反思，通过与当事人对话探寻实践行动中隐藏的假设和自我对话，直面"口是行非"——行动与解释之间的差距和矛盾，进一步发展新的行为可能性。要协助矫正对象反思自己习而不察的行为模式，并鼓励适当冒险，探索新的问题解决策略，逐渐提升自我认知反思和事件应对能力，同时尝试将学习到的新经验应用于其他生活情境之中。

对于司法社会工作者而言，需要把实证性知识和实践性智慧相结合，既不照搬循证矫正指导手册，也不能完全依赖经验丰富人员的体察反应技术。既需要熟悉再犯风险的八大要素和 RNR 原则，这样才能建立风险评估框架，发现再犯风险点；也需要社工对生活实践、生命事件和介入时机具有敏锐的洞察力。同时，通用性社会工作的陪伴、影响、同理心、增权和支持策略，也需要体现在特定生活事件中，来促进案主反思和改变。否则，即使关键事件出现，也可能白白错失改变的契机。甚至更糟，在生命重要节点上，案主若得不到积极影响和支持，可能滑向再犯罪或伤害自己的轨道。如此，在安全信任的互动环境中，社工和案主一起反思其生活经验，尤其是顽固不良行为习性，鼓励其改变原有的在紧迫性生活形成的熟练反应，尝试新的行动策略和互动关系模式。

二、案例示范

在《专业实践中实证知识和实践逻辑的辩证关系——以循证矫正处境化实践为例》一文中，郭伟和共展示了四个中高风险案例，此处选择其中最具代表性的一个案例进行示范。该案主的八大要素评估结果如附录表1-4所示：

附录表1-4 典型案例案主的八大要素评估结果

案主基本情况	钱某，男，不到30岁，故意伤害罪
犯罪史	无风险
反社会人格	情绪容易失控，异性关系比较随意
反社会认知	无风险
社会交往	无风险
家庭/婚姻	婚姻不稳定，与原生家庭尤其是母亲关系纠结
学习/工作	良好
休闲/娱乐	酗酒
药物成瘾	无风险

钱某表面上对评估报告结果都很认同，很配合认知行为治疗，也认为自己情绪管理能力较弱，愿意改变。但是当他喝醉后就会失去理智，对辅导内容表示很不屑。一次小组活动中他情绪失控："你们让我配合活动，但我现在遇到麻烦了，烦着呢！怎么配合啊！"随即退出了小组，在一旁闷闷不乐，由此导致整个小组活动效果不佳。随后沟通才知道他酗酒和情绪波动的原因主要是其婚姻关系。妻子比他小五六岁，和他在朋友聚会中认识后未婚先孕。女方家庭被迫同意他们结婚，匆忙办了婚礼。儿子出生后，他们补办了结婚

手续。后来妻子开始抱怨钱某的家庭条件和个性，她父母支持离婚。但在没有合适对象之前她并没有提出离婚，而是通过离家出走来惩罚他对婚姻的不忠，偶尔也会通过旅馆约会获取他的钱财。钱某的情绪随着双方关系好坏而波动，能和妻子约会情绪就好，妻子不理时就烦躁。这种情况下，认知行为小组难以对他发挥效力。"现在媳妇要和我离婚，哪有工夫跟你们学习？要是能够帮我把媳妇找回来，我就跟你们学习。"

通过梳理钱某的生命历史，发现其母亲从小对他缺少关爱，总是以呵斥和责备的方式来管教。他主要由爷爷奶奶带大，对母亲的感情比较矛盾：一方面觉得也爱母亲，另一方面却愤恨和疏远母亲。这些成长经历导致其在亲密关系中缺乏安全感，并投射到婚姻关系中。对妻子既讨好又警惕，并伴有暴力倾向。他妻子在电话中对社工老师吐露："他心理不正常，每次喝酒后就要求性生活，而且非常粗暴。"社工老师把他这种特殊的亲密关系模式反馈给钱某，希望他意识到这影响夫妻关系，并鼓励他尝试改变。钱某口头答应得很好，却依然被行动惯习所左右。一次酗酒后跑到岳父家里去闹，要把妻子接回家。岳父家劝说不成，就大打出手。他同社工见面时头上还缠着纱布。这也坚定了他妻子离婚的决心。在经历长达一年"短暂约会—情绪改善—妻子逃离—情绪低落—酗酒发泄—行为失控"的循环往复后，他妻子向法院起诉离婚，这导致钱某一度情绪崩溃，夜深酒醉后就给社工老师打电话倾诉。社工老师耐心倾听他的宣泄后，引导他面对危机，放弃对婚姻不切实际的幻想。

钱某逐渐接受了现实，后来通过网络聊天寻找到一位新的生活伴侣。一天他打电话给社工老师，希望去帮他把把关，看是否合适。新女友比他大几岁，也是离异，在外地还有一个女儿。看上去温柔贤惠、聪明机智。社工老师以此为契机，让他们彼此熟悉和反思各自以前的婚姻问题和应对模式，希望能建立一种全新的良性婚姻模式。并提醒钱某："新女友相对比较成熟，能够包容你，但是你是否发现自己在以前的婚姻中太过任性和粗暴？有一种隐忍和爆发的周期特征，在新的婚姻中你能否改变这种情绪表达方式，学会自然表达情绪呢？"同时也提醒他女友："虽然你喜欢他直来直去，但他个性并不成熟，一方面安静和随和，但在压力下又很暴躁。你不能只是包容，还要认识到这个特征，提醒他持续改变。"这次谈话轻松而深入，他们双方都同意社工的分析和建议，以后也不断向社工咨询生活中的问题。半年后他们结婚了，婚后虽然也有小的摩擦，但是总体上还是比较幸福、甜蜜。钱某的情绪有了很大改善，戒掉了酗酒，安心工作，还把双方孩子接过来一起生活，成为一个负责任的丈夫和父亲。从这样的几个案例中，作者得出一个人的行为习性可以辨识和改变，关键在于进入特定时空实践情境之中，抓住重要生活事件的机会，协助矫正对象反思其习惯性做法；同时适当冒险，挑战和调整原有惯式反应，从而提升自己的认知反思能力，改善问题应对技巧。

郭伟和以其精深的社会工作和社会学理论及实务洞察力，为我们提供了一个经典的利用生命积极事件促推矫正对象反思和调整行为惯式的案例。实际上，在某种程度上这种介入策略也可以归入认知行为治疗，即上节所提及的应对策略或问题解决方法训练。这里值得进一步讨论的是，该研究所指的关键压力事件主要是积极正向的，而桑普森（Robert J. Sampson）和劳布（John H. Laub）的犯罪生涯历程理论指出这种积极转变点（turning point，如婚姻、就业、孩子出生和服兵役等）是可遇不可求的，而犯罪人生活中大量存在的是一系列消极事件，[1] 那么在消极生命事件中该如何有效介入呢？抑或是在没有重要事件出现的普普通通日常生活之中，又该如何介入？还有，社会工作能否主导创造或促成这样的积极转变点，如在就业方面？此外，现代犯罪学越来越走向整合/综合范式，犯罪和再犯罪的原因分析也愈发复杂和精细[2]，生理、心理和社会因素紧密交织。那么，对性格偏执或智力不高而难以反思自身惯习的矫正对象，又该如何开展工作？因此，作者的本意应该在于，对复杂的犯罪人矫正采取开放性的态度，在掌握各种经典理论和介入方法的基础上，以个别化态度匹配适切性的矫正方法，也即对矫正社会工作提供一种介入方法论指导，而不是建立一种新的干预套路。

第五部分　其他介入方法

北美循证矫正得出的系列有效性原则、因素和方法并不是封闭排他性的，

---

〔1〕 Larry J. Siegel, *Criminology: Theories, Patterns, and Typologies*, Thirteenth Edition, Cengage Learning, 2018, pp. 312-318.

〔2〕 比如包括个人因素（如人格和智力）、社会因素（如收入和邻里）、社会化因素（如家庭、学习、就业和婚姻）、认知因素（态度、信息处理和感知注意方面）和情境因素（如同伴刺激、犯罪机会、监护和被捕风险）等。

相反他们鼓励矫正工作人员和研究人员在遵循 RNR 原则的基础上，积极探索其他的有效干预方法。[1] 除了前述的风险评估工具、动机式会谈和认知行为治疗这些核心技能技巧之外，还有一些比较重要的介入方法在当代国际矫正领域经常涉及，在此简要提及。

一、恢复性司法

20 世纪 80 年代，与"对犯罪强硬"政策相伴而生的是被害人保护运动。但在该运动中却产生了策略性的分歧，相当一部分人坚持罪犯受到应有的惩罚（just desert），即通过严厉的惩罚平复他们给受害者造成的伤害，体现司法正义；但是另一部分人却认为被害人受到的痛苦需要被治愈，这需要犯罪人、被害人和社区一起合作修复因为侵犯导致的损害，也即恢复性司法思潮。由此也反映了恢复性司法的一些核心理念——合作、修复、治愈。

恢复性司法实践最早可以追溯到 1974 年加拿大安大略省的一个叫基奇纳（Kitchener）的小镇，当时一位信奉门诺教的缓刑官恳求法官暂缓判决两名毁坏他人财物的青少年，说他可以带两位青少年去见受害人并修复被损害的财物。年轻人可以从中更加深刻地感受到自己行为对受害者造成的影响，并且受害者也有机会表达他们的需要，使生活秩序得以恢复。[2] 该尝试后来发展为一些更加正式和具体的恢复性司法组织形式，包括受害–施害和解项目（VORPs）和家庭间会议（FGC，双方家庭及相关社区成员协商）等。

恢复性司法具有几个典型特征：首先，犯罪被视为对正常人际关系的一种侵害。其次，所有受影响的人（包括侵犯人）需采取行动恢复正常秩序。这需要施害方和受害方的对话，最好是面对面的会谈，因为犯罪对双方都造成了不同程度的影响。如此，施害方才有机会向受害方道歉并弥补损失；受害方也能表达自己受到的影响以及怎样才能治愈伤痛。甚至在这个过程中，受害方还可能原谅施害方，尽管这不是必需的环节。此外，双方还可以讨论

〔1〕 James Bonta and Andrews D. A. , *The Psychology of Criminal Conduct*, Sixth Edition, London and New York: Routledge, 2017, p. 201.

〔2〕 Peachy D. E. , "The Kitchener Experiment", in Wright M. and Galaway B. eds. , *Mediation and Criminal Justice: Victims, Offenders and Community*, Newbury Park, CA: Sage, 1989, pp. 14–26.

各自可以做些什么以尽量降低损害，有时社区成员也可以提供某些支持。[1]
在这些特征下，恢复性司法的主要目的在于让施害方对他们自己的行为负责、
修复损害，使各方满意。社区参与恢复过程主要是为了促进社区的重新整合
以及对侵犯者的接纳。

恢复性司法也面临一些争议，比如受害方需要在多大程度上参与这个过
程。[2]前述的双方和解项目和家庭间会议项目中受害方都明确地参与了恢
复性过程，但是也有一些恢复性司法项目中双方较少接触和见面，谈判事
宜和签署协议都由中间人代理。[3]在这些案例中，受害方或许会同意补偿
（要么金钱要么社区服务）或接受一份书面道歉。此外，还值得讨论的是，
法庭判罚的赔偿或社区服务能否视为一种恢复，有时受害方甚至都没怎么
参与。

恢复性司法思想和实践自从诞生之日起，就引起了学界和各国刑事司法
界的高度关注，相关的项目迅速扩展至北美、欧洲、澳大利亚、新西兰以及
亚洲和非洲的部分国家和地区。[4]这些恢复性司法理念和原则深刻地影响到
很多国家和地区的司法实践和政策。比如，新西兰的儿童、青少年及其家庭
法案规定在家庭间会议举行之前法庭不得作出判罚，南非在种族隔离时期就
成立了各种真相与和解委员会（Truth and Reconciliation Commissions）防止这
方面的人权受到侵犯[5]，加拿大也成立了类似的委员会[6]。我国学界对恢复

---

〔1〕 James Bonta and Andrews D. A. , *The Psychology of Criminal Conduct*, Sixth Edition, London and New York: Routledge, 2017, p. 300.

〔2〕 Braithwaite J. , "Restorative Justice: Assessing Optimistic and Pessimistic Accounts", in Tonry M. ed. , *Crime and Justice: A Review of Research*, Chicago, IL: University of Chicago Press, Vol. 25 (1999), pp. 1–127; McCold P. , "The Recent History of Restorative Justice: Mediations, Circles, and Conferencing", in Sullivan D. and Tifft L. eds. , *Handbook of Restorative Justice*, New York, NY: Routledge, 2006, pp. 23–51.

〔3〕 Zehr H. and Mika H. , "Fundamental Concepts of Restorative Justice", *Contemporary Justice Review*, 1 (1998), pp. 47–57.

〔4〕 McCold P. , "The Recent History of Restorative Justice: Mediations, Circles, and Conferencing", in Sullivan D. and Tifft L. eds. , *Handbook of Restorative Justice*, New York, NY: Routledge, 2006, pp. 23–51.

〔5〕 Villa-Vicencio C. , "A Different Kind of Justice: The South African Truth and Reconciliation Commission", *Contemporary Justice Review*, 1 (1999), pp. 407–428.

〔6〕 "Honouring the Truth, Reconciling the Future", Truth and Reconciliation Commission of Canada, available at http://www. trc. ca. , last visited on 2018–06–29.

性司法的引入和探讨最早可以追溯到 2002 年（基于知网搜索）。近年社区矫正实践层面也在探索，初见影响的如江苏在南通试点的社区矫正损害修复项目。[1]

　　在循证矫正年代，恢复性司法不免要接受有效性检验。虽然大量的恢复性司法方面的研究是描述式的，缺乏科学性，但 20 世纪 90 年代以来也涌现了一些准实验甚至随机试验研究，在此基础上荟萃分析也得以进行。循证矫正研究主要从受害人满意度和重新犯罪两个方面对恢复性司法进行研究和检验。两项荟萃分析发现恢复性司法提升了受害人的满意度，其中一项汇总分析了 13 个研究得出受害人满意度相关系数为 0.19[2]，另一项近年的荟萃分析汇总了 10 个试验研究发现面对面会谈模式下，受害人满意度相关系数为 0.16[3]。这些研究显示，并不是所有的受害者都想和侵害者会谈，较高的满意度可能是因为可以选择见还是不见。还有，这些恢复性司法项目中的绝大部分（约85%）都是非暴力犯罪[4]，大部分项目都排除了家暴、性侵及其他严重犯罪[5]。循证矫正运动更多着眼于分析恢复性司法对重新犯罪的影响。系列荟萃分析发现恢复性司法对于预防再犯的效果并不是非常理想，相关系数平均约为 0.07[6]，稍低于矫正恢复服务项目的平均值 0.10[7]。但是比起

---

〔1〕《江苏省南通市召开"社区矫正损害修复理论实践研讨会"》，载 http://www.sohu.com/a/238387783_660595，最后访问日期：2018 年 6 月 29 日。

〔2〕 Latimer J., Dowden C. and Muise D., "The Effectiveness of Restorative Justice Practices: A Meta-analysis", *The Prison Journal*, 85 (2005), pp. 127-144.

〔3〕 Strang H., Sherman L. W., Mayo-Wilson E., Woods D. and Ariel B., "Restorative Justice Conferencing (RJC) Using Face-to-Face Meetings of Offenders and Victims: Effects on Offender Recidivism and Victim Satisfaction", *A Systematic Review*, *Campbell Systematic Reviews*, 12 (2013), pp. 79-96.

〔4〕 Bonta J., Jesseman R., Rugge T. and Cormier R., "Restorative Justice and Recidivism: Promises Made, Promises Kept?", in Sullivan D. and Tifft L. eds., *Handbook of Restorative Justice*, New York, NY: Routledge, 2006, pp. 151-160.

〔5〕 Acker J. R., "Hearing the Victim's Voice Amidst the Cry for Capital Punishment", in Sullivan D. and Tifft L. eds., *Handbook of Restorative Justice*, New York, NY: Routledge, 2006, pp. 246-260.

〔6〕 Latimer J., Dowden C. and Muise D., "The Effectiveness of Restorative Justice Practices: A Meta-analysis", *The Prison Journal*, 85 (2005), pp. 127-144; Strang H., Sherman L. W., Mayo-Wilson E., Woods D. and Ariel B., "Restorative Justice Conferencing (RJC) Using Face-to-Face Meetings of Offenders and Victims: Effects on Offender Recidivism and Victim Satisfaction", *A Systematic Review*, Campbell Systematic Reviews, 12 (2013), pp. 79-96.

〔7〕 James Bonta and Andrews D. A., *The Psychology of Criminal Conduct*, Sixth Edition, London and New York: Routledge, 2017, pp. 301-302.

刑事司法制裁，恢复性司法至少有两方面的优势：一方面，如果在恢复性司法过程中注入矫正恢复服务，对重新犯罪的影响将大大提高，相关系数达到0.25[1]；另一方面，恢复性司法项目在成本效益核算中更有优势[2]。

因此，我们不能指望单纯的恢复性司法能够发挥多大作用，一定要在其中结合相关的矫正恢复服务，尤其是认知行为治疗，才能达到更好的预防再犯效果。因为在矫正恢复治疗中，可以通过确认犯罪对受害者的伤害来挑战施害方对犯罪行为的合理化，增进对受害者的感同身受，从而抑制自己的伤害行为；并且在宽恕性、非惩罚的双方会面环境下，培养更加亲社会的态度。[3] 同时，社区成员参与恢复性司法过程可以作为非正式社会支持系统，提供具体的帮助，鼓励亲社会的行为，向积极的方面转变。[4]

进一步引申的问题是恢复性司法实践究竟是由司法系统工作人员主导还是社会工作者主导呢？讨论至今，本书的答案已经很明确——综合型的司法社会工作者。但不得不面对现实，目前我国这种综合型司法社工还非常稀缺，在现有的司法工作人员和社会工作者之间如何二选一呢？答案依然是社会工作者，因为社工经过了长期的人类服务（human service）实务技巧训练，可以更好地组织双方会谈过程并对受害者及其家庭提供帮助，工作过程中所需的法学知识也可以通过继续学习加以弥补。而法学背景的司法工作人员往往更加注重规则和程序，疏于助人技巧训练，而这些实务技巧通过继续学习和培训进行提升的难度更大。美国于20世纪80年代中期启动了恢复性司法项目，到20世纪90年代中期恢复性司法政策得到完善，全美开展了数百个恢复性司法项目。然而在20世纪八九十年代这股潮流中，司法社工并未占据主导位置，甚至处于被排斥状态。这种情况在20世纪90年代后期得以转变：

---

〔1〕 Bonta J. , Wallace-Capretta S. , Rooney J. and McAnoy K. , "An Outcome Evaluation of a Restorative Justice Alternative to Incarceration", *Contemporary Justice Review*, 5（2002）, pp. 319-338.

〔2〕 Weatherburn D. and Macadam M. , "A Review of Restorative Justice Responses to Offending", *Evidence Base*, 1（2013）, pp. 1-20.

〔3〕 James Bonta and Andrews D. A. , *The Psychology of Criminal Conduct*, Sixth Edition, London and New York: Routledge, 2017, pp. 302-303.

〔4〕 Bazemore G. , Nissen L. B. and Dooley M. , "Mobilizing Social Support and Building Relationships: Broadening Correctional and Rehabilitative Agendas", *Corrections Management Quarterly*, 4（2000）, pp. 10-21; De Beus K. and Rodriquez N. , "Restorative Justice Practice: An Examination of Program Completion and Recidivism", *Journal of Criminal Justice*, 35（2007）, pp. 337-347.

一方面，因为司法系统工作人员在强硬政策之下案件量不堪重负难以有效开展恢复性司法；另一方面，这时期的恢复性司法实践强调更多的社区参与，佛罗里达、明尼苏达、俄勒冈、宾夕法尼亚和德克萨斯等州的司法社工开始主导并扩大恢复性司法项目，同律师和社区法官一起开展工作。[1] 当前我国的恢复性司法研究和实践探索还主要是由法学界在主导，将来随着实践的全面深入发展、政策措施的不断完善以及综合型司法社会工作者的壮大，还是应该更多由司法社工来主导这一进程。

二、家庭干预

犯罪学界有一句广泛采用的经典话语——"一个犯罪人的背后往往有一个问题家庭"。在矫正社会工作中，家庭干预就不可避免地成为重要的介入方面。实际上，家庭治疗是一个庞大的干预体系，学界和实务界形成了纷繁复杂的干预模式，其中与犯罪越轨行为矫正相关联的可以大致分为涉罪未成年家庭干预和婚姻家庭矛盾协调。鉴于婚姻家庭矛盾协调已经形成诸如萨提亚家庭治疗和结构式家庭治疗等经典干预模式，很多社会工作、心理学和家庭社会学都有所介绍，这里不再赘述，仅简要介绍循证矫正中对涉罪未成年家庭干预的相关探讨。

众多青少年不良行为研究都指出，青少年反社会行为都与糟糕的家庭关系和矛盾的家庭教育方式相关，因此未成年涉罪的家庭干预就显得尤为重要。家庭干预可以延伸到儿童阶段的家庭预防层面，限于篇幅，这里仅简要介绍青少年偏差行为或涉法涉罪后的家庭介入。英美矫正学界针对不良行为未成年的家庭干预已经发展出两种比较有影响的模式：一是家庭功能治疗模式（FFT），二是多系统治疗模式（MST）。

家庭功能治疗模式主要针对一些不太严重的不良行为，如离家出走、逃学和难以管教的青少年，主要通过转变家庭的沟通模式进而改善家庭关系。不良行为青少年的家庭沟通较多地体现为一种"防御性沟通"，即严厉而愤怒的沟通，充满斥责和反驳，而缺乏"支持性沟通"（相互理解、提供有帮助的信息和别人讲话时不打岔）。而家庭功能治疗模式就是使家庭成员减少防御性

---

〔1〕　Roberts A. R. and Brownell P., "A Century of Forensic Social Work: Bridging the Past to the Present", *Social Work*, 44 (1999), pp. 359-369.

沟通，更多采取支持性沟通方式。[1]在一项早期的随机分组试验中，家庭功能治疗模式下青少年的再犯率下降了一半左右。[2]这些治疗改善了家庭沟通方式，也减少了青少年的不良行为，同时对兄弟姐妹的行为也有积极影响作用。近年的一项循证矫正研究中发现，家庭功能治疗模式将青少年的再犯率降低了18.1%。[3]而且，这种家庭治疗在很大程度上降低了刑事司法系统的运行费用。

多系统治疗模式则瞄准具有严重不良行为的青少年，即高风险人员。顾名思义，多系统意味着需要从多个层面进行介入，包括家庭、学校、同伴和社区重要人员及机构，通过综合介入转变问题青少年的行为。其理论依据主要来自于生态系统理论和家庭系统理论，因为高风险青少年分别属于其家庭、同伴、学校和社区的一员，只有综合介入才能改变其反社会行为背后的成本回报逻辑。多系统的核心层面是家庭治疗，主要教给父母应对青少年问题的技巧（如何更好规训），同时减少家庭内部的冲突（保持关系）。专业人员（司法社工和心理治疗师等）需要进入家庭，观察成员互动，尤其要留意其中的优势方面（用于重构家庭）。家庭被视为一个思想和行为相互影响的系统，一个人的改变可能带来其他成员的改变。治疗中经常要求家庭成员监察自己的行为和其他成员的行为。完成初步评估（预估）后，告诉父母需要改变他们哪些训诫策略，更加有效地进行奖励和惩罚（如果发现父母精神方面有问题也需要进行相关辅导或转介治疗）。指导父母更有效地同子女交流同不良同伴交往的危害（比如不要斥责其同伴，这可能强化他们交往的决心）。[4]当然，对青少年的个别辅导也是不可或缺的，这时候一般和他讨论其同伴并教给他们一些人际关系技巧。多系统介入的作用主要表现为邻居可以帮助监督青少年的社区行为以及同不良同伴的交往情况，学校老师可以协助监督青少

〔1〕 James Bonta and Andrews D. A., *The Psychology of Criminal Conduct*, Sixth Edition, London and New York: Routledge, 2017, pp. 140-141.

〔2〕 Alexander J. F. and Barton C., "Behavioral Systems Therapy for Families", in Olson D. H. L. ed., *Treating Relationships*, Lake Mills, IA: Graphic, 1976, pp. 167-188.

〔3〕 Drake E. K., Aos S. and Miller M. G., "Evidence-based Public Policy Options to Reduce Crime and Criminal Justice Costs: Implications in Washington State", *Victims & Offenders*, 4 (2009), pp. 170-196.

〔4〕 James Bonta and Andrews D. A., *The Psychology of Criminal Conduct*, Sixth Edition, London and New York: Routledge, 2017, p. 142.

年在学校的活动并帮助其学业。总之，多系统治疗想方设法获得高风险青少年身边的社会和社区资源支持，奖励其亲社会行为，阻碍那些支持反社会活动的力量。在多系统治疗模式中，司法社会工作者具有独特的优势，因其可以发挥重要的整合各方面社会资源的作用，进行综合性介入。

　　多系统治疗模式被广泛用于一系列青少年严重不良行为干预之中，包括吸毒、暴力侵犯、性侵及其他重罪。[1] 在一项长达八九年的针对青少年性侵犯的多系统治疗的追踪研究中发现，项目每用 1 美元将节约 49 美元左右的财政支出[2]，而非性侵青少年犯的多系统介入则节约了 5.04 美元[3]。有研究对比了多系统治疗模式和家庭功能治疗，其中一项发现它们在预防再犯的效果方面相差无几[4]；另外两项研究为荟萃分析，其中得出多系统介入模式在降低再犯方面比家庭功能治疗模式从稍好[5]到中等程度更好[6]。

　　两种治疗模式针对的不良行为的严重程度不同，在矫正社会工作实务过程中如何取舍呢？基本原则已如前文所指出的，不太严重的青少年不良行为尽量在家庭内干预，采取家庭功能治疗模式，这样可以避免形成标签效应，尤其在中国这样的注重面子的社会之中；而对已经进入司法程序的严重不良行为，则应采取多系统治疗模式，整合社区乃至社会各方面资源，取得更好的介入效果。

〔1〕　Letourneau E. J., Henggeler S. W., Borduin C. M., Schewe P. A., McCart M. R., Chapman J. E. and Saldana L., "Multisystemic Therapy for Juvenile Sexual Offenders: 1-year Results from a Randomized Effectiveness Trial", *Journal of Family Psychology*, 23 (2009), pp. 89-102.

〔2〕　Borduin C. M. and Dopp A. R., "Economic Impact of Multisystemic Therapy with Juvenile Sexual Offenders", *Journal of Family Psychology*, 29 (2015), pp. 687-696.

〔3〕　Dopp A. R., Borduin C. M., Wagner D. V. and Sawyer A. M., "The Economic Impact of Multisystematic Therapy through Midlife: A Cost-benefit Analysis with Serious Juvenile Offenders and Their Siblings", *Journal of Consulting and Clinical Psychology*, 82 (2014), pp. 694-705.

〔4〕　Baglivio M. T., Jackowski K., Greenwald M. A. and Wolff K. T., "Comparison of Multisystemic Therapy and Functional Family Therapy Effectiveness: A Multiyear Statewide Propensity Score Matching Analysis of Juvenile Offenders", *Criminal Justice and Behavior*, 41 (2014), pp. 1033-1056.

〔5〕　Curtis N. M., Ronan K. R. and Borduin C. M., "Multisystemic Treatment: A Meta-analysis of Outcome Studies", *Journal of Family Psychology*, 18 (2004), pp. 411-419.

〔6〕　Drake E. K., Aos S. and Miller M. G., "Evidence-based Public Policy Options to Reduce Crime and Criminal Justice Costs: Implications in Washington State", *Victims & Offenders*, 4 (2009), pp. 170-196.

三、社区服务、工作就业、职业培训和组织活动

在我国现行社区矫正"双八"制度下，每个月 8 小时的社区服务成为社区矫正管理的一个重要方面，主要体现社区矫正的惩罚性、恢复性和教育性。然而，由于中国的面子社会文化特征以及现代工作节奏的加快，社区服务往往难以完成，很多基层管理机构也就敷衍了事。在回归分析中，矫正对象也表现出对社区服务社会化执行方式的排斥。在北美，社区服务一般是作为一种中间级制裁[1]及恢复性司法措施[2]而出现，并不要求所有的缓刑人员和假释人员完成。这里并不是要反对统一的八小时制度，毕竟大陆法系和英美法系有很多重大的理念差别。但在具体落实社区服务的时候，可以采取更加灵活的方式，如让矫正对象有一定选择权、服务中可以采取匿名或个别任务方式，体现更多公益特征使矫正对象感受到亲社会行为的社会回馈。

工作就业，在早期的犯罪学控制理论中被视为一种重要社会控制机制，[3]因其可以占据人们大部分时间，并赋予实现社会认可目标的合法渠道，使人们奉献于其中。同时，同亲社会同事的交往有助于减少同不良群体的来往，从而减少风险情境。在社区矫正管理实践中，帮助矫正对象找工作或安置就业就成为一项重要工作内容，尤其是针对假释人员或未就业的青少年矫正对象。但是，循证矫正指出，就业能否转变矫正对象的犯罪生涯取决于是否在工作中建立新的身份认同，而其中的关键在于认知的变化。[4]例如，有些罪犯不太可能长期保持一份稳定的职业，甚至对普通职业失去了兴趣。[5]因此，认知行为干预也不可或缺，否则即使在工作人员的帮助下矫正对象获得了一份工作，他们也不会珍惜。

---

〔1〕 Doris Layton MacKenzie, *What Works in Corrections Reducing the Criminal Activities of Offenders and Deliquents*, Cambridge University Press, 2006, p. 304.

〔2〕 James Bonta and Andrews D. A., *The Psychology of Criminal Conduct*, Sixth Edition, London and New York: Routledge, 2017, pp. 300-301.

〔3〕 Travis Hirschi, *Causes of Delinquency*, Berkeley, CA: University of California Press, 1969, p. 16.

〔4〕 Maruna S., *Making Good: How Ex-convicts Reform and Rebuild Their Lives*, Washington, DC: American Psychological Association, 2001, pp. 86-98.

〔5〕 Sampson R. J. and Laub J. H., *Crime in the Making: Pathways and Turning Points through Life*, Cambridge, MA: Harvard University Press, 1993, pp. 123-133.

　　职业培训，在马里兰矫正学派的荟萃分析检验中，绝大部分项目都有效地降低了再犯率并达到了统计显著性，综合效果非常明显。[1] 愿意参加职业培训说明矫正对象已经有了转变的动机（有的是动机式会谈的结果），在培训中他们可以获得谋生的一技之长，有的培训在考核后还可以提供相关行业从业资质、等级证书甚至学历证书（如职高技校等）。这些对于矫正对象停止（desist）犯罪生涯，走上一条正常的职业道路及人生道路都是有很大助益的，尤其是对于青少年矫正对象和假释人员。但我们在各地调查中发现，当前社区矫正管理部门较少组织职业培训。究其原因，首先，当前的社区矫正对象主要以缓刑人员为主，假释人员很少，而缓刑人员大部分都有工作；其次，青少年矫正对象流动人员较多，很多是非正规灵活就业；最后，基层社区矫正管理部门培训资源匮乏，难以针对矫正对象多样化的培训需求组织职业培训，尤其是广大农村区县。其实，破解这些困境并不难：一方面，社区矫正管理部门并不需要自己组织这些职业培训，完全可以同人社部门、培训机构或学校合作，甚至只需要激发矫正对象的动机在当地寻找适合自己兴趣的职业培训机构即可；另一方面，将正式的机构培训和非正式的师徒式"传帮带"方式结合起来，注意发掘案主身边的资源。可以动员假释人员、刑满释放人员、失业人员和灵活就业人员参加不同形式的职业培训。矫正社会工作者作为连接各方资源和动机激发的角色，在此过程中大有用武之地。

　　组织活动，在某种意义上已经成为我国社工的一种标签，并被学界、管理部门甚至公众所诟病。在社区矫正领域也概莫能外，相关社会组织机构也会组织一些集体活动，主要是游戏、拓展训练、体育锻炼或休闲方面的活动。休闲娱乐活动被循证矫正研究证明为中等程度的风险需求因素（moderate risk/need factor）[2]，对于再犯具有一定影响。美国在矫正恢复年代也经常举行相关挑战自我和咖啡馆聚会等活动，以期通过积极正向的活动影响风险青

---

　　[1]　Doris Layton MacKenzie, *What Works in Corrections Reducing the Criminal Activities of Offenders and Deliquents*, Cambridge University Press, 2006, pp. 100-101.

　　[2]　Olver M. E., Stockdale K. C. and Wormith J. S., "Thirty Years of Research on the Level of Service Scales: A Meta-analytic Examination of Predictive Accuracy and Sources of Variability", *Psychological Assessment*, 26（2014）, pp. 156-176.

少年，尤其是帮伙成员。[1]我国香港地区在 20 世纪 60 年代之后，建立了大量体育和游戏设施，希望以此转移青少年的兴趣和注意力。但有评估研究发现，针对青少年的课后活动项目对防止严重不良行为没有效果。[2]进一步的研究发现，并不是所有的青少年都会规律性地参加这些活动，高风险青少年尤其不可能参加。[3]当然，也不是不能组织活动，但一定要有意识地注入认知行为矫正的元素，如亲社会的榜样行为、强化机制和社会学习机会等。

第六部分　实际案例

此处的案例资料主要由笔者所指导的几位社会工作专业硕士完成，我全程督导了实务进程。案例内容在实习报告和毕业论文的基础上，经过系列删减取舍、行文措辞及结构调整而成，基本保留和呈现了真实的实务细节。

一、冲动型未成年缓刑案例[4]

【案例简介】小李，男性，2016 年 2 月寒假期间在某饭店做服务员，因琐事与饭店另一名传菜员发生矛盾，后来纠集叔叔、姐夫和表哥下班后与对方约架，被警方逮捕。因小李未成年被判有期徒刑 1 年 6 个月，缓期 1 年 6 个月执行，2016 年 9 月正式入矫。

（一）深入了解案件细节

犯罪一线的情景细节，有助于我们掌握矫正对象的一些性格和行为特征。Z 机构的司法社工细致查阅了刑事判决书，并对小李和社区矫正管理人员进行了访谈。案发时正值春节期间，该饭店用餐的顾客比较多，忙乱中小李与

---

〔1〕 LaMar T. Empey and Mark C. Stafford, *American Delinquency: Its Meaning and Construction*, 3rd edition, Belmont, CA: Wadsworth Publishing Company, 1991, pp. 231-238.

〔2〕 Cross A. B., Gottfredson D. C., Wilson D. M., Rorie M. and Connell N., "The Impact of After-school Programs on the Routine Activities of Middle-school Students: Results from a Randomized, Controlled Trial", *Criminology & Public Policy*, 6 (2009), pp. 391-412.

〔3〕 James Bonta and Andrews D. A., *The Psychology of Criminal Conduct*, Sixth Edition, London and New York: Routledge, 2017, p. 149.

〔4〕 该案例由笔者指导中国政法大学 2016 级 MSW 学生罗晓旭完成。

传菜员谢某发生了口角。当时餐厅经理对双方进行了简单调解,暂时达成了和解。但下班后谢某还耿耿于怀,通过第三人找小李约架。小李认为不能服软示弱,于是约了叔叔、姐夫以及表哥,第二天下班后与谢某一行人在某小区门口打架斗殴。双方都持有钢管、酒瓶等危险器械,谢某一方有人在打斗过程中受了轻伤。经群众报案,警方介入。经法院审理,小李系此次持械斗殴的主要分子,在归案后能够如实供述、自愿认罪。小李无犯罪前科,系初犯、偶犯。

同小李的部分谈话

社工:你能给我讲讲当时的具体经过吗?

小李:我应聘的是服务员,对方是传菜员。当时饭店赶上过年人比较多,客人吃得比较慢,桌上就堆不下了。但传菜员还一直往这边递,因为他那边也堆满了。然后我们就发生了口角,当时比较冲动吧,后来还想出口恶气。

社工:听说经理还出面调解了,怎么后来又打起来了?

小李:调解只是表面,其实双方一点都没有和好。当时觉得他仗着年纪更大,就想欺负我。感觉自尊心受到了侮辱,咽不下这口气,也想教训教训他,给他点颜色。

社工:你打架的时候有没有想过什么后果?

小李:当时没想太多,没想到还要承担法律后果,感觉就算出了什么事还有爸妈在。

社工:那你现在后悔了吗?

小李:挺后悔的!当时太冲动了,没有控制好情绪。

记录人:LZ

时间:2016 年 9 月 20 日

(二)全面评估

在社区矫正中心完成入矫仪式后的 1 个月中,事务所的社工深入小李的家庭对其本人和父母进行深入交谈，较为详细地掌握了其成长经历、家庭背景和相关的个人信息，深挖犯罪背后的原因。

1. 家庭情况

小李父母都是瓦匠工人，父亲小学毕业，母亲没有上过学。家庭经济状况一般，家庭年收入十万元左右，通过勤奋工作他们在市区买了一套房子，但目前还在市郊的乡镇租房。小李是家里最小的独子，上面有五个姐姐，除了四姐都已结婚生子。小李的母亲坦言，受农村思想的影响一定要生个儿子，导致生了这么多孩子。从小全家就对小李特别呵护，一般不让做家务。小李有什么要求，父母都会尽可能满足，但因忙于生计，对小李的教育多少有些疏忽。对于小李的学习没有什么要求，顺利毕业有个稳定点的工作就行。小李与年龄接近的五姐姐的关系最好，联系比较密切。

2. 成长经历

小李家祖籍在 L 市，父母很早就来 Y 市打拼。小李生于 Y 市，一直同父母一起生活。小学成绩还可以，初中后学习成绩就下滑了很多。初中毕业后来到一所职业技校学建筑，他对建筑还比较感兴趣，如果顺利毕业应该可以到某建筑公司就业。技校上学期间每天都回家。还差半年就毕业之际，因为犯事判罚缓刑被学校开除。

3. 社会交往

据本人及其母亲透露，小李从未与不良群体交往。同伴主要是同学，在校期间没有参与打架斗殴。

4. 生活习惯

小李并无抽烟酗酒等不良嗜好，偶尔玩一玩电子游戏，谈不上沉迷。

5. 性格特征

因为是家里的独子，父母宠爱有加、有求必应，导致其任性、不服输，时常发脾气。

与小李父母的部分谈话

社工：小李平时在家里表现怎么样？

母亲：在家里表现还可以，没有什么过激行为。

社工：你们对他管教得多吗？

父亲：管教得不是很多。我上班很忙，回家很累，对他的教育是有些疏忽了。

母亲：我们对小李基本上都是有求必应，尽最大努力去满足他。在家里也从来不要求他做什么。

社工：你们和小李交流得多吗？

母亲：交流还可以，有时候嫌我啰唆，多说几句他就生气，有时候还会对我发脾气。

社工：小李这件事情，你们是怎么看的呢？

父亲：还是我们管教不好。毕竟就这么一个儿子，我们有些宠爱他了，导致他比较任性，做事不太考虑后果。我也要好好反思自己。

母亲（哭泣）：我们没有想到事情会闹得这么大！小李有时候脾气是暴躁了点，但不是一个坏孩子，寒假打工还是他自己提出来的，他想帮家里减轻负担。

记录人：LZ

时间：2016 年 9 月 20 日

司法社工通过与小李及其家人的上述深度访谈，基本掌握了其犯罪的经过和细节，在此基础上对其犯罪原因进行剖析。综合评估后得出，小李的罪因结构主要包括：首先，缺乏情绪控制和处理人际纠纷的能力。在与他人发生冲突后，不善于通过沟通化解矛盾，而是冲动易怒，倾向于用武力解决问题。其次，认知上的错误。父母的宠爱导致小李全方面的依赖性，认为父母可以帮助自己解决一切问题。再次，家庭教育的偏误。父母忙于生计，缺乏对小李行为有效约束和性格养成的引导。物质方面的过分溺爱，缺乏挫折教育，导致小李以自我为中心、任性冲动、脾气暴躁。最后，法律意识淡薄、法律知识匮乏。认为自己还未成年不会有什么法律后果，缺乏对自己行为危害性的认识，反映出他这方面的法律知识严重匮乏。根据加拿大学派的循证矫正八大要素，对其进行风险评估的结果如附录表1-5所示：

附录表1-5 小李八大风险要素评估

犯罪史	反社会人格	反社会认知	社会交往	家庭/婚姻	学校/工作	休闲/娱乐	药物成瘾
		脾气暴躁冲动		家庭溺爱型教育	辍学无工作		

司法社工认为，案主初犯，无犯罪史；犯罪原因主要源自缺乏处理人际纠纷问题的能力，并受到对方约架挑衅，主观上蓄意攻击性不强；冲动行为源自非理性认知；父母教育虽有问题，但是整个家庭系统基本处于良性状态，并无严重家庭矛盾。综合评定结果为小李的再犯风险属于中低水平。

（三）帮教计划

在犯罪原因分析和风险评估的基础上，司法社工同小李一起制定了如下帮教计划：①纠正不合理认知。使其认识不良风险行为的社会危害性，给自己和家人带来的负面结果，放下依赖思想树立责任意识，消除父母可以解决一切问题的不合理观念；同时使其认识到冲动和武力并不能有效解决问题。②提升情绪控制能力。通过角色扮演与角色体验，改善矛盾纠纷处理能力，采取亲社会方式化解矛盾。③亲职教育。深入小李家庭，协助其父母调整不当家庭教育方式，促进家庭配合社区矫正工作，顺利度过考验期。④增强法律规范意识与是非观念。风险情境下一定要冷静，认真考虑法律后果。⑤使学习不中断。帮助小李联系学校，争取使其回到学校继续完成学业。⑥帮助树立积极的矫正心态。让小李放下心理包袱，勇敢面对挫折，重拾生活信心，尽快回归正常生活轨道。

附录表1-6 小李帮教计划

时间	方式	内容/目的
2016.10.8 — 2016.10.20	家庭走访1次；与其父母沟通1次；小组活动2次。	①了解小李最近状态；②与小李单独谈话，使其深入认识其类似行为所带来的后果和危害性；③纠正不合理的认知，学会情绪管理，提升

续表

时 间	方 式	内容/目的
2016.10.8 — 2016.10.20	家庭走访1次； 与其父母沟通1次； 小组活动2次。	小李处理人际纠纷的能力； ④与小李父母交流家庭教育方式； ⑤评估小李当前整体状态。
2016.10.20 — 2016.10.30	联系小李学校。	社工主动联系学校，为其争取回到学校的机会。
2016.11.2 — 2016.11.30	个案走访2次； 与其父母沟通2次； 小组活动2次。	①了解小李最近状态； ②嘱咐小李遵守社区矫正规定，如按时去司法所报道、参加社区服务和集中教育； ③帮助其掌握管理情绪的技巧和处理人际纠纷的方法； ④让父母多关注小李的内心世界，尝试新的家庭教育和沟通方式； ⑤鼓励小李面向未来，放下心理包袱； ⑥评估小李当前整体状态。
2016.12.4 — 2016.12.30	个案走访2次； 与其父母沟通2次。	①了解小李最近状态； ②对良好改变进行鼓励； ③了解小李新的需求； ④向小李父母了解新的家庭沟通和教育方式和效果； ⑤鼓励其持续遵守社区矫正管理规定； ⑥评估小李当前整体状态。

（四）干预过程

1. 情绪控制与人际纠纷应对

司法社工开展了提升人际冲突解决能力的小组活动，通过纠纷情景模拟、角色扮演与角色体验，让小组成员共同探讨应对不同人际纠纷问题的方式。同时与小李家人合作，帮助他学会控制风险情境下的情绪，做事情三思而后行，遇到人际纠纷要冷静，通过理性而和平的谈判，用合理合法的方式解决，而不是诉诸武力。此外，还要学会宽容，甚至忽略别人的一些过失。

"通过几次小组活动，大家体验不同情况下的冲突事件，我们共同探讨不同的应对办法。在其中学到一些处理人际矛盾的方法，以后再遇到这类问题可能就不会像之前那么冲动了。"（2017年8月访谈小李）

2. 法制教育

社工一方面在家庭走访时叮嘱小李一定要遵守社区矫正的管理规定，另一方面与司法所保持密切联系关注小李的变化。两方共同督促小李按时参加社区矫正中心的集中教育，认真学习法律常识，并在行为上体现知法守法。

3. 纠正错误观念

小李以前认为自己年龄小不用承担法律责任、父母可以帮忙解决一切问题。需要引导小李对这些不合理认知进行辩驳，使他认识到自身行为给家人和自己带来了很大麻烦，包括姐夫和表哥入狱，自己也被判刑和开除，而这些都是认识偏差导致冲动行为所付出的代价。

社工：事情过去一段时间了，你觉得这些事情对自己带来了什么影响？

小李：最主要的就是被学校开除了吧。

社工：那你爸爸妈妈呢？有没有想过他们？

小李：出了这件事情感觉他们挺伤心的。

社工：看你爸妈也有一定年纪了，你打架之前有没有想一想他们呢？

小李：当时确实没想那么多，现在觉得确实对不起他们，太让他们操心，感觉很愧疚。

社工：能认识到错误就好，希望你能静下心来好好跟爸妈谈谈，跟他们道个歉，好吗？

小李：好。

社工：他们都很爱你！你看现在，学暂时不能上了，爸爸妈妈都很伤心，有没有意识到这些都是你要去承担和面对的？

小李：现在深刻意识到了，自己的任性连累了很多人，我姐夫和表哥。真是对不起他们，以后一定多加注意，不再那么任性和意气用事。

社工：能意识到这些问题就说明你在成长，希望你继续加油，向好的方向努力。

小李：好。

记录人：LL

2016 年 10 月 27 日

---

4. 家庭教育

事务所社工多次前往小李家中与其父母沟通。他们表示，以前一直忙着挣钱，想给孩子更好的物质生活，但却忽视了心理教育。以后一定多与孩子沟通，关注其行为养成和性格发展，帮助他顺利回归社会。

> 以前咱们一直忙着赚钱，想着不能在物质方面苦了孩子，他想要什么我们就给什么，但是却忽视了对他的引导。以前太宠他，什么事情都替他做，他现在已经长大了，很多事情得让他自己做。我们现在也在努力改变教育方式，只要能够帮助小李，我们怎么做都可以。(2016年11月访谈小李母亲)

社工还在多次个案辅导中鼓励小李多与父母交流内心的感受，在家里做一些力所能及的事情，要慢慢学会独立自主，承担起自己的责任。此外，社工还联系了同在Y市生活并同小李关系比较好的五姐姐，希望通过这个积极的亲友关系优势来促进案主的改变。

> 其实我弟弟本质并不坏，就是任性了点。虽然脾气不好，但是之前没有和别人打过架，这次也有冲动的原因在里面。我也和他沟通了，他也意识到了自己的错误。有什么需要我帮助的尽管说，我也想帮助弟弟渡过难关。(2016年11月访谈小李五姐)

5. 学习和工作

司法社工帮助小李多次与学校沟通，但校方坚持不能让小李重新回学校读书。社工将学校的决定转告给小李及其家庭。小李表示在意料之中，有点遗憾和后悔，那就先找一份工作。于是，社工积极帮助他查询了一些招聘信息。

> **社工**：我们帮助你联系了学校，但是校方的态度比较坚定，我们感到很抱歉。
>
> **小李**：没关系，你们这样帮我，我已经很感谢了。
>
> **社工**：有没有觉得很遗憾？

小李：遗憾肯定有一点，毕竟就快拿到毕业证了。但也没办法，要面对现实，不能怪别人。

社工：你也别灰心，你很聪明，相信做什么事只要你努力就会很出色的。

小李：谢谢你这么说，我会尽力的。

社工：如果不能上学的话，你近期有什么打算吗？

小李：我想找份工作，充实一点，不能天天在家闲着。

社工：嗯，那你对哪方面工作比较感兴趣？

小李：销售吧，感觉销售比较锻炼人。

社工：想法不错，我回去帮你查查这方面的招聘信息，然后再联系你。

小李：好的，太感谢你们了。

记录人：LL
2016 年 11 月 15 日

在社工的帮助下，2016 年 12 月份小李找到了一份手机销售的工作。至此，小李的生活和工作状态得到初步安定。

在手机销售公司工作接近半年时，社工评估认为小李整体状态趋于稳定。他喜欢这份工作，跟同事相处还不错，感觉自己沉稳了很多。小李的母亲表示，现在小李会做力所能及的事情，也开朗了很多。小李的五姐也表示他懂事多了，在家不怎么乱发脾气了。司法所工作人员认为，小李在社区服刑期间表现良好，按时报到，参加集中教育和社区服务。综合小李的上述状态，社工决定就此结案，但是会在后期抽时间跟进和回访。

二、偏执型未成年犯罪[1]

【案例简介】 小王，男性，1998 年生，2015 年 6 月，他在 S 市出租屋内因为生活琐事与母亲发生争执，遂至厨房持刀欲伤害其母。经检方工作人

---

[1] 该案例由笔者指导中国政法大学 2016 级 MSW 学生罗晓旭完成。

员多次心理测试，小王被鉴定具有偏执心理。后因其事发时不满 18 周岁，并且没有造成实质损害，事后认错态度良好并取得了母亲的谅解。依据上述事实，法院以故意杀人罪判处小王有期徒刑 3 年，缓刑 3 年。小王户籍在 Y 市，因此缓刑期间从 S 市回来服刑。社区服刑期间也表现出明显的心理偏执，故意不按时去司法所报到。2016 年 4 月，司法局委托 Z 司法社工事务所对小王开展帮教服务。

（一）深入了解案件细节

司法社工查阅了小王的刑事判决书，并对其母亲以及社区矫正中心的工作人员进行了访谈，对整个案件过程进行详细了解。案发前 1 个月小王被母亲从 Y 市的姥姥家接到了 S 市与其一起居住。案发当日，小王晚上回家准备睡觉时，发现陪伴自己多年的枕套不见了，便询问母亲。得知她在下午打扫卫生时，看见那个枕套十分破旧，就扔掉并换上了新的枕套。小王当场情绪失控，与母亲发生激烈争吵，并到厨房拿出水果刀想要杀母亲。母亲求助邻居后，邻居报了警。经公安机关查证，这已经是小王第二次向母亲举刀，并且两次都是同一把刀。法庭审理阶段，小王坚称自己想要伤害母亲，于是法院判处了故意杀人罪。

（二）风险评估

1. 资料收集与分析

（1）个人成长经历。小王出生于 S 市，并在 S 市读幼儿园和小学。由于父母都比较忙，小王在小学阶段就一直寄宿就读。小学期间还曾到 C 市外祖母老家生活过一段时间，初中时外祖母和大舅回到 Y 市，小王也跟随一起回到户籍所在地 Y 市。小王介绍，自己学习成绩一直不怎么好，在 Y 市一所普通高中就读时感到很吃力。案件发生后辍学在家，目前没有工作。平时帮大舅打理一些生意，舅舅也会给一些生活费。

（2）家庭状况。在对小王亲属的访谈中社工了解到，小王父母在他小学五年级时离异，抚养权被判给母亲。小王初二时父亲因病去世，这对小王打击比较大。据小工的母亲透露，小王的父亲去世之前对他的管教十分严厉，经常打骂。小王的爷爷奶奶目前在 S 市居住，小王和他们一起的时间不多，只是在 S 市居住期间去看望他们。案发前的三年时间里，小王的母亲一直在日本东京工作。回到 S 市后主要从事代购业务，每月至少前往日本一次。工作也比较辛苦，生活水平也不是很宽裕。小王母亲每隔一段时间会回 Y 市看望小王并给一些生活费，闲的时候会把小王接到 S 市与自己同住，房屋是租住的。小王说，自己和母亲的关系十分紧张。母亲的脾气不好，小时候经常对他发脾气，现在交流也不多。母亲从 S 市到 Y 市看他，也不怎么和她说话。在家里最亲的人是外祖母。

（3）个人性格。在多次访谈交流中，社工发现小王比较内向，不怎么与外人交流，和家人交流也不是很多，确实存在一定的偏执。"其实我当时并不是真想要伤害母亲，当时脑子一片混乱，就是特别气愤想吓吓她。还记得在看守所的时候，有的犯人让我说拿刀只是吓唬，但是我偏不，就坚持说自己就是想杀死她。"（2016 年 5 月访谈小王）

（4）兴趣爱好。小王对历史文化比较感兴趣，没事就喜欢宅在家里看历史方面的书籍和电视节目。无抽烟酗酒等不良嗜好。

（5）社会交往。小王不善交流，联系比较密切的主要是家人，还有就是以前的在校同学。

2. 犯罪原因的分析

小王与其母亲争执的直接原因是一个枕套，针对此问题社工同小王、母亲和外祖母分别进行了深度访谈，了解各方对此事的看法。

与小王的部分谈话

社工：听说你是因为一个枕套和妈妈发生了争执，对吗？

小王：是的。

社工：那能给我讲讲为什么一个枕套让你这么生气吗？

小王：那个枕套从小学起就一直陪着我。

社工：哦，明白了，这个枕套对你来说很重要。

小王：对的。

社工：那你妈妈对枕套做了什么呢？

小王：那天她收拾屋子的时候，看到这个东西很旧，就把它扔了。我准备睡觉的时候发现枕套不见了，就十分生气。然后就去质问她，才知道被她扔掉了。我当时就控制不住了，因为那个枕套对我非常重要。我妈不懂。

社工：原来是你妈妈扔掉了你十分在意的东西，所以你才生气的。

小王：是的，当时就感觉非常讨厌我妈，她真的太过分了。

社工：那之前你和妈妈有没有因为别的事情争吵呢？

小王：有，经常因为一些小事吵架。我妈脾气也不好，小时候稍有不顺心就对我发脾气。

社工：看来你和妈妈的关系确实有点紧张，之前和妈妈吵架的时候，你有过类似的行为吗？

小王：之前还有一次，两次都是因为很生气。

记录人：ZJ

2016 年 4 月 12 日

与小王母亲的部分谈话

社工：听说小王是因为一个枕套和您发生争执的？

母亲：是啊，唉，我也没有想到因为一个枕套让他那么生气。我就是感觉枕套太旧了，就想给他换个新的。

社工：那个枕套好像对小王很重要？

母亲：是的，我确实疏忽了这一点。那个枕套陪了他好多年，对他有着特殊的意义。也怪这些年因为大人的原因让小王受了不少苦，他承受太多了。

社工：确实，我能够理解，他还那么小。家里的变故对他的影响应该挺大的。

母亲：谁说不是呢，我这个母亲不称职啊，自己一直疲于奔命，对他的陪伴和教育远远不够，亏欠他太多。

社工：那您之前和小王相处得怎么样？

母亲：也还好吧。我这个人脾气也不好，以前也没少对小王发脾气。他平时不爱说话，我们在一起时也不怎么理我。

社工：那你们之前还有冲突吗？

母亲：大的冲突没有！有时候脾气上来会吵架，不过都是一些小事。这次我也吓坏了，不过我还是相信他不会伤害我，只是气头上的一时冲动。

记录人：ZL

2016 年 4 月 12 日

与小王外祖母的部分谈话

社工：您是怎么看待小王这件事情的呢？

外祖母：我觉得这事不能全怪小王。这孩子经历太坎坷了，爸妈很早就离婚，爸爸又去世得早。妈妈在外面忙着挣钱，从小到大父母对他的爱护和管教都太少。那个枕套我是知道的，哪住基本上都会带着，他对那枕套爱惜得很。

社工：这事之后您和小王认真谈过吗？

外祖母：谈了啊，我也说他了，再怎么生气也不能拿刀砍妈妈，毕竟是生你养你的人。他说就是想吓吓妈妈，自己太生气，冲动了。

社工：嗯，明白了！听说小王和您在一起的时间挺久的，他平时和您还有舅舅相处得怎么样？

外祖母：他对我很尊敬的，在家里话也很少，也不爱出门。和我们一起时很少发脾气。和他两个舅舅相处得也不错，有时候还去帮他大舅做点事，小舅每月也会给他一些生活费。

社工：那您了解小王和他妈妈的关系吗？

外祖母：说来话长，她妈妈脾气也不好，做事鲁莽，小王小时候也没少挨她的骂。不过她也不容易，这些年一直在外面奔波，身体也不好。闲了回来看我们，每次也都给生活费，小王和他妈交流也不多。俩人说急了就会吵起来。

社工：小王之前和爸爸的关系怎么样？

> **外祖母**：差不多吧！和爸爸还可以，他爸管教比较严厉。他对妈妈多少还是有些怨气的，这些年陪他太少。
>
> 记录人：ZJ
>
> 2016 年 4 月 17 日

综合这些情况，社工认为如下原因导致小王走向犯罪：一是缺乏安全感。家庭经历坎坷，长时期寄居外祖母和舅舅家，导致小王非常缺乏安全感。"枕套"事件只是他消极情绪的爆发口。二是对母亲的怨恨心理。母亲由于外出工作对小王的陪伴与教育太少，缺乏情感沟通，这种不良家庭关系积累到一定程度导致矛盾爆发。三是早期心理创伤。父母的离异和父亲的病逝，对小王造成了很大的创伤。家庭破碎缺乏关爱，使小王性格压抑，不善于表达自我，甚至自我封闭，性格有些古怪与孤僻。四是小王的偏执行为。在看守所时他坚持说自己想要杀害母亲，在起诉阶段被鉴定为偏执行为。

根据加拿大学派的循证矫正八大要素，对其进行再犯风险评估的结果如附录表 1-7 所示：

附录表 1-7　小王的八大风险要素分析

犯罪史	反社会人格	反社会认知	社会交往	家庭/婚姻	学校/工作	休闲/娱乐	药物成瘾
两次对母亲举刀	偏执			单亲、丧父、与母亲关系紧张	辍学无工作		

在 LS/CMI 八大核心要素分析框架下，司法社工得出：首先，小王之前就有过对母亲举刀的行为，本次属于再犯；其次，在人格方面小王有明显的偏执行为；再次，与母亲关系紧张，家庭经历坎坷复杂；最后，目前小王在社区矫正管理中基本上处于脱管状态，问题比较严重。因此，对小王的综合评估为高风险人员。

（三）帮教计划

基本摸清了小王的整体情况之后，司法社工协同小王家庭制定了有针对性的帮教计划。帮教目标主要包括如下几个方面：①恢复小王与司法所的社区矫正管理关系。小王已经处于脱管状态，为防止小王滑向收监处置，社工认为首要目标在于恢复小王与司法所的工作关系。②使小王深刻认识自身行为的社会危害性。尤其是对母亲的伤害，使他认识到这种行为模式的危险性。促进其直面错误，承担自身责任。③修复小王与母亲的关系。小王与母亲之间的关系处于比较紧张的状态，这是一个重要的风险因素。只有逐渐改善母子关系，促进家庭关系回归良性状态，才能降低这方面的风险。④重构家庭结构。召开家庭会议，对小王家庭的不良关系进行干预，转变家庭关系和结构，带动小王改变。⑤对小王的偏执行为与自我封闭进行治疗。联系相关心理咨询师，对小王进行专业心理测评与心理辅导和治疗。⑥激励小王改变。持续关注小王的状态和变化，帮助他放下心理包袱，激发积极生活的动机，复归正常工作生活状态。

附录表 1-8　小王帮教计划

时　间	方　式	内容/目的
2016.4 — 2016.5	家庭走访 4 次； 理咨询 4 次； 与小王家人沟通 4 次。	①掌握小王最近状态； ②与小王单独谈话，使其认识其行为模式可能的后果和危害性； ③使小王认识到遵守社区矫正管理规定的重要性； ④由心理咨询师进行心理治疗； ⑤与小王母亲单独谈话，寻找缓解家庭紧张关系的方法； ⑥对小王总体状态进行评估。
2016.6 — 2016.7	家庭走访 4 次； 心理咨询 4 次； 与小王母亲沟通 4 次； 家庭会议 2 次。	①掌握小王最近状态； ②叮嘱小王按时前往司法所报道、参加集中教育学习和社区服务； ③心理咨询师对小王进行辅导； ④同小王会谈将来打算以及相关需求； ⑤分别与小王及其母亲单独谈话； ⑥举行家庭会议； ⑦举办成人礼仪式，提升个人责任意识； ⑧对小王总体状态进行评估。

续表

时　间	方　式	内容/目的
2016.8 — 2016.8	家庭访谈3次； 心理咨询2次； 与小王家人沟通2次； 家庭会议1次。	①掌握小王最近状态； ②发现其犯因性动态需求，并进行回应； ③心理咨询师对小王开展心理测评与辅导； ④与家人沟通； ⑤激励小王，使其放下心理包袱； ⑥鼓励小王持续遵守社区矫正管理规定； ⑦对小王总体状态进行评估。
2016.9 — 2016.10	家庭走访2次； 家人沟通2次。	①掌握小王最近状态； ②对正向改变进行表扬和强化； ③了解小王最近的动态需求； ④与家人沟通； ⑤表扬并鼓励小王遵守社区矫正管理规定； ⑥对小王总体状态进行评估。

（四）实施矫正干预

司法社工基于对再犯风险水平和犯因性需求全面深入的把握，以及制定的帮教计划，针对小王开展了系列帮教活动。

1. 促使小王服从社区矫正管理

司法所工作人员向社工介绍，一方面他们工作任务繁重，对小王这个极端案例的监管显得有些力不从心；另一方面小王被鉴定为有偏执心理，加上被判为故意杀人罪，工作人员在管理过程中心存疑虑。社工通过与小王深入谈话，使其明白自己现在的身份状态和司法处境，使其意识到回到正常监管的严肃性和重要性——既可能因为多次违反社区矫正管理规定而被收监，也可能给关心和爱护自己的重要他人，如外祖母带来创伤。通过社工的多次个人谈话并发动亲属对他做工作，小王开始按时向司法所电话汇报，参加集中教育和社区服务等。

2. 修复母子紧张关系

面对特殊的施害-被害关系，需采取有针对性的恢复性司法活动。小王母亲在个案会谈中指出，由于家庭变故以及忙于生计，双方缺乏深入沟通，忽视了对小王的教育，没有注意到其内心的变化与需求。鉴于此，社工让母子双方分别采取行动修复破损的亲情关系。对于母亲而言，定期同小王电话沟通，了解小王多年的成长历程和感受、当前的日常活动和动态变化；为自己的不当行为（忽视、扔枕套、乱发脾气等）向儿子道歉；在儿子成人礼的时候准备一份礼物，并写一封成人礼祝福信；每隔一段时间同儿子深聊一次，了解其内心深处的感受；经常鼓励小王，使其感到亲情的温暖和支持。对于儿子而言，社工则鼓励他和母亲修复关系：保持和母亲的沟通，了解母亲这么多年的经历、身体和工作情况；为自己的鲁莽举动（举刀、任性、与母亲吵架等）向母亲道歉；18岁成年生日那天为母亲准备一份礼物，并写一封感谢养育之恩的信。此外，社工还组织了包括母子、外祖母和舅舅在内的家庭会议，共同表达对小王的支持，使整个家庭走上正轨。

3. 偏执心理与自我封闭的辅导治疗

通过联系专业心理治疗师开展较长时期的心理测评、辅导与治疗，小王慢慢打开内心世界。社工则多次组织小王同其他涉罪未成年人一起参观博物馆和科技馆等场所。同时将小王吸收为 Z 事务所志愿者，鼓励他一起参加社区志愿活动，多与外界交流，提升人际沟通和交往能力。

4. 关注其兴趣爱好和个人发展

社工在走访中了解到，小王比较喜欢古今中外历史文化，于是赠送了一些历史书籍给他。小王还表达了两个愿望：一是希望能找点事情做，为家里减轻一些负担；二是想去参军，但是不知道自身情况是否允许。社工协助查询了相关政策得知他无法参军入伍，安慰了小王，他也接受了这个现实。

经过 Z 社工事务所近半年的帮教介入，小王的评估显示其整体状态比较稳定，每周、每月都会按时报到，按规定参加集中教育与社区服务，进入正常的社区矫正管理状态。平时在家中，小王经常帮助舅舅做一些事情，业余时间看看历史书籍，有时到 Z 事务所参加志愿活动。家人表示小王比以前要开朗多了，与母亲的交流也逐渐增多，母亲不在 Y 市时经常相互打电话交流。小王母亲对他的态度也大为改观，同他越来越亲近。她打算在小王社区矫正期满后，带小王回 S 市一起生活，在那里为他找一份工作。基于这些综合评估，Z 事务所的社工决定就此结案，但因其以前的高风险状态决定以后需重点回访和跟进。

三、不服从案主的应对：有效表达不同意 [1]

不服从的社区矫正对象，在各地社区矫正管理工作中都是比较棘手的。Z社工事务所提供了一种较好的处理方式。

（一）案例简介

小徐，19 岁，因聚众斗殴被判处有期徒刑一年半缓刑两年执行。父亲是 Y 市大学退休老师，母亲在外做生意。父母对小徐比较溺爱，尽可能满足他所有要求。在这种家庭教养方式下，小徐养成了散漫和自我的行为模式。社区矫正期间因违反相关管理制度已经被警告两次，但依然我行我素。

在社区矫正中心举办的青少年矫正对象篮球夏令营活动中小徐经常迟到，找各种借口逃避训练，在刑意识和纪律意识很差。面对这种情况，社区矫正中心工作人员和 Z 事务所的司法社工采取了不同的应对方式，两者效果对比明显。矫正中心工作人员针对小徐的迟到问题找他谈话了很多次，晓之以理动之以情，用尽各种方法，甚至抑制不住对他发了火，但是小徐依旧我行我素，经常迟到。

司法社工观察到小徐某次迟到后，工作人员与他的谈话过程。

K 主任：你站住！知道现在几点了吗？现在才过来！

小徐（漫不经心）：我早上起晚了，后来买早餐花了点时间。

K 主任：昨天不是已经通知过时间了，你起晚了，还不赶紧过来。

小徐：路上等车等了好久。

K 主任：刚才不是说去买早餐才迟到的吗？现在怎么成等车耽误了？

小徐：两件事都有，所以才会迟到这么久。

K 主任：打你电话怎么不接？

小徐：我放口袋里面了没听见，我下次注意。

K 主任：你都迟到几次了？！来了也不好好训练，上一次去厕所就半个小时……你现在已经有两次警告了，再这样下去肯定会得到第三次警告。

---

〔1〕　该案例由笔者指导中国政法大学 2016 级 MSW 学生王浩然完成。

小徐：我上次是真的肚子疼，没骗你。

K主任：以后要是再出现不接电话或者迟到的情况，那我就再给你一个警告，你就会被收监。

小徐：那我以后注意点。

（其他社区矫正对象已经开始训练活动，K主任怒气冲冲地瞪了小徐一眼，然后让他加入活动中……）

（二）司法社工的介入

从该次训练活动起，Z社工事务所开始被邀请介入。司法社工（L主任）立即对小徐进行了有针对性的干预，有效地解决了他的迟到问题。

当天安排的是一个小组训练活动，鉴于小徐出现的状况，司法社工把小徐单独请出来开展个案工作，其他人继续进行小组训练。个案工作中，社工明确告知小徐其行为的严重性，要求他面壁思过，以此作为一种惩罚，以期改变其行为模式。

（K主任让小徐去队伍里参加训练，这时候小徐提出要上厕所，然后也不管K主任是否同意，就自顾去厕所，K主任也没有阻拦。）

司法社工：等一下。你手里拿的是什么？

小徐：冰淇淋。我的早餐。

司法社工：你看看现在几点了？

小徐：十点半。

司法社工：我们活动几点开始？

小徐：十点开始。

司法社工：迟到半个小时！而且还在活动场地拿着冰淇淋跟工作人员顶嘴，你现在去把手里的东西扔到垃圾桶。

（小徐迟疑了一下，去把冰淇淋扔掉回来。）

司法社工：你不是第一次迟到了吧，自己说说是第几次了？

小徐：我不是故意迟到的，早上起晚了又去买早餐就耽误了时间。我不吃早餐会头晕。

司法社工：那你现在站在这里反省一下，面壁反思，时间不到不要参加集体活动！

（1分钟后）

小徐：我要去上厕所。

司法社工：不行！就在那里反思，想清楚让你参加这些活动是做什么。

小徐：那我忍不住拉在裤子里面怎么办？谁负责？

司法社工：你要是因为反思拉在裤子里面，我负责把你的衣服洗干净，现在开始计算面壁时间。时间到了，你再跟我说话。

小徐显得比较诧异，司法社工与社区矫正中心工作人员的方式方法完全不同，小徐当时就向司法社工服软了。但社工的要求没有改变，小徐面壁思过了一个小时。然后对他进行训诫教育，让他意识到参加训练就是一种刑罚执行活动，并不是单纯的娱乐活动。这是自己犯罪行为带来的后果，让他反省自己聚众斗殴行为与不遵守纪律之间的联系。这之后小徐的态度出现较大转变，主动向司法社工和 K 主任认错，在后续的活动中再没有迟到现象。可见，司法社工运用综合型策略，合理地运用权威，有效地矫正案主的认知和行为。而有效地表达不同意，在认知和行为治疗中是必不可少的。

（三）司法社工与司法系统管理方式的区别

对于如何应对这类不服从行为，我们访谈了 K 主任：

问：对于不配合的未成年矫正对象，您一般会怎么做？

K 主任：按照规矩来，不可能动手，实在不行就警告。上次你们也看到了，要么严厉呵斥他教训他。像 L 主任那样要求面壁思过，我们想不到，只会硬来。

L 主任几个月后解释了她的做法：

小徐的家庭教养方式对他的成长是很不利的。父亲是大学退休教授，母亲在无锡做生意，经济上很宽裕，要钱父母就给。他一个人 1 个月要花掉两三千，这种情境下他的风险程度挺高的。通过我们的帮助，他后来找到了一份工作。他在一般人面前比较调皮捣蛋，但是在我们面前比较规矩了，会跟我们讲实话。

为什么会有这种效果？因为我们主要对他进行引导，并不是简单的呵斥和教训。我们会像长辈一样同他谈话，这样做都是为了他好。从他的现状出发，不是说成了社区服刑人员就一切都完了，不能自暴自弃，让他敢于放下包袱。同时也要让他吸取教训，好好改正，不能把社区矫正不当回事。根据对他的整体评估、表现出来的问题，有针对性地进行干预，与其父母沟通家庭教育方式，同司法所密切协作。

L 主任简要分析了专业的综合型矫正社工同当前广泛采取的行政性管理方式的区别：

> 专业的理念和方法不一样，我们认识要更清晰一点，行政化色彩要少一点。这和我的专业背景有关系，我所学习的就是综合型的学科知识和方法，而中国的学科专业知识分得太细。社区矫正在中国属于一个交叉学科领域，而在美国这就是一个独立的学科，其中恢复性司法和司法社会工作结合得很好。
> 注：L 主任硕士毕业于美国马里兰大学刑事司法学院。

两者工作方法的差别还在于，K 主任主要采取威慑警告策略，而 Z 主任更多致力于行为控制和内在矫正，方法策略更加丰富细致。在 Z 社工事务所，这样的成功案例还有很多。L 主任灵活地运用专业技能方法，减少刻板的行政化色彩，在社区矫正管理过程中很好地平衡刑罚执行和矫正社会工作方面的职能，较好地体现了综合型矫正工作者的干预效果。履行刑罚执行的职能时，坚定而平和；发挥矫正恢复功能时，瞄准犯因性需求进行认知和行为干预、激发改变动机、修复罪错行为导致的关系损害，展现温情感化的一面。

四、基于社会控制理论的青少年犯罪预防案例[1]

本案例严格来说属于青少年犯罪预防的司法社会工作，而不是我国狭义上的社区矫正，即不属于管制、缓刑、假释和暂予监外执行中的一种。将该案例收录于此主要基于两点考虑：一是国际上广义的社区矫正将在社区中开展的偏差越轨行为规训与矫正都视为社区矫正，二是本研究主要着眼于矫正

---

〔1〕 该案例由笔者指导中国政法大学 2017 级 MSW 学生郭义锋完成。

方法的科学性和有效性探讨而不是严谨的社区矫正法律规范研究。

赫希的社会控制理论成为 20 世纪后半叶最重要的青少年犯罪预防理论之一。该理论认为，每个人都是潜在的犯罪人，个人与社会的联系可以阻止个人从事违反社会准则的越轨与犯罪行为，当这种联系脆弱时，个人就会实施违法犯罪行为。少年犯罪的原因多是由于个人与传统社会联系的薄弱甚至于破裂。犯罪行为会导致犯罪人与其生活世界的社会联系受到破坏，这包括朋友、父母、邻居和重要的社会机构，比如学校、工作单位等。对这种关系破坏所带来的恐惧，就会控制个人不会实施犯罪行为；而没有这种社会联系的控制，缺乏对别人利益和关切的敏感性，就会使得个人随意地进行犯罪。[1]他把这种社会联系分成四个维度，分别为依恋、奉献、卷入、信念，并认为从这四个维度增强个人同社会的联系就能很好地达到防控犯罪的效果。控制理论视角下的矫正社会工作干预在本书主体部分介绍不多，因此这部分案例内容稍加展开论述。

（一）案例介绍

小王，男，18 岁，北京户籍。2016—2017 年在北京 M 区某职业技术学院学习物流管理专业，2017 年 5 月被学校劝退。目前小王家里有两口人，小王和王母，两人相依为命。王父生前从事房地产销售工作，但不务正业、整日嗜酒，对小王的生活和学习很少关注，并且脾气比较古怪，邻里关系很不好。2013 年王父因病瘫痪，2017 年因突发脑溢血去世。王母二十年前被查出患有乙肝大三阳，常年伴有贫血症状，一直坚持服药。王母劳动能力很低，目前从事简单临时家政服务，收入微薄。小王出生后，考虑到小王的健康状况，一直由奶奶抚养，因此小王生活和情感依赖主要来自于奶奶，对父母比较陌生。由于长期缺乏父母的监管，小王从小就出现比较多的偏差行为，在学校经常和同学打架斗殴，顶撞老师。在其生活的社区也经常偷拿食品门店的物品，为此还被店主数次送进派出所，每次出事后都由奶奶出面解决。

2009 年王奶奶因病去世，小王从此失去了情感依靠，性情变得更加古怪；2017 年除夕前一天，王父因突发脑溢血去世，小王变得更加喜怒无常；

---

〔1〕　吴宗宪：《赫希社会控制理论述评》，载《预防青少年犯罪研究》2013 年第 6 期。

此后在母亲的强制干预下，小王与曾经交往过的女朋友分手；因母亲的阻挠，班级同学、邻里伙伴也与小王断绝了来往，这接连不断的一系列打击把小王彻底击垮。情绪敏感、辱骂同学、顶撞老师、学校打架、破坏公物、偷盗财物、频繁进出派出所构成了小王 2017—2018 年主要的生活事件。2018 年 6 月在北京某技术学院读书期间，班主任发现小王有自杀倾向被学校劝退。现在王母每天看见躺在地板上一蹶不振的儿子，一筹莫展。

（二）与案主面谈

1. 建立关系：第一次与案主会谈

2018 年 8 月社工和来自 A 心理机构的杨老师在社区主任的介绍下认识了小王。第一次见到小王时，他情绪十分低落，在整个会谈过程中小王一直低头玩手机，无精打采，不想与我们交流。为了让小王放轻对我们的戒备心，首先由社区主任和小王交谈，社区主任和小王见过很多次，两人也比较熟悉。通过熟人交谈能够有效降低小王的戒备心和紧张情绪，拉近工作人员与小王之间的距离。社工在社区主任和小王谈话的过程中密切观察小王的言行举止和情绪变化，寻找与小王谈话的切入点和谈话技巧。

社工试着主动和小王打招呼，首先做了自我介绍，让小王对我们有一个大概的了解，明白我们此行的目的。通过交谈让小王知道我们是带着诚意和尊重来帮助他解决问题的，让小王感觉到是在主动的被关心和理解，而不是被动地接受询问。经过半个多小时的交流，小王慢慢卸下了心里的包袱，敞开了心扉，向我们详细介绍了自己的情况以及目前所面临的困境，并谈了自己的心理感受。我们及时给予回应。

2. 直接访谈资料汇总分析

通过与小王第一次访谈，司法社工对小王的资料进行了初步汇总整理，将其面临的困境分为以下四部分：

（1）家庭成员的忽视和不关心。小王一出生就和奶奶一起生活，生活和情感依赖都来自于奶奶。小王父母角色严重缺失，双方形成了不正常的亲子关系。在奶奶病逝后，小王开始感觉到家庭环境和生活环境变得非常陌生，并由此引发小王数次离家出走，继而出现小王伙同社会不良青少年偷盗超市财物等违法行为。

问：王奶奶去世后，你是怎样和父母在一起生活的？

小王：奶奶去世后，我就自己一个人生活了。爸妈也不怎么管我。我无法从家庭得到温暖和支持，他俩对我的关心就是给点零花钱，想吃什么买点什么。去年我周六日不怎么回家了，就和同学在网吧和银行 ATM 前机睡觉。一开始他俩还问我怎么不回家，后来见我没什么事，也不再问我了，我感觉挺好的。

（2）邻里、同学和老师的排斥。小王非常痛恨周围的邻居，认为他们是帮助母亲迫害自己的"帮凶"。在学校期间，小王也感觉受到老师和同学的孤立，没有什么朋友。从家庭到学校自己永远都是孤零零的一个人。

问：你心情比较好的时候，会主动与邻居、同学交流吗？他们对你什么看法？

小王：我心情好的时候，一般是看电影和听歌，心情不好就睡觉，一睡一天，啥也不想。或者和同学喝酒，喝得烂醉才回家。现在已经不跟邻居和同学联系了，微信和 QQ 朋友也都删除干净了。他们看到我也都故意绕开，好像看到了瘟神似的。在学校里，同学都躲着我，上体育课和物理化学实验课，他们都不想和我一组，每次都是我孤零零一个人。看他们玩得那么开心，就想过拿一把刀把他们都砍死，然后再自杀，一了百了。

（3）行为偏差和反社会人格。由于缺乏必要的监管和关爱，在小王成长的过程中，出现了较多的偏差行为。小王经常和同学打架斗殴，顶撞老师。在社区经常偷拿门店的东西，被店主数次送进派出所，每次出事都由奶奶出面解决。王父的去世，使小王从行为偏差发展到反社会人格，产生了自杀和伤害别人的冲动。

问：听社区主任说，你小时候有很多朋友，他们都很喜欢你，是吗？

小王：嗯，是的，我小时候确实有很多朋友，但现在就非常凄惨。我最快乐的时光有两段：一段是奶奶在的时候，每天奶奶接我上下学，在放学路上，奶奶会给我讲故事听，周围会聚集很多小伙伴一起听故事。睡觉的时候我也只有攥着奶奶的手才能睡着。另一段是和我的朋友一起去网吧打游戏，帮哥们打架出气，收取保护费，大家一起偷东西吃。我妈也不管我，过得挺刺激的。

问：你觉得自己的性格是怎样的？

小王：其实我是挺自卑的一个人，各个方面都不如别人。学习成绩没有别人好，同学们也不爱和我玩。每次开家长会都是我奶奶去，班级同学都嘲笑我没爸没妈，在我忍受不了的时候就会打起来。

问：听你这样说，独处的时间比较多，这些时间你都干些什么呢？

小王：自己和自己玩啊！我攒钱买了一个手机，下载了很多游戏，打游戏玩。还有我喜欢看一些古惑仔之类的暴力电影，看起来特别爽，可以发泄情绪。有时也会和朋友一起看，大家可以分享心得体会。

（4）心理和生理疾病。长期消极的生命事件使小王产生了抑郁和自杀症状，被心理医生诊断为严重心理创伤后遗症。睡眠质量很差，几乎每天都是凌晨三四点才能入睡，并且头痛得厉害，靠镇痛药来缓解。

问：你现在身体状况怎么样？

小王：我现在睡眠质量很差，几乎都是到凌晨三四点才能睡着。头疼得厉害，只能吃镇痛药，有时候想还不如死了算了，一了百了。长期吃药，身体产生了耐药性，药效在降低。

问：确实是这样，是药三分毒。听社区主任说，你已经接触了几位心理老师，对你有帮助吗？

小王：自从家里出事后，几位心理老师给我咨询过，感觉治疗没什么效果，也没有解决任何问题，对他们挺失望的。现在我已经懒得再接触他们了。

问：我能理解你现在的心情。司法社工和心理老师不太一样，我们会陪你一起解决问题，你一定要有信心，咱们一起努力好不好？

小王：好的，谢谢你。

此外，此次会谈值得注意两点：一是在整个会谈过程中，小王多次谈到十分讨厌自己的母亲，认为她蛮不讲理，对她表现出极不尊重的态度与语气，经常伴有一些不文明的口头语。针对常人社会中最亲近的母亲，随口使用这么污秽的字眼，需要我们重点分析和介入。二是已经有五位心理咨询师先后对他进行过干预，使他产生免疫状态，甚至产生一种厌烦和排斥心理。

问：你之前接触的几位心理老师，你感觉有哪些帮助？

小王：老实告诉你，我至少和五位心理老师交流过！他们微信朋友圈里都是一些心理健康的东西。我已经对心理老师产生了一种厌烦，感觉心理治疗没什么效果，没有解决任何问题，对他们挺失望的。这次也不抱什么希望，只是走个过场而已，配合社区居委会和你们的工作。

通过与小王的这次会谈，我们认为非常有必要对王母进行会谈，收集案主及其家庭更加深入的信息。

（三）收集案主资料

前面所收集的材料都是案主自述，为了更加全面地了解案主的情况，还需要从家庭和社区等渠道进一步收集资料。这样才能更加全面、客观地评估案主的问题，制定有针对性的干预计划。

1. 与王母会谈

问：您好，很高兴认识您，我是一名司法社工。上次从小王那里我了解到您家庭的一些情况，也希望来听听您的看法。

王母：您好，上周社区主任和儿子都给我说了你们的情况，真的很感激你们的关心和帮助。现在主要是我儿子的问题，他的问题太复杂。我真的是无所适从。

问：我大致能体会您的心情，但是困难应该是暂时的。您要相信自己，我们一起共同努力攻克难关。

王母：真的非常感激，我以为这个社会都快要放弃我们母子了！今天看到你和社区主任的热心关怀，真不知道如何表达我内心的感激。

问：这是我们应该做的。孩子这段时间的状况如何？

王母：自从婆婆和丈夫去世后，儿子的状态就像一摊烂泥，怎么也扶不起来。他爸还在世的时候就喝酒闹事、打架斗殴、偷拿店铺东西（价值都不大，大都是儿子离家出走后和社会上不良朋友饿得实在没办法，偷拿一点面包火腿之类的食品），进出派出所成为常事。现在他爸不在了，违法乱纪的事也很少做了，更多是躺在家里的木板上，一天也不吃喝。

问：你们家庭的环境怎么样？

王母：家庭环境不太好，结婚后我们夫妻关系一直不太好，他爸整天不在家。婆婆去世后，情况有所好转，他爸回家的次数多了起来。但夫妻关系也没什么变化。我们夫妻对孩子的照顾确实不多，孩子自小跟着奶奶生活，和我们不太亲近。孩子现在这个状态跟我们疏于管教有直接关系，是我们对不起他。

问：家庭现在主要的困难是什么？

王母：首先就是孩子问题，之前孩子未成年，罪行较轻，孩子做错事后容易被原谅。但2018年底他就要成年了，我怕有一天孩子会出现更严重的事情。其次就是家庭经济困难。我是临时工，工资微不足道，生活开支都难以维持，长期依靠低保过日子。

而且，我们母子俩的医药费都比较高，真不知道怎么办。之前看着丈夫、婆婆去世前一张张医药收费单、学校的生活费、学杂费，再加上家庭生活费，感觉自己的整个人生都塌陷了，不如死了一了百了。但是想到自己有一个未成年儿子，再困难也要坚持下去，也为了关心我的兄弟姐妹（眼泪一直不断地流）。

问：您希望我们帮助您做些什么？

王母：最希望的是把孩子从犯罪和自杀的边缘拉回来，能有份合适的工作，安安稳稳地生活下去。

问：好的，您的情况和需求我已经了解了，我会如实汇报给机构负责人，尽快商量出一套合适的介入方案，过几天我们再征求你们的意见。

王母：嗯，太感谢您了，我等你们消息。

2. 与社区主任会谈

与王母会谈结束后，我和社区主任进行了简单的会谈。

问：赵主任，通过我和王母的会谈，我发现小王一家和咱小区相处得并不是很融洽？

主任：是这样的！王父本来就脾气古怪，整天游手好闲，喝酒抽烟，小区人大都不喜欢他。再加上小王从小缺乏管教，经常干一些违法乱纪的事情，更招社区人厌烦了。

问：咱们社区居委会对这样贫困家庭有什么政策？

主任：主要是我们团委申报的精准扶贫项目，精准帮扶到个人。咱们社区给小王一家的贫困补助是最高的，每人每月1000元，他们家庭两人每月可以领到2000元的补助。另外，咱们社区还有过冬补助、项目补助等。居委会有什么能发放补贴的活动，我们也会优先考虑他们，尽量多帮助他们。

通过对案主母亲和社区主任的访谈，所得到的信息倒是与案主会谈所掌握的情况基本一致，不同的是家庭经济困难方面的一些情况。

（四）案主情况分析和问题预估

经过几方面的会谈，我们基本了解了案主的生存现状和存在的问题。其中主要由周围环境和负面生命事件造成的问题有：

1. 家庭成员的忽视和不关心

小王一出生就和奶奶一起生活，生活和情感依赖来自于奶奶。在小王成长的过程中，父母工作都比较忙，再加上王母喜欢安静、王父整天纵情于烟酒，所以小王很少和父母有交流。父母每天下班简单问候几句就匆匆忙自己的事情去了。长期以来，小王和父母形成了不正常的亲子关系。在小王的印象中，父母就和邻居的角色差不多，只不过每天晚上大家一起在一个桌子上吃饭而已。自从奶奶过世后，小王称再也无法从家庭得到温暖和支持，父母平日里对他的关心是给点零花钱，想吃什么买点什么。生活在一个家庭里的一家三口如同陌生人一般。

2. 邻里和学校同学及老师的排斥

小王非常痛恨周围邻居，认为他们是帮助母亲迫害自己的"帮凶"。每当小王不听母亲的话，母亲就会把邻居叫来，当着邻居的面数落小王是白眼狼、不孝顺、不干家务。有时邻居听过母亲的陈述，还会帮着母亲数落小王。小王实在忍受不了就会和邻居吵起来，甚至发生肢体冲突，邻居渐渐也就不再参与小王家庭的矛盾。在学校期间，小王几乎没有朋友，同学们都不和他玩。老师也不重视小王，把他安排在最后一排靠门的角落里。每次物理实验课小王很想和同学们一起做实验，但都是自己一个人。从家庭到学校，小王感觉自己永远都是孤零零一个人。

3. 行为偏差和反社会人格

小王在学校经常和同学打架斗殴，顶撞老师。在社区也经常偷拿门店的东西，被店主数次送去派出所。奶奶去世后，小王性情变得更加古怪。尤其王父的去世，使得小王从行为偏差发展到反社会人格。在面对母亲无休止的责骂后，有拿起刀捅死母亲的冲动。小王认为自己生活悲惨，当他看到小区其他家庭其乐融融的画面，还有拿起刀捅死他们的冲动。他曾经去过家乐福超市寻找过刀具，但始终没有找到自己满意的刀具。

4. 生理和心理疾病

小王小小年纪经历了常人难以想象的人生变故——父亲和奶奶病逝、家庭冷漠、母亲无休止的责骂、邻居指责、老师漠视、同学孤立、儿时朋友断绝联系、女朋友分手、心爱的小仓鼠病死……小王感觉所有的不幸都发生在了自己的身上，自己到了崩溃的边缘。小王每天的睡眠质量都很差，大都是凌晨三四点才能睡着；并且头疼得厉害，只能靠吃镇痛药缓解，大脑里经常会浮现出自杀的念头。心理咨询没什么效果，就对心理老师产生了一种厌烦心理，对这次社工介入也没报什么期望。王母现在每月都带小王定期去医院做治疗。医院医生和心理医生都诊断小王是严重心理创伤后遗症，需要循序渐进、慢慢治疗，即一方面做好情绪疏导和心理辅导，另一方面使用止痛药和镇静药缓解小王的病症。

5. 来自经济生活的压力

王母没有稳定的工作，靠临时工和社区救助金艰难度日。现在家庭经济拮据，难以负担高昂的医药费和日常肉类、蛋类、奶类等生活必需品等支出。小王马上成年，王母想通过社区和社会力量帮儿子找一份工作，一方面转移儿子注意力，使他从过往的人生经历中慢慢解脱出来；另一方面是想让儿子掌握一技之长，找一份养家糊口的工作以补贴家用，减轻家庭生活的负担，同时增强生活的信心。

不良环境和一系列消极生命事件导致小王形成容易走上犯罪道路的内在因素，主要包括如下几个方面：其一，性格和偏好方面，小王长期存在自卑心理，认为自己无论在家庭方面还是学习方面都不如同学；逐渐喜欢上暴力性文化，渴望通过暴力行为来发泄自己的情绪和行为。其二，在认知行为方面，小王从小就存在各种偏差行为，并逐步演化成违法犯罪行为；而且还存在错误认知："我没有违法犯罪，只是有些行为不合规矩，反正有奶奶给我解决。"随着一系列家庭变故，小王由原来的行为偏差和简单追求刺激转向消极抑郁，继而产生自杀倾向和反社会倾向。其三，在心理障碍层面，小王患有严重心理创伤后遗症，并伴有轻度躁狂症和抑郁症。

（五）干预计划制定与执行

一系列打击使得小王的生活和心理陷入了一片混乱。他对未来生活感到绝望，继而产生自杀和反社会倾向，通过杀人然后自杀的方式来结束生命。因此，他处于一种高风险状态，非常有必要开展高密度介入。社会控制理论认为，犯罪行为会导致犯罪人与朋友、父母、邻居、学校或工作单位等的关系受到破坏，而恐惧失去这些关系会控制个人不会实施犯罪行为。因此要预防小王犯罪、重建小王的生活和意义世界，就必须帮助其重构社会支持网络系统，从而帮助其建立起自信心，战胜自卑和恐惧。

干预过程分为两阶段：第一阶段主要重建小王与社会的联系，主要包括与王母、同辈群体、社区居民、学校和志愿服务机构等的积极联系。介入策略包括协同心理老师治疗和辅导、亲子游戏、朋辈小组活动、游览后海和南锣鼓巷、参与社区志愿服务活动等。第二阶段主要为案主寻找合适工作，使小王获得谋生技能。介入策略包括与案主共同制定短期职业规划，寻找相关工作机会，如冷饮、烘焙和书籍包装等。

1. 第一阶段干预

根据社会控制理论，预防小王犯罪和自杀的首要问题是建立或重建小王与母亲、邻居、朋辈和相关社会机构的正向联系，形成一种感情依恋并由此抑制犯罪念头和冲动。这种感情联系越强烈，越能激发小王考虑实施越轨犯罪行为对这种感情联系所造成的损害。结合小王的实际情况，社工制订了以下服务干预计划：

附录表 1-9　第一阶段帮扶情况一览表

时　间	方　式	内　容	目　的
2018.8.1 — 2018.8.4	个案访谈 2 次。	①与案主建立专业关系，取得案主信任。 ②疏导情绪，给予案主情感支持。 ③收集案主资料。 ④对小王的整体状况进行预估。	与案主建立专业关系，取得案主信任，收集案主资料。

续表

时 间	方 式	内 容	目 的
2018.8.12 — 2018.8.15	个案访谈 3 次； 心理治疗 1 次。	①司法社工给予案主情感支持，疏导案主情绪。 ②心理老师对小王进行心理治疗。 ③司法社工对王母、社区主任进行访谈，间接收集案主资料。	①司法社工对王母、社区主任进行访谈，间接收集案主资料。 ②对小王进行心理帮扶。
2018.8.22 — 2018.8.24	心理治疗 2 次； 亲子活动 2 次。	①司法社工带领小王去阳光心悦心理咨询机构二次接受心理治疗。 ②组织小王和王母一起观看电影《我不是药神》。 ③针对家庭教育方式与王母进行沟通。	①纠正小王思想中不合理的认知；帮助其合理管理自己的情绪；提升小李处理人际纠纷的能力。 ②缓解母子之间的紧张对立状况，设计亲子游戏，培养亲子情感。
2018.8.31 — 2018.9.1	参观游览 2 次。	带领小王游览南锣鼓巷和后海。	
2018.9.1 — 2019.2.10	亲子活动 4 次。	①设计亲子游戏"给妈妈洗脚"，增进亲子情感。 ②社区"中秋赏月"活动。 ③社区"冬至饺子宴"活动。 ④社区"羽毛球"比赛。	①针对家庭教育方式与小王母亲进行沟通； ②继续缓解母子之间的紧张对立状况，培养亲子情感。
2018.9.22 — 2018.12.22	小组活动 3 次。	①很开心，再次见到你。 ②南锣鼓巷半日游。 ③我是社区志愿者。	司法社工带领小王通过参与小组活动，得到同辈群体认可和接纳。
2018.9.22 — 2018.12.22	志愿服务活动 2 次。	①爱心捐衣志愿活动。 ②社区"小达人"活动。	司法社工带领小王通过参与社区志愿活动，得到社区居民认可和接纳。

（1）专业关系建立。前期干预的主要目标是与小王和王母建立信任的专业关系，消除母子二人疑虑，收集小王资料。疏导他们的消极情绪，给予他们情感支持。社工对小王和王母的言行表现出极大关注，耐心地倾听他们诉说，并适时给予他们回应。让小王和王母感受到社工是带着诚意和尊重来帮助他们解决问题的。小王和王母也感受到了这些，慢慢卸下了心里的包袱，详细介绍自己和家庭的情况及所面临的困境。我们在全面掌握小王及其家庭总体状况的基础上进行了预估，进一步制定有针对性的介入策略。

（2）心理帮扶。这里主要由司法社工和心理老师协同进行。经过前两次的介入，小王的心理状态有所好转，试着主动与我们交流。司法社工谈起一些小王感兴趣的抖音和王者荣耀等娱乐项目时，小王露出愉悦的表情。在谈到与同学打架、偷盗财物、频繁进出派出所时，他承认自己的行为是错误的。2018 年 8 月，小王在我们的陪同下，在音乐治疗室接受了心理治疗服务。整个心理治疗包括回顾生命历程、音乐治疗、放松训练、感悟生命意义等几个部分。小王回顾了前述一个个消极生命事件，我们及时表达了同理心，表示能感受到他当时的无助和伤心。在他倾吐完之后，我们从小王的话里行间寻找其父母对小王的点滴关爱，并逐步放大这份爱护，让小王感受到父母还是爱他的。尤其是让小王认识到母亲目前照顾他的不易和辛勤，以此激发小王对母亲的理解和感恩。接着我们继续和小王探讨生命和生活的美好，让他重新认识生命的价值和意义，消除自杀倾向，树立生活的信心和勇气。之后，还对小王进行了放松训练和音乐治疗，让他学习有意识地调节自己的心理和情绪，尤其是在悲观或愤怒时能够有意识地转移注意力、控制和调整心情和行为，恢复因紧张刺激而紊乱的身体机能。

（3）犯罪预防。这方面主要是加强小王的自控能力和法制意识、加强家庭及社区的监管、切断小王违法犯罪的途径。首先，在普法教育中我们向小王讲解与其行为相关的法律知识以及触犯法律的后果，并列举了几位青少年犯罪后锒铛入狱的事件，使他认识到犯罪的严重后果；司法社工还邀请母子俩观看了机构制作的普法教育视频，进一步提高其对法律的敬畏意识；教育和鼓励小王加强学习法律法规和政策，增强辨别是非的能力。其次，要防控小王越轨和犯罪行为的发生，王母还必须改变懒散粗暴的管教方式，树立监护人的责任意识，加强家庭监管责任；指出王母要改变以往的不管不顾和动辄打骂责怪的教育方式，要平等交流、耐心沟通，多留心小王的不良行为，及时发现和处理。再次，还要切断小王与不良社会青年的联系，避免小王再次受到他们的不良影响。最后，建议社区居委会加强监督，特别是有越轨行为的高风险青少年，并同公安部门加强合作，以此减少社区犯罪的发生。

（4）亲子关系。亲子关系主要是加强小王与母亲的情感联系，相互体谅、相互包容。社会控制理论认为青少年对父母的依恋是最重要的依恋，对父母依恋是阻碍青少年犯罪最重要的感情因素。如果青少年缺乏对父母的依恋，感受不到来自家庭的关爱，家庭就会失去对青少年的犯罪越轨控制作用。[1]所以，为了预防小王犯罪，重中之重是重构小王与母亲的情感联系。司法社工组织了多次亲子活动，包括观看电影《我不是药神》、"给妈妈洗脚"、社区"中秋赏月"、社区"冬至饺子宴"和社区"羽毛球"比赛等活动。活动策划和流程设计由司法社工和居委会负责落实，活动经费（主要是体育器材、食材和场地使用费）由居委会和社工机构共同承担。数次亲子活动后，小王和母亲的关系有了很大改善，由原来的陌生和互厌到渐渐相互熟悉再到包容和接纳。母亲重新从儿子口中听到了一声"妈妈"。小王也学会了感恩，用"为母亲留半块面包的方式"来感激她对自己的辛勤付出。此外，令社工始料未及的是，我们的干预得到了居委会和社区居民的一致认可。

（5）社会融入。社会融入主要指帮助小王重新融入社会，得到社会的接纳。首先是邀请小王昔日的朋友伙伴一起举行小组活动，并带领小王参加社区志愿服务活动。在初次小组活动的筹备中，受到了小王朋辈群体父母的严重阻挠，社工不得不求助社区主任进行协调和帮助，小组活动才得以开展。社工共组织了三次小组活动：第一次小组活动的主题为"很开心，再次见到你"，活动内容包括"心有千千结""我说你猜""听听我说的吧""感悟分享"四个部分。司法社工为伙伴们精心准备了小礼品。第二次小组活动是"南锣鼓巷半日游"，社工和社区主任带领小组成员共同游览，在游览中增进同辈群体之间的友谊。第三次小组主题是"我是社区志愿者"，主要帮助社区居民打扫卫生。三次小组活动后，小王和昔日断绝联系的社区朋辈群体开始重新熟识并建立友谊，原来的伙伴、朋友逐渐接受了小王。小王激动地告诉

---

[1] Travis Hirschi, *Cause of Delinquency*, University of California Press, 1968, p. 89.

社工感觉自己找回了朋友，可以分享兴趣和话题。

下一步工作重点是帮助小王得到社区居民的认可和接纳，逐步改变社区居民对小王的"标签印象"。最有效、最直接的做法是社区志愿活动。结合社区当时开展的"为青海贫困山区小学献爱心"活动，把第一次志愿活动命名为"为贫困山区的儿童捐助衣物活动"，奉献爱心，让小王感到自己也能帮助别人，体现自己的价值。第二次志愿服务活动是在南锣鼓巷街头充当志愿者，为游客问路指路，介绍南锣鼓巷的历史和文化，推荐北京的特产和餐饮地点；活动目的在于让案主积极地融入社会，学会与人沟通和交流。同时让小王体会到帮助人的快乐，并主动接触社会。第三次志愿服务活动是小王同伙伴帮助社区打扫卫生、清除生活垃圾。三次志愿服务活动在很大程度上改变了社区居民对小王的看法，从昔日不服管教、违法乱纪的青少年转变为助人为乐、热心公益的小伙。一位社区治安负责人惊讶地说："我记得这孩子，前一段时间他母亲刚从派出所领回来，这会儿能在这儿做志愿活动了，真是想不到。你们真有本事！"

2. 第二阶段干预

在社会控制理论中，预防青少年犯罪的另外两个重要维度是奉献和卷入。奉献是指将个人志向和人生目标定位在传统活动之上。卷入是指将时间、精力和努力投入传统活动之中，如教育、文化和体育等。青少年越是卷入传统活动，就越会全力以赴，从而缺少参与越轨活动的时间和精力；同时也减少接触违法犯罪的机会，由此将青少年从犯罪的潜在诱惑中隔离开来，从而达到抑制青少年违法犯罪活动的效果。[1] 基于这些洞见，预防小王犯罪和自杀主要在于让小王投身于传统活动项目之中：一方面鼓励小王树立崇高的人生志向和职业理想，学习科学文化知识和职业技能，即使面对挫折也不断为之奋斗；另一方面，司法社工同小王一起积极寻求一份合适的工作，使其掌握一种职业技能，由此也转换人生轨迹。此外，引导和鼓励小王在闲暇之余，多与伙伴朋友参加体育或文化娱乐活动，培养这方面的兴趣爱好。

---

〔1〕 吴宗宪：《西方犯罪学史》（第2版·第4卷），中国人民公安大学出版社2010年版，第1165～1168页。

附录表 1-10 第二阶段帮扶情况一览表

2018 年 10—11 月						
星期一	星期二	星期三	星期四	星期五	星期六	星期日
						1 廿二 社工提前去南锣鼓巷踩点，考察合适的冷饮店。
2 廿三 上午 10 点，社工和小王去南锣鼓巷一条街寻找冷饮工作。	3 廿四 社工整理资料，评估服务状况，对职业合适度做出分析。	4 廿五	5 廿六	6 廿七 带领小王去公园进行体育锻炼。	7 廿八	8 廿九
9 九月	10 初二	11 初三	12 初四 组织小王和其伙伴朋友一起打羽毛球，游览后海。	13 初五	14 初六	15 初七
16 初八	17 初九	18 初十 社工提前去案主家庭所在地周围 3 公里，考察合适的烘焙店。	19 十一 上午 10 点，社工和小王去南锣鼓巷一条街寻找烘焙工作。	20 十二 社工整理资料，评估服务状况，对职业合适度做出分析。	21 十三	22 十四
23 十五	24 十六	25 十七	26 十八 和小王及王母一起参与社区组织的活动。	27 十九	28 二十	29 廿一

2018 年 10—11 月						
星期一	星期二	星期三	星期四	星期五	星期六	星期日
30 廿二	31 廿三 王母电话通知社工，亲戚为小王介绍一份工作，希望社工陪同小王母子去工作地实地考察。	1 廿四 准备工作	2 廿五 上午 10 点，社工陪同小王母子去书籍包装厂工作地实地考察。	3 廿六 社工整理资料，评估服务状况，对职业合适度做出分析。	4 廿七	5 廿八 带领小王到中国政法大学体育馆进行体育锻炼，打羽毛球，参观图书馆。

（1）了解职业需求。刚开始提议与小王一起寻找工作时，小王和王母并不相信，认为社工只是表面功夫。小王说几个帮扶他家的人员都承诺帮他找一份合适的工作，但最后都不了了之。但在司法社工的耐心工作和第一阶段干预的影响下，小王逐渐相信社工的行动并主动谈起自己想从事的职业。他善于动手，可以说心灵手巧、多才多艺。中学时代经常裁剪窗花和制作动植物手工艺品，完成得惟妙惟肖，多次得到家长和老师的表扬。还多次同父亲去面包店烘焙过面包，对面包烘焙方法和制作流程比较熟悉。最后，找工作的事以协议的方式进行，社工、社区主任和小王达成三方协议，对小王的约束是找到合适工作时不得以不正当理由拒绝。

（2）寻求冷饮工作。小王也表示对冷饮制作比较感兴趣。但是冷饮种类繁多，品名不一，制作流程各异，为了同工作实际紧密结合，需要实地探查。小王社区在北京旅游名胜附近，道路两旁店铺林立，是寻找冷饮工作的理想场所。社工首先从互联网搜集关于冷饮的一些资料，包括冷饮品牌、制作方法和原料配方等。然后还实地考察冷饮店面与冷饮制备流程，还与店员深入交流并了解招聘方面的信息。后来，我们（社工和社区主任）还带领小王实地考察了街道的冷饮店，从最南端一直考察到最北端，考察所有冷饮门面共花费两个多小时。考察后发现该街道大部分冷饮店的制作区域面积都很狭小，工作环境不太理想，这与小王的预期有较大落差。鉴于此，我们继续寻找烘焙工作。

（3）寻求烘焙工作。社工也从互联网搜集了与烘焙相关的一些资料，还到小王生活附近的金凤成祥、好利来、鲍师傅等店面实地考察了烘焙的制备工艺。从中留意到金凤成祥的糕点学徒招聘信息，并向店长了解招聘员工的要求，店长同意小王来实地了解。第二天上午社工给小王发微信，建议他收拾打扮一下自己，"争取给招聘方留下一个好印象"。下午2点到小王家接上他，一起乘地铁6号线去金凤成祥烘焙店。到店后，在工作人员的推荐下，他们购买并品尝了"黄金乳酪"糕点，并观看了糕点师制作糕点过程。店长希望先和小王简单沟通，再考虑是否聘用。但小王拒绝和店长交流，因为一是感觉距离家较远，二是亲戚给他找了一份书籍包装的工作，他希望权衡一下。这次找工作虽然没确定，但令人欣慰的是，小王买的糕点只吃了一半，"面包我用手撕着吃的，很干净，另一半给妈妈留着。"他路上还谈到最近母亲对自己比较关心和疼爱，自己生病的时候母亲一直在辛苦地照顾。

（4）书籍包装工作。寻找烘焙工作后不久，王母打来电话希望社工陪同他们母子一起去书籍包装厂实地考察一下。一行三人乘公交车前往。考察中发现，书籍包装工作并不复杂，工作强度也不大，比较适合小王目前的状况。全家对这份工作表现出了浓厚的兴趣。在工作人员的指导下，小王亲自包装了几份书籍。考察过后，我们和包装厂约定春节后给小王2个月的试用期，试用期间工资按天结算，每天150元。试用期结束后，双方都比较满意就签订正式劳动合同。

（5）文体活动。社工积极组织小王和王母参与社区发起的系列传统活动，如"中秋赏月""冬至饺子宴""羽毛球"比赛等活动。社工在周末时间还组织小王和恢复来往的伙伴朋友一起去公园打羽毛球、游览南锣鼓巷和后海公园。同时还满足小王对大学校园的好奇，社工带领小王游览了中国政法大学研究生院和首都体育学院。在政法大学学生餐厅用餐后，去首都体育学院体育馆打了羽毛球，并在田径场举行了田径比赛。这些文体活动唤起了小王对于生活和体育的热爱，也促进了同辈群体对小王的接纳和互动。

（六）干预评估

1. 过程评估

在初次个案访谈中，社工对案主提供了心理安慰和情感支持，在一定程度上稳定了案主情绪并输入希望。鉴于其家庭关系破裂，司法社工较为顺利地帮助案主恢复了亲情关系，建立起家庭支持系统，基本重建家庭的接纳和温暖。通过司法社工带领案主恢复昔日朋辈群体联系，并组织小组活动、游览后海和南锣鼓巷、参与社区志愿活动，帮助案主重新获得社会接纳，得到社区认可。司法社工还积极寻求各种渠道为案主寻找可行的就业途径，最后终于找到一个适切的工作岗位。

在案主问题得到有效缓解后，干预进入结案阶段。在结案前的一次服务中，司法社工告诉案主将进入结案阶段，给予他一定的心理预期，避免在结案时出现较大情绪波动。结案时司法社工回顾了整个干预过程和小王的系列进步，强化他能够解决自身问题的信念，鼓励案主保持状态，不断提升面对逆境的能力。告诉案主此次干预正式结束，以后社工会做一些回访工作。

2. 结果评估

经过两阶段的干预服务，案主在亲子关系、心理治疗、法制意识和自控能力、偏差越轨行为矫正、社会融入和工作就业等方面有了很大改善。

（1）在思想认知方面，案主较大程度增强了生活信心和勇气，缓解了长期的自卑心理，减少了通过暴力行为来发泄情绪的次数，报复社会和自杀的心理也得到了有效抑制。

社工：你最近的心情怎么样？

小王：最近心情挺好的，前几次和你游过后海之后，真的喜欢上了那里。我一个人也去过几次，看看远处的风景和水里的小鱼。亭子里有个老爷爷每天傍晚都在那吹笛子，笛声悠扬，感觉太好了。

社工：原来你喜欢笛子，有个爱好挺好的。

小王：嗯，我去了那里好几次，和那位吹笛子的老爷爷也渐渐熟悉了，原来就是我们小区的。想让妈妈给我买个笛子，跟着老爷爷学一下。

社工：好像社区主任的亲戚就是卖各种乐器的，下午我跟她联系一下，看看能否帮忙选个物美价廉的笛子。

小王：太感谢你了。现在我才意识到生活还是丰富多彩的，有太多的美好，可是我一直都没发现。我确实经历太多的不幸，也在这种不幸中苦苦挣扎。现在我想通了，不能活在过去，要着眼当下。虽然我现在还差得很远，但我会朝着这个方向努力的。

社工：嗯，真的为你高兴。

小王：多亏你的帮助，回想之前的自杀念头真的很可怕。

社工：是啊，我也时常想起之前的糊涂想法。

（2）在行为矫正方面，通过在社工机构内的法律集中教育学习，小王明白了自己之前一些行为的极端性，树立了对法律的敬畏之心。案主的偏差行为得到较大改善，能够清晰认识到自己行为的错误及社会危害，意识到守法的重要性和违法的巨大代价。案主对之前的错误行为非常悔恨，承诺不再与不良青少年接触，保持积极向上的生活态度。

社工：今天的普法宣传片，你有什么感受吗？

小王：感触还是挺大的，我才发现自己之前的行为十分错误，有些行为已经达到违法犯罪程度。我去超市偷拿东西吃，自己看来就是为了填饱肚子，也不是很值钱的东西，看了普法宣传才知道是违法的。

社工：看来你今天真的认真看了普法宣传片。的确是这样，我们看来一些无关紧要的事情，真的很可能是触犯法律了。

小王：看来之前我在学校打架，欺负同学，几次进出派出所都是违法了。情节更严重一些我会不会被关进监狱？

社工：如果到了犯罪程度的话，肯定迟早会进监狱的。好在你的行为后果不是特别严重，由于你的家庭情况特殊加上居委会的协调，你才能安然无恙。要记住前几次教训，学法懂法，不能再做违法的事情了。

小王：我记住了，以后一定克制自己的情绪和行为，不再做出格的事。你们要监督我，随时批评教育。

社工：会的，我和居委会都会努力帮助你的，相信你也会继续努力的。

（3）在家庭支持方面，家庭关系得到明显改善，从横眉冷对逐渐变为相互体谅、平等交流。经过社工的分析和引导，母亲一改打骂责怪的教育方式，向民主型家庭教育方式转变，尽量尊重孩子的合理想法。社工进一步引导母子俩换位思考问题，深化彼此的理解。

王母：郭社工，实在不知道该怎么感激你，是您挽救了我们这个家庭。

社工：不用客气，这是我应该做的。你和小王现在关系如何？

王母：比之前好太多了，虽然不是事事如意，但现在我已经很满足了。我们谈话多了起来，他也愿意跟我分享一些有趣的事情。上次儿子和你出去，给我带了一半面包，我真的很感动，泪水都流了出来。

社工：是嘛，那太好了，真为你们感到高兴。

王母：嗯，他还忽然改口叫妈了，自从他爸去世后就再也没叫我妈了（一度哽咽）。现在感觉儿子又活过来了。我第一次感觉到儿子还是挺好的。

社工：接下来我们再接再厉，让家庭生活保持在正确轨道上。

王母：好的，我和儿子共同努力，努力好好活下去。

（4）在回归社会方面，通过一系列小组和志愿活动，案主逐渐得到了社区的认可，原来的伙伴朋友和左邻右舍大都能接纳案主了。朋辈和社区居民的认可和接纳对案主是一个极大的鼓舞。

社工：这几次小组活动我看你玩得挺开心，能和我分享一下吗？

小王：收获太多了！首先感觉自己又有了朋友，以前的小伙伴不再躲着我并和我说话了，我也会主动和他们打招呼。现在我们在组团玩吃鸡和王者荣耀，这让我很激动。

社工：真为你高兴。刚才我听到物业负责人夸你呢，大家都非常惊讶你的巨大变化。

小王：其实我自己就能感觉到他们对我的态度变化。几次志愿活动之后，大家慢慢地开始和我打招呼了。尤其使我兴奋的是，我捐衣服的图片上了居委会的微信公众号，居民感到十分惊讶，下面有好几十条评论呢。再加上赵婶（社区主任）对我的积极宣传，好名声一下传播开来。多亏了你和赵婶的帮助。

社工：这是你自己努力的结果，还要感谢你自己。

小王：其实我挺有爱心的，在读初中的时候我就时常捐助一些衣物，小学和初中的衣服都捐完了。捐的这些衣服其实没有破，只是自己长得比较快，这次赶上社区捐助衣物给贫困地区的儿童。他们更需要关爱，就连最简单的穿衣、吃饭、教育等都是大问题，比起他们我已经很幸福了。虽然自己贡献不多，希望能帮到他们，那就开心了。

社工：哇，没想到你觉悟这么高，真是让我刮目相看。在这方面我应该向你学习。我们要善于发现和发挥自己的优点，这样的生活才会更有意义，我们才会更开心、更幸福。

小王：嗯，是的。

（5）在工作就业方面，通过几次共同找工作的经历，案主学到了很多求职的知识。最后在社工、居委会和案主家庭的共同努力下，成功为案主找到一份书籍包装工作。并在实习期满后，表现优异予以留用，转为正式员工。

社工：通过这几次找工作，你有什么感悟吗？

小王：这是我长这么大第一次正式找工作，而且是亲自和用人单位沟通，我还是比较紧张的。幸亏有你在我身边，我才有勇气。

社工：不用客气，这是我应该做的。能为你找到一份工作就是对我工作的最大肯定和回报。

小王：这几次找工作丰富了我的求职经验，我学到了很多知识，比如简历制作和投递、与用人单位沟通的技巧、薪水和发展前景的考量之类的。从开始的冷饮到烘焙再到书籍包装，我对自己也有个总体的评价了，思考自己与哪种职业最吻合。

社工：那你现在感觉哪个和你匹配度最好？

小王：我还是认为书籍包装工作，因为书籍包装技巧性不强，工作强度也不大，比较适合我现在的情况。另外，我比较喜欢安静，冷饮和烘焙的工作环境太嘈杂了，我不是太喜欢。还有重要的一点，书籍包装工作有交通和误餐补助，这解决了我很大的问题。

社工：你很会分析嘛，我都没想到这些，所以还是要你自己来决定这些重要事情。那你先好好做这份书籍包装工作。

小王：好的，谢谢你。

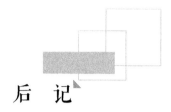

后　记

　　本研究时间跨度大，讨论的内容和领域也比较广，导致前后部分和不同章节之间的论证和叙述文风有所差异。书中不同部分的内容细节及叙述论证还有很多值得调整完善的空间，限于时间和精力，难以一一细致斟酌，留待读者批评指正！

　　首先感谢应星和郭伟和两位教授。短暂共事期间，两位教授以学术为业、孜孜以求的治学态度，博览深思的探究精神感染了我。其次感谢赵丙祥教授。他指出了犯罪社会学一些有价值的视角，同时在成文出版过程中提供了很多帮助。再次要感谢香港城市大学崔永康教授，他前后数次到中国政法大学访学，同我进行了长时间深入交流，也带给我很多重要英文文献的视角。此外还要感谢哥伦比亚大学的高琴教授、中国青年政治学院的史柏年教授和首都师范大学的范燕宁教授，他们在调查问卷设计和统计分析过程中提出了非常宝贵的建议。中国政法大学出版社第三编辑部编辑在书稿校订和编辑过程中，耐心细致、严谨专业，提出一些中肯修改建议，由衷感谢！

　　在调查中所联系的北京市八个区司法局不同层级和身份的工作人员，上海新航社区服务总站管理人员，深圳的相关社会服务机构及其矫正社工、心理咨询师和矫正干警，不便实名致谢，只能一并感谢！最后要感谢参与全国各地问卷调查和实习实践的同学们，他们在搜集一手资料的过程中，发挥了重要作用。

熊贵彬

2020 年 8 月